suhrkamp taschenbuch 2082

Unter den Autoren der deutschen Klassik ist Hölderlin neben Kleist der beunruhigendste geblieben – Herausforderung auch für die Gegenwart. Ein breiter Strom exegetischer Literatur, die Jahrzehnte währende Auseinandersetzung um nicht *eine,* sondern mehrere historisch-kritische Editionen, der Streit um sein ›Jakobinertum‹ – Facetten des *einen* Interesses, das in Hölderlins Sache selbst nach annähernd 200 Jahren noch die unsere erkennt.

Unter den Hölderlin-Interpreten war Wolfgang Binder einer der herausragenden. Philologische Akkuratesse, die Liebe zum Detail ebenso wie die Fähigkeit, ein Werk vor dem Horizont seiner Zeit zu verstehen, zeichnen seine jahrzehntelange Beschäftigung mit Hölderlin aus.

Der vorliegende Band versammelt Binders wichtigste Studien zu Hölderlin seit 1969. Obwohl zu verschiedenen Anlässen geschrieben, zeigen sie ein Gesamtbild der Person Hölderlins und seines Werkes.

Friedrich Hölderlin

Studien von Wolfgang Binder

Herausgegeben
von Elisabeth Binder
und Klaus Weimar

suhrkamp taschenbuch
materialien

Suhrkamp

suhrkamp taschenbuch 2082
Erste Auflage 1987

Satz: Glücker, Würzburg
Druck: Nomos Verlagsgesellschaft, Baden-Baden
Printed in Germany
Umschlag nach Entwürfen von
Willy Fleckhaus und Rolf Staudt

1 2 3 4 5 6 - 92 91 90 89 88 87

Inhalt

Die Zitatnachweise in den Anmerkungen beziehen sich auf die *Große Stuttgarter Ausgabe* der Werke Hölderlins; römische Zahlen bedeuten den Band, arabische Zahlen die Seite.

Hölderlins Gegenwart

Wenn Sie gestern vom Hohenneuffen gute Sicht hatten, dann ist Ihnen die Gegend – das Hügelland drunten und die Hochfläche in Ihrem Rücken – etwa so erschienen wie Hölderlin, wenn er bei einer Albwanderung von Nürtingen heraufkam. Und Sie werden an diesem milden Herbsttag, um es mit dem Gedicht auf dem Programm zu sagen, auch etwas vom »Geistigen« dieses »weit gedehnten Lebens«[1] empfunden haben, das viele Verse Hölderlins umschreiben und worin er, im Nächsten das Fernste wahrnehmend, das Element einer künftigen Erneuerung der Zeit sah. Denn Zukunft traute er nur einer Nation und Gesellschaft zu, die auf den »Geist der Natur«[2] hört, wie es die Griechen im goldenen Zeitalter Athens getan hatten, und diesen Geist glaubte er in der Heimat zuerst und lebendig erfahren zu haben. »In deinen Tälern wachte mein Herz mir auf zum Leben« beginnt die Ode auf den Neckar, und »glückselig Suevien« redet er in der *Wanderung* das schwäbische Land an, weil es »nah dem Herde des Hauses«, den Alpen, wohne, die in seiner mythischen Geographie die »Burg der Himmlischen«[3] und der Ursprung der Völkergeschichte sind.

Ein ganz anderer Hölderlin ist Ihnen entgegengetreten, wenn Sie in den letzten Jahren von einer neuen Hölderlin-Ausgabe lasen, die philologische Textkritik als politisches Engagement versteht, oder wenn Sie das Stück von Peter Weiss gesehen haben, das Hölderlin an Frankfurter Geld und Weimarer Geist zerbrechen und in der Tübinger Umnachtung den Erfüller seiner Mission nicht mehr erkennen läßt. Vom Jakobiner Hölderlin ist zwar schon vor Jahrzehnten die Rede gewesen, jedoch im hermetischen Bezirk der Forschung. Heute ist er in aller Munde, und man fragt sich, ob man ihn bisher falsch gelesen und seine Rede von der Natur, von den lebendigen Göttern und von einem Frieden jenseits der Geschichte irrtümlich für bare Münze genommen habe.

Mit diesen Gegenbildern möchte ich andeuten, daß unser Thema einen fast zeitlosen und einen eminent aktuellen Sinn hat. Hölderlins Gegenwart, seine Präsenz in unserer Zeit, kann heißen: weil er vom immer anwesenden Grund des geschichtlichen Daseins spricht, geht er jedes Zeitalter, also auch uns, an. Es kann aber auch heißen: weil er voraussah, was heute zur Entscheidung kommen will, geht er gerade und nur uns an. Von dieser Aktualisierung muß zuerst die Rede sein.

I.

Ich darf eine etymologische Bemerkung vorausschicken, die zur Wahl des Titels beigetragen hat. »Gegenwart« heißt wörtlich: Entgegengewendetsein. In »-wart« steckt das lateinische »vertere«, wie man an »vorwärts«, »aufwärts« und dergleichen sieht. Diese Bedeutung, nicht nur des Anwesendseins, sondern des Gerichtetseins auf etwas, heute vielleicht noch in einem Wort wie »Geistesgegenwart« zu erkennen, war Hölderlins Zeit geläufig. In »Gegenwart« hört man »Begegnung«.

Im Zeichen einer so verstandenen Gegenwart steht Hölderlin seit seiner Entdeckung zu Beginn dieses Jahrhunderts. Er ist nicht nur anwesend – als Objekt der Literaturwissenschaft und Philosophie, als Lektüre gebildeter Leser und als Ferment im Werk mancher modernen Schriftsteller –, sondern es fanden und finden Begegnungen statt, von denen der Betroffene glaubt, Zeugnis geben zu sollen. Das pathetische »Zeugnis geben« ist angebracht, weil ein nüchternes »berichten« oder »mitteilen« vielen Dokumenten der Hölderlin-Begegnung unseres Jahrhunderts nicht gerecht würde.

Einem Dichter begegnen, also nicht bloß von ihm Kenntnis nehmen, sondern gewahr werden, daß er einen angeht, ist nichts Verfängliches. Bedeutende und durch und durch sachliche Auslegungen hatten ihren Ursprung in einer solchen Begegnung, für die der Autor manchmal Ort und Stunde angeben kann. Fragwürdig wird die Begegnung mit einem Dichter erst, wenn sich der Ausleger zu seinem Apostel macht und nicht mehr mitteilt, was er glaubt erkannt zu haben, sondern weiterverkündet, was dieser verkündet hatte. Er steht ihm dann nicht mehr gegenüber, worin doch das Wesen der Begegnung liegt, sondern er dreht sich sozusagen um 180 Grad und wird sein Sprachrohr. Eine Hymne Hölderlins schließt mit dem Satz: »Die Dichter müssen, auch die geistigen, weltlich sein«[4]; d. h. auch inspirierte Dichtung hat die Sprache der Welt zu sprechen. Seine Ausleger haben aus diesem Satz oft nicht die Konsequenz gezogen, nun erst recht weltlich zu sprechen. Sie reden geistlich, quasi-geistlich, säkularisiert geistlich, und dies nicht nur im Umkreis Stefan Georges. Auch politische, sogar marxistische Interpreten tun das, und selbst reine Philologen werden manchmal Apologeten und Propheten. Seit ihrem Bestehen liegt über der Hölderlin-Forschung wie ein Zwang zur Identifikation mit dem Dichter, woher denn auch der permanente Streit in dieser Forschung rührt. »Heilig-nüchtern« zu sein, ist offenbar schwer. Es gibt heilige und es gibt nüchterne Hölderlin-Deuter, und dieser Gegensatz ist älter und dauernder als der zwischen Philologen und Philosophen und neuerdings zwischen Bürgerlichen und Linken, und er geht quer durch diese Parteiungen hindurch.

Dieser Sachverhalt geht vermutlich nicht nur zu Lasten der Ausleger; Hölderlin selbst muß seiner emphatischen und engagierten Interpretation Vorschub leisten. Man könnte zwar sagen, seine Entdeckung in der esoterischen Sphäre Georges habe ein Signal gegeben und einen Anspruch sichtbar gemacht, hinter dem künftige Interpreten nicht zurückstehen wollten. Aber warum ist er gerade in dieser Sphäre entdeckt worden und nicht z. B. von den Naturalisten? Nicht ein Zufallsfund, sondern eine Wahlverwandtschaft, die Eigenes durch ihn bestätigt sah, hat die Entdeckung ermöglicht.

Daraus ergibt sich, was ich darstellen muß. Zuerst sind jene Identifikationen und ihre Motive an einigen Zitaten zu veranschaulichen. Dann ist zu fragen, wodurch Hölderlin sie veranlaßt hat und ob dabei Mißverständnisse im Spiel sind. Zuletzt möchte ich zu zeigen versuchen, wie man sich das Phänomen der Hölderlinischen Gegenwart zurechtlegen kann, ohne Partei zu werden, aber auch, ohne sich in die Indifferenz zurückzuziehen, die Hölderlin interesselos, wie ein naturwissenschaftliches Objekt, behandelt und daher nicht begründen kann, warum sie sich mit ihm beschäftigt.

2.

Zunächst also einige Belege. – 1906 ist das Hölderlin-Kapitel in Wilhelm Diltheys Buch *Das Erlebnis und die Dichtung* erschienen, 1911 Friedrich Gundolfs Heidelberger Antrittsrede über den *Archipelagus* und 1916 der vierte Band der Hölderlin-Ausgabe Norberts von Hellingrath, der das fast unbekannte Spätwerk erschloß. Von Dilthey zu Gundolf – das war der Schritt von einer nüchtern geistesgeschichtlichen zur erregt gegenwartsbezogenen Hölderlin-Deutung, und er geschah, ehe die späten Texte ans Licht getreten waren. Daß ihr Herausgeber Hellingrath sie dann in einer Gundolf ähnlichen Art las und kommentierte, war wohl unausweichlich. Sie fielen in ein vorbereitetes Klima, das ihr Verständnis bestimmte, gemäß der allgemeinen Erfahrung, daß ein Faktum, wenn es gefunden wird, die Farbe des Horizontes annimmt, in dem es gesucht war.

Aber ich muß die Autoren zu Wort kommen lassen. Diltheys Hölderlin-Kapitel beginnt mit den Sätzen: »Es ist ein alter Glaube, daß in unberührten Seelen die Götter sich kundtun und die Zukunft der Dinge offenbaren. Hölderlin lebte in solcher fromm behüteten Reinheit und in lauterer Schönheit des Wesens.«[5] Dann erwähnt Dilthey die Anekdote, schon seinen Kameraden im Tübinger Stift sei er wie eine Inkarnation Apollons erschienen. Charisma und Prophetie werden also genannt, aber zugleich durch den »alten Glauben« und die Jugendanekdote in die Distanz des historischen Berichts gerückt, der offen läßt, wie es wirklich damit stand. Dieser Anfang der sonst nüchternen Darstellung klingt wie ein kleines Geständnis der Zuneigung zu Hölderlin, das sich der Verfasser einmal gestattet und seinen Lesern nicht weiter aufdrängt.

Ganz anders Gundolf. »Hölderlins seelische Kraft«, heißt es, »ist eine der größten, die unter den Deutschen sich je hervorgetan ... Er war in die Welt gesandt als der Träger und Seher eines um ihn her nicht mehr gültigen, aber deswegen nicht minder wirklichen und starken Glaubens ... Der echte Seher hat das Recht und den Mut auszusprechen, daß eine ganze Epoche Wahn und Frevel sein kann, von seinem inneren Gesicht aus.« Und: »glühend inmitten des Frosts und der Öde, königlich und heilig trotz der deutschen Hauslehrer-Misère: das macht ihn zu einem unserer heroischen Menschen.« Jetzt *ist* also Hölderlin der Seher und Heros, der Richter seiner Zeit und der exemplarische Deutsche. Der Verfasser will, daß man ihn so sehe, und greift zu Wörtern wie »echt, stark, königlich, heilig«, sogar zur biblischen Wendung »er war in die Welt gesandt«, die sich keiner Diskussion mehr stellen.[6] Und im Licht dieses Hölderlin-Bildnisses soll man die eigene Gegenwart erkennen; daher die Anklänge an die Sprache des *Siebenten Ringes*, der kurz zuvor erschienen war.

George selbst hat 1919 in den *Blättern für die Kunst* einige Seiten über Hölderlin geschrieben. In Kenntnis des Hellingrathschen Bandes feiert er die Entdeckung des »großen Sehers für sein Volk« als ein »greifbares Wunder«. Nur den »zarten Erträumer von Vergangenheiten« habe man bisher gekannt – den Elegiker Griechenlands. Jetzt tue sich eine »Welt des Geheimnisses und der Verkündigung« auf, vor deren »weitesten Einigungen und Ausblikken« auch der Wissende noch »verhüllten Hauptes und verhüllter Hände« stehe. Habe man bisher der Geisteskrankheit zugeschrieben, was man an Hölderlin nicht verstand, so sind wir, heißt es, »heil genug, um wissen zu dürfen, daß jenseits von vernünftig und gesund der Dämon seine Wirkung tut«. Dann spricht George aus, woraufzu diese Seiten geschrieben sind: Hölderlin ist »mit seinen eindeutig unzerlegbaren Wahrsagungen der Eckstein der nächsten deutschen Zukunft und der Rufer des Neuen Gottes«.[7]

Sieht man von der Attitude dieses Textes ab, dann interessiert, daß sich hier nicht ein Philologe zum Sprachrohr, sondern ein Dichter zum Fortsetzer und Vollender des Hölderlinischen Auftrags berufen glaubt. Denn wie sollte man sonst die »nächste deutsche Zukunft« verstehen, deren »Eckstein« doch einen Schlußstein verlangt? Daß der Geist der Weimarer Republik diese Hoffnung so wenig erfüllte wie das 19. Jahrhundert die Prophetien Hölderlins, steht auf einem anderen Blatt. Prophezeiungen sind gewöhnlich nicht dazu da, sich zu erfüllen, sondern ausgesprochen und gehört zu werden.

Wieder anders Hellingrath. Ihm geht es um das »Dichterische« in Hölderlins Werk, das sich seit den Griechen nie mehr in solch »unvermischter Reinheit« gezeigt habe. Er habe erreicht, daß »heute allein von allen die deutsche Sprache den Alten sich vergleichen darf an Wucht, Nüchternheit und heiligem Pathos, unmittelbarem Bild, Ton, Stoß, Sprache werden des Geschauten«. Damit habe Hölderlin zugleich die »unvergänglich neuen Gesetze der Kunst« vorgezeichnet, die heute wieder zu verwirklichen nicht unmöglich scheine. Hellingrath nennt »einen«, der dazu berufen sei; den Namen George spricht er begreiflicherweise nicht aus.[8]

Ohne seine überragende Editionsleistung herabzusetzen, muß man auch hier fragen, auf welche Weise die Identifikation gelingt. Sie gelingt durch ahistorische Normierung der Kunst Hölderlins. Hölderlin selbst konnte noch glauben, die Zeit sei gekommen, um seit den Griechen zum erstenmal wieder »vaterländisch und natürlich, eigentlich originell« zu dichten – so in einem Brief von 1802.[9]

Hundert Jahre später ist es, streng genommen, nicht mehr statthaft, Mittelalter und Barock zu überspringen und einen Dichter um 1800, auch wenn sein spätes Werk den poetischen Regeln seines Zeitalters widerspricht, zum Kanon aller künftigen Kunst zu machen. Im Medium Georges übernimmt Hellingrath, der es als Historiker doch anders weiß, Hölderlins spekulative Konstruktion der Dichtungsgeschichte. Und nur darum kann er sich auch seine Rede von den Göttern zu eigen machen und im »Verkünden selbst« das »Unterpfand des Verkündeten« erblicken. Denn mit anderen Worten heißt das: wenn einer wie Hölderlin die Götter dichtet, dann *sind* sie. Für Hölderlin allerdings sind sie – »im Liede wehet ihr Geist« –, und im Zeitalter des Idealismus ist das keine Blasphemie. Aber der moderne Interpret hört auf, »inter« zu sein, und macht sich zum Zeitgenossen des Dichters, wenn er dem beistimmt.

Eine Art Formel der Identifikation hat schließlich Gustav Landauer in dem Wort von »unserer herzinnigen Brüderschaft mit Hölderlin« geprägt. Es steht in einem Aufsatz von 1916, der in der Zeitschrift René Schickeles publiziert ist.[10] Dieser Ort, ein Sammelpunkt der expressionistischen Schriftsteller, und die Kriegssituation erklären vielleicht die Spontaneität einer solchen Äußerung. Auch klingt sie unkompliziert menschlicher als die Stilisierungen zum göttergesandten Seher. Trotzdem könnten wir uns heute so nicht ausdrücken.

Was befremdet eigentlich an all diesen Prädikationen? Daß unser unterkühltes Zeitalter die Emphase nicht mehr erträgt, versteht sich von selbst. Die Verbrüderung mit Hölderlin, der doch seine Person niemals zur Schau stellt, kommt uns indezent vor. Entscheidend ist wohl, daß hier eine Grenze nicht respektiert wird, die Hölderlin selbst sich strikte gezogen hat. Er hat nicht gesagt: mich senden die Götter, sondern: »Von Gott aus gehet mein Werk.«[11] Nicht: ich rufe den Neuen Gott, sondern: es kommt die Zeit, da der Gott »im Menschenwort ... wieder mit Namen, wie einst, sich nennet«.[12] Nicht: ich bin der Deutsche, sondern: »Ich verspräche gerne diesem Buche die Liebe der Deutschen.«[13] Und nicht: ich habe die Griechen erkannt, sondern: ich habe ihr Studium so lange fortgesetzt, »bis es mir die Freiheit, die es zu Anfang so leicht nimmt, wieder gegeben hatte«.[14] Was all diese Zitate kennzeichnet, ist nicht einfach Bescheidenheit, sondern das genaue Bewußtsein der Grenze zwischen dem, der spricht, und dem, wovon er spricht.

Spricht Hölderlin von den Göttern oder den Griechen oder dem Vaterland, dann sind das für ihn Absoluta, und er hat in der Weise, wie er von ihnen spricht, zum Ausdruck zu bringen, daß er selbst ganz und gar keine absolute Potenz, sondern ein bedingter Mensch ist, der äußersten Falles dazu taugt, diesen absoluten Wesenheiten mit seiner Dichtung zu dienen. Er nennt das »Schicklichkeit«, und diese ist es eigentlich, die man in den exaltierten Bekenntnissen der Entdeckergeneration vermißt. Aber vielleicht mußte, in Deutschland jedenfalls, ein solcher Preis für seine Entdeckung bezahlt werden. –

Die frühen Dokumente der Hölderlin-Renaissance sind ausführlicher zur Sprache gekommen, weil sie einen Grundton anschlagen. Von jetzt ab muß ich mich mit Hinweisen auf wenige Erscheinungen begnügen.

Zu ihnen gehört Heideggers Hölderlin-Verständnis. Da er weder Bekenntnisse ablegt noch Ortsbestimmungen vornimmt, sondern Texte Hölderlins erläutert, muß man aus der Art seiner Erläuterung schließen, worin er Hölderlins Gegenwart sah. Ich versuche, es an einem Punkt, eigentlich an einem einzigen Wort darzustellen. Es handelt sich um das Wort »stiften«, das Heidegger dem vielzitierten Satz der Hymne *Andenken* entnommen hat: »Was bleibet aber, stiften die Dichter.«

Auf den ersten Blick scheint dieser Vers zu besagen: Dichter stiften bleibende Werke, bleibende Werte vielleicht. Aber das wäre eine etwas banale – schon antike – Redensart, und von der Geschichte oft nicht bestätigt. Kaum glaublich, daß Hölderlin, noch dazu im Schlußsatz eines großen Gedichts, das gemeint hat. Auch werden Werke nicht gestiftet, sondern eben geschrieben. Gestiftet wird vielmehr, sagt nun Heidegger, das Wesen der Dichtung, und zwar ihr geschichtliches Wesen, das er mit einem Wort Hölderlins ihr Sein in »dürftiger Zeit«[15] nennt, zwischen den entflohenen Göttern und dem kommenden Gott. Das ist aber die Zeit schlechthin, und dürftig heißt sie, weil sie bedürftig ist, nämlich des Heils, das einmal da war – in Paradies oder goldener Zeit, wie der Mythus sagt – und das einmal wieder da sein wird – am Ende der Zeit, das Kosmogonien, Religionen und Weltanschauungen weissagen. Was aber in der Zeit bloß Negation ist – ein Nicht-mehr und ein Noch-nicht –, das füllt nun die Dichtung mit ihrem Wissen vom gewesenen und künftigen Heil aus, wie Hölderlin unablässig tut, und daran mißt sie den Wert der Gegenwart. Dichten ist ein

Sprechen aus dem Mangel, aus dem Nicht-Haben, aber Offen-Sein für das, worauf es ankäme. Und das sei, sagt Heidegger, das bleibende Wesen der Dichtung, welches die Dichter stiften.[16]

Man kann zweifeln, ob er den Vers »richtig«, d.h. im Sinne Hölderlins erläutert hat. Darauf kommt es nicht an. Denn wir müssen nur für das Heil oder die Hölderlinischen Götter die Wahrheit oder das Sein Heideggers einsetzen, um zu begreifen, daß er in Hölderlin sein eigenes Denken wiederfand. Denn wenn die Zeit der Horizont des Seins ist – mit diesem Satz endet *Sein und Zeit* – und wenn »Horizont« Heideggers Wort für das Offene ist, worin sich mir etwas erst zeigt, dann ist es nur noch ein Schritt zur Dichtung, die aus der Zeit, ja aus ihrer einmaligen Zeitsituation heraus gleichwohl die Wahrheit des Seins erscheinen lassen kann. Folgerecht formuliert er daher: »Dichtung ist worthafte Stiftung des Seins.«

Das ist eine hohe und anspruchsvolle Deutung, die Hölderlin unter die Gipfel der Geistesgeschichte, von den Vorsokratikern und Platon bis zu Schelling und Nietzsche, versetzt. Und seine Gegenwart ist dann eigentlich die Allgegenwart der Wahrheit oder des Seins zu jeder Zeit, vollkommen gleichgültig, wer sie erkennt und ob sie erkannt wird. Indessen begreift man: Heidegger tritt der einfältigen Meinung entgegen, gerade für uns heute habe Hölderlin geschrieben, wir seien seine legitimen Testamentsvollstrekker. Übrigens hat er bei seinem kurzen Irrtum über das Dritte Reich Hölderlin gänzlich aus dem Spiel gelassen. –

Dieses hat sich ja nun auch Hölderlins bemächtigt, allerdings erst in der Kriegszeit, als man bemerkte, er lasse sich zur sogenannten Stärkung des Wehrwillens verwenden. Das Vorwort Mergenthalers zum ersten Band der Stuttgarter Hölderlin-Ausgabe schließt mit den Versen Hölderlins:

> ... Lebe droben, o Vaterland,
> Und zähle nicht die Toten! Dir ist,
> Liebes! nicht Einer zu viel gefallen.

Damit sollte Stalingrad gerechtfertigt werden. Was an Reden dieser Jahre noch greifbar ist, dient ausschließlich der völkischen Idee und hat Bekenntnischarakter – Bekenntnis zum »heldischen Kämpfer«, zum »Verkünder eines neuen Vaterlandes«, zum »reinen Hüter der deutschen Sprache«, zum »schönen, hochgewachsenen

Germanen« sogar.[17] Schon diese Stereotypien zeigen, daß von einer ernst zu nehmenden Begegnung mit Hölderlin keine Rede sein kann. Die Verfasser haben es bisweilen wohl selbst bemerkt; denn am Ende gehen sie oft zur Du-Anrede an Hölderlin über – die ja auch die Schriftsteller des Regimes untereinander gebrauchten – als ob sie durch Kameraderie ersetzen müßten, was ihnen an Verständnis fehlte. –

Kein Dichter ist gegen den Mißbrauch durch Spätere geschützt. Aber warum eignet sich gerade Hölderlin zum Fahnenträger? Diese Frage ist auch an einen Teil der gesellschaftskritischen Interpretation unter linkem Vorzeichen zu richten. Folgender Vorgang ist zu beobachten:

1914 hat Walter Benjamin zwei Gedichte Hölderlins bedeutend interpretiert.[18] 1934 ist Georg Lukács' interessanter Aufsatz über den *Hyperion* erschienen.[19] Auf beide beruft man sich heute nicht, offenbar, weil Benjamin eine Ästhetik entwickelt, die sich politisch nicht verwerten läßt, und weil Lukács den Roman am Geschichtsbild des dialektischen Materialismus mißt, in dessen Spiegel er ihn für gescheitert hält. Auf der Basis dieser Schriften war keine Identifikation möglich. Erst Pierre Bertauxs Aufsatz über *Hölderlin und die Französische Revolution* von 1968[20], der das Wort vom Jakobiner Hölderlin in Umlauf gebracht hat, gab das Signal dazu, wobei sein dreißig Jahre älteres Hölderlin-Buch[21], das Ähnliches enthält, wieder unbeachtet blieb. In der zweiten Hälfte der sechziger Jahre war die Zeit reif, also gelang die Identifikation.

Was nun die heute überblickbaren Ergebnisse angeht, so ist nicht zu bestreiten, daß ein Element des Hölderlinischen Denkens ins Licht gerückt worden ist, das man nicht beachtet oder beiseite geschoben hatte. Es ist wahr, daß Hölderlins Auffassung der Natur und der Götter eng mit seiner Zeitkritik verflochten ist und daß nicht nur persönliche Erfahrungen, sondern auch das Gedankengut der Revolution Art und Ausdruck dieser Kritik geformt haben. Befremdend sind zwei Dinge: der Absolutheitsanspruch der neuen Deutung und eine Optik, deren leitende Begriffe oft nicht dem Werk Hölderlins, sondern der marxistischen Literaturtheorie entnommen sind.

Zwei Beispiele müssen genügen: Hölderlins Begegnung mit der Französischen Revolution hat ihren ersten Ausdruck in den Tübinger Gedichten gefunden, die in den Jahren der Revolution entstanden sind. Hätte man hier nachgeschaut – es ist nicht geschehen –, dann hätte man festgestellt, daß er die Parolen der Revolution nicht unbesehen, sondern in überlegter theologisch-philosophischer Auswahl und Deutung aufgenommen hat. Freiheit: ja, aber nicht nur von Fürstenwillkür, sondern für Liebe und schöpferisches Sein, die einen neuen Himmel und eine neue Erde gründen werden. Brüderlichkeit: auch ja, aber beschränkt auf den Kreis der Brüder, der Gleichgesinnten, der elitären »Priester« des neuen Geistes. Gleichheit aber: strikte nein; denn sie wäre eine Sache des Gesetzes und wider den Geist des Evangeliums. Was die Revolution sozial und moralisch gemeint hatte, stellt Hölderlin vor das Gericht einer religiösen Instanz, die älter ist als alle gesellschaftlichen Verhältnisse und nicht in ihnen aufgeht. Jede sozialkritisch zu interpretierende Stelle, auch seines späteren Werks, leitet das Recht ihrer Kritik von dieser Instanz ab. In ihrem Licht erhält aber das Gesellschaftsbild erst den Hölderlin eigentümlichen Sinn, und diesen schneidet die neue Deutung ab, wenn sie ihn nicht wahrnimmt oder für unerlaubte Metaphysik hält.

Das andere Beispiel betrifft den Leitbegriff »Prozeß«. Martin Walser hat in einer Rede[22] Hölderlins Götter »Prozeßfiguren« genannt, d.h. mythische Bilder oder Namen für gesellschaftliche Prozesse. Das sind sie allerdings, aber sie sind es unter der Voraussetzung eines Seins, ohne das sie sich nicht prozeßhaft äußern könnten. Nur weil die Götter *sind*, können sie geschichtlich wirken. Sie, die nach Hölderlin »voll Lebens allzeit«[23] sind, auf poetische Zeichen für etwas anderes und eigentlich Gemeintes reduzieren, heißt, sie um das bringen, weswegen Hölderlin sie Götter nennt.

Aber »Prozeß« ist ein Reizwort, das auch über der neuen Frankfurter Hölderlin-Ausgabe schwebt. Den Entstehungsprozeß Hölderlinischer Gedichte optisch überzeugend darzustellen, ist freilich die editorische Aufgabe, übrigens schon früher versucht. Aber so sehr in Hölderlins Werkstatt alles im Fluß ist, Flüsse haben eine Quelle und eine Mündung, d.h. die Gedichte entwickeln sich aus einem Konzeptionspunkt, den die fertige Gestalt einholt. Diese Entwicklung müßte man sichtbar machen, sonst wird der Entstehungsweg zum freischwebenden Prozeß, und Vernunft und Willkür in der Verknüpfung von Vorstufen und Varianten sind nicht mehr zu unterscheiden. Aber das ließe sich nur an einem Textbeispiel veranschaulichen. Hier ging es um die Faszination, die neue Leitbegriffe ausüben, weil sie etwas zeigen, das man bisher nicht gesehen hatte. Aber sie tragen ein Janusgesicht und verdecken etwas anderes, ohne welches das erste keinen Stand hat.

3.

Unsere zweite Frage hieß: warum wird Hölderlin immer wieder das Objekt ideologischer Deutungen; liegt es vielleicht an ihm selbst, daß er einmal für diese, einmal für jene Weltanschauung beschlagnahmt werden kann? Die Antwort muß wohl lauten: es liegt an ihm, und zwar nicht in erster Linie an seinen Anschauungen – Schiller denkt nicht weniger revolutionär und kühn –, sondern an einer eigentümlichen Beschaffenheit seiner poetischen Sprache. Ich meine das Verhältnis von Gesagtem und Gemeintem und versuche, es so zu erläutern:

In den Gedichten der Studentenzeit faßt man das Problem zum ersten Mal. Unter dem Einfluß Schillers sind sie ganz aus dem Gedanken konzipiert und feiern höchste Ideale und Werte wie Schönheit, Freiheit, Liebe, Harmonie und dergleichen. Für sie wollen sie den Leser in einem permanenten »sursum corda« entflammen. Darunter leidet aber das konkret Sinnliche des Gedichts, das Bild, die Anschauung, die Vorstellbarkeit des Gesagten. Der Gedanke wird mit einem Minimum an Stofflichkeit umkleidet, gerade so viel, daß aus gereimter Philosophie noch eben Gedichte werden. Hören Sie eine beliebig herausgegriffene Strophe; sie ist der *Hymne an die Unsterblichkeit* entnommen:

> Harret eine Weile, Orione!
> Schweige, Donner der Plejadenbahn!
> Hülle, Sonne, deine Strahlenkrone,
> Atme leiser, Sturm und Ozean!
> Eilt zu feierlichen Huldigungen
> All ihr großen Schöpfungen der Zeit,
> Denn, verloren in Begeisterungen,
> Denkt der Seher der Unsterblichkeit.

Der Sinn dieser unsinnlichen Verse ist etwa dieser: Wenn der Seher, d. h. der Dichter dieses Gedichts, den Gedanken der Unsterblichkeit denkt, dann ist das ein so feierlicher Weltaugenblick, daß der gesamte Kosmos, der ja bloß Materie, also nicht unsterblich ist, den Atem anhalten muß.

Hölderlin hat diesen Mangel bald bemerkt. In der »metaphysischen Stimmung« der Studentenjahre habe ihn eine »Scheue vor dem Stoff« beherrscht, die als Durchgangsphase vielleicht nötig, aber seiner Dichtung abträglich gewesen sei, schreibt er in einem Brief an Schiller.[24] Also muß er jetzt konkret werden, der Gedanke muß sich vollständig in Anschauung, Bild, Metapher und Mythus inkorporieren, der Geist sich in Natur zurückverwandeln. Wie Hölderlin das praktisch leistet und zugleich theoretisch – in seiner Ästhetik – begründet, wäre nur umständlich darzulegen. Fest steht, daß ihm die Bilder nicht wie Goethe zufließen; er muß sich das Stoffliche mühsam erobern und dazu eine gewaltige Reflexionsarbeit aufbringen.

Diese Anstrengung kann eine doppelte Folge haben: Entweder gelingt die Verbildlichung des Gedankens nicht ganz; dann bleiben Abstraktionsreste, die poetisch unterbestimmt sind. Oder sie gelingt zu gut; dann wird das Bild dermaßen dicht und schwer, daß es verschiedene Deutungen zuzulassen scheint. Die vollkommene Kongruenz von Bild und Gedanke, die man klassisch zu nennen pflegt, glückt nicht so oft, wie man meinen sollte. Glückt sie aber, dann entstehen Wundergebilde wie z. B. die erste Strophe von *Brot und Wein*, die beginnt:

Ringsum ruhet die Stadt; still wird die erleuchtete Gasse,
  Und, mit Fackeln geschmückt, rauschen die Wagen hinweg ...

Oder in *Patmos* die Verse (25–31), welche die Ankunft in Kleinasien schildern:

Doch bald, in frischem Glanze,
Geheimnisvoll
Im goldenen Rauche, blühte
Schnellaufgewachsen
Mit Schritten der Sonne,
Mit tausend Gipfeln duftend,
Mir Asia auf ...

Oder die Hymne *Andenken*, deren erste Strophe lautet:

Der Nordost wehet,
Der liebste unter den Winden
Mir, weil er feurigen Geist
Und gute Fahrt verheißet den Schiffern.

Geh aber nun und grüße
Die schöne Garonne,
Und die Gärten von Bourdeaux
Dort, wo am scharfen Ufer
Hingehet der Steg und in den Strom
Tief fällt der Bach, darüber aber
Hinschauet ein edel Paar
Von Eichen und Silberpappeln ...

Aber solche Strophen und Gedichte, die allerdings ihresgleichen nicht haben in der deutschen Literatur, stehen neben andern, die einen Überschuß entweder an Gedanklichkeit oder an Bildlichkeit aufweisen, letzteren namentlich in den späten Fragmenten, deren Verständnis das Fehlen der Zusammenhänge zusätzlich erschwert.

Und nun würde ich sagen: wenn hierbei entweder eine Unterbestimmtheit des Gedankens oder eine Mehrdeutigkeit des Bildes entsteht, dann ist für den Interpreten die Versuchung groß, im ersten Fall etwas in Hölderlins Text hineinzulesen, im zweiten, etwas aus ihm herauszulesen, das nicht ihm, sondern der eigenen, an ihn herangetragenen Erwartung entstammt. Beim Streit um die *Friedensfeier*, das große, erst vor zwanzig Jahren aufgefundene Gedicht, konnte man sehen, wie leicht das geschieht.

Das ist das eine: Hölderlin dichtet gleichsam ungesichert, zu wenig darauf bedacht, daß man seine Verse nicht anders verstehe, als er sie meint – womit kein Tadel, sondern eher das Gegenteil eines solchen ausgesprochen ist. Das andre sind die sachlichen Anreize, die von seiner Dichtung ausgehen. Sie liegen einmal in den Themen: Vaterland und Gemeingeist, Sehnsucht nach einem Zustand, »da Herrschaft nirgend ist zu sehn«[25], Mittleramt des Dichters zwischen Göttern und Menschen u. a. Vaterland kann nationalistische Instinkte ansprechen, Herrschaftsfreiheit das Bild der klassenlosen Gesellschaft wachrufen, der Mittler religiöse Erwartungen befriedigen. Jedes Thema ist für sich genommen ideologieträchtig, und nur ihr Zusammenhang könnte vor Übereilung schützen. Der zweite Anreiz liegt in Hölderlins unbedingter Zukunftsoffenheit, die gerade ihrer Unbedingtheit wegen so weiträumig ist, daß sie sich für die verschiedensten Zukunftshoffnungen – geistige, religiöse, gesellschaftliche – ausmünzen läßt. Ein dritter Anreiz schließlich liegt im Grundgestus seines Sprechens, dem Inständigen, manchmal Beschwörenden und fast immer Klangvollen, das eine Art magischer Wirkung auf solche ausüben kann, die Ideen haben und Kronzeugen für sie suchen. Ich will es nur an einer Strophe verdeutlichen, die immer wieder zitiert wird; sie steht in der Ode *Ermunterung*:

O Hoffnung! bald, bald singen die Haine nicht
Der Götter Lob allein; denn es kommt die Zeit,
Da aus der Menschen Munde sich die
Seele, die göttliche, neu verkündet.[26]

Die alte, schon homerische Formel »es kommt die Zeit, da ...« wirkt wie ein Signal. Was sie aber signalisiert, ist im Sinne unserer Überlegungen unterbestimmt, d. h. so allgemein gefaßt, daß es verschieden ausgelegt werden kann. Wird dann die Seele ins Götterlob der Natur einstimmen, oder wird sie vielmehr die Götter überflüssig machen, da sie ja selber göttlich ist und sich selbst verkünden wird? Und was verkündet sie dann konkret, welches Ideal, welchen Wert, welche Weltanschauung? Das alles bleibt in dieser einen Strophe offen und kann beliebig ausgedeutet werden, es sei denn, man halte in Hölderlins Gesamtwerk Umschau. Dann allerdings würde sich zeigen, daß die Selbstverkündigung der göttlichen Seele nicht die Götter entthront, sondern ihnen antwortet – »Echo des Himmels« heißt sie in demselben Gedicht (V. 1) –, und daß der Begriff Seele, weit, aber genau, folgende Bedeutungen umfaßt: innerstes Leben, Angewiesensein auf menschliches Miteinander, auf Wohlwollen, Liebe und Vertrauen, Hören auf die Natur, Bereitschaft, das Schicksal anzunehmen, Offenheit für die Zeichen und Winke des Gottes. Das Wesen der Seele ist, Organ zu sein; sie schließt auf und macht Dasein vernehmbar. Darum verbietet sich jede aktivistische Deutung der Strophe, gleich welcher weltanschaulichen Farbe und Herkunft.

4.

Es ist Zeit, daß wir zu unserer letzten Frage übergehen: Kann man Hölderlins Gegenwart, seine Präsenz im Bewußtsein unserer Zeit verstehen, ohne sich über eine Weltanschauung mit ihm zu identifizieren, aber auch ohne sich in eine interesselose Indifferenz zurückzuziehen? Und angenommen, es gelänge, träfe man dann etwas von dem, was unvoreingenommene Leser von heute veranlaßt, sich mit ihm zu beschäftigen? Ich versuche, die Frage unter vier Gesichtspunkten zu beantworten, und bin mir der Vorläufigkeit dieses Versuchs bewußt.

Hölderlins Dichtungen sprechen oft und gerade in ihren zentralen Partien von Dingen, die nicht vor Augen liegen und sich der Erfahrung entziehen. Sie sprechen von der verborgenen Natur, von den Himmlischen in einer Mehrzahl, von Urzeit und Endzeit und vom Sinn der Geschichte zwischen beiden, von lauter Unsichtbarkeiten also, zu denen ein Realist wenig Zugang hat; er ist geneigt, sie für Spekulation zu halten. Für Hölderlin aber sind sie Realitäten, die ihn unbedingt angehen. Also muß er, um sich verständlich zu machen, auch sagen, warum sie ihn unbedingt angehen, warum er von ihnen spricht. Nicht er, die Privatperson, sondern er, der Dichter, der sich öffentlich nur vernehmen lassen darf, wenn er etwas zu sagen hat, das auch andere betrifft. Er muß daher erläutern, was Dichtung ist und warum sie von Dingen spricht, an die wir gewöhnlich nicht denken. Im 17. und 18. Jahrhundert hätte man dergleichen in Vorreden oder Kommentaren erklärt; das ist nicht mehr möglich. Mithin muß Hölderlin die Rechenschaft über sein Dichten ins Gedicht selbst verlegen und zu einem Bestandteil des Gedichts machen. Tatsächlich enthalten fast alle Gedichte diese Reflexion, manchmal expressis verbis, manchmal in Bildlichkeit versteckt, und einige Gedichte, z. B. *Dichterberuf* oder *Wie wenn am Feiertage*, sind sogar ausschließlich diesem Thema gewidmet.

Aber die Not, sein Dichten rechtfertigen zu müssen, verwandelt Hölderlin in eine Tugend. Indem er im Gedicht Wesen und Recht des Dichtens mitdichtet, gewinnt er eine Dimension, die der üblichen Lyrik der Zeit fehlt. Will man sich gelehrt ausdrücken, so kann man sie die transzendentale Dimension nennen. In Analogie zu Kant, von dem der Begriff herrührt, würde das bedeuten: nicht nur von etwas sprechen, sondern von den Voraussetzungen sprechen, unter denen man überhaupt erst von etwas, also auch diesem Etwas, sprechen kann. Umso nötiger, wie gesagt, als es sich um Dinge handelt, die wir gewöhnlich außer acht lassen, aber nach Hölderlins Meinung beachten sollten, weil wir uns nur in ihrem Licht sinnvoll zum Täglichen verhalten können.

Auf diese Weise werden dem Leser Aussagen über die Natur, die Geschichte oder die Götter nicht einfach aufgedrängt, so daß er sie bloß annehmen oder ablehnen oder auf sich beruhen lassen könnte, sondern er wird zum Mitdenken eingeladen. Dessen Ziel wäre, zu begreifen, warum von solchen Dingen die Rede sein muß und warum gerade die Dichtung fähig und befugt ist, von ihnen zu reden. – Der Gedanke einer Transzendentalpoesie liegt übrigens in der Zeit. Der Romantiker Friedrich Schlegel hat ihre Theorie entworfen, verwirklicht hat sie jedoch Hölderlin, ehe sie ausgesprochen war.

Und nun würde ich sagen: Dieses Rechenschaft-Ablegen über das Dichten im Gedicht selbst ist uns nicht unbekannt. Moderne Lyriker wie Paul Celan, Johannes Bobrowski, Nelly Sachs und andere haben es vielfältig geübt. Sie haben nicht nur von den Toten des Kriegs, den ermordeten Juden, dem Wahnsinn der geistigen Selbstzerstörung gesprochen, sondern gezeigt, im Gedicht selbst gezeigt, daß Totengedächtnis und Zeiterkenntnis mit der Wahrheit zu tun haben, welche die Wirklichkeit immer verdeckt, und daß die Sprache des Gedichts ein Instrument sein kann, sie wieder freizulegen, »aus der Wortwand freizuhämmern«, wie Celan sagt. Wenn der Zeit die Wahrheit fehlt, deren sie bedürfte – wenn im Sinne Hölderlins »dürftige Zeit« ist –, dann muß die Dichtung von ihr sprechen und zugleich sagen, warum sie das tut. Nur so hat sie Aussicht, den Zeitgenossen zu erreichen.

Dieses Dichten des Dichtens scheint mir eines der Momente, die Hölderlins Gegenwärtigkeit ausmachen. Wahrscheinlich könnte man analoge Sachverhalte in anderen Künsten finden und z. B. von einem Malen des Malens sprechen, das ein Problem der modernen Malerei ist. Aber darüber ist hier nicht zu urteilen. –

Ein zweiter Gesichtspunkt: Hölderlins Rede von den Göttern, die sich in nahezu jedem Gedicht findet, müßte uns eigentlich befremden. Wenn in den Dichtungen seiner Zeitgenossen antike Gottheiten genannt werden, sind sie mythologischer Redeschmuck, Namen für etwas anderes: Bacchus für den Wein, Venus für die Liebe, Apollon für die Dichtkunst usf. Hölderlin aber meint diese Götter selbst und spricht von ihnen wie einer, der an sie glaubt. Warum nehmen wir ihm das ab, obwohl sie für uns keine Realität mehr sind? Offenbar darum, weil uns Hölderlin seine Rede von den Göttern erklärend nahebringt.

Er geht – ich fasse viele Äußerungen zusammen – von der Alternative aus: Entweder bin ich, der Mensch, absolut – ein absolutes Ich im Sinne Fichtes –, dann ist die Wirklichkeit nur mehr das Produkt meines Erkennens und Handelns; ich erschaffe sie. Oder die Wirklichkeit ist absolut, dann bin ich nur ein Stück von ihr und mit meiner ganzen Existenz ihr Knecht; so etwa denkt die moderne Literatur auf weite Strecken. Im ersten Falle, fährt Hölderlin fort, fehlt mir der Lebensstoff, im zweiten die Geistesfreiheit; weder so noch so kann ich existieren. Also muß ich das Verhältnis von Ich und Wirklichkeit anders denken: beide gleich selbständig, aber aufeinander angewiesen, gleichsam Partner eines wechselseitigen Bedürfnisses. Nicht nur ich brauche die Wirklichkeit, sie braucht auch mich. Aber brauchen – wenn dieses Wort nicht nur eine ethische Pflicht, sondern einen existentiellen Bezug ausdrücken soll – brauchen kann einen nur ein ichförmiges Wesen. Diese Ichform hat die Wirklichkeit, wofern in ihrer scheinbar anonymen Dinglichkeit Kräfte von Wesen am Werk sind, die um ihrer Allgegenwart und Seinsfülle willen nur »Götter« heißen können.

Die Götter brauchen auch den Menschen. Warum? Weil sie in ihrer Absolutheit zwar *sind*, aber nichts von sich wissen und darum dessen bedürfen, der weiß. Das ist der Mensch, der als ein Endlicher und gleichsam zum Ersatz für den Verlust des Paradieses Denken und Wissen entwickelt hat. Denken, Wissen und – Sprechen. Der eigentlich Sprechende ist der Dichter; ihn brauchen die Himmlischen, wenn sie ihrer selbst gewahr werden, d. h. im Gedicht, das von ihnen spricht, sich erkennen sollen. Aber ich drücke diesen Gedanken besser mit Hölderlins eigenen Worten aus, die in der *Rhein*-Hymne (V. 109-114) stehen:

> Denn weil
> Die Seligsten nichts fühlen von selbst,
> Muß wohl, wenn solches zu sagen
> Erlaubt ist, in der Götter Namen
> Teilnehmend fühlen ein Andrer,
> Den brauchen sie ...

– den Dichter. Er ist sich seines Dienstes bewußt: nur teilnehmend und nur in der Götter Namen, also nicht in eigener Machtvollkommenheit, darf er sie fühlen und das Gefühlte aussprechen. Jede Hybris nach Art der idealistischen Metaphysik, die ihren Gottesbegriff autonom zu entwerfen pflegt, wird zurückgewiesen.

Damit kommen wir zum Ausgang der Frage zurück: Wenn die Götter die Sterblichen brauchen, dann lassen sie diese in ihrer Selbstheit bestehen, obwohl sie ihre Herren sind. Im gegenseitigen

Angewiesensein der Menschen auf die Götter und der Götter auf die Menschen entsteht ein Zustand des Vertrauens, in dem es Herren und Knechte nicht mehr gibt, weil ihr Unterschied bedeutungslos geworden ist. In ihm drückt sich Hölderlins elementarstes Lebensbedürfnis aus. Daher in seinen Gedichten die Bilder vom leichten Umfangensein des Dichters durch die liebende Natur, vom allmorgendlichen Besuch des Sonnengottes beim Kentauren Chiron, der den Dichter versinnbildlicht, von der Einkehr der Himmlischen, wenn die Zeit erfüllt ist, vom Brautfest der Götter und Menschen am Feierabend der Geschichte.

So betrachtet wird uns Hölderlins Rede von den Göttern verständlich. Und auch das ist ein Gedanke, der unserer Gegenwart nicht fremd ist. Die Theologie z. B. redet, seitdem sie den von Karl Barth aufgerissenen Graben zuzuschütten begonnen hat, mehr und mehr von einem Gott, der auch die Menschen braucht. Ähnliches findet man bisweilen in der modernen Literatur; und Worte wie »Gott schweigt« oder »Gott ist tot«, begreiflich nach den Schrecken des Kriegs und des Dritten Reichs, haben einer vertieften Besinnung Platz gemacht. Was jedoch Hölderlin angeht, so muß man, wenn man ihn liest, den Gedanken jenes wechselseitigen Brauchens nicht ausdrücklich vollziehen. Der Tenor, in dem er von den Göttern spricht, genügt, um das Vertrauensverhältnis zu empfinden, das seine Rede von ihnen glaubwürdig macht. –

Ein dritter Gesichtspunkt betrifft Hölderlins Prophetien, die stets eine Wiederkehr der Himmlischen voraussagen. Warum akzeptiert man auch diese, obwohl an ihre Erfüllung, jedenfalls in meßbarer Zeit, nicht gedacht sein kann?

Darum, weil sie, mit dem schon einmal zitierten Wort, in vollendeter »Schicklichkeit« vorgetragen sind. Von der »Schicklichkeit, mit der man in göttlichen Dingen verfahren« müsse, spricht Hölderlin in einem Brief.[27] Er meint, menschlicher Rede von den Göttern sei eine Grenze gesetzt, und diese bestehe darin, daß die Götter niemals in dem, was sie selber und für sich sind, beschrieben oder gedeutet werden dürfen. Denn aussprechen, was sie unserem Anblick entziehen, wäre wiederum Hybris. Darum nennt er denn auch in den Gedichten allein ihre Zeichen, Gaben, Spuren und Winke, das also, was sie offenbaren, was er, so sagt er in einem Brief, glaubt »schauen zu können von Gott«.[28]

In der Strophe von *Brot und Wein* z. B., welche die Einkehr der

Himmlischen schildert:

Unempfunden kommen sie erst, es streben entgegen
Ihnen die Kinder, zu hell kommet, zu blendend das Glück ...
und hernach:
... dann aber in Wahrheit
Kommen sie selbst und gewohnt werden die Menschen des Glücks
Und des Tags und zu schaun die Offenbaren ...

In dieser Strophe ist einzig von der Antwort der Menschen auf das unerhörte Ereignis die Rede. Kein Wort beschreibt oder deutet die Götter selber; denn sonst würden sie Produkt der menschlichen Erkenntnis und hörten auf, Götter zu sein. Die Theologie des verborgenen Gottes bildet den Hintergrund dieses Verhaltens.

Förmlich ausgesprochen wird das Prinzip in der Hymne *Germanien* (V. 87-96); angeredet ist die Jungfrau Germania:

Denn Sterblichen geziemet die Scham,
Und so zu reden die meiste Zeit,
Ist weise auch von Göttern.
Wo aber überflüssiger, denn lautere Quellen
Das Gold und ernst geworden ist der Zorn an dem Himmel,
Muß zwischen Tag und Nacht
Einstmals ein Wahres erscheinen.
Dreifach umschreibe du es,
Doch ungesprochen auch, wie es da ist,
Unschuldige, muß es bleiben.

Selbst wenn das Wahre – die »aletheia«, die Offenbarkeit der Himmlischen – erscheint, darf sie nur dreifach umschrieben, d. h. in Symbole verhüllt genannt werden, und ihr Innerstes muß sogar ungesprochen bleiben.

Diese Schicklichkeit wäre nun nicht völlig erfaßt, wenn man sie nur für fromme Scheu hielte, die dem Heiligen nicht nahetreten will. Indem sich Hölderlin auf das beschränkt, was er »schauen kann von Gott«, begrenzt er auch den Geltungsbereich der Dichtung, und gerade dadurch macht er ihn sichtbar. Der Leser wird nicht mit Wahrsagungen konfrontiert, deren Herkunft und Recht ihm dunkel bleiben, sondern es wird ihm Einblick in ihr Woher gegeben. Dies grundsätzlich genommen heißt aber: Das Gemachtsein des Werks wird nicht verleugnet, als ob es inspiratorisch empfangen wäre, sondern es wird offen dargelegt. Hölderlin gibt dem Leser zu verstehen: soviel habe ich wahrgenommen, davon berichte ich, mehr kann mein Gedicht nicht geben. In dieser Haltung dürfte er der Gegenwart am nächsten kommen. –

Ein letzter Gesichtspunkt ist wieder mit einer Grunderfahrung Hölderlins zu beschreiben. Es ist die des Geschiedenseins – von der goldenen Zeit, von den entflohenen Göttern, von der Natur, der Geliebten, dem Vaterland –, welche die Sehnsucht nach Vereinigung hervorruft. Nun ist aber Geschiedenheit nicht nur ein Negativum; sie sichert auch das Selbstsein des Ichs. Desgleichen ist Einheit nicht nur ein Positivum; sie kann, wenn sie ekstatisch erzwungen wird, in die Nacht der Unterscheidungslosigkeit führen, die Hölderlin in der mystischen Todessehnsucht, im dionysischen Rausch und dergleichen Grenzzuständen gewahr wird. Das Ideal wäre daher eine Mitte, in welcher das Ich, wiewohl eng mit dem Du oder dem Ganzen verbunden, dennoch es selbst und bei sich bliebe. Hölderlins Wort dafür heißt »Innigkeit«, das er im *Hyperion* mit dem Heraklitischen »hen diapheron heauto«, dem Einen, in sich Unterschiedenen, erläutert.[29]

Dieses Prinzip oder Modell übersetzt er nun gerne in musikalische Metaphern, in »Harmonie« für simultane und in »Melodie« für sukzessive Einheit des Verschiedenen. Daß diese Begriffe die nächste Beziehung zu seiner Dichtung haben, die in Rhythmen und Sprachmelodie ja auch ein quasi-musikalisches Gebilde ist, leuchtet ein. Indessen geht es ihm nicht um autonome Gesetze der Kunst, sondern um das Verhältnis der Kunst zur Wirklichkeit. Auch die Wirklichkeit ist nämlich in Rhythmen bewegt, und damit sind nicht nur Tag und Nacht oder die Jahreszeiten, sondern die großen Perioden der Weltgeschichte gemeint. Dieses »Wechseln und Werden« nennt er schließlich, weil es ihr Werk ist, die »Sprache der Götter«.[30] Ihr also entspricht und antwortet zuletzt das Gedicht, wenn es sich im Wechsel seiner Rhythmen und Töne vollzieht. Es ist, mit dem schon einmal zitierten Wort, »Echo des Himmels«.

Daß nun Hölderlin diese Überlegungen nicht Theorie bleiben ließ, sondern in der Musik seiner Strophen, auch seiner Prosa, verwirklicht hat, das erklärt wohl zu einem guten Teil das Charisma seiner Verse und den gespannten Duktus seiner Sprache, das Anmutige und zugleich Energische einer Poesie, der in ihrer Zeit und im ganzen 19. Jahrhundert nichts Vergleichbares an die Seite zu stellen ist. Auch hierin dürfte, am meisten für den von Philologie nicht belasteten Leser seiner Dichtungen, ein Moment seiner ungebrochenen Gegenwärtigkeit liegen. –

5.

Wir haben, um uns Hölderlins Präsenz in unserer Zeit zu erklären, vier Grundzüge seiner Dichtung beschrieben. Zuletzt fragen wir nach ihrem inneren Zusammenhang. Er muß in dem Verständnis von Dichtung liegen, dem sie entspringen.

Dieses läßt sich, formelhaft verkürzt, durch den Satz wiedergeben: Dichtung ist endliche Rede im Licht des Absoluten. Damit ist zunächst gesagt, was Hölderlins Dichtung *nicht* sein will. Nicht »absolute Poesie« im Sinne des Symbolismus, der hundert Jahre später für die ästhetische Autonomie des Kunstwerks dieses Programmwort erfand. Absolut kann im Zeitalter der Metaphysik nur heißen, was aus sich selbst, also unbedingt ist – die Natur, der Weltgeist, Gott –, und alles Gemachte, auch das Kunstgebilde, ist seiner Gemachtheit wegen endlichen Wesens. Aber auch, was man »Poesie des Absoluten« nennen müßte, verbietet sich Hölderlin. Das Absolute dichten wäre selbstherrlicher Entwurf, analog jenem Denken des Absoluten in der idealistischen Philosophie, von dem wir sprachen. Nur im Licht des Absoluten darf sich und soll sich die Dichtung bewegen, womit gesagt ist: sie hat Seiendes im Sinnhorizont des Seins darzustellen, aber dieses selbst zu berühren, steht ihr nicht zu. Oder um im Bild zu bleiben: sie hat das Licht widerzuspiegeln, aber nicht den Grund aufzudecken, aus dem es fließt. Damit stellt Hölderlin seine Dichtung unter das dreifache Gesetz: die Wirklichkeit hier und jetzt ganz ernst nehmen, trotzdem für das Unbedingte jenseits ihrer immerzu offen bleiben, aber niemals es beherrschen und dergestalt sich in eine philosophisch oder ästhetisch oder mystisch erzwungene Weltüberlegenheit retten wollen. Daß ein solcher Dichtungsentwurf stärkste Spannungen auszuhalten verlangt, begreift man, und vielleicht erscheint Hölderlins letztes Schicksal in diesem Aspekt nicht unverständlich.

Jetzt können wir dem Satz, Dichtung sei endliche Rede im Licht des Absoluten, die beschriebenen Züge seiner Dichtung zuordnen. Wenn das Absolute ihre Instanz ist, muß sie sich begründen und über Wesen und Recht ihres Tuns Auskunft geben. Da sie nur den Lichtkreis des Absoluten betreten darf, hat sie, in schicklicher Zurückhaltung, sich mit dem zu begnügen, was sie in diesem Licht erblickt. Ihre Endlichkeit macht, daß sie nur Dienst sein kann, obwohl oder weil sie von den Gestalten des Absoluten, den Himmlischen, gebraucht wird. Deshalb versteht sie ihre Rede als Antwort auf die Sprache der Götter, die sie im Leben der Welt gewahr wird. So etwa läßt sich der Zusammenhang zwischen Hölderlins dichterischem Selbstverständnis und den Grundzügen seiner Dichtung erläutern.

Von hier ist ein letzter Blick auf das Thema dieser Betrachtung zu werfen. Das technologische Denken der Gegenwart hat, wo es an den Rändern seines Geltungsbereichs gleichsam übergequollen ist, zwei Vorstellungen aufkommen lassen, die in Lebensgefühl und Populärwissenschaft ihr Wesen treiben. Die eine liegt in dem bekannten Satz: Dasein ist machbar. Die andre reduziert das Bewußtsein auf psychische Mechanismen, deren wir nicht Herr sind, so daß es wie etwas Gemachtes erscheint. Diese Disproportion von innerer Bedingtheit und fast grenzenlosen Möglichkeiten nach außen trägt zu Unbehagen, Angst vor der Zukunft, Lethargie und anderen Bedrückungen bei, die jedermann kennt. Das Wesen dieser Disproportion liegt aber darin, daß sie die Vorzeichen von Innen und Außen vertauscht. Aus Freiheit der Selbstbestimmung ist Freiheit der Weltveränderung geworden und aus den Fesseln der Realität das Gefängnis eines Subjektes, das fremder Gewalt untersteht. Wie ein solches Ich die Wirklichkeit noch erreichen oder gar formen soll, ist nicht einzusehen; die beiden Hälften unserer Existenz scheinen auseinandergebrochen zu sein. Wie sollen wir uns helfen?

Daß eine Flucht in frühere Anschauungen, bei denen uns wohler war, nicht angeht, leuchtet ein; Technik und Psychoanalyse haben Fakten erbracht, die sich nicht mehr zurücknehmen lassen, und gar Hölderlin als Kronzeugen für eine noch intakte Welt anzurufen, wäre Verfälschung. Indessen haben wir ja gesehen: er postuliert keine unbedingte, sondern die endliche Freiheit des Ichs, die annimmt, was ihr gegeben ist – ihr Selbst und das Seiende –, und nur die Wahl hat, sich zu beiden so oder so zu verhalten. Und seine Wirklichkeit ist keine dunkle Wand, sondern, um ein Wort Hegels zu gebrauchen, von »Fenstern zum Absoluten« erhellt, in deren Licht Endlichkeit und Freiheit, Sein und Sollen erst ihren

Sinn erhalten. Hüben und drüben also Grenzen und Offenes, Minus und Plus, und jedenfalls nicht die tötenden Einseitigkeiten, die Utopien und Ängste zu beherrschen pflegen. Diese aber sind, wie alle Radikalismen, an ihr Zeitalter gebunden. Hölderlins sachgerechtere und darum geistigere Ansicht erschöpft ihre Gültigkeit nicht in dem ihren. So betrachtet kann uns auch sein Daseinsverständnis, nicht nur sein Dichtungsentwurf, über fast zweihundert Jahre hinweg etwas bedeuten.

Anmerkungen

1 *Der Winter,* II 296.
2 *Der Archipelagus,* V. 251; II 110.
3 *Der Rhein,* V. 6; II 142.
4 *Der Einzige,* 1. Fassung, V. 104; II 156.
5 Wilhelm Dilthey, *Das Erlebnis und die Dichtung. Lessing, Goethe, Novalis, Hölderlin. Vier Aufsätze,* Leipzig 1906, S. 283.
6 Friedrich Gundolf, *Hölderlins Archipelagus,* Heidelberg 1911. Wieder abgedruckt in: *Hölderlin. Beiträge zu seinem Verständnis in unserem Jahrhundert,* hg. v. Alfred Kelletat, Tübingen 1961 (Schriften der Hölderlin-Gesellschaft 3), S. 13, 14, 16.
7 Stefan George, *Hölderlin,* in: Blätter für die Kunst 11/12 (1919), S. 11-13. Wieder abgedruckt in: *Hölderlin. Beiträge zu seinem Verständnis* (wie Anm. 6), S. 2 f.
8 Norbert von Hellingrath, Vorreden zu Bd. 1 und 4 der historisch-kritischen Ausgabe der *Sämtlichen Werke* Hölderlins (1913, 1916), in: *Hölderlin. Beiträge zu seinem Verständnis* (wie Anm. 6), S. 18, 19, 23, 24.
9 An Böhlendorff, November 1802; VI 433.
10 Gustav Landauer, *Friedrich Hölderlin in seinen Gedichten,* in: Die weißen Blätter 3 (1916). Wieder abgedruckt in: *Hölderlin. Beiträge zu seinem Verständnis,* S. 73.
11 Bruchstück 39; II 326.
12 *Ermunterung,* V. 27; II 34.
13 Vorrede zum *Hyperion;* III 5.
14 An Schiller, 2. Juni 1801; VI 422.
15 *Brot und Wein,* V. 122; II 94.
16 Martin Heidegger, *Hölderlin und das Wesen der Dichtung,* in: Das Innere Reich 3 (1936). Wieder abgedruckt in: *Hölderlin. Beiträge zu seinem Verständnis,* S. 137, 142.

17 Vor allem die Ansprachen von Gerhard Schumann und Hermann Burte in: Iduna. Jahrbuch der Hölderlin-Gesellschaft 1 (1944), S. 16 ff. und 160 ff.

18 Walter Benjamin, *Zwei Gedichte von Friedrich Hölderlin* (geschrieben 1914/15), in: *Hölderlin. Beiträge zu seinem Verständnis*, S. 32 f.

19 Georg Lukács, *Hölderlins Hyperion*, in: G. L., *Werke*, Bd. 7, Neuwied/Berlin 1964, S. 164-184.

20 Pierre Bertaux, *Hölderlin und die Französische Revolution*, in: Hölderlin-Jahrbuch 1967/68, S. 1-27.

21 Pierre Bertaux, *Hölderlin. Essai de biographie interne*, Paris 1936.

22 Martin Walser, *Hölderlin zu entsprechen*, in: Hölderlin-Jahrbuch 1969/70, S. 1-18.

23 *Der Rhein*, V. 199; II 148.

24 An Schiller, August 1797; VI 249.

25 *Friedensfeier*, V. 28; III 534.

26 *Ermunterung*, 1. Fassung, V. 13-16; II 33.

27 An Christian Gottfried Schütz, Winter 1799/1800; VI 381.

28 An Böhlendorff, 4. Dezember 1801; VI 427.

29 *Hyperion*, III 81.

30 *Der Archipelagus*, V. 292; II 111.

Vom Geist der Geschichte*

I.

Das Wort »Geist der Geschichte« ist nach Analogie ähnlicher Ausdrücke Hölderlins gebildet: »Geist der Zeit«, »Geist der Welt«, »Geist der Natur«, »Geist der Erde«. Daß ein Geist der Geschichte in seiner Sprache nicht vorkommt, spricht nicht gegen seine Existenz in seinem Denken, sondern hat einen rein sprachgeschichtlichen Grund.

Wir verstehen unter Geschichte eine Folge zusammenhängender Begebenheiten oder generell den Inbegriff alles je Geschehenen. Zu Hölderlins Zeit hörte man im Singular Geschichte noch das, was geschieht, das einzelne Ereignis, etwa im Sinne unserer Redensart: Das ist eine schöne Geschichte. Für Geschichte in unserem Sinn gebrauchte man gerne den Plural. »Vierundzwanzig Bücher allgemeiner Geschichten« heißt ein Werk von Johannes Müller, und Schiller kann sagen: das ist »ohne Beispiel in der Welt Geschichten«, sagt allerdings auch schon: »Die Weltgeschichte ist das Weltgericht.«

Hinzu kommt die zweite Bedeutung des Wortes, deren man sich damals noch deutlicher bewußt war: Geschichte im Sinne von »historia«, d. h. Bericht über etwas und damit Kenntnis und Wissen von diesem Etwas. Das Fach Naturgeschichte – historia naturalis – bedeutete Naturkunde, nicht Entwicklungsgeschichte der Natur, und Winckelmanns »Geschichte der Kunst des Altertums« ist mit Darstellung, nicht Entwicklung der Kunst des Altertums zu übersetzen. Die Geschichte ist das Buch, nicht sein Gegenstand. Heute kann man durch den Artikel unterscheiden. *Die* Geschichte studieren heißt: sich mit Geschehenem befassen, Geschichte studieren heißt: Geschichtswissenschaft betreiben.

An dieser Mehrdeutigkeit des Wortes liegt es wohl, daß Hölderlin es fast ganz vermeidet. In Prosa kommt es wenige Male in wechselnden Bedeutungen vor, in den poetischen Werken ersetzt er es durch Wörter wie »Zeit«, »Vergangenes«, »Schicksalstage«, »Taten der Welt« im Sinne der »res gestae«, das »Wechseln und Werden« und ähnliche.

Was nun den »Geist« der Geschichte angeht, so ist damit nicht ihr Sinn gemeint, ihr Logos, sondern, theologisch ausgedrückt, ihr Pneuma. Sprächen wir vom Sinn der Geschichte, so gerieten wir in das Problem der modernen Geschichtsphilosophie: Hat die Geschichte einen Sinn, oder gibt erst der sinnbedürftige Geschichtsbetrachter ihr diesen Sinn, ist sie schon von sich her Geschichte, oder ist sie ein bloßes Geschehen, welches der deutende Historiker zur Geschichte macht? Gilt aber das zweite, dann stehen wir, weil Geschichtsdeutungen ihrerseits historische Phänomene sind und dem Wandel der Sehweisen unterliegen, vor dem bekannten Zirkel: Ohne Deutung gibt es keine Geschichte, und mit ihr büßt sie ihre Eindeutigkeit ein.

Solche Überlegungen erspart uns Hölderlins Frage nach dem Geist der Geschichte. Denn dieser Geist entstammt nicht unserer Deutung, er wohnt der Geschichte selbst inne, und an uns ist es nur, ihn herauszuholen und zu erkennen. Das Produkt dieser Erkenntnis können wir dann den Sinn der Geschichte nennen, aber wieder ohne Berufung auf Hölderlins Sprache, die »Sinn« nur in der Urbedeutung von »sensus« kennt, Aufnahmeorgan, fast mit »Seele« identisch: »es irrt der Zwist den Guten nicht den Sinn.«[1] Meint er die Bedeutung von etwas, das, was wir den Sinn einer Sache nennen, dann sagt er nicht »Sinn«, sondern eben »Geist«. Hyperion z. B. fügt einem nicht im Wortlaut wiedergegebenen Gespräch mit Diotima den Satz hinzu: »Ich gebe dir den Inhalt, den Geist davon.«[2]

Aber was versteht Hölderlin nun unter Geist? Er gebraucht dieses Wort sehr häufig und je nach dem Zusammenhang auch in verschiedenen Bedeutungen. Vier Momente scheinen jedoch konstitutiv zu sein: Geist ist eine Kraft, diese Kraft bewegt und ordnet das Element, in dem sie wirkt, sie selbst ist aber unsichtbar, darum kann sie begriffen oder verkannt, sogar mißbraucht oder gänzlich übersehen werden.

Indessen erfaßt das Wort »Kraft« das Wesen des Geistes noch unvollkommen. Auch physische Kräfte bewegen und ordnen ihre Materie, jedoch unter Gesetzen, von denen sie nichts wissen. Der Geist aber weiß um sich, sein Bewegen und Ordnen verfolgt Ziele, die er selber entworfen hat, und seine Kraft lenkt ein Wille. Er ist, mit einem Wort, menschenähnlich gedacht, so daß das Medium, worin er wirkt, es sei die Natur oder die Geschichte, Subjektcharakter erhält. Daher sind die Reaktionen des Menschen – das richtige, das falsche, das fehlende Begreifen – eigentlich Antworten in einem Dialog.

Nun gibt es Dialoge, die um einer Sache willen geführt werden müssen, und andere, worin Personen sich begegnen wollen, zweckgebundene und freie. Von der ersten Art ist der Dialog mit dem Geist der Geschichte, von der zweiten der mit dem Geist der Natur. Denn die Natur wünscht zwar den sie verstehenden Menschen, aber sie ist nicht auf ihn angewiesen und nimmt keinen Schaden, wenn seine Antwort ausbleibt. Sie lebt fort »in unendlicher Jugend, und ihren Herbst und ihren Frühling könnt ihr nicht vertreiben, ihren Aether, den verderbt ihr nicht«[3], sagt Hyperion – Zeitgenosse einer Welt, in der es noch keine Naturzerstörung gab. Anders verhält es sich mit der Geschichte. Denn der Mensch ist nicht nur ihr Empfänger, sondern auch ihr Gestalter und hierin gleichsam der Partner des Geistes der Geschichte. Die Frage, wes Geistes Kind er sei, ändert am Gang der Natur nichts, am Gang der Geschichte alles. Zwei Gedichtstellen sollen diese Anschauung verdeutlichen.

Die Ode *Der Frieden*, 1799 entstanden, dämonisiert die Ereignisse des zweiten Koalitionskrieges zum apokalyptischen Bild einer »unerhörten Schlacht«, in welcher die »Nemesis« Ernte hält. Denn was da geschieht, ist nicht »von heut ... und nicht von gestern«. Seitdem Sterbliche »das Maß verloren« und »um Herrschaft« sich zanken, liegt ein »Fluch« auf dem »gärenden Geschlechte«, daß wilde Wünsche, »dem Chaos gleich«, seinen Sinn verdunkeln. Die Welt befindet sich im status corruptionis, und die Geschichte ist der Ausdruck davon. – Dann, in der Peripetie des Gedichts (V. 37-40), wendet Hölderlin sich der Natur zu:

> Du aber wandelst ruhig die sichre Bahn
> O Mutter Erd im Lichte. Dein Frühling blüht,
> Melodischwechselnd gehn dir hin die
> Wachsenden Zeiten, du Lebensreiche!

Kein Weltgeschehen kann die Natur beirren, Geist und Antigeist des Menschen berühren ihren Gang nicht.

Um so mehr den der Geschichte. Denn was der Mensch aus ihr macht und was ohne sein Zutun geschieht, beides spiegelt ihn wider, weil auch seine Antwort ihr Gesicht verändert. Die Elegie *Brot und Wein* entwirft das Bild der Heilsgeschichte vom goldnen Zeitalter der Griechen über Christus bis heute. Dieses Heute steht, wie immer bei Hölderlin, im Zeichen des vorletzten Äons der

Welt, ehe sie endgültig erlöst sein wird. Aber die Menschheit weiß es nicht. Wenige sind bereit, die Menge der Ursprungsvergessenen scheint zu triumphieren, analog dem letzten Aufstand des Antichrists. Von diesen heißt es (V. 152-154):

> aber so vieles geschieht,
> Keines wirket, denn wir sind herzlos, Schatten, bis unser
> Vater Aether erkannt jeden und allen gehört.

Was auch geschieht, es wirkt nicht, weil den Empfängern des Geschehens das Herz fehlt, das Organ des Fühlens und Verstehens. Wirkt aber die Geschichte nicht, dann besitzt sie nach Hölderlins Sprachgebrauch auch keine Wirklichkeit. Darum das Bild unseres Schattendaseins wie im Hades. Der Geist der Geschichte befindet sich gleichsam in einem schalltoten Raum, solange er nicht erkannt ist und im »Gemeingeist« allen gehört. Denn »Vater Aether« ist nur der mythische Name des Geistes der Geschichte; der Äther versinnbildlicht den Geist, und der Vater ist stets der »Herr der Zeit«.

Die beiden Textstellen besagen also: Der Geist der Natur wirkt ungehindert, der Geist der Geschichte erfährt die Gegenwirkung des Menschen. Es ist, als ob die Mauer des Paradieses unsichtbar noch immer die Natur umgäbe, das Feld der Geschichte ist offen und kann so gut Kampfplatz wie Festplatz werden. Dort wirkt der Geist, so weit seine Sphäre reicht, hier reicht seine Sphäre, so weit er wirkt.

Ehe wir fortfahren, möchte ich festhalten, was bis jetzt ermittelt ist. Hölderlins Geist der Geschichte ist keine Idee, kein Produkt einer Geschichtsdeutung, sondern eine Realität. Diese Realität ist kein Faktum, eine Mentalität von Zeitaltern z. B., die man historisch erklären kann, sondern eine Potenz. Und diese Potenz ist kein Neutrum wie eine naturgesetzlich wirkende Kraft, sondern eine Person, die ein Ziel der Geschichte im Auge hat, es einmal auch herbeiführen wird, bis dahin aber mit einer Menschheit rechnen muß, die ihr Tun hemmen oder fördern kann. Mit anderen Worten: Für Hölderlin ist der Geist der Geschichte weder ein spekulativer Entwurf noch ein geistesgeschichtlicher Sachverhalt, sondern eine Erfahrung, die er sich mit religiösen Kategorien deutet. Ob wir einen solchen Gott der Geschichte, bei aller Nähe zu christlichen Denkformen, akzeptieren oder doch für einen spekulationsgeborenen Mythus halten, ist eine andere Frage. Die

Kritik stellen wir zurück, bis wir Hölderlins Konzeption ganz erfaßt haben.

Denn die nächste Frage muß lauten: Was ist das für ein Gott, dessen Macht am Verhalten von Menschen ihre Grenze findet? Die Antwort wird davon abhängen, wie man diese Begrenztheit interpretiert. Es gibt Grenzen, die gesetzt sind, und andere, die man sich selber setzt, und offenbar gilt für den Gott der Geschichte, wie für jeden Gott Hölderlins, das zweite. Denn immer wieder stößt man auf Äußerungen wie: »Möglichst dulden die Himmlischen dies«[4] oder: »so sehr schonen die Himmlischen uns«[5], auch: »Zweifellos ist aber der Höchste. Der kann täglich es ändern.«[6] Wenn die Geschichte den Absichten des Gottes zuwiderläuft, dann geschieht das mit seiner Zulassung. Eben damit beweist er aber seine Absolutheit. Geschähe nur, was er will, dann wäre er kein absoluter, sondern ein absolutistischer Gott. Denn der will eine Welt, die ihn widerspiegelt, damit er in ihrem Bild sich selber genieße, wie die Sonne nur sieht, was sie beleuchtet. Diese Gottesvorstellung, die eigentlich barock gedacht ist – »Serenissimus«, »Sonnenkönig« –, hat hier nichts zu suchen. Hölderlins Gott ist auf den Menschen bezogen und will die wirkliche Welt sehen, also auch den Schatten, worin sein Licht, wenn es wahrgenommen wird, sich erst als Licht erweist. Er will, mit einem Wort, daß Geschichte sei, wozu Freiheit und Entscheidung gehören, nicht ein nach seinem Entwurf abrollender Naturprozeß.

Hierin liegt, um es hinzuzufügen, Hölderlins Theodizee. Die Fürchterlichkeiten der Geschichte widerlegen den Gott nicht. Denn die Welt ist nicht seine Ausströmung, also gleichen Wesens wie er, sondern seine Schöpfung und von ihm unterschieden. Er hat sie bestimmt, sie selber zu sein, und nimmt ihre Freiheit in Kauf, auch wo sie ihm widerstrebt, weil das, was er mit ihr vorhat, nur durch ihr freiwilliges Ja zustande kommen darf und gerechtfertigt sein wird. Ähnlich denken, seit Leibniz, auch Goethe, Schelling und andere, und Schiller kann den Sündenfall das »glücklichste Ereignis« der Weltgeschichte nennen, weil die Freiheit, aus der das Gute geschehen muß, um gut zu sein, ihren Ursprung im Bösen hat. Hölderlins Beitrag zu diesem Theodizee-Denken liegt weniger in sachlichen Varianten als in der Radikalität, mit welcher er die geschichtliche Welt dem Ursprung entfremdet und noch in ihrer äußersten Entstellung trotzdem die Zeichen des Gottes erkennt.

Unter dem Stichwort »Abgrund« wird uns dieses Problem noch einmal begegnen.

Jetzt ist unsere gegenwärtige Frage abzuschließen. Zuerst schien es, als sei der Geist der Geschichte dem Geist der Natur unterlegen. Dann hat sich gezeigt, daß er von anderer Art ist und mit ihr diesen sogar übertrifft. Denn der Naturgeist wirkt bloß, der Geschichtsgeist handelt. So verstanden unterscheiden sich Wirken und Handeln aber wie Müssen und Wollen, Gesetz und Freiheit. Der Gott der Geschichte ist frei und gibt Freiheit. Also stellt sich die Frage: was muß geschehen, damit diese beiden Freiheiten zusammentreffen und so zusammentreffen, daß zwischen ihnen ein Drittes entsteht, eine Dichtung z. B., die davon berichtet und Existenz und Anspruch eines Geistes der Geschichte glaubhaft macht? Zuerst ein Text, der vom Zusammentreffen handelt.

Eine Ode ist *Der Zeitgeist* überschrieben und meint den Gott der Zeit schlechthin, der Geschichte, nicht in unserem Sinne den Geist eines bestimmten Zeitalters. Diesen Gott redet die mittlere Strophe (V. 9-12) an:

> Lass' endlich, Vater! offenen Aug's mich dir
> Begegnen! hast denn du nicht zuerst den Geist
> Mit deinem Strahl aus mir geweckt? mich
> Herrlich an's Leben gebracht, o Vater!

Begegnung also – von einem Dialog war früher die Rede. Sie ist möglich, weil der Geist des Kindes Geist vom Vater ist, d. h., weil geschichtliche Existenz a priori Teilhabe am Geist der Geschichte bedeutet. Wirklich aber wird sie erst, wenn sie offenen Auges geschieht, d. h. wenn dieses Teilhaben in Freiheit vollzogen wird. Das hat der Sprecher des Gedichts bisher versäumt. Wie ein Knabe hatte er »zu Boden« gesehen und »in der Höhle Rettung« vor dem »Alleserschütt'rer« gesucht, heißt es in der vorhergehenden Strophe. Er hatte, statt sein geschichtliches Existieren wahr zu machen, mit einem Wort Hyperions, sich auf die »selige Insel« seiner Liebe zu Diotima und der Versenkung ins Altertum zurückgezogen.[7] – Das Gedicht ist nach dem Abschied von Frankfurt und unter dem Eindruck des wieder aufflammenden napoleonischen Krieges geschrieben.

Begegnung mit dem Geist verlangt Offenheit – »offen, dem Geiste gemäß«[8] lautet eine Wendung Hölderlins –, denn nur einem Offenen kann der Geist sich offenbaren. Diese Wortbeziehung stellt Hölderlin öfters her, ohne daß man daraus eine Metaphysik der »aletheia« ableiten müßte. Aber der Geist selbst ist der, welcher »öffnet und aufhellt«, also auch Menschen offen macht, wie an anderer Stelle gesagt wird. Und auch in der eben zitierten Strophe hieß es nicht: Ich *will* dir..., sondern: *Lass'* mich dir offenen Auges begegnen. Wer führt also die Begegnung herbei, der Mensch oder der Geist? Beide, und zwar im Sinne des alten, von Lessing erneuerten Paradoxons: Gott begegnet mir nur, wenn ich mich ihm zuwende, aber daß ich mich ihm zuwende, bewirkt er. »Ich rief zu Gott ›Ich will! willst du nur, daß ich will!‹« sagt Nathan.

Dieses zugleich geleistete und geschenkte Offenwerden macht eine Begegnung mit dem Geist der Geschichte möglich. Dann ist vom Inhalt dieser Begegnung zu berichten; der Dichter soll aussprechen, was er in ihrem Licht von der Geschichte, und zwar von der hier und jetzt geschehenden Geschichte, wahrgenommen hat. Die Ode *Dichterberuf* (V. 25-29) kleidet es in die rhetorische Frage:

Ihr ruhelosen Taten in weiter Welt!
Ihr Schicksalstag', ihr reißenden, wenn der Gott
Stillsinnend lenkt, wohin zorntrunken
Ihn die gigantischen Rosse bringen,

Euch sollten wir verschweigen?

Nein, von ihnen zu reden, ist Beruf des Dichters. – Dem Platonischen Gleichnis analog erscheint der Gott als der Wagenlenker auf dem Gefährt der Geschichte, er stillsinnend, die Rosse zorntrunken. Es ist wieder der Doppelaspekt, den wir beschrieben hatten: Der Gott weiß das Ziel und wird es erreichen, aber er gibt der Geschichte die Freiheit, auf welchem Wege und wie rasch oder spät sie es erreichen will. – Aber *wie* soll der Dichter von den ruhelosen Taten und reißenden Schicksalstagen reden? Nicht so, daß es klingt,

als hätte
Mutig und müßig ein Kind des Meisters
Geweihte, reine Saiten im Scherz gerührt.

Es ist der Dichtung verboten, mit der Geschichte ein ästhetisches Spiel zu treiben. Gemeint ist die Exempla-Dichtung des 18. Jahrhunderts, die geschichtliche Fakten als Beispiele für Vernunftwahrheiten anführt, mit ihnen also ästhetisch illustriert, was intellektuell gemeint ist. Noch Schiller im *Spaziergang* und Goethe in den *Römischen Elegien* verfahren so. Hölderlin glaubt, die Geschichte habe das Recht, als sie selbst in seiner Dichtung zu erscheinen, nicht entwertet zu einem historischen Bildersaal, sondern begriffen als das »hic tua res agitur«, das bezeugt zu werden verlangt. Und so ernst nimmt er diese Pflicht, daß er, mit neuer rhetorischer Frage, emphatisch fortfährt (V. 34-40):

> Und darum hast du, Dichter! des Orients
> Propheten und den Griechensang und
> Neulich die Donner gehört, damit du
>
> Den Geist zu Diensten brauchst und die Gegenwart
> Des Guten übereilest, in Spott, und den Albernen
> Verleugnest, herzlos, und zum Spiele
> Feil, wie gefangenes Wild, ihn treibest?

Der Alberne ist der Gutmütige, wörtlich der Allfreundliche, der sich mißbrauchen läßt; das hörte man zu Hölderlins Zeit noch in diesem Wort. – Die Weltgeschichte, von den Propheten des Alten Testaments bis zum Schlachtdonner des gegenwärtigen Krieges, überblicken und dann nicht begreifen, daß nicht sie der Dichtung, sondern diese ihr zu dienen hat, wäre ein Verbrechen, dem die nächste Strophe sogar den Tod androht. Der Geist der Dichtung selbst – denn der ist der Gute und Alberne – müßte sich seines »Ursprungs« im Geist der Geschichte erinnern und diesen, den »Meister«, rufen, daß er den Dichter »unter heißen Todesgeschossen« (V. 42-44) entseelte. Die Geschichte ist das Werkzeug eines Gottes, der den Dichter in Anspruch nimmt, nicht eine Ansammlung von Fakten, worüber die Poesie zum Zweck des prodesse und delectare verfügte.

Hier ist eine Zwischenbemerkung angebracht. Wir verstehen Hölderlins Konzeption, aber bewegt sie sich nicht in einem gänzlich esoterischen Bezirk? Konnte er glauben, solche Bilder und Aussagen erreichten irgend jemanden? Unter einem Geist der Geschichte mochten sich seine Leser noch etwas vorstellen. Ein Gott der Geschichte, dem man begegnet, der einem etwas aufträgt, dessen Auftrag man weitersagt, mußte der nicht auf Unverständnis stoßen, außer bei wenigen Freunden, die Hölderlins Denkart kannten, oder einigen literarisch Gebildeten, die etwas von poetischer Symbolsprache wußten? Und lasen sie die Rede vom Gott der

Geschichte symbolisch, dann schnitten sie gerade ab, was sie unmittelbar sagen und bewirken will, und gaben das Gedicht seiner Ästhetik zurück. Hat, banal gefragt, Hölderlin sich klar gemacht, daß eine Dichtung zum Zeitgeschehen, die keine Namen, keine Orte, keine Ereignisse nennt, sondern von Epiphanien und Offenbarungen der Gottheit spricht, echolos, wie die Stimme eines Rufers in der Wüste, bleiben muß?

Vermutlich ja. Briefliche Äußerungen darüber gibt es zwar nicht, aber die Gedichte selbst lassen es erkennen. Denn keines spricht einen direkten Appell aus, der im Leser etwas verändern will, aber viele bekunden die Hoffnung, sogar die Gewißheit, was sie jetzt einsam sagen, werde einst die Gemeinsprache aller sein. Als Beispiel kann die Ode *Ermunterung*[9] dienen, worin das »Echo des Himmels«, der Dichter, seiner Echolosigkeit in der Zeit diese Hoffnung entgegenstellt. Die Mittelstrophe lautet:

O Hoffnung! bald, bald singen die Haine nicht
Der Götter Lob allein, denn es kommt die Zeit,
Daß aus der Menschen Munde sich die
Seele, die göttliche, neuverkündet.

Was jetzt die Natur sprachlos, durch ihr bloßes Sein, ausdrückt, wird bald die Seele durch Worte aus Menschenmund verkünden. Und zwar nicht in einem Sprechen-über, das unverbindlich bleiben könnte, sondern in einem Sprechen-aus: *aus* der Seele, wie die Natur aus ihrem Sein spricht, beide wahr. Dennoch sind die Seinssprache der Natur und die Wortsprache der Seele zweierlei, unmittelbar die eine, reflektiert die andere. Woher stammt also das, was die Seele reflektiert, in Sprachform zurückgibt? Es ist wieder dasselbe Paradox: Ihre Rede stammt von dem, den sie in ihr doch erst verkündigt, der Gott selbst spricht in ihrem Götterlob. Deshalb lautet die Schlußstrophe des Gedichts: »es kommt die Zeit, daß«

... er, der sprachlos waltet, und unbekannt
Zukünftiges bereitet, der Gott, der Geist
Im Menschenwort, am schönen Tage
Wieder mit Namen, wie einst, sich nennet.

Der Geist der Geschichte – denn er ist es, der eine unbekannte Zukunft bereitet – waltet sprachlos. Wie die Natur nur durch ihr Sein, so spricht er nur durch das Geschehen, das Geschehen ist seine Sprache. Diese stumme Sprache muß interpretiert werden, damit man »die Göttersprache, das Wechseln und das Werden versteh'«, heißt es im *Archipelagus* (V. 292 f). Leistet die Dichtung diese Interpretation, diese Übersetzung des Geschehens ins Menschenwort, dann wird in ihm der Gott – nicht genannt werden, sondern sich selber mit Namen nennen.

Wir können den Gedanken so formulieren: Deutung der Geschichte im Gedicht ist Selbstdeutung des Geistes der Geschichte, aus dem das Gedicht geboren ist und der im Geist des Gedichtes sich selber erkennen will. Die erste Hälfte des Gedankens – Geschichtsdichtung spiegle den Geist der Geschichte wider – kann man empirisch verstehen, die zweite Hälfte – in einer solchen Geschichtsdichtung komme der Geist der Geschichte zu sich selbst – ist eine spekulativ-idealistische Auslegung des empirischen Sachverhaltes. Der Drehpunkt zwischen den beiden Gedankenhälften ist die Stelle, an der Hölderlin die Umdeutung des Geistes in einen Gott gelingt. Denn ein gedichteter kann ein anonymer Geist sein, ein im Gedicht sich erkennender muß Person sein. Aus der Spekulation springt der Mythus hervor.

Das ist, wenn ich wieder eine Zwischenbemerkung einschieben darf, ein charakteristischer Vorgang. In der neueren Forschung, die sich für Hölderlins Anteil am werdenden Idealismus interessiert, erscheinen Philosophie und Dichtung gewöhnlich wie Parallelen: Hegel hat es gedacht, Hölderlin hat es gedichtet. So verhält es sich nicht. Hölderlin hat es weitergedacht, hat dabei die bildhafte Substanz des Gedankens entdeckt und hat diese dann in Bild, Mythus und Gedicht gegenständlich werden lassen. Hegels Grundformel, das »An und für sich«, ist schon Gedanke und Bild in einem: das An sich abstrakt und das Für sich menschenähnlich. Genau wie im Gedicht der Geist der Geschichte an sich ist, aber der Gott der Geschichte für sich wird. Die Dichtung ist nicht das Gegenstück der Philosophie, sondern sie geht einen Schritt weiter als diese, indem sie das verborgen Dichterische des Gedankens herausholt und in gedichteten Bildern manifest werden läßt. Deshalb hat Hölderlin – in Briefen an den Bruder z. B. – die »schöne Kunst« stets der Philosophie übergeordnet.

Aber nach dieser Abschweifung sollten wir noch einmal auf die Ode *Ermunterung* zurückblicken. Geschichtsdichtung soll Selbstbegegnung des Geistes der Geschichte im Spiegel des Gedichtes sein. Gibt es sie schon? Am »schönen Tage« wird es sie geben, sagt die Ode (V. 27). Der schöne Tag ist der Geburtstag des Gemeingeistes, rousseauisch ausgedrückt: die »volonté générale«. Denn der Geist der Geschichte ist allgemein, und nur der Gemeingeist aller, der vielleicht im Werden, aber jetzt noch nicht da ist, kann ihn ausdrücken. Nun stellt man sich unter der Sprache des Gemeingeistes nicht Dichtung vor, jedenfalls nicht in einem konkreten Sinne. In einer anderen Ode wird sie »Sprache des Landes« und »Laut des Volks«[10] genannt, also die Sprache aller. Wie verhält sich diese zur Sprache der Dichtung? Hölderlin denkt dieses Verhältnis so: Die künftige Sprache des Gemeingeistes wird erfüllen und gleichsam einlösen, was die Dichtung hier und heute vorweggenommen und vorausgesagt hat. Anders ausgedrückt: Im Zeitalter der »schönen Menschlichkeit«[11], an das Hölderlin lange und am überzeugtesten nach dem Frieden von Lunéville geglaubt hat, werden die Menschen nicht eine andere, quasi dichterische Sprache sprechen, sondern sie werden ihre alte Sprache anders, nämlich aus dem Geist sprechen, der in seiner Dichtung erkannt und also schon anwesend ist. Schon jetzt kann es daher echte Geschichtsdichtung geben, und sie wird sogar überflüssig geworden sein, wenn die Geschichte die Gestalt angenommen hat, die in ihr vorausentworfen ist. Denn Dichten ist nach Hölderlins Verständnis ein Sprechen aus dem Mangel, aus dem Nicht-Haben, aber Offensein für das, worauf es ankäme. Diese Vorläufigkeit und Wegbereiterfunktion drückt ein Distichon aus den Vorstufen zu *Brot und Wein* aus:

Vor der Zeit! ist Beruf der heiligen Sänger, und also
Dienen und wandeln sie großem Geschicke voran.[12]

Wir haben bis jetzt von zwei Dingen gesprochen: vom Geist der Geschichte und vom Wesen einer Dichtung, die ihm entsprechen will. Zwei andere Fragen fehlen noch: Wie sieht die Geschichte aus, wenn sie im Horizont dieses Geistes gedacht wird? und: Wie verändert sich dieses Denken in Hölderlins geistiger Entwicklung? Diese beiden Fragen lassen sich miteinander behandeln. Zuerst ist der klassische, dann der späte Ansatz zu besprechen und voraus, aber nur mit ein paar Worten, was Hölderlins Jugenddichtung über Geschichte und Geist sagt.

2.

An den frühen Gedichten der Schulzeit interessieren nur zwei Gedanken, weil in ihnen Leitmotive für künftig enthalten sind. Die Geschichte wird als ein Dreischritt konstruiert: Glückliche Vorzeit – entstellte Gegenwart – erhoffte Wiederkehr des Glücks in einer besseren Zukunft. Dieser Vorgang ist aber kein unpersönliches Geschehen, sondern die Lebensgeschichte eines lebendigen Wesens, das Hölderlin das »Vaterland« oder »Suevien« nennt: denn über die Grenzen Schwabens dringt sein Blick noch kaum hinaus. Diese Enge gibt dem Vaterland Familiencharakter; seine Bewohner heißen seine »Kinder«. Aber diese Kinder sind der »Mutter Suevia« untreu geworden und haben sich der Ausländerei, der Fürstendienerei, klerikalen Einflüsterungen und anderem fremdem Wesen ergeben. Das sind, im Sinne Klopstocks und des Sturm und Drang, die konkreten Merkmale der verderbten Gegenwart. Einige wenige aber, unter ihnen der Dichter, lassen sich nicht in den Sog der Entfremdung ziehen. Sie sind, pietistisch gedacht, die Erleuchteten, die noch vom Ursprung wissen und den Tag verkündigen, der die verlorenen Kinder ins Haus der Mutter zurückführen wird. Dann wird sich zeigen, daß der Geist des Hauses zwar verborgen, aber unzerstörbar gewesen ist. Die Integrität des Ursprungs, die Dialektik des Prozesses, die charismatische Zukunft und das prophetische Wissen Weniger in der Zeit – das sind die Elemente dieses frühen Geschichtsbildes. Sie wirken sämtlich weiter und verlieren nur ihren familiären Zuschnitt, wenn sie welt- oder heilsgeschichtliche Dimensionen annehmen. Aber der Geist der Geschichte würde wohl kaum als ein Gott erscheinen, wenn nicht das Vaterland eben schon der Vater oder Suevia die Mutter gewesen wären.

In einer zweiten Phase der Jugenddichtung, den Gedichten der Studentenzeit, den sog. »Tübinger Hymnen«, nimmt dieses Geschichtsbild neue Züge auf. Was bisher Geist des Vaterlands war, wird Geist schlechthin, und die Gegenwart verfällt dem Verdikt unrettbarer Verworfenheit. »Streng ist Licht und Finsternis gesichtet«, heißt es in einer Hymne.[13] Diese Polarisierung ist auf Schillers Ideenlyrik und die Parolen der Französischen Revolution zurückzuführen. Aber Hölderlin eignet sich beide selbständig an. Den kollektiven Plural der »Ideale« Schillers differenziert er zu einzelnen höchsten Werten – Harmonie, Schönheit, Liebe, Freiheit,

Kühnheit –, deren jedem ein Gedicht gewidmet ist. Aber sie sind nicht bloß Werte, die *gelten*, sondern Gottheiten, die *sind* und daher mit dem Dichter in einen Dialog treten, den jede Hymne wörtlich wiedergibt. Und die Trikolore Freiheit – Gleichheit – Brüderlichkeit nimmt Hölderlin nur in überlegter theologisch-philosophischer Auswahl auf: Freiheit ja – sie ist der oberste Wert –, Brüderlichkeit auch ja, aber beschränkt auf die Wenigen, die Gleichgesinnten, die Protagonisten der Zukunft; ein »Seid umschlungen, Millionen« ist ihm ganz fremd –, Gleichheit jedoch strikte nein; denn sie wäre eine Sache des Gesetzes und daher wider den Geist, der für den Theologen nur ein Geist des Evangeliums und der Liebe sein kann:

> Öde stehn und dürre die Gefilde,
> Wo die Blüten das Gesetz erzwingt.[14]

Deshalb bedeutet auch Freiheit niemals nur Befreiung von absolutistischer Willkür, sondern Freiheit zu Liebe und schöpferischer Tat, die nicht bloß nach dem Sturz der Tyrannen einen neuen Gesellschaftszustand, sondern die »neue Schöpfungsstunde«[15] herbeiführen wird, worin Erde und Himmel wieder »göttlich, wie im Anbeginn«[16] erscheinen werden. Hätte man die Tübinger Hymnen gelesen, die doch in den Jahren der Revolution geschrieben sind, dann wäre man mit dem »Jacobiner Hölderlin« etwas vorsichtiger gewesen.

Aus dieser Charakteristik der Tübinger Hymnen geht hervor: einen Geist der Geschichte kennen sie nicht. Ihre Devise lautet: hie Geschichte – hie Geist, hier Finsternis, dort Licht. Die Geschichte beweist auf Schritt und Tritt die Transzendenz des Geistes und bildet nur die Folie seines Lichtes. Und weil man im Finstern nichts sieht, sind diese Gedichte auch nicht genötigt, sich konkrete Vorstellungen von geschichtlichen Kräften, Verhältnissen und Entwicklungen zu bilden. Ihr Grundgestus ist ein einziges »sursum corda«, das die Geschichte in wesenlosem Scheine hinter sich läßt.

Diese Periode ist für unsere Fragestellung nicht so unergiebig, wie sie scheint. Sie führt Hölderlin auf einem Umweg zum Problem der Geschichte zurück, der ihm die naive Sicht der frühen Jugendgedichte in philosophischer Durchleuchtung wiederaufzunehmen erlaubt. Die Stadien dieses Umwegs sind, thesenhaft ausgedrückt, diese:

Geist ist Schöpfermacht, er »begeistet«, die ihn vernehmen – das war das gedankliche Ergebnis der Tübinger Hymnen. Jetzt begegnet Hölderlin Fichte, der diesen Gedanken noch radikalisiert: Der Geist erschafft auch die seiende Welt, das Ich setzt das Nicht-Ich. Diesen Schritt mitzuvollziehen, ist Hölderlin unmöglich. Der Geist kann nur Geistartiges erzeugen. Dann aber ist die seiende in Wahrheit meine Bewußtseinswelt, und die Wirklichkeit habe ich gar nicht erfaßt. Sie entgleitet mir in dem Augenblick, da ich sie hervorzubringen mich anmaße, und das absolute Ich ist das ärmste Geschöpf unter der Sonne. Diesen Vorgang wird der *Empedokles* darstellen.

Die Kritik Fichtes öffnet Hölderlin die Augen dafür, daß man die wirkliche, also auch die geschichtliche Welt nicht ungestraft so stiefmütterlich behandelt, wie er das in den Tübinger Gedichten getan hatte. Aber er findet nicht unmittelbar zu ihr zurück, sondern denkt zuerst das Problem zu Ende: Der Geist erzeugt in mir nicht nur Bilder, sondern gedeutete Bilder der Welt. Die oberste Deutungskategorie ist das »Sein« oder der »Grund« oder das »Absolute«, alles Wörter Hölderlins. Wie kann aber der Geist den Begriff des Absoluten entwerfen? Darum weil es *ist*, weil es das Absolute *gibt*, und zwar vor allem Entwerfen seines Begriffs, welches es vielmehr erst ermöglicht.

Gibt es aber das Absolute, dann möchte es Hölderlin nicht nur abstrakt denken, sondern lebendig fühlen und anschauen; das verlangt sein Lebensgefühl. Und wo fühlt er und schaut er es an? In der Natur. Nach dem Erwachen aus dem Fichte-Schock wird »Natur« das Zauber- und Heilswort seiner gesamten Dichtung.

Was tut die Natur? Sie bringt die seienden Dinge hervor; denn als die absolute ist sie, mit dem scholastischen Begriff, die »natura naturans«, die schaffende Natur. Schaffen ist aber ein Vorgang in der Zeit, und die geschaffenen Dinge gehören der Zeit an; sie entstehen, wachsen, blühen und hören auf, zu existieren. Das gilt für Dinge jeder Art, nicht nur die, welche wir Naturdinge nennen. Die geschichtlichen Dinge sind demselben Gesetz unterworfen, und die Geschichte macht dieses Gesetz sogar noch sinnfälliger, weil ihre Erscheinungen sich ihm nicht selbstverständlich fügen wie eine Blume oder ein Baum, sondern Dauer beanspruchen und dann doch vergehen müssen. Wie alles, so ist auch und erst recht die Geschichte das Produkt der Natur.

Das hieße aber, daß der Geist sich mit der bescheidenen Rolle eines Deuters der von der Natur geschaffenen Geschichte begnügen muß. Vom creator spiritus wäre nichts übrig geblieben, als *Bilder* einer Welt zu entwerfen, die ihre *Existenz* einer anderen Macht verdankt. Die Welt zerfiele in einen realen und einen ideellen Teil. Diesen Kant-Schillerischen Dualismus kann Hölderlin so wenig mitvollziehen wie den Ich-Monismus Fichtes. Er selber ist doch Natur und Geist, z. B. Leib und Seele in einer Person und fühlt das in jedem Lebensakt. Wie kann in der Welt gespalten sein, was in ihm eins ist? Er muß das Verhältnis anders denken.

Die Natur erschafft die seiende, also auch die geschichtliche Welt. Was veranlaßt sie, das zu tun? Ein *Drang* in ihr, der Leibnizische »nisus«, den Goethe das »Streben« und Hölderlin den »Bildungstrieb« nennt, d. h. den Trieb zu bilden. Der ist aber etwas Geistartiges, ein *latenter* Geist sozusagen. Das Schaffende in der schaffenden Natur ist schon Geist. Deshalb hatte Hölderlin von einem »Geist der Natur« gesprochen. Der tiefer dringende Blick erkennt, daß die Natur nicht einfach Natur, sondern früher Geist ist.

Aber damit ist nur das Woher dieses Dranges erklärt. Er muß auch ein Wozu haben. Wozu erschafft die Natur eine seiende Welt? Sie will *»sich fühlen«*, sagt Hölderlin. Mich fühlen kann ich aber nur an etwas, das ich nicht bin, das aber von mir kommt, z. B. an meinem Spiegelbild. Die geschaffene Welt dient der Natur als Spiegel, worin sie sich selber erblickt, sich erfährt, ihrer gewiß wird, begreift, was sie getan hat.

Dieser Spiegel ist nun wieder Geist, aber nicht mehr Drang, sondern Wissen, nicht mehr latenter, sondern *manifester* Geist. Und der ist nun das, was Hölderlin den »Geist der Zeit« nennt und wir den Geist der Geschichte genannt haben. Damit ist der Kreis dieses Denkens geschlossen: Der Geist in der Natur ist der Erzeuger der Geschichte, und der Geist in der Geschichte ist der Deuter der Natur. Oder einfacher und mit dem Vokabular des Idealismus ausgedrückt: *Die Geschichte ist das Zusichselbstkommen der Natur.*

Das ist nun freilich eine abstrakte Konstruktion, und nur wer die Denkbahnen der idealistischen Philosophie kennt, wird damit konkrete Vorstellungen verknüpfen. Wir müssen also konkret werden und nach Bildern in Hölderlins Dichtung Ausschau halten, in denen sich diese Gedanken veranschaulichen.

Die dringendste Frage dürfte jetzt sein: Was heißt, die Natur erblicke sich in der Geschichte? Die Geschichte besteht doch aus Menschen, Völkern, Staaten, Gesellschaften, aus Kriegen, Friedenszeiten, Verfassungen, Rechtshändeln, Kulturen, Barbareien und hundert anderen Ereignissen, Verhältnissen und Entwicklungen. Wie können diese Spiegel der Natur sein? Nicht einmal Zerrspiegel würden wir sie nennen!

So urteilen wir, wenn wir sie in ihrer Dinglichkeit nehmen. Hölderlin sieht in ihnen aber »deutbare Zeichen«[17] – das ist sein Wort. In der Hymne *Wie wenn am Feiertage* (V. 30f.) heißt es:

> ... an den Zeichen, den Taten der Welt (ist) jetzt
> Ein Feuer angezündet in Seelen der Dichter.

Die Taten der Welt, die res gestae, sind *Zeichen*. Und weiter (V. 39-42) heißt es: Es gibt

> Wetter, die in der Luft, und andre,
> Die vorbereiteter in Tiefen der Zeit,
> Und deutungsvoller, und vernehmlicher uns
> Hinwandeln zwischen Himmel und Erd und unter den Völkern.

Geschichtliche Gewitter sind *deutungsvoll,* noch deutungsvoller als Gewitter am Himmel.

Und wer deutet diese Zeichen? Der, in dessen Seele sie ein Feuer angezündet haben, der Dichter. Dieses Feuer ist der Geist der Geschichte, der Gedicht wird und als dieses der Spiegel, in welchem die Natur sich erkennt. »Die Natur, wovon es her ist, nimmt's auch wieder«, heißt es lakonisch in der Vorrede der *Friedensfeier*[18], die eine der großen Geschichtsdichtungen Hölderlins ist. Die Natur erblickt sich also wirklich in der Geschichte, aber nicht unmittelbar, sondern durch das Medium der Dichtung hindurch, die ihr wiedergibt, was sie aus sich entlassen hatte. Der Schlußmonolog des *Empedokles* beschreibt diesen Vorgang so:

> Wirken soll der Mensch,
> Der sinnende, soll entfaltend
> Das Leben um ihn fördern und heitern.
> Denn hoher Bedeutung voll,
> Voll schweigender Kraft umfängt
> Den ahnenden, daß er bilde die Welt,
> Die große Natur,
> Daß ihren Geist hervor er rufe, strebt
> Tief wurzelnd

Das gewaltige Sehnen ihm auf.
Und viel vermag er und herrlich ist
Sein Wort, es wandelt die Welt.[19]

Das Wort – die Dichtung – verwandelt die Welt in die Geistgestalt, in welcher der Geist der schweigenden Natur zu reden beginnt und also die Natur zu sich selber kommt.

In diesem dialektischen Kreis bewegt sich Hölderlins klassisches Geschichtsverständnis. Wäre es dabei geblieben, so hätten wir zwar eine großartige spekulative Konstruktion zu bewundern, aber befriedigt wären wir nicht eigentlich. Denn auch womit Hölderlin – etwa im *Empedokles* – diesen Kreis ausfüllt (mit dem Streit zwischen den Kräften der Beharrung und Veränderung, mit der Rolle des großen geschichtlichen Subjekts, das in der Wende der Zeit, da, wo sie sich am weitesten von ihrem Ursprung in der Natur entfernt hat, den Ruhetag vorbereitet und einen Frieden jenseits der Geschichte verkündet), diese und andere Motive bleiben in den Kreis gebunden. Eine Geschichte, die nur geschieht, damit die Natur sich verstehe, wird dem Wesen der Geschichte nicht gerecht, wie wir es sehen. Eine solche Geschichte ist Gesetz und Wiederholung, also eigentlich ein Mythus. Die Momente des Einmaligen und der Entscheidung, die wir für konstitutiv halten, fehlen gänzlich.

Der späte Hölderlin hat diesen Kreis aufgebrochen. Man erkennt es äußerlich daran, daß plötzlich historische Namen und Ereignisse auftauchen, daß das Individuelle an Bedeutung gewinnt und sich nicht mehr als ein Zeichen für allgemeine Gesetze auflösen läßt – eine Notiz lautet: »Die Apriorität des Individuellen über das Ganze«[20] – oder daß Motive wie die Spuren, Zeichen und Winke des Gottes viel wichtiger werden als die Einsicht in deutbare Zusammenhänge.

All das scheint darauf hinzuweisen, daß Hölderlin die Konzeption einer Geschichte verlassen hat, in der es nur Momente des Sichbegreifens gab. Der Grund ist in einem Wandel seines Seinsverständnisses zu suchen.

Sein ist in seinem Spätwerk nicht mehr »nisus«, Drang, zu sich selbst zu kommen, sondern »revelatio«, Offenbarung, die aber nur auf dem Grund der »absconsio«, der Verbergung geschehen kann. In einem Fragment, das vom unbekannten Gott handelt, der nur in Zeichen spricht, die ihn ebenso verbergen wie offenbaren, steht der Satz: »Je mehr ist eins unsichtbar, desto mehr schikket es sich in Fremdes«[21]. Es schickt sich, d. h. es sendet sich, aber auch: es fügt sich in Fremdes.

An die Stelle der göttlichen Natur ist der personale Gott getreten, und die Geschichte ist nun nicht mehr ein Prozeß des Sichbegreifens, sondern eine Kette von Akten des Sichzeigens, das sich zugleich in Nichtgezeigtes verschließt. Darin hat der Dichter auch nicht mehr Bilder der Geschichte zu entwerfen und der Natur als Spiegel vorzuhalten, sondern er hat zu »lesen«, zu »lernen« und zu »hören«, wie jetzt unablässig Hölderlins Vokabeln lauten. »Lesend aber gleichsam wie in einer Schrift, die Unendlichkeit nachahmen und den Reichtum Menschen«.[22] Der Blitz (»außerkorenes Zeichen«[23]), der Adler (Bote Gottes), die großen Mittlergestalten, voran Christus selbst – all dies sind Übermittler von Botschaften, auf die jetzt allein noch die Dichtung zu achten hat. Gleichwohl bleiben auch sie noch chiffrierte Nachrichten, die erst dann ganz entschlüsselt sein werden, wenn es gar keiner Botschaft mehr bedarf, weil die Erlösung in der Fülle der Zeit eingetreten ist.

Einst hab ich die Muse gefragt, und sie
Antwortete mir:
Am Ende wirst du es finden.
Kein Sterblicher kann es fassen.[24]

Und statt »Zeit« heißt es jetzt regelmäßig »Geschick«. Die Geschichte ist nicht mehr der *gesetzliche Ablauf* der Zeit, sondern das Geschickte, dessen Kontingenz und Deutbarkeit oder Nichtdeutbarkeit der Dichter hinzunehmen hat. Geschichte ist nicht mehr die Transzendenz des Geistes (wie in der Jugenddichtung), nicht mehr das Zusichselbstkommen der Natur (wie in der klassischen Dichtung), Geschichte ist in der späten Dichtung das Sichzeigen und das Sichverbergen des Seins. Die bestimmende Denkform ist nicht mehr die der Dialektik, sondern die des Paradoxes. Hierin dürfte Hölderlins Verständnis dem Geschichtsverständnis unserer Gegenwart am nächsten kommen.

Anmerkungen

* Vortrag an der Universität Regensburg am 1. Juli 1982.

1. *Der Frieden,* V. 46; II 7.
2 Vorstufe zum *Hyperion*, III 257.
3 III 155.
4 *Brot und Wein,* V. 81; II 92.
5 *Brot und Wein,* V. 112; II 93.
6 *Mnemosyne,* 1. Fassung, V. 8-10; II 193.
7 *Hyperion,* III 58.
8 *Der Gang aufs Land,* V. 26; II 84.
9 *Ermunterung,* 1. Fassung; II 33.
10 *Die Liebe,* V. 26, 28; II 21.
11 An die Schwester, 23. Februar 1801; VI 413.
12 II 597
13 *Hymne an die Göttin der Harmonie,* V. 115; I 133.
14 *Hymne an die Muse,* V. 57 f.; I 136.
15 *Zweite Hymne an die Freiheit,* V. 69; I 159.
16 *Lied der Liebe,* V. 40; I 111.
17 [Zitat nicht nachweisbar.]
18 III 532.
19 *Empedokles,* 2. Fassung, V. 531-542; IV 110.
20 Bruchstück 81, II 339.
21 *Was ist Gott,* II 210.
22 *Was ist der Menschen Leben,* II 209.
23 An Böhlendorff, 4. Dezember 1801; VI 427.
24 *Einst hab ich die Muse gefragt,* II 209.

Theologie und Kunstwerk

I.

Zum *Titel* ist vorauszuschicken: Der Begriff »Theologie« ruft die Vorstellung von System und entwickelter Lehre hervor. Daß im Falle Hölderlins dergleichen nicht gemeint sein kann, versteht sich von selbst. Aber auch um mehr oder weniger artikulierte Äußerungen des religiösen Gefühls handelt es sich nicht, sondern um etwas gleichsam in der Mitte beider: um Erfahrungen, an deren Formulierung Reflexion und Unmittelbarkeit nicht immer gleichen, aber immer zugleich Anteil haben. Wäre das Wort »Schau« nicht in Verruf gekommen, so könnte es zur Bezeichnung eines Phänomens dienen, das noch nicht systematisiertes Erkennen und nicht mehr amorphes Empfinden ist, zumal Hölderlin selbst von dem spricht, was er »schauen kann von Gott«.[1]

Mit dieser Theologie soll das »Kunstwerk« in Verbindung gebracht werden. Damit ist nicht eine Dichtung gemeint, die von Gott und den Implikationen des Göttlichen bloß spricht, sondern eine solche, die ihnen als Gestalt und Sinnstruktur entspricht. Hölderlins Theologie ist nicht in erster Linie das Thema, sondern die Instanz seiner Kunst, auch wo er nicht eigens von den Göttern redet; und die Rede von ihnen findet nur hierin ihre Rechtfertigung. Dieses Reden nicht nur über das, sondern aus dem, was er jeweils glaubt von Gott schauen zu können, drückt der Satz aus: »Von Gott aus gehet mein Werk«[2], wobei man den konkret neutestamentlichen Sinn des ἐξέρχεσθαι und seiner Synonyma voraussetzen darf (»der Geist der Wahrheit, der vom Vater ausgeht«, Joh. 15, 26, und so häufig).

Es wird also ein mehr als verbaler Zusammenhang zwischen Theologie und Kunstwerk gesucht. Dann muß man, weil das Kunstgebilde Struktur ist, nach Strukturen dieser Theologie fragen; denn Entsprechung gibt es nur zwischen Phänomenen der gleichen Art. Mit anderen Worten: es wird weniger auf die theologischen Aussagen als auf die theologischen Denkformen Hölderlins ankommen, die freilich nur durch Analyse seiner Aussagen zu ermitteln sind. Nun sind Denkformen aber nicht ans Fach gebunden. Möglicherweise begegnen sie auch in ganz anderen

Medien, z. B. in Hölderlins idealistischer Metaphysik, die allem zu widersprechen scheint, was rechtens Theologie heißt. Da indessen die Philosophie des Idealismus, namentlich in ihren Anfängen, weithin auf umgedachter Theologie beruht, dürfte diese Erwartung nicht unbegründet sein. Jedenfalls verweist das Thema nicht nur auf den späten Hölderlin der Christushymnen, und keinesfalls geht es bloß um gedichtete Theologie, sondern um eine Dichtung im Licht theologischer Denkformen, die auch in säkularisierten Denkgebilden und den ihnen entsprechenden Kunstformen wirksam sein können.

2.

Zuvor ist jedoch eine *Ortsbestimmung* der Theologie Hölderlins am Platz. Sein theologisches Denken bewegt sich, so scheint es, in einem mittleren Raum zwischen zwei Extremen, von denen es sich – im einen Fall expressis verbis, im andern deutlich erkennbar – distanziert: einem Offenbarungspositivismus und einer Vernunftreligion. Gegen den ersteren wendet sich das Briefwort an Sinclair[3], eine »positive Offenbarung, wo der Offenbarende nur alles dabei tut, und der, dem die Offenbarung gegeben wird, nicht einmal sich regen darf, um sie zu nehmen, denn sonst hätt' er schon von dem Seinen etwas dazu gebracht«, eine solche Offenbarung sei ein »Unding«. Ein Unding darum, weil sie keinen Empfänger hat. Denn alles Verstehen verändert das Verstandene, so daß ein unverändertes Hinnehmen dem Nichtverstehen gleichkommt.

Umgekehrt wäre die reine Vernunftreligion als der autonome Entwurf eines Systems zu beschreiben, für dessen oberste Kategorie, höchste Idee oder letzten Wert dann der Name Gott eingesetzt wird. Daß Hölderlin auch diesen Versuch ablehnt, geht zuerst und indirekt aus seiner Kritik der absoluten Spekulation Fichtes hervor. Denn was er hier das »Sein«, später den »Grund«, dann »Gott« nennt, kann zwar innerhalb des Systems gesetzt werden, aber nur darum, weil es zuvor schon *ist*, d. h. weil es allem Setzen vorausliegt und dieses samt seiner systematischen Entfaltung erst ermöglicht. Es ist eigentlich Fichtes Sprung aus der Logik des Ich = Ich in die Metaphysik des sich selbst setzenden Ichs, der Hölderlin unstatthaft erscheint und den Gedanken eines ichlosen Seins, eines Seins vor dem Setzen nahelegt.[4]

Die reine Offenbarungstheologie hebt den Empfänger auf, die reine Vernunfttheologie den Geber. Ist Hölderlins Theologie zwischen diesen Extremen zu suchen, dann dürfte ihr Charakteristikum gerade im Bezug zwischen Empfänger und Geber, zwischen Vernunft und Offenbarung liegen. Der Brief an Sinclair deutet es in den Sätzen an: »keine Kraft im Himmel und auf Erden« ist »monarchisch«; denn »Resultat des Subjektiven und Objektiven, des Einzelnen und Ganzen ist jedes Erzeugnis und Produkt«.

Das klingt plausibel, ist aber eine Formel, die für andere Verhältnisse gemacht ist. Eine Dialektik des Ganzen und des Einzelnen spielt zwischen Phänomenen der gleichen Art mühelos – Hölderlin führt denn auch Staat und Philosophie als Parallelbeispiele an und zielt auf die Poetik des Gedichts –, Vernunft und Offenbarung gehören aber verschiedenen Ebenen an. Sie sind durch einen Hiat getrennt, der sich der dialektischen Vermittlung widersetzt, so oft sie versucht worden ist. Daß Hölderlin hier noch an die Möglichkeit einer solchen Vermittlung glaubt, dürfte mit seinem Offenbarungsverständnis zur Zeit des Briefs zusammenhängen (1798), d. h. mit dem Kampf wider den Buchstaben und für den Geist, welch letzterer dann – aus seinem biblischen Zusammenhang gelöst – sich als Schönheit und Liebe, als »Seele der Welt«, als das Göttliche überhaupt in Dingen und Menschen offenbaren kann. In dem Maße aber, wie sich dieses welthaft Göttliche zum Gott verdichtet und fremd und unzugänglich wird, entzieht sich auch seine Offenbarung der Vernunft, und die Vermittlung muß durch ein anders gedachtes Verhältnis ersetzt werden.

Damit ist vorläufig nur gesagt, es bestehe ein Bezug, aber er sei nicht ein für alle Male fixiert, sondern er verändere sich im Laufe der Entwicklung Hölderlins. Es scheint aber, er verändere sich so, daß das Schwergewicht von der Subjektseite allmählich auf die Objektseite hinüberwandert, daß also anfangs der sich orientierende Mensch, am Ende der sich manifestierende Gott im Vordergrund steht. So jedenfalls, wenn man die Frühstufen außer acht läßt und erst nach der Stiftszeit beginnt.

Aber diese formale Beschreibung genügt nicht. Denn Mensch und Gott sind nicht feste, bloß mit wechselndem Anteil in den Bezug eingesetzte Größen, sondern offene Fragen, die sich in jeder Veränderung des Bezugs neu stellen. Ein Gott, der erst in Gefühl und Reflexion des Menschen zu sich selber kommt, ist Natur und anonymes Sein und sucht im Menschen den Ort seines Selbstbewußtseins. Ein Gott aber, der sich dem Menschen zeigt oder entzieht oder im Entzug zu erkennen gibt, ist personaler Geist und Geschichte und will das Bewußtsein des Menschen treffen.

Die Mitte zwischen den Positionen ist schwer zu bestimmen. Man könnte im Übergang von der einen zur andern so etwas wie einen Ausgleich beider erwarten. Aber zwischen dem auf den Menschen angewiesenen Gott und dem auf den Gott angewiesenen Menschen kann es bei Hölderlins Denkweise eigentlich keinen Ausgleich, sondern nur Entscheidung geben, zumal der Leibnizische Ausgleichsversuch der Tübinger Dichtung schon hinter ihm liegt und sich nicht bewährt hat. Man erkennt dies an einem merkwürdig unverbundenen Nebeneinander der beiden Motive in der kritischen Zeit, manchmal in ein und demselben Gedicht. *Wie wenn am Feiertage* spricht zuerst von den anonymen Götterkräften, die den Dichter brauchen, um in seinem Geist sich zu fühlen und in seinem Wort sich zu offenbaren, dann vom Strahl des Vaters und himmlischen Feuer, das die Erdensöhne brauchen, aber nur in der Verhüllung des Liedes aushalten. Dort ein verborgen Göttliches, das durch menschliches Bemühen offenbar wird, hier ein unmittelbarer Gott, der für menschliches Ertragen in die Mittelbarkeit verhüllt werden muß. Beides reimt sich nicht zusammen, und vielleicht ist das Gedicht darum unvollendet geblieben. Vom *Hyperion* bis zur *Rhein*-Hymne reicht die Strecke, in der man das Nebeneinander beider Konzeptionen beobachtet. Jedenfalls ist ein »klassischer Augenblick« nach Art des Goetheschen Gleichgewichts in Hölderlins theologischer Entwicklung nicht festzustellen, eher ein kritischer Übergang, der vornehmlich im *Empedokles* ausgetragen und vielleicht in den Überlegungen des *Werdens im Vergehen* thematisiert wird.[5]

Gleichwohl scheint sich in dieser Krisis eine Überzeugung zu bilden, die tiefer als die Frage ansetzt, wer wessen bedürfe, der Gott des Menschen oder der Mensch des Gottes. Das bekannte Wort der »Bundeserneuerung« mit dem Bruder lautet[6]: »A Deo principium ... Alles unendliche Einigkeit, aber in diesem Allem ein vorzügliches Einiges und Einigendes, das, an sich, kein Ich ist, und dieses sei unter uns Gott!« Für jetzt interessiert nicht, wie Hölderlin diesen Gott bestimmt – als an sich seiendes, nicht ichhaftes Einheitsprinzip, d.h. als den Gott der »intellektualen Anschauung« –, sondern wie er seine Bestimmung sprachlich einkleidet. A Deo principium – Gott *ist* Ursprung. Trotzdem: dieses *sei* unter uns Gott – der Mensch ernennt ihn zum Ursprung. Das scheint ein Widerspruch zu sein, ist aber nichts anderes als das Paradox des Glaubens. Der Mensch denkt sich den Gott, der *ist*, und dieser Seiende erlaubt ihm, sich ihn zu *denken*. Der Gott ist entworfener Ursprung und Ursprung des Entwurfs, transzendental und transzendent zugleich.

Der Ausdruck »Paradox« ist absichtlich gewählt; denn zwischen dem gedachten und dem seienden Gott gibt es keine dialektische Vermittlung, nur eine paradoxe Einheit. Diese ist aber die Voraussetzung des Bezugs, der für Hölderlin nur in der Form der Offenheit bestehen kann. Ein bloß seiender und ein bloß gedachter Gott, beide wären fixiert und vernichteten den lebendigen Bezug, dort des Menschen zu ihm, hier seiner zum Menschen. Wenn früher eine Dialektik von Vernunft und Offenbarung möglich schien, so wird jetzt (1801) am Gottesbegriff selbst das neue Verhältnis sichtbar. Aber auch der Zusatz Paradox »des Glaubens« war beabsichtigt. Denn der Kreis, worin das menschliche Wirkenlassen des Gottes auf dem göttlichen Wirken und umgekehrt dieses auf jenem beruht, ist die seit Lessing wieder bewußte Figur des reformatorischen Glaubensverständnisses, die auf das andere Paradox des zugleich offenbaren und verborgenen Gottes führt. Davon ist später zu sprechen.

Jedenfalls faßt man hier, wie ich meine, ein Zentrum der Hölderlinischen Theologie, das schon Jahre zuvor in mancherlei Verhüllungen sich ankündigt und auch für die späte Dichtung vorausgesetzt werden darf, obwohl diese den Anteil des Menschen am Objekt seines Glaubens bisweilen fast zu negieren scheint. Zugleich ist dieses Credo der Bundeserneuerung darum interessant, weil es mit theologischen Mitteln Metaphysik betreibt – der Gott ist ja ichloses Sein –, also einen Fall theologischer Denkformen im Dienst eines fremden Begründungszusammenhangs repräsentiert. – Dies mag indessen zur äußeren Ortsbestimmung der Theologie Hölderlins vorläufig genügen.

3.

Um nun der Frage »Theologie und Kunstwerk« näher zu kommen, ist es nötig, mit Hölderlins *idealistischer Metaphysik* zu beginnen, in der sich die Theologie gleichsam im Exil befindet. Denn zwischen Metaphysik und Kunst besteht ein dezidiertes Verhältnis, ohne dessen Voraussetzung das spätere Verhältnis zwischen Theologie und Kunst nicht wohl zu verstehen ist. Dabei ist aber kein einmaliges Ergebnis zu fixieren. Hölderlins Nachdenken über Dichtung und Sein befindet sich ständig im Fluß, es lassen sich nurmehr Zwischenbilanzen ziehen, wofür sich die Stufen der Tübinger Hymnen, des *Hyperion* und des *Empedokles* eignen. Auch ist im Horizont dieser Metaphysik mit Sicherheit nur über Hölderlins Deutung der Kunst zu urteilen. Ob und wie weit seine dichterische Praxis dieser Deutung entspricht, ist öfters schwer zu bestimmen. Hier muß ich mich mit Vermutungen begnügen.

Eines der Schlüsselworte in den Kolloquien der Tübinger Stiftler ist bekanntlich das Wort »Geist«. Geist im Gegensatz zum Buchstaben, d. h. Spontaneität statt Institution, Liebe statt Lehre oder – Evangelium statt Gesetz. Dieser Geist wird aber, gänzlich unpaulinisch, in der Begeisterung manifest und, sehr paulinisch, im Wunsch nach einer neuen Gemeinschaft konkret. Eine solche Gemeinschaft hervorbringen heißt die Welt, wie sie »im Anbeginn« war, aus dem Geist neu erschaffen; auch das ein paulinischer Gedanke. Darum die Ursprungsgottheiten der Hymnen wie Schönheit, Liebe, Freiheit, Harmonie. Die beiden Zentralworte der *Hymne an die Göttin der Harmonie*, die in verszahlengenauer Symmetrie stehen[7], lauten (die Harmonie spricht zum Dichter): »Meine Welt ist deiner Seele Spiegel«, und: du bist bestimmt, »Schöpfer meiner Schöpfungen zu sein«. Demnach wäre Kunst Wiederbringung des Ursprungs aus dem prästabilierten Ursprungswissen der Seele. Die Leibnizische Harmonie wird dem biblischen Wiederbringungsgedanken eingefügt. Deshalb erstaunt nicht, daß auch heilsgeschichtliche Fakta wie Versöhnung, Erlösung, Stiftung eines neuen Bundes auftauchen, jedoch abgelöst von Person und Opfertod des Stifters und Erlösers und auf die abstrakten Gottheiten dieser und anderer Hymnen übertragen.

Dieser Harmonisierungsversuch, großartig in der Kraft der geistigen Zusammenraffung wie die ganze Tübinger Hymnendichtung, gleicht aber doch einem Balanceakt, der sich selber zu tragen scheint und durch einen stofflosen Gott und einen elitären Dichter erkauft ist. Man darf vermuten, nur in der Form der Hymne habe dieser Versuch glücken können. Denn das Aufsingen des Dichters zu Gottheiten, die erst in seinem Singen entstehen und sich ihm dennoch, sogar in der Form der Anrede, offenbaren und als die Urheber seines Gesanges zu erkennen geben, geschieht in einer entrückten Geistsphäre, angesichts deren die Wirklichkeit konturlos wird, sich denn auch mit stereotypen Endlichkeitsprädikaten begnügen muß und die Frage nach der Hiesigkeit des Gottes erübrigt, weil er im Hier gerade nicht anzutreffen ist. Hölderlin selbst spricht im Rückblick auf die »metaphysische Stimmung« der Tübinger Zeit von einer »gewissen Jungfräulichkeit des Geistes« und »Scheue vor dem Stoffe«, die notwendig, aber nur als Durchgangsstufe statthaft gewesen sei.[8]

Es bleibt der Gedanke des »Schöpfers meiner Schöpfungen«, auf den Hölderlin jedoch erst nach einem längeren Umweg und dann in veränderter Interpretation zurückkommt. Zunächst erbringt, wie schon angedeutet, die Auseinandersetzung mit Fichte den Seinsbegriff des »ens a se«, der, in der Rolle einer letzten Instanz, den Geistbegriff der Hymnen ersetzt. Hölderlin bezieht ihn, mit Recht, auf die Substanz Spinozas und die intellektuelle Anschauung Kants.[9] Verwandelt sich aber der Gott als Geist in den Gott als Sein, so wird seine Verborgenheit definitiv – der Geistgott der Hymnen konnte sich, wenn auch nur in »der Begeisterung Stunde«, enthüllen –, und der Weg zum Kunstwerk wird weiter. Hölderlin muß verschiedene Zwischenglieder einführen, die der unruhig suchenden und öfters widersprüchlichen Begrifflichkeit der *Hyperion*-Vorstufen zu entnehmen sind. Ich nenne nur die Auslegung des Seins als Natur (natura naturans) und als Schönheit. Diese Schönheit kann, Schillerisch, als die Wiedergeburt der Natur in der Kunst erscheinen, in anderen Zeugnissen und mit Berufung auf Platon als ursprüngliche Natur vor aller Kunst. Aber schon *Hyperions Jugend* bemerkt diese Diskrepanz und nennt die wiedergeborene ein »Zeichen« der ursprünglichen Schönheit, womit die Kunst (das schöne Gebilde) als die Offenbarung des verborgenen Seins (des bildenden Schönen) bestimmt ist.[10]

Diese ganzen Überlegungen schließt Hyperions Preisrede auf Athen in den Sätzen ab[11]: »Das erste Kind der menschlichen, der göttlichen Schönheit ist die Kunst. In ihr verjüngt und wiederholt der göttliche Mensch sich selbst. Er will sich selber fühlen, darum stellt er seine Schönheit gegenüber sich. So gab der Mensch sich seine Götter. Denn im Anfang war der Mensch und seine Götter Eins, da, sich selber unbekannt, die ewige Schönheit war. – Ich spreche Mysterien, aber sie sind. –«

Zuerst also ist die ewige Schönheit in den Lebensvollzug des endlichen Menschen verschlungen, jedoch als das verborgene und sich selbst verborgene Andere seiner Existenz. Dann will diese gottmenschliche Einheit sich fühlen. Sie reproduziert und objektiviert sich in menschengestaltigen Göttern, in gedichteten, in gemeißelten, mit einem Wort: in den mythischen Figuren der Kunst. In diesen schaut sie sich selber an; das Sein kommt in der Kunst zum Selbstbewußtsein, das Göttliche, das ist, erkennt sich am Gott, der gemacht ist.

Das ist sicherlich reiner Idealismus, aber er besteht aus Bausteinen anderer Herkunft. Zunächst ist die Denkform des Deus absconditus – revelatus erkennbar. Aber der Verborgene ist Sein, nicht Person, und der Offenbare ist zwar das Kind, aber aus der Ehe des Menschen und des Gottes in ihm, wiewohl er opus-Gestalt hat. Als Kind, als Werk und als Offenbarung des Ewigen in der Zeit übernimmt die Kunst lauter Bestimmungen der Christologie, muß sie aber gänzlich umdeuten, damit sie für den pantheistischen Entwurf verwendbar werden. Da vollends der Vorgang, worin die Kunst entsteht, nicht als Erscheinen (des Gottes), sondern als Sichanschauen (des Göttlichen) gefaßt ist, löst sich das Paradox von absconsio und revelatio in Dialektik auf.

Auch hier stellt sich die Frage, ob diese Konzeption der Kunst etwas mit der Kunstform des Werks zu tun habe, in dem sie vorgetragen wird. Der Roman ist eine Ich-Erzählung aus der Rückschau, Hyperion beginnt in dem Augenblick seine Geschichte zu erzählen, da sie realiter zu Ende ist. So jedoch, daß er als Person greifbar wird, die sich im Erzählen ihrer Geschichte verändert. Er nimmt, schrittweise verstehend, geistig in Besitz, was er zuvor faktisch erlebt hat. Auch von ihm kann man also sagen, er »wiederhole und verjünge« sich in der künstlerischen Selbstobjektivation. Götter freilich sind es nicht oder nicht in erster Linie, die er da »gegenüber sich« stellt, wohl aber ist es ein gottmenschliches Wesen – Diotima –, an dem ein modernes Subjekt ebenso seines verborgen göttlichen Wesensgrundes inne wird wie nach Hyperions Theorie der antike Athener an den Göttergestalten seiner Kunst. Hölderlin hat in der Tat versucht, seine Konzeption der Kunst in der Kunstform seines Romans zu verwirklichen.

Diese Konzeption ist aber hermetisch so in sich abgeschlossen, daß sie auf eine Reihe naheliegender Fragen keine Antwort gibt. Es bleibt unklar, wie eine solche Kunst zu Welt, Zeit, Schicksal,

Geschichte und menschlicher Gesellschaft stehe, wie der Mensch des Göttlichen in ihm sicher sein könne oder wie es um den Wirklichkeitscharakter seiner Götter bestellt sei. Die Praxis des Romans zeigt denn auch, daß die Zeit, deren Kritik doch sein Thema ist, keinen Gott hat – nicht einen abwesenden, sondern keinen –, also von Rechts wegen gar nicht Gegenstand der Kunst werden dürfte, daß der »Gott in uns« durch äußere Ereignisse zum Schweigen gebracht werden kann, also entgegen den Versicherungen des Romans das Subjekt nicht trägt, sondern von dessen subjektivem Befinden abhängt, und daß die Götter als Projektionen eben dieses Subjekts keine Wirklichkeit besitzen, weshalb Teile der Realität gar nicht in den Sinnhorizont des Romans eingehen, sondern ungedeutete Fakten in Hyperions Erlebnishorizont bleiben. Das sind Unstimmigkeiten, die bereinigt werden müssen.

Zu ihrer Bereinigung wird eine neue Konzeption nötig, die vor allem in der ersten und zweiten Fassung des *Empedokles* zutage tritt. Aus diesem riesigen Komplex seien formelhaft die Punkte hervorgehoben, die unser Thema berühren. Es scheint, Hölderlin entdecke jetzt

das Sein als Grund,
die Zeit als Faktizität,
den Gott als Wirklichkeit,
den Menschen als Wesen der Freiheit und
die Kunst als »Echo« des Seins.

Sein als Grund besagt: es *ist* nicht nur, sondern es *will* sich; der Grund will gründen. Diesen »Willen des Grundes« – ein Ausdruck des späteren Schelling – nennt Hölderlin »Ahnung« und »Sehnsucht«. Der verborgene Grund ahnt seine offenbare Gestalt und sehnt sich, sie hervorzubringen, um in ihr sich anzuschauen und so mit sich bekannt zu werden. Damit tritt der Mensch, bisher so problematisch mit dem Sein (dem Gott in ihm) verbunden, diesem als das Seiende gegenüber, worin es sich vornehmlich begegnet. Denn das Bewußtsein ist der Ort, wo das Sein sich erfährt, erkennt und benennt, wenn der Mensch, wie Empedokles sagt, den Geist der großen Natur hervorruft und ins weltverändernde Wort faßt. Eben darin liegt aber die Freiheit des Menschen, die er dankend gebrauchen oder, wie Empedokles, hybride mißbrauchen kann, der die Natur »ausgelernt« und sich »dienstbar« gemacht[12], also das Sein nur mehr als Bewußtseinsprodukt behandelt hatte. Ihm entzog es sich in die reine Faktizität – das unfühlbare »Aorgische« des *Grundes zum Empedokles* –, die sich unter anderem in der Tatsache ausdrückt, daß es ein Jetzt gibt, definitiv und nicht überholbar durch relativierende Sinndeutung. Folgerecht erscheint in diesem Jetzt der »Herr der Zeit«, noch nicht in der vollen Undurchschaubarkeit und Kontingenz der Spätdichtung, aber doch als eine Wirklichkeit, die unbestreitbar *ist*, wiewohl sie nicht anders als im Tode eingeholt werden kann.

Damit sind nicht nur die offenen Fragen des *Hyperion* beantwortet, sondern auch neue Theologeme im metaphysischen Horizont wirksam geworden. Es geht jetzt von der Natur wie vom christlichen Gott ein Anspruch aus, der den Menschen in die Freiheit versetzt, ja oder nein zu sagen. Das Nein zur Natur, das Hyperion an den konventionell erstarrten, im pietistischen Sinne »toten« Deutschen fand, war kein Akt der Freiheit, sondern Zeichen der äußersten Unfreiheit; mit Blindheit geschlagen fühlten sie die göttliche nicht. Empedokles fühlt sie im Übermaß. Aber er rühmt sich dessen und wirft sich, weil er ihr, sie fühlend, ein zweites Leben erschafft, zum Herrn der Natur und zum Gott auf. Nicht umsonst heißt seine Hybris daher die »Ursünde«[13], das peccatum originale der superbia, und Ja und Nein zum liebenden Verlangen der Natur sind wie Pneuma und Sarx unterschieden.

Folglich erscheinen im Herrn der Zeit, da er »tötet und belebt« (occidendo vivificat, Luther), Analoga des Gerichts und der Gnade. Aber die Figur der μετάνοια, die in diesem Zusammenhang unerläßlich wäre, ist nicht oder nur schattenhaft zu erkennen, wofür man wahrscheinlich tiefliegende Gründe anführen könnte. – Solche und andere theologische Schemata artikulieren die Metaphysik der Tragödie. Nach ihnen zu fragen, scheint ergiebiger, als den üblichen Vergleich zwischen Empedokles und Christus anzustellen, der auch in der dritten Fassung des Stücks nichts einbringt und eher Verwirrung stiftet.

Schließlich das Verständnis der Kunst. In den Tübinger Hymnen sollte die Kunst den vergessenen Ursprung im Geist wiederbringen, im *Hyperion* das verborgene Sein offenbarend mit sich vermitteln. Beide Male war sie zwar kein Absolutum, aber doch ein Moment des Prozesses, in welchem das Absolute manifest wird oder gar zu sich selber kommt. Die Kunst erhob einen gewaltigen spekulativen Anspruch, der leichter zu formulieren als einzulösen war. In der Homburger Ästhetik[14], die der *Empedokles*-Zeit angehört, nimmt sich ihre Rolle bescheidener aus. Das ist zwar die Folge einer sachlich differenzierenden Betrachtung des poetischen Verfahrens, hängt aber mit der veränderten Bestimmung des Menschen zusammen, von der soeben die Rede war. Ist nämlich der Mensch jetzt nicht mehr ein Teil, sondern der Spiegel des Absoluten, hat er also nicht mehr in ihm, sondern ihm gegenüber seinen Ort, so besetzt er die Stelle, die bisher der Kunst zugewiesen war, und diese muß an die Peripherie des Bezugsfeldes rücken. Kunst ist, wie Hölderlin jetzt sagt, »Nachahmung«, und gemeint ist: Nachahmung eben des Prozesses, den sie bisher zu ermöglichen hatte. Aus einem Moment in der Dialektik des Seins wird sie das Medium seiner dialektischen Darstellung im Ganzen.

Nun mag diese Dialektik Thema der Dichtung werden oder ihr unthematischer Horizont bleiben, sie mag sich mit der beschriebenen Grundgestalt begnügen oder sich in Phasen einer förmlichen Geschichte oder »Heilsgeschichte« des Seins untergliedern – in keinem Falle liegt sie vor Augen, sie ist nicht der sinnlichen, sondern nur der intellektuellen Anschauung zugänglich. Also ist ihre Nachahmung zugleich freier Entwurf und nicht mit »Imitatio«, sondern mit »Mimesis« wiederzugeben. Hölderlin gebraucht diese Termini nicht, und ihren Unterschied konnte er schwerlich kennen, aber der Sache nach trägt er ihm Rechnung. Er verlangt eine Kunst, welche die Bewegungen des Seins nicht bloß gegenständlich darstellt, sondern (wie der Mime seine Rolle) gleichsam am eigenen Leibe vollzieht – in Sprecharten, die den Schritten des Seins entsprechen. Denn nicht bereden, sondern verkörpern muß eine Dichtung die unsichtbaren Gesetze, denen sie Glauben verschaffen will. Mithin steht das Verhältnis von Dichtung und Sein jetzt unter der Kategorie der Entsprechung, und »Echo des Himmels« lautet eine sinnfällige Formel Hölderlins für den Dichter.[15]

Einzelheiten der daraus entwickelten Poetik interessieren hier nicht, zumal wechselnde Ansätze und eine schwankende Nomenklatur das Verständnis erschweren. Ihr Grundgedanke läßt sich in dem Satz ausdrücken, das Wesen des poetischen Gebildes sei prozeßhaft individualisierte Totalität, es habe in der Form des Vorgangs aus Einzelstufen ein Ganzes zu bilden. Damit ist gesagt, daß zwei leitende Prinzipien der zeitgenössischen Poetik nicht gelten sollen: die Einheit der Stimmung und die Vorgabe eines Themas. Das Gedicht hat nicht eine, sondern einen ganzen Kreis möglicher Stimmungen zu durchlaufen, und was sein Thema sei, hat es nicht schon zu wissen, sondern in der Ausarbeitung möglicher Aspekte erst zu finden. Dichtung ist Vollzug und streng genommen Vollzug ihrer selbst. Denn das Letzte, wozu sie gelangt, ist stets ein Unbedingtes, die Natur z. B. oder die Götter. Sie wie seiende Sachen zu behandeln, geht nicht an, weil sich das Unbedingte der vergegenständlichenden Aussage entzieht. Aber im Licht ihrer Erfahrung zu sprechen, so daß sie in der Weise der Sprache dennoch existent werden, ist möglich. Die Dichtung kann vom Unbedingten nur sprechen, indem sie unbedingt spricht – das ist mit einer Vollzugspoesie gemeint, die eigentlich Selbstvollzug ist.

Selbstvollzug und Seinsentsprechung – in diesen Formeln glauben wir die Grundprinzipien der klassischen Poetik Hölderlins zu benennen. Sie scheinen jedoch auf zwei entgegengesetzte Konzeptionen von Dichtung zu deuten, eine autonome und eine heteronome, man kann auch sagen: eine immanente und eine transzendente, deren jede die andere ausschließen müßte. In Wahrheit besteht kein Widerspruch; denn die Autonomie des dichterischen Vollzugs sucht ästhetische Vollkommenheit eben nicht um ihrer selbst, sondern um der Repräsentanz des vollkommenen Seins willen, und das Gedicht nimmt sich in seine Sprache zurück, nicht um Sprachkunst zu zeigen, sondern um dem sprachlosen Sein eine Existenz zu bereiten. Absolute Dichtung, ein Jahrhundert später am Platz, wäre in Hölderlins Augen Hybris, der des Empedokles ähnlich. Im Zeitalter der Metaphysik kann es nur eine Dichtung des Absoluten geben. In ihr ist Selbstvollzug noch Seinsentsprechung, in paradoxer Identität freilich; aber auch Leibnizens Monade oder Goethes »schaffender Spiegel« sind aus dieser Paradoxie gedacht.

All das ließe sich mit dezidierten Äußerungen der Hölderlinischen Poetik belegen, jedoch nur unter umständlicher Erörterung der Zusammenhänge. Hier muß ein anderer Hinweis genügen. Hölderlin entwickelt u. a. die Idee einer gleichsam polyphonen Führung des Gedichts und bildet, wohl von Klopstock angeregt, die Begriffe »Grundton«, »Kunstcharakter« und »Geist«, die man sich, behelfsmäßig ungenau, an einer Trias wie Continuo-Baß, Melodiestimme und Cantus firmus verdeutlichen kann. Nun ist das Gedicht aber ein »einstimmiges« Gebilde. Offensichtlich will Hölderlin auch das, was ungesagt mitschwingt, förmlich erfassen und sogar systematisieren. Einen solchen Versuch erklärt aber nur die spekulative Absicht, dichterische Korrelate der Polyphonie des Seins zu bilden, das Grund ist, Wirklichkeit hervorbringt und im Pneuma des Geistes ihrer wie seiner ansichtig wird. Desgleichen ist der Wechsel dreier »Töne« – des »naiven«, »heroischen« und »idealischen« – innerhalb dieser Medien oder »Stimmen« des Gedichts, und zwar nach festem, aber gattungsweise differenziertem Gesetz, nur als ein Analogon der rhythmischen Prozesse im Seienden zu begreifen. Was an solchen Regeln vom einmal gewählten System erzwungen und was aus der Sache gedacht ist, läßt sich bisweilen kaum entscheiden, und gar ihre Praxis im Gedicht zu hören und andern hörbar zu machen, scheint oft unmöglich. Aber ihren Sinn begreift man aus Hölderlins Absicht, den verborgenen Aufbau des Seins im sicht- und hörbaren Aufbau der Dichtung zu repräsentieren.

Das ist zu seiner Zeit so sonderbar nicht, wie es zunächst scheinen mag. Auch die poetische Vernunft der Aufklärung hatte der Vernunftordnung der Welt zu entsprechen, und Goethe hielt das Schöne (der Kunst) für eine »Manifestation geheimer Naturgesetze, die uns ohne dessen Erscheinung ewig wären verborgen geblieben«.[16] Im Falle Hölderlins könnte ein theologisches Motiv insgeheim mitsprechen. Sieht man nämlich von der Form der spekulativen Dialektik ab, so legt das Prinzip der Entsprechung den Gedanken der Nachfolge nahe, wofern man in den Begriffen »gottförmig leben« und »seinsförmig dichten« den Ausdruck derselben Denkform zu erkennen bereit ist. Mit dieser durchaus unbeweisbaren Vermutung verlassen wir jedoch die Phase der idealistischen Metaphysik und Ästhetik Hölderlins.

4.

Jetzt ist seine *Spätphase* zu betrachten, in der theologisches Denken, aus der Dienstbarkeit der Metaphysik befreit, sich in genuiner Form zu erkennen gibt. Da es sich fast ausschließlich um dichterische Texte handelt, die mehr in Bildern als in Begriffen denken und zudem beide in Elemente des Sprachvollzugs ummünzen, ist dieses theologische Denken jedoch nur mittelbar und nur in Aspekten zu fassen. Auch geschieht seine Auswanderung aus den idealistischen Denkschemata zögernd, so daß Neues und Altes sich längere Zeit mischen und zwar Zeichen des Übergangs, aber keine einmalige und definitive Entscheidung zu fixieren erlauben. Das verdeutlicht schon die christliche Thematik von *Brot und Wein* bis *Patmos*, die, wiewohl jetzt erst möglich, nur allmählich auch theologisch gedacht wird.

Sachlich fällt dieser Übergang mit dem Wechsel vom göttlichen Sein zum Gott zusammen oder vom Gott, der auf den Menschen, zum Menschen, der auf den Gott angewiesen ist – davon war die Rede. Indessen wäre er mit Begriffen wie Pantheismus und Theismus nur unvollkommen erfaßt. Der Vorgang spielt sich nicht im Licht der Systeme, sondern in der Dämmerung der Denkformen ab. Diese lassen sich mit den Wörtern »Sichbegreifen« und »Sichzeigen« ausdrücken (Hölderlin sagt gerne »Sichfühlen« und »Erscheinen«). Denn das Sein ist das im Seienden sich Begreifende, und der Gott ist der einer Welt oder dem Menschen sich Zeigende. Aber in den Wörtern liegt mehr. Ein Sichbegreifen geschieht zu Hölderlins Zeit in der Form der Dialektik: etwas entäußert sich in das ihm Entgegengesetzte, um aus diesem, seiner selbst wie in einem Spiegel gewahr werdend, zu sich zu kommen. Ein Sichzeigen aber geschieht in der Form des Paradoxes: etwas geht, indem es in die Sichtbarkeit tritt, ins Unsichtbare zurück; denn nur ein verborgenes Woher trägt ein offenbares Da. Das Sichzeigen ist das Sichverbergen dessen, was sich da zeigt.

Dialektik und Paradox – wenn hierin grundlegende Denkansätze des klassischen und des späten Hölderlin getroffen sind, so deuten sie einen Weg an, der vom geschlossenen System in die ungesicherte Offenheit führt. Denn dialektisches Denken ist so beschaffen, daß es mit seiner ersten Setzung über seine letzte Konsequenz entscheidet und keinen systemfreien Ort zuläßt; das Negationsprinzip, weil systemimmanent, erreicht nicht nur nicht, sondern bemerkt nicht einmal, was außerhalb des vorgegebenen Deutungshorizontes liegt. Heißt der Ursprung Natur, so muß das Ziel der Geschichte wieder Natur sein und Naturferne oder Naturnähe das Merkmal ihrer Stadien; heißt er Ewige Schönheit, so beherrscht die ästhetische Kategorie die gesamten Momente seiner endlichen Entfaltung. Von jedem dialektischen System gilt der Satz des Empedokles: »Es kehret alles wieder. Und was geschehen soll, ist schon vollendet«[17] – vollendet im Heilsplan der Geschichte. Die Vernunft kennt sein Gesetz und weiß a priori, was und wie etwas wirklich sein kann. Ein Denken unter dem Prinzip des Paradoxes hingegen rechnet mit dem, was sich dem Zugriff der Vernunft entzieht – dem sinnfreien Dasein der Faktizität, dem unbegründbaren Geschehen der Kontingenz, dem stets nur begrenzt durchsichtigen Handeln der Entscheidung und dem schlechthin unbedingten Sichentwerfen der Freiheit. Denn wo das Sichzeigende sich verbirgt, öffnet sich der vernunftfreie Raum, in welchem die Dinge und Ereignisse gleichsam auf sich gestellt sind und, mit einem Ausdruck Hölderlins, das »Unnotwendige« geschehen kann.[18] Zugleich muß sich die Rolle der Dichtung verändern. Aus dem Prinzip der Entsprechung, die das schon kennt, dem sie entsprechen soll, wird die Figur der Antwort, die einem unvermutet Vernommenen Rede zu stehen hat – fast alle späten Gedichte beginnen oder enden mit dieser Gebärde.[19] Das Bild vom »Echo des Himmels« mag den Übergang anzeigen, da es beide Auslegungen leidet. – Indessen müssen wir zunächst konkrete Sachverhalte namhaft machen.

Hölderlins klassische Poetik, sagten wir, ist in Gegenstand und Methode dialektisch konzipiert. Gleichsam unter der Oberfläche dieser Dialektik bemerkt man jedoch den Ansatz eines neuen Denkens, das sich vorerst mit ihr verträgt, weil es in reiner, noch nicht theologisch materialisierter Form erscheint. Es handelt sich um die erwähnten Begriffe »Grundton« und »Kunstcharakter«, zwischen denen Hölderlin ein Gegensatz- und Ausdrucksverhältnis statuiert. Der Grundton äußert sich in einem ihm entgegengesetzten Kunstcharakter, in ihn »überträgt« er sich, so daß dieser die »Metapher« des Grundtons genannt wird.[20] In praxi und angewandt auf das Problem der poetischen Gattungen heißt dies, daß z. B. das Epos als Heldengedicht auf einem »heroischen« Grundton beruht, sich aber in einem »naiven«, wirklichkeitsfreudigen Kunstcharakter darstellt. Man denkt an Homer und wird Hölderlin recht geben. Aber woher stammt seine Einsicht?

Dialektisch kann dieser Übergang in den Gegensatz nicht gedacht sein. Denn der Kunstcharakter negiert den Grundton nicht, er verbirgt ihn, so daß man ihn nicht mehr unmittelbar wahrnimmt und nur daran erkennt, daß der Kunstcharakter nicht in sich zu stehen, sondern in einem von ihm Unterschiedenen zu gründen scheint und mithin ein Woher hat. Dieser Herkunftsanzeige wegen nennt ihn Hölderlin auch das »Zeichen« und den Grundton mit dem mystischen Begriff, von dem er abgeleitet ist, einfach den »Grund«. Wie nun das Fundament eines Hauses, selbst unsichtbar, sein Dasein nur im sicheren Dastehen der Mauern zu erkennen gibt, so verrät sich auch im Zeichen nur das Daß eines Grundes, aber nicht sein Was. Im Zeichen zeigt sich der Grund, aber das Zeichen verdeckt den Grund. Das ist eine dialektisch nicht mehr zu erklärende Paradoxie. Der kurze, aber wichtige Text *Die Bedeutung der Tragödien*[21] sagt darum, die poetischen Gattungen, ausgenommen die Tragödie, seien am leichtesten »aus dem Paradoxon« zu begreifen, daß sie das »Ursprüngliche«, den »verborgenen Grund«, nicht in »ursprünglicher Stärke«, sondern nur in »seiner Schwäche« erscheinen lassen, weil verdeckt vom »Zeichen«, von dem also, was Lyrik und Epos in Stil und Darstellung ihres Kunstcharakters sichtbar und öffentlich vorzeigen.

Ein solches Paradoxiedenken ist der zeitgenössischen Poetik gänzlich fremd; es muß anderswoher stammen. Einem Brief Hölderlins an den Bruder[22], kurz vor jenem Text geschrieben, läßt sich ein erster Hinweis entnehmen. Darin heißt es: »O Lieber! wann wird man unter uns erkennen, daß die höchste Kraft in ihrer Äußerung zugleich auch die bescheidenste ist, und daß das Göttliche, wenn es hervorgeht, niemals ohne eine gewisse Trauer und Demut sein kann?« Das ist allgemein gesagt, weist aber unmißverständlich auf den Gedanken: Gott, wenn er sich offenbart, verhüllt sich in Menschen- und Knechtsgestalt. Ohnehin gehören Trauer und Demut zu Hölderlins späterer Christusdeutung; nur seinen Tod umgibt *Patmos* mit der Glorie der Freudigkeit.

Was diese Briefstelle erst andeutet, spricht ein spätes Fragment unmittelbar aus:

> Was ist Gott? unbekannt, dennoch
> Voll Eigenschaften ist das Angesicht
> Des Himmels von ihm. Die Blitze nämlich
> Der Zorn sind eines Gottes. Jemehr ist eins
> Unsichtbar, schicket es sich in Fremdes. Aber der Donner
> Der Ruhm ist Gottes. Die Liebe zur Unsterblichkeit
> Das Eigentum auch, wie das unsere,
> Ist eines Gottes.[23]

Der »unbekannte« ist nicht der Gott, den Paulus den Athenern bekannt macht, sondern ein wesenhaft verborgener Gott. Ihn verbirgt das »Angesicht des Himmels«, das gleichwohl seiner »Eigenschaften« voll ist, aber nur für den, der ihre Zeichen zu lesen versteht. Hölderlin deutet den Blitz als den »Zorn« und den Donner als den »Ruhm« Gottes. Zudem sind, gleichsam in einer zweiten Potenz der Verbergung, der Zorn die Kontrafaktur seiner Liebe und der Ruhm (gloria, δόξα) die seines unergründbaren Seins. In einem späten Brief[24] nennt Hölderlin unter allem, was er »schauen kann von Gott«, den Blitz das »auserkorene Zeichen«, wobei die Naturerscheinung jenes Zugleich von Enthüllung und Verhüllung im Zeichen besonders sinnfällig macht. Der Skopus dieser Verse liegt in dem Satz: »Jemehr ist eins unsichtbar, (desto mehr) schicket es sich in Fremdes«. Der Verborgene offenbart sich nur in fremder und uneigentlicher Gestalt (sub contraria specie, Luther), und je tiefer die Verbergung, um so fremder das Bild, in das er nach dem Doppelsinn von »sich schicken« sich fügt und sich sendet. Der Schlußsatz ist wohl zu lesen: Die Liebe zur Unsterblichkeit ist, wie das unsere, auch das Eigentum eines Gottes, und zu ergänzen: aber er liebt, was er ist, wir, was wir suchen.

Die Form dieser Paradoxie, d. h. die Frage, ob das göttliche An sich das Andere (contrarium) oder das Unzugängliche (inaccessibile) sei, lassen wir vorerst auf sich beruhen. Ihre theologische Herkunft jedenfalls ist durch dieses Beispiel für das poetische Verfahren gesichert. Das ist eine Neuerung; denn bisher kam Theologisches nur in den Sinndeutungen der Kunst vor. Nur darf man nicht einfach sagen, die Paradoxie von Grundton und Kunstcharakter sei theologisch gedacht. Hölderlin benützt eine theologische Denkform, um poetologische Einsichten zu formulieren. Die Brücke der Analogie ist in den Begriffen Grund und Zeichen zu suchen, die als metaphysische Schemata in der Mitte zwischen Poetik und Theologie der Interpretation beider dienen. Nun sind freilich der anonyme Grund der klassischen Poetik und der personale Gott dieses späten Bruchstücks nicht dasselbe. Wie Hölderlin vom einen zum andern kommt und dennoch jenen in diesem erhält, braucht uns indessen nicht zu kümmern, weil die reine Denkform, um die es hier geht, davon unberührt bleibt. Nimmt man vollends hinzu, daß die Poetik eine dritte, vermittelnde Instanz einführt, den »Geist«, der die Zeichenhaftigkeit des Zeichens und mithin sein Gründen in einem Grund erst aufdeckt, so stellt sich auch der Gedanke an die dritte Person der Trinität ein, wofern diese die Selbstentfremdung Gottes in incarnatio, passio und crux verstehen lehrt.

Mit dieser trinitarischen Auslegung poetischer Grundbegriffe ist es jedoch nicht getan; jener Brief an den Bruder enthält noch einen anderen Hinweis. Auf den Satz über die Trauer und die Demut, in welche das Göttliche sich verhülle, wenn es hervorgeht, folgt: »Freilich im Moment des entschiedenen Kampfs ists was anderes!« Das kann nur bedeuten: da zeigt sich das Göttliche unmittelbar, nicht verhüllt in eine ihm fremde Gestalt. Nun ist unter den poetischen Gattungen die Tragödie der Ort des entschiedenen Kampfes. Sie aber hatte der Text *Die Bedeutung der Tragödien* vom Paradoxiegesetz der anderen Gattungen ausgenommen. In der Tragödie, heißt es, erscheint der verborgene Grund nicht in seiner Schwäche, sondern in ursprünglicher Stärke, er tritt unmittelbar zutage, »das Ursprüngliche ist gerade heraus«. Dabei wird aber das sonst dominierende Zeichen »unbedeutend«, »wirkungslos«, »= O«. Was meint Hölderlin damit?

Wenn das Zeichen der Inbegriff dessen ist, was in einer Dichtung de facto und sichtbar geschieht, so gibt es das zwar auch in der Tragödie, aber es wird bedeutungslos und zu Null angesichts eines Vorgangs, der gleichsam die Schale der Wirklichkeit zerbricht und die verborgene Tiefe des Seins aufdeckt. Dieser Vorgang ist die Erscheinung des »unmittelbaren Gottes«, der »in der Gestalt des Todes gegenwärtig« wird – so in den *Antigone*-Anmerkungen.[25] »Und heute noch begegn' ich ihm«, sagt Empedokles.[26] Die Epiphanie des Gottes vernichtet nicht die Realität, aber das Selbstsein des Realen, und rückt daher in der Tragödie das gesamte, private und öffentliche Geschehen in den Aspekt des Uneigentlichen und Vorläufigen.

Die *Bedeutung der Tragödien*, vermutlich während der Arbeit am *Empedokles* geschrieben, beleuchtet auch eine Einzelheit des Stücks. Es heißt *Der Tod des Empedokles* und ist von seinem Ende, d. h. von der Frage her konzipiert: welche Prämissen sind erforderlich, damit der überlieferte Tod im Ätna verständlich wird? Wenn nun in der Tragödie das Ursprüngliche »gerade heraus« sein soll, so denkt man unwillkürlich an den Krater des Vulkans, in dem auch ein Ursprüngliches, das feuerflüssige Magma des Erdinnern, gerade heraus ist. Überall sonst gilt: »Gefangen nämlich in Ufern von Gras sind die Flammen und allgemeinen Elemente«[27] – die vier Grundelemente als Symbole des »Aorgischen«, das an Vegetation und Lebensfläche des »Organischen« seine Grenze hat. Der Abgrund des Ätna dient Hölderlin offensichtlich als ein sprechendes Sinnbild des unmittelbar werdenden Grundes und in ihm des unmittelbaren Gottes.

Wir haben in Poetik und dichterischen und brieflichen Texten

Hölderlins den doppelten Gedanken gefunden: Offenbarung geschieht als Verbergung, aber es gibt auch eine unmittelbare, alle Verbergung durchbrechende Offenbarung. Der erste Gedanke erinnert an Luther, der zweite an Mystik und Pietismus. Über Hölderlins Herkunft aus dem schwäbischen Pietismus ist kein Wort zu verlieren, um so schwerer ist eine Beziehung zu Luther nachzuweisen. Hält man deshalb nach näheren Analogien Ausschau, so bietet sich die Philosophie des Idealismus an. Aber das Paradox eines in seine Offenbarung sich verbergenden Absoluten kennt Fichte nicht. Hegel denkt die Entäußerung des Geistes in sein Anderssein nicht paradox, sondern dialektisch; der Geist wird Natur oder Geschichte, um in deren Ausarbeitung sich selbst zu begreifen. Nur Schellings Freiheitsabhandlung von 1809 enthält den Gedanken: wie die Nacht im Aufgang des Lichts erst Nacht wird, so verschließt sich der Grund in sich, wenn er Existenz aus sich hervorbringt. Aber dieser Gedanke entstammt der Theosophie Böhmes, deren romantische Wiederentdeckung, wie die Schellingsche Schrift, Hölderlin nicht mehr erreicht hat. Also sieht man sich doch auf Luther verwiesen. Ich nenne die Begriffe seiner Theologie, die sich jetzt aufdrängen[28]; ob Hölderlin sie gekannt haben kann und wie er sich dennoch weit von ihnen entfernt, ist danach zu besprechen.

Dem »unmittelbaren Gott« Hölderlins entspricht Luthers »Deus nudus«, auch »Deus ipse, in sua natura et maiestate« genannt, der »in luce inaccessibili« wohnt (in einem »unzulänglichen« Licht, Zinzendorf). Ihn denken wollen heißt leere sophistische Spekulation treiben, ihn sehen wollen bedeutet Tod und Vernichtung. – Aber auch Hölderlins Figuren erfahren ihn nur im Tod, sei er Erfüllung zu rechter Zeit oder Strafe für den vorzeitig erzwungenen Anblick. – Der einzig gangbare und erlaubte Weg führt über Christus und das Wort der Schrift. In diese hat Gott sich verhüllt, so daß er als ein »Deus indutus« oder »vestitus« erscheint. Luther kann diese Verhüllung mythisch begründen – um die Archonten der Welt zu täuschen (nach 1. Kor. 2,8) –, aber auch rational – um die superbia der Vernunft ad absurdum zu führen und Glauben zu ermöglichen.[29] Hölderlin kennt die alttestamentliche Begründung: um die Menschen zu schonen, die den Anblick seiner Herrlichkeit nicht ertrügen. »Welchem Auge stellte sich ein Gott in unverhüllter Glorie dar?« heißt es schon im *Hyperion*.[30] Spät findet er die Erklärung: Gott ist – nach alter Etymologie – »himmlische

Güte«, die »ihret selber wegen heilig sein muß, unvermischet«; darum unterscheidet er sich von der Welt und zeigt sich ihr nur in »strenger Mittelbarkeit«.[31]

Deus nudus und indutus beschreiben den Sachverhalt gleichsam καθ’ αὑτό. Πρὸς ἡμᾶς kehren sich die Vorzeichen um. Der an sich Deus nudus ist, wird für uns, da er sich in seine Offenbarung verhüllt, ein »Deus absconditus«, und der an sich ein Deus indutus ist, wird uns, da er sich in der Verhüllung offenbart, zum »Deus revelatus«. Er ist immer ein und derselbe, aber in paradoxer Einheit doppelt gegensätzlicher Aspekte. So jedenfalls, scheint dem Laien, könne man Luthers verstreute Bemerkungen im Blick auf Hölderlin zusammendenken.

Hier sind einige Verse aus dem späten Fragment *Griechenland* am Platz, die fast alle diese Elemente enthalten[32]:

Alltag aber wunderbar zu lieb den Menschen	In der Zeit, zur Schonung.
Gott hat an ein Gewand.	Deus vestitus.
Und Erkenntnissen verberget sich sein Angesicht	Deus absconditus.
Und decket die Lüfte mit Kunst.	Daher in sua natura verborgen.
Und Luft und Zeit deckt	
Den Schröcklichen, das zu sehr nicht eins	Der Deus nudus ist terribilis.
Ihn liebet mit Gebeten oder	Warnung vor Ekstase, Vision.
Die Seele. Denn lange schon steht offen	Deus revelatus, in der
Wie Blätter, zu lernen, oder Linien und Winkel	Natur offenbar wie
Die Natur.	in Schriften.

Um nun nicht den Eindruck der förmlichen Identität mit Luther aufkommen zu lassen, seien die Punkte bezeichnet, in denen Hölderlin gänzlich andere Wege einschlägt. Daß der Gedanke, Gott verhülle sich, um die Menschen zu schonen oder seinen Segen zu sparen, Luther fremd ist, war eben gesagt. Entscheidend sind wohl drei grundsätzliche Abweichungen. Hölderlin kennt keine Theologia crucis, selbst in *Patmos* umgeht er Faktum und Interpretation des Kreuzestodes geflissentlich. Eher betreibt er eine Theologia gloriae, doch so, daß er sich von den eigentlichen Herrlichkeitsaussagen mehr und mehr zurückzieht. Dem entspricht ein Christus, der nicht Erlöser und Stifter eines neuen Bundes, sondern Übermittler von Verheißungen und Öffner des Menschensinnes ist. Der Opfertod wird nicht als Heilstat, sondern als die irdische Form der Rückberufung zum Vater verstanden, die eine Versöhnung am Ende der Zeit verbürgt. Vor allem weicht Hölderlins Offenbarungsverständnis von Luther ab. Wenn diesem verbum Dei und Inkarnation als die echte, die Geschichte aber – die »Maske« und

»Mummerei« Gottes – nur mehr als eine zweitrangige Offenbarung gelten und die Natur gänzlich entfällt, so denkt Hölderlin gerade umgekehrt. Die Natur und von etwa 1800 ab die Geschichte sind seine Offenbarungsquellen. Das Wort, wenn es von außen kommend Menschen trifft, ist das »Wort aus Osten« und stammt von den Griechen.[33] »Heilige Schriften« tauchen erst im *Einzigen* und in *Patmos* auf und werden dort »mittelbare« Erscheinungen Gottes[34], hier Quellen »stilleuchtender Kraft« genannt.[35] Und »den festen Buchstaben pflegen«[36] bedeutet sicherlich etwas anderes als: »Das Wort sie sollen lassen stan«. Hölderlins Theologie ist keine Theologie des Wortes oder des Glaubens, sondern eine heilsgeschichtliche Theologie, die aus der Parusie gedacht ist und im Aufsuchen der Spuren, Zeichen und Winke Gottes in Natur und Geschichte sich ihres Kommens zu vergewissern sucht.

Steht es so, dann liegt die Verwandtschaft mit Luther allein in einer Denkform, zu der Hölderlin über ganz andere Anschauungen gekommen ist. Sein Zeitalter hat die Schwelle des modernen Subjektivismus überschritten, der die Natur menschenähnlich und die Geschichte als eine Folge von Bewußtseinsformen versteht und mithin beide als Offenbarungsmedien zu deuten erlaubt. Und erst Hölderlins individuelle Leistung, die Überwindung des dialektischen Idealismus, konnte ihm jene Denkform nahe bringen. Da aber die in ihrem Umkreis entwickelten Bilder und Begriffe bisweilen wie aus Luther übersetzt scheinen, fragt sich doch, was er von ihm gekannt haben kann.

Seine hinterlassene Bibliothek enthält keine Schrift Luthers, und nirgends ist Lektüre einer solchen bezeugt. Hingegen finden sich Hinweise in zwei späten Bruchstücken.[37] Das eine besteht aus dem Titel »Luther«, jedoch ohne das geplante Gedicht; die Seite ist leer geblieben. Das andre enthält den Namen »Wartburg«, wozu vielleicht die Worte gehören: »aber den Bußort von Deutschland nennest du ihn«. Bedenkt man die vielen nichtgriechischen Personen- und Ortsnamen in den späten Entwürfen, die meist als Exempla der Zwischenzeit und ihrer Parusieerwartung dienen, so wird auch eine Luther-Hymne mehr Hölderlinische Heilsgeschichte als Lutherische Theologie haben darstellen sollen.

Nun begegnen im Spätwerk wiederholt Motive und Gedanken, die früh Gehörtem und Gelesenem entstammen müssen, aber in den Seminar- und Stiftsjahren noch keinen sichtbaren Niederschlag gefunden haben. Also könnte auch Luthers Paradoxiedenken unter der Decke der idealistischen Spekulation latent geblieben sein, um erst mit ihrer Überwindung zutage zu treten. Aber was hat der Student kennengelernt?

Die Tübinger Vorlesungsverzeichnisse von 1788 bis 1793 führen keine förmliche Luthervorlesung auf. Auch die Titel der Stiftsloci und die ihnen zugrunde liegende Dogmatik von Sartorius, die ein more geometrico aufgebautes, von Dynamik und Bildkraft Luthers gänzlich unberührtes Kompendium ist, verraten nahezu nichts dergleichen. Hingegen ist anzunehmen, daß in den dogmatischen Vorlesungen Storrs und namentlich in den dogmatischen und religionsphilosophischen des beweglichen, gebildeten Kantgegners Flatt auch Luther behandelt worden ist. Jedenfalls sind die Stipendiaten durch die Vorlesungen Ludwig Joseph Uhlands in die Lutherischen Bekenntnisschriften eingeführt worden, und die öffentliche Schlußdisputation über Thesen Le Brets, an der in Hölderlins Gruppe auch Hegel teilnahm, setzt zumindest gründliche Kenntnis der Schmalkaldischen Artikel voraus. Bestimmte Teile der Theologie Luthers müssen Hölderlin also vertraut gewesen sein.[38]

Angesichts dieser Lage und ehe nicht handfestere Zeugnisse auftauchen, begnügen wir uns daher mit dem Ergebnis: Die erstaunlichen Anklänge an Luther, die sogleich zu vermehren sind, können auf früher Kenntnis beruhen, für die in Hölderlins geistiger Entwicklung um 1800 die Zeit gekommen war. Aber sie können auch ohne Beziehung zu Luther allein der neuen nachdialektischen Situation entsprungen sein und nichts als eine prästabilierte Harmonie des theologischen Denkens ausdrücken. Oder die Wahrheit liegt irgendwo in der Mitte zwischen Erinnerung und unabhängiger Neuschöpfung. Unter diesem Vorbehalt betrachten wir auch die in den folgenden Überlegungen noch auftretenden Analogien.

Der Gedanke eines Grundes, der sich in der Zeit verbirgt und nur im Augenblick offenbar wird, war uns zuerst in Hölderlins Poetik, versteckt in die Regeln des poetischen Verfahrens, begegnet. Bezeichnet er aber eine Wende in Hölderlins Denken, so müßte er sich auch in Dichtungen dieser Periode zu erkennen geben, unmittelbar, und wenn nicht in theologisch-begrifflicher, so doch in mythischer Form; denn die Poetik verlangt eine Dichtung mythischen Charakters. *Wie wenn am Feiertage*, die erste der späten Hymnen und noch im Jahr der Poetik entstanden, gibt den gewünschten Aufschluß. In ihr treffen, wie früher angedeutet, zwei Konzeptionen von Dichtung zusammen. Zuerst wird sie als das Sichfühlen der Natur im Dichter ausgelegt, dann als das Erscheinen des Gottes im Blitzstrahl, den der Dichter zu fassen und in der Verhüllung des Liedes weiterzureichen hat. Das ist der Umschlag der Dialektik ins Paradox. Die Peripetie liegt im Semelegleichnis der sechsten Strophe:

So fiel, wie Dichter sagen, da sie sichtbar
Den Gott zu sehen begehrte, sein Blitz auf Semeles Haus,
Und die göttlichgetroffne gebar
Die Frucht des Gewitters, den heiligen Bacchus.

Schon die vorhergehenden Strophen hatten das Sichfühlen des Grundes im Geist, das früher nur die Erfüllung anzeigte und zeitlich nicht qualifiziert war, leitmotivisch auf das »Jetzt« eines definitiven Augenblicks hingelenkt: »Jetzt aber tagts! ich harrt und sah es kommen« (V. 19) – »Die Natur ist jetzt mit Waffenklang erwacht« (V. 23) – »Und was zuvor geschah, doch kaum gefühlt, ist offenbar erst jetzt« (V. 32), usw. Dann verwandelt sich dieses Jetzt in den »heiligen Strahl« (V. 47), der in der »Seele des Dichters« (V. 44) den Gesang zeugt, und wird am Gleichnis Semeles erläutert; denn Dionysos ist zu der Zeit Hölderlins mythische Chiffre der Dichtung, später tritt Apollon an seine Stelle. Weil aber die Hybris, den Gott sichtbar sehen zu wollen, Sterbliche vernichtet, kann der Dichter, anders als Semele, nur bestehen, wenn er den Strahl »reinen Herzens« und »schuldloser Hände« (V. 61 f.) empfängt und nicht für sich behält, sondern als Mittler, »ins Lied gehüllt«, (V. 59 f.) weitergibt. Damit ist die Dichtung selbst ein Moment der Verhüllung geworden und konkret auf den Augenblick des gegenwärtigen Gottes bezogen. Wenn früher von der Verhüllung des Gottes in Natur, Geschichte oder Dasein eines Menschen die Rede war, so hatte das dichterische Wort gerade seine Enthüllung im Sinne des dialektischen Sichbegreifens zu leisten.

Auf den locus classicus des Semelegleichnisses folgen weitere Stellen, immer mit der Warnung vor dem unmittelbaren Anblick des Gottes verknüpft. *Patmos*: »Im Zorne sichtbar sah ich einmal des Himmels Herrn« (V. 171 f.). Bruchstück *Gestalt und Geist*: »Verwegner! möchtest von Angesicht zu Angesicht die Seele sehn [die Seele der Welt], du gehest in Flammen unter«[39] (Luthers Deus nudus ist ein ignis consumens). *Mnemosyne*: »Unwillig nämlich sind Himmlische, wenn einer nicht die Seele schonend sich zusammengenommen« (V. 49-51). Und wieder *Patmos*: »Zuviel aber der Liebe, wo Anbetung ist [d. h. reine Anbetung am Platz wäre], ist gefahrreich, triffet am meisten«[40]; denn »Gott rein und mit Unterscheidung bewahren, das ist uns vertrauet«.[41] Wie Staupitzische Warnungen an den jungen Luther nehmen sich diese Sätze aus, und so auch die Schlußverse in *Wie wenn am Feiertage*:

Und sag ich gleich,
Ich sei genaht, die Himmlischen zu schauen,
Sie selbst, sie werfen mich tief unter die Lebenden,
Den falschen Priester, ins Dunkel, daß ich
Das warnende Lied den Gelehrigen singe –

den Titanen im Orkus. Man könnte dazu aus Luther zitieren: »Non potes nudus cum nudo congredi« – »speculatores maiestatis opprimuntur et in desperationem adiguntur« – »in inferno se esse videbunt« –, Sätze, die Hölderlin gar nicht kennen konnte.[42]

Zuletzt wird dem unmittelbaren Gott der griechischen Tragödie der »mittelbare Gott« des christlichen Apostels gegenübergestellt, der »höchster Verstand in höchstem Geiste« sei.[43] Gemeint ist das gesammelte Ansichhalten in der Ekstasis der Begeisterung. »Verstand«, »Zucht«, »Halt«, »Gesetz«, »strenge Mittelbarkeit« und dergleichen Termini bilden in den Sophokles- und Pindarerläuterungen und in den spätesten Hymnen eine neue Wortschicht, die stets die unübersteigbare Grenze zwischen Gott und Mensch und die einzige Möglichkeit einer gefahrlosen Begegnung beider im Auge hat. Hölderlin kann das »Kleeblatt« Christus, Dionysos und Herakles mit äußerster Konkretion die nennen, an die er sich halten muß, »weil ohne Halt verstandlos Gott ist«.[44] Noch kurz zuvor war die Verhüllung des Gottes in »Wolken«, in »Stahl«, in »Wunder und Wetter« oder auch ins »Ungesprochene« stets von der Aufforderung begleitet, den Verhüllten dennoch zu kennen und zu benennen. Und der frühe Hölderlin hatte für Verstand und Gesetz nur die Verachtung des Geniezeitalters übrig.

Dem Thema des mittelbaren Gottes entspringen mehrere Motive, von denen wenige noch genannt seien.

Hölderlin stellt nicht nur fest, daß Gott, wenn er sich offenbart, eine fremde und seinem Wesen widersprechende Gestalt annimmt, er fragt auch, warum dies geschehen muß, und findet drei verschiedene Antworten, eine philosophische, eine mythische und eine heilsgeschichtliche. Die philosophische Antwort lautet: Nicht nur in fremder, sondern in jeder Gestalt wird Gott sich fremd; denn der Ewige ist wie das Sein alles und nichts und durch keine endliche Gestalt, kein Wort und kein Bild zu fassen. Weil aber der Mensch nur diese faßt, bekundet Gott in der Weise, wie er gestalthaft erscheint, zugleich sein Jenseits aller Gestalt: in einem plötzlichen Ungültigwerden gewohnter Bezüge, einem unnennbaren Erschrecken, das Glück ist, und ähnlichen Veränderungen, die sein Erscheinen begleiten. Das begreift aber nur, wer sich weder an die Erscheinung hängt noch bloß ihr contrarium sucht, sondern das inaccessibile annimmt, das jeder Erscheinung und jedem denkbaren contrarium einer solchen vorausliegt. Die Unbekanntheitsprädikate und die Versicherungen menschlichen Nichtwissens gehören hierher und können sogar auf Mittlergestalten wie die Ströme übertragen werden: »Was aber jener tuet, der Strom, weiß niemand«, oder vom Rhein: Es »schwand der Zurückgestoßene, niemand weiß, wohin, in die Ferne«.[45] Realistisch genommen wäre dies unsinnig; denn jedermann weiß, wohin der Rhein nach dem Verlassen der Via mala fließt. – Die mythische Antwort kennen wir: Gott schont uns oder spart seinen Segen, wenn er uns zuliebe ein Gewand umlegt, das verzehrende Feuer seines Strahls mildert, Freundesgestalt annimmt und dergleichen. – Schließlich die heilsgeschichtliche Antwort: Wenn auf Erden das »Gedächtnis der Himmlischen ausgeht«[46] oder die Menschen »übermütig des Himmels vergessen«[47], bringt sich der Gott ihnen fürchterlich in Erinnerung. Er wählt sich Einen, den er zu seinem Werkzeug erhöht und nach erfüllter Mission fallen läßt. Schon Empedokles, vor allem Ödipus und Antigone sind dieser Eine in Hölderlins sicherlich antisophokleischer Deutung. Er nennt dies die »göttliche Untreue«, die »am besten zu behalten« sei[48], und meint, wer etwas der Art mitangesehen habe, der vergesse es nicht mehr. In einem verwandten Sinne spricht *Chiron* vom »Stachel des Gottes«, der einen erst lehre, »göttliches Unrecht« zu lieben (V. 37 f.). In der Nacht der Gottvergessenheit zeigt nur das Paradox eines widergöttlich scheinenden Tuns, wer Gott und daß er noch ist.

Ein anderes Motiv betrifft nicht das Warum der Verbergung, sondern ihr Wie. Im Umkreis seines heilsgeschichtlichen Entwurfs bedenkt Hölderlin auch die Weise, wie Gott sich der Welt entzieht, und legt sie bildhaft als das Weggehen Gottes aus, dem nur hilflos nachstarren kann, wer es gewahr wird. Schauder und Erstarrung sind Zeichen, an welchen die Abkehr Gottes gefühlt wird. So erläutert Empedokles den Aufruhr in Agrigent mit den Worten:

> Da faßte mich die Deutung schaudernd an:
> Es war der scheidende Gott meines Volks![49]

Daß das Trauern auf Erden begann, »als der Vater gewandt sein Angesicht von den Menschen«, sagt *Brot und Wein* (V. 127), und daß in Tod und nachfolgender Vergessenheit Christi »selber sein Angesicht der Höchste wendet« (V. 147 f.), *Patmos*. Von den »entflohenen Göttern« sprechen *Germanien* (V. 17) und andere Gedichte, und selbst die Himmelfahrt wird in *Patmos* nicht als Erhöhung, sondern als das Entschwinden Christi beschrieben, das die Jünger zuerst nicht wahrhaben wollen. Mehr als die Verborgenheit ficht das Sichverbergen Gottes Menschen an.

Das Wort »Anfechtung« legt Luther nahe, der im Blick auf Exod. 33, 23 und andere Stellen erläutert: »Quando enim afflictio adest, videmus Dei posteriora, hoc est, iudicamus, Deum a nobis aversum«.[50] Und ist nicht auch Heideggers Begriff der Angst so gedacht, wenn er sie als ein »Wegrücken des Seienden« und als das »Nichten« des Nichts auslegt, das ein »abweisendes Verweisen auf das entgleitende Seiende im Ganzen« ist?[51] Luthers afflictio, Hölderlins Schauder und Heideggers Angst – bei aller Verschiedenheit der Folgerungen erscheinen sie als das Nachstarren dessen, der den Sinngeber des Daseins weggehen sieht.

Schließlich denkt Hölderlin auch über das Was, das Wesen der Verbergung Gottes nach. Um seiner Frage näherzukommen, ist es nötig, zwei Arten der Verbergung zu unterscheiden, die ontologisch entgegengesetzte Sachverhalte beschreiben. Es gibt ein Sichverbergen wie hinter einem Vorhang, wobei der Verborgene dem gleich ist, der im Zurückschlagen des Vorhangs (re-velatio) sich zeigt. Denkt man sich statt des einen Vorhangs mehrere Schleier, die, nacheinander weggezogen, die Gestalt immer deutlicher abzeichnen, so erhält man die gradualistische Vorstellung: Gott, der Höchste, verhüllt sich um so dichter ins Seiende, je weiter dieses vom Zentralfeuer des göttlichen Seins abgerückt ist. Aber in jedem Grade der Sichtbarkeit ist er derselbe. Es gibt aber auch ein Sichverbergen von der Art, wie die Natur in den Dingen, der Geist im Wort oder der Vater im Sohn sich verbirgt, und hier führt kein Stufenweg von diesen zu jenen. Gott ist der andere und dem gänzlich ungleich, in dem er erscheint; denn wiewohl er der Erscheinende ist, bleibt er im Grunde (abs-consio). Der Begriff des

Höchsten entsteht in regressiver Betrachtung – durch die Schichten des Bedingten hindurch wird zu einem letzten Bedingenden zurückgedacht –, der Begriff des Anderen hingegen in progressiver Betrachtung – das Denken folgt dem Weg vom proprium zum alienum Gottes; denn eigentlich wird nicht Gott als der Andere, sondern die Welt als das Andere Gottes begriffen. Diese beiden Denkmodelle – das Denken von unten nach oben und das Denken von innen nach außen – durchziehen in mancherlei Variationen die abendländische Geistesgeschichte, und es scheint, man könne z. B. jenem die Scholastik und diesem Luther zuordnen oder dort die Linie Bruno-Leibniz-Schelling-Hegel ziehen, hier die Linie Cusanus-Descartes-Kant-Kierkegaard. Auch Goethes und Schillers tiefste Denkansätze lassen sich wohl so unterscheiden und in den »fruchtbaren Mißverständnissen«[52] ihrer Unterhaltungen wiederfinden.

Damit stellen wir dem Prinzip des Paradoxes, das wir bisher vom dialektischen Denken abgehoben hatten, ein anderes, das gradualistische Vorstellungssystem gegenüber. Ehe wir fragen, wie es sich damit bei Hölderlin verhält, ist daher eine Synkrisis der drei Denkformen angebracht. Da wäre wohl zu sagen: Nur der gradualistische heißt rechtens ein verborgener Gott, weil er sich stufenweise »entbergen« läßt. Der paradoxe ist, streng genommen, kein verborgener, sondern ein sich verbergender Gott; denn seine Verbergung, weil sie als Offenbarung geschieht, ist nicht essentia, sondern actus. Der dialektische Gott aber, weder verborgen noch sich verbergend, ist sich unbekannt und will sich erkennen; darum ist er in Sein, Anderssein und Sichselbstsein immer ganz im eigenen, wenngleich nur jeweiligen Wesen. In jenen andern Formeln ausgedrückt: Der dialektische Gott ist der temporär Ganze, der gradualistische Gott ist der absolut Höchste, und der paradoxe Gott ist der inakzessibel Andre.

In Hölderlins Spätwerk begegnet nun wiederholt die gradualistische Vorstellung eines Höchsten, der sich stufenförmig im Seienden manifestiert oder dem Menschen zu erkennen gibt. »Und treppenweise steiget der Himmlische nieder« lautet eine Lesart zum *Einzigen*, die nach dem Zusatz: »immer stehet irgend eins zwischen Menschen und ihm« auf Mittler der Offenbarung wie Herakles, Dionysos oder Christus anspielt.[53] In dem Entwurf *Wenn aber die Himmlischen* heißt es mit Blick auf die »himmlische Burg« der Alpen: »Otembringend steigen die Dioskuren ab und auf, an unzugänglichen Treppen« (V. 78 f.), worin beides enthalten ist, der Auf- und Niedergang des Sternbilds und der Wechselaufenthalt der Brüder in Himmel und Totenreich. Von »Treppen des Alpengebirgs« kommt in der *Rhein*-Hymne der »goldene Mittag, den Quell besuchend« herunter (V. 2 f.); und auch hier wird das Gebirge die »Burg der Himmlischen« genannt. Den Anschauungsgrund dieser Bilder verrät ein Brief aus Hauptwil[54], worin Hölderlin, gegen Süden blickend, beschreibt, »wie vom Äther herab die Höhen alle näher und näher niedersteigen bis in dieses freundliche Tal«. Er fügt hinzu: »Wenn der Gott der Macht einen Thron hat auf der Erde, so ist es über diesen herrlichen Gipfeln«. In späten Fragmenten ist dann öfters von der »Leiter« und »Himmelsleiter« die Rede. Der dunkle Satz: »Eine beständige Vision ist aber nach der Himmelsleiter das Elysium«[55] kann bedeuten, das Elysium schaue nach der Himmelsleiter aus, es sei die griechische Antizipation des christlichen Heilswegs. Nimmt man das »nach« nicht lokal, sondern temporal, so könnte die beständige Vision auch das Schauen von Angesicht zu Angesicht am Ende dieses Heilswegs meinen, wobei das Elysium der Ewigkeit gleichzusetzen wäre. Schließlich die Verse, die so merkwürdig Hölderlins letzte Behausung im Turm am Neckar in Tübingen vorwegzunehmen scheinen:

> Will einer wohnen,
> So sei es an Treppen,
> Und wo ein Häuslein hinabhängt
> Am Wasser halte dich auf.[56]

Übersetzt heißt das wohl: Ein Bleiben gibt es nur in der verfließenden Zeit am Stufenweg zum Ewigen. Andere Paradoxa im selben Gedicht legen diese Deutung nahe: »Der Fels ist zu Weide gut, das Trockne zu Trank. Das Nasse aber zu Speise«, und: »Denn wo die Augen zugedeckt, und gebunden die Füße sind, da wirst du es finden«.

Dieses Stufendenken findet sich, wie gesagt, nur im Spätwerk, das unter der Herrschaft des Paradoxieprinzips steht. Da wir den Gegensatz beider Denkweisen betont hatten, stellt sich die Frage, wie Hölderlin sie vereinige. Die einfache Antwort lautet: er denkt das gradualistische Schema, der Tradition entgegen, von Gott her, d. h. er schließt nicht auf ein summum ens zurück, sondern er baut die Treppe der Offenbarung von oben nach unten. So selbstverständlich ist ihm diese Denkrichtung, daß er sogar die Alpen

»gebaut von oben herab« nennen kann. Gemeint ist wohl: gebaut durch die Hand oder den Blitz des Gottes, der sie zu »Treppen« geformt hat; »aus der Tiefe geholt« ist nur das Gestein.[57] Auf diese Weise läßt sich das Paradox der verbergenden Offenbarung ohne Widerspruch gradualistisch vervielfältigen. Es ist sogar die Bedingung des Stufendenkens, das nicht zufällig im Bereich der klassischen Dialektik nirgends anzutreffen ist. Hier herrschen die Figuren des Hinaus und Zurück oder des Lebensbogens, der in seinem Anfang endet. Hingegen kennt auch der junge Hölderlin einen Stufenweg, den er die »heilige Bahn«[58] oder die »einsame gewagte Bahn«[59] nennt. Aber dieser gradus ad Parnassum führt charakteristischerweise von unten nach oben, und da er den Dichter vor Gottheiten bringt, die sich in seiner Sprache manifestieren, ist er nichts anderes als der Weg des Gedichtes selbst, den dieses erbaut, indem es ihn geht. Vom Gedicht, das »entschaute« Gottheiten verkündet, zum Gedicht, das mitteilt, was es von Gott glaubt schauen zu können, wandelt sich das Verhältnis von Theologie und Kunstwerk in Hölderlins dichterischem Selbstverständnis.

Wir brechen hier ab, obwohl noch andere Problemkreise wie Griechenland und Hesperien oder die »vaterländische Sangart« der späten Dichtung von Hölderlins Theologie aus neu beleuchtet werden könnten. Zu zeigen war: Hölderlin bleibt nicht beim dialektischen Idealismus seiner klassischen Periode stehen, wie meistens angenommen wird, sondern er löst sich von ihm und findet in einem theologisch gedachten Paradoxieentwurf einen verbindlichen Grund seiner dichterischen Aussage, aber auch die deutliche Grenze ihrer Aussagefreiheit. Denn für die fast unbeschränkte Macht, dem stummen Sein eine Sprache zu geben, tauscht er die streng umschriebene Pflicht ein, im Seienden die Zeichen und Winke des Gottes zu vernehmen. Deshalb ist von Hören, Lesen und Lernen die Rede, wo es früher Wirken, Erschaffen und Beleben hieß. In dieser Einschränkung liegt aber zugleich ein Offenwerden für das natürlich und geschichtlich Gegebene, das, deutbar oder nicht, jetzt erst in seiner unüberholbaren Faktizität und Kontingenz anerkannt werden kann. Dem entsprechen die harte Gegenständlichkeit, der konkrete Stil, das fremde Bild und das treffende Wort, auch die eigenmetrische Form und andere Kennzeichen der späten Dichtung. Sie zielen sämtlich auf den Vorrang der Sache vor einer Sprache, die, weise oder schön, a priori bestimmt hatte, wie etwas sein und was gelten soll. Und sie blieben unerklärt, wenn sie nicht Ausdruck einer veränderten Grundlegung wären, die, indem sie das Vorwissen der ästhetischen Vernunft beseitigt, die Instanz der Sinngebung ins »Unzulängliche« entrückt. Damit gewinnt Hölderlin beides: das Seinlassen der Dinge, wie sie von sich her sind, und das Wahrnehmen der Fußspur oder des Stachels oder der Gnade des Herrn der Dinge, wofern er in ihnen sich zeigen will. Hierin dürfte der Sinn des Satzes liegen, den wir an den Anfang gestellt hatten: »Von Gott aus gehet mein Werk.«

Anmerkungen

1 An Böhlendorff, 4. Dezember 1801; VI 427.
2 Bruchstück 39, II 326.
3 24. Dezember 1798, VI 301.
4 An Hegel, 26. Januar 1795; VI 155. *Sein und Urteil,* IV 216. Vgl. auch Dieter Henrich *Hölderlin über Urteil und Sein,* in: HJb 1965/66, S. 73-96; ders., *Hegel im Kontext,* Frankfurt 1971, S. 9-40, namentlich S. 21.
5 Vgl. Wolfgang Binder, *Hölderlins Dichtung im Zeitalter des Idealismus,* in: W. B., *Hölderlin-Aufsätze,* Frankfurt 1970, S. 9-26.
6 Frühjahr 1801, VI 419.
7 V. 61 und 76; die Mitte des Gedichts liegt zwischen V. 68 und 69.
8 An Schiller, August 1797; VI 249.
9 Vgl. Anm. 4.
10 III 202; vgl. 195.
11 III 79.
12 *Empedokles,* 1. Fassung, V. 479 f.; IV 21.
13 Randnotiz zu *Empedokles*, 1. Fassung; IV 464.
14 In Frage kommen namentlich die Texte *Wechsel der Töne*, *Über die Verfahrungsweise des poetischen Geistes*, *Über den Unterschied der Dichtarten* und *Grund zum Empedokles*, sämtlich in Band IV.
15 *Ermunterung,* II 33.
16 *Maximen und Reflexionen,* Nr. 183 (Hecker).
17 *Empedokles,* 3. Fassung, V. 329 f.; IV 123.
18 IV 269.
19 Von etwa 15 Stellen seien fünf genannt: »Da faßt' ein Staunen die Seele der Getroffenen all«, *Am Quell der Donau,* V. 43; »Fast wie ein Blinder muß ich dich, Himmlischer, fragen, wozu du mir, woher du seiest, seliger Friede«, *Friedensfeier,* Entwurf, V. 6-8; »Oft über-

raschet es einen, der eben kaum es gedacht hat«, *Die Wanderung,* V. 116 f.; »Und nicht geweissagt war es, sondern die Locken ergriff es, gegenwärtig«, *Patmos,* V. 128 f.; »Oft aber geschiehet etwas um die Schläfe, nicht ist es zu verstehen«, Bruchstück 60, II 333.

20 IV 266.

21 IV 274.

22 28. November 1798, VI 294.

23 II 210.

24 An Böhlendorff, 4. Dezember 1801, VI 427.

25 V 269

26 *Empedokles,* 3. Fassung, V. 465; IV 138.

27 *Griechenland,* 3. Fassung, V. 17 f.; II 257.

28 An Literatur habe ich zu Rate gezogen: F. Kattenbusch, *Deus absconditus bei Luther,* in: *Festgabe für Julius Kaftan,* 1920, S. 170-214; W. von Löwenich, *Luthers theologia crucis,* ²1929; O. Scheel, *Dokumente zu Luthers Entwicklung,* ²1929; W. Köhler, *Der verborgene Gott,* 1946; K. Aland, *Lutherlexikon,* 1957 (Luther deutsch, Ergänzungsband 3); insbesondere G. Ebeling, *Luther. Einführung in sein Denken,* 1965; ders., *Lutherstudien I,* 1971; H. Rückert, *Luthers Anschauung von der Verborgenheit Gottes,* in: H. R., *Vorträge und Aufsätze zur historischen Theologie,* 1972, S. 96-107. Wertvolle Hinweise und Anregungen verdanke ich auch Gesprächen mit Manfred Mezger (Mainz), Robert Leuenberger (Zürich) und Gerhard Ebeling (Zürich).

29 Ersteres z. B. im Kirchenlied EKG 239,6: »Gar heimlich führt er sein Gewalt. Er ging in meiner armen Gestalt, den Teufel wollt er fangen«. Letzteres z. B. WA I 138.

30 *Hyperions Jugend,* III 204.

31 Erläuterungen zum Pindarfragment *Das Höchste,* V 285.

32 *Griechenland,* 3. Fassung, V. 25-34; II 257 f.

33 *Am Quell der Donau,* V. 36; II 126.

34 *Der Einzige,* 3. Fassung, V. 83; II 163.

35 *Patmos,* V. 194; II 171.

36 *Patmos,* V. 224 f.; II 172.

37 Bruchstücke 40 und 46; II 326 f.

38 Die Tübinger Vorlesungsverzeichnisse und die Dogmatik von Sartorius in der Universitätsbibliothek Tübingen. Die Stiftsrepetitionen und -loci führen auf: M. Brecht/J. Sandberger, *Hegels Begegnung mit der Theologie im Tübinger Stift,* in: *Hegel-Studien* 5 (1969), S. 47-81. Über Flatt: Ernst Müller, *Hölderlin. Studien zur Geschichte seines Geistes,* 1944, S. 90 ff. Über die Thesen Le Brets: II 358, 973 f. und VII/1, S. 442. Für wertvolle briefliche Hinweise danke ich Martin Brecht (Tübingen) und Eberhard Jüngel (Tübingen).

39 II 321.

40 Spätere Fassung, V. 185 f; II 182.
41 *Der Vatikan*, V. 12 f.; II 252.
42 Sie stammen aus Vorlesungen und Tischreden, die erst in der Weimarer Ausgabe publiziert sind: WA 31/2, 38; 42, 647.
43 V 269.
44 *Der Einzige*, 3. Fassung, V. 78; II 163.
45 *Der Ister*, V. 71 f; II 192. *Die Wanderung*, V. 95 f.; II 141.
46 *Ödipus*-Anmerkungen, V 202.
47 *Versöhnender, der du nimmergeglaubt*, 1. Fassung, V. 68; II 132.
48 *Ödipus*-Anmerkungen, V 202.
49 *Empedokles*, 3. Fassung, V. 436 f.; IV 137.
50 WA 42, 599; 43, 395.
51 *Was ist Metaphysik?* (1929), 1943, S. 13, 15.
52 Titel eines Vortrags in: Emil Staiger, *Spätzeit. Studien zur deutschen Literatur*, 1973.
53 II 745.
54 An die Schwester, 23. Februar 1801, VI 414.
55 Bruchstück 66, II 335.
56 *Der Adler*, V. 27-30; II 230.
57 Lesart zur *Rhein*-Hymne, II 723.
58 *Die heilige Bahn*, I 79.
59 *Ende einer Gedichtfolge auf Gustav Adolf*, V. 45 f.; I 89.

Hölderlins Verskunst*

Hölderlins Verskunst – das ist kein aktuelles Thema. Forscher und Liebhaber beschäftigt heute die Frage: Was hat Hölderlin gedacht? Wie hat er es gemacht? wird nur selten gefragt. Auch seine Aufsätze liest man gewöhnlich wie philosophische Abhandlungen, obwohl ihre Philosophie auf Prinzipien des poetischen Machens zielt und nur im Licht der dichterischen Praxis Leben und Anschauung erhält. Der Denker scheint den Dichter verdunkelt zu haben.

Das ist merkwürdig, da Hölderlins Wirkung doch zuerst und immer wieder von seiner Kunst, von Sprache und Vers seiner Dichtungen ausgeht. Aber wodurch wirkt sie? Läßt sich das »Dichterische«, von dem Hellingrath sprach und wovon er so erfüllt war, daß es ihm jede Mühe des Suchens und Entzifferns der Texte wert schien, überhaupt fassen? Widersetzt es sich nicht, wie alles Unmittelbare, der Zergliederung, so daß der Versuch, Hölderlin zu verstehen, fast notwendig auf seine Gedanken abgeleitet wird und der Eindruck entsteht, der Gedanke sei die Substanz und die Form nur sein Kleid?

So denken wir gewöhnlich und im Grunde in christlicher Tradition: Wie Gott seine Gedanken in den Dingen und Gesetzen der Welt, so verkörpere der Dichter seine Ideen in den Worten und Strophen seiner Gedichte. Hölderlin denkt aber anders, griechischer und, wenn man es streng nimmt, aristotelisch. Gedanken gehören für ihn zur Materie, zum Körper des Gedichts, die Seele aber ist die Form, die einen bloß möglichen Stoff zum hier und jetzt wirklichen Kunstgebilde formt – wie der Bildhauer den rohen Stein zur Menschenfigur bildet. Die Kunst ist kein Kleid, kein schöner Faltenwurf, sondern die vis formans, welche dem Stoff, auch dem Gedankenstoff, erst eine Existenz und damit Wesen und Wert gibt.

Im Licht dieser Anschauung soll unsere Frage nach Hölderlins Verskunst stehen. Sie enthält eine Schwierigkeit, und sie verspricht ein Ergebnis. Die Schwierigkeit liegt darin, daß Hölderlin über den Vers und die Behandlung der Sprache im Vers kein Wort verloren hat. Wir sind, ohne die Stütze einer Theorie, allein auf die Gedichte angewiesen. Ein Ergebnis ist aber zu erwarten, wenn wir nicht bei der Mathematik der Versmaße stehenbleiben, sondern ihre innere Rhythmik erkennen und bemerken, wie sie Sprachform und Gedankenbewegung bildet. Dann sollte sich zeigen, daß auch der Vers und gerade er zu jenem Wirklichwerden des Stoffs in der Form beiträgt.

Was unseren Gegenstand betrifft, so lassen wir Hölderlins gereimte Gedichte – die frühe Lyrik und die Tübinger Hymnen – beiseite. Eigentlich metrische Probleme enthalten sie nicht, und Reim und Reimstellung können uns hier nicht beschäftigen. Auch die dramatischen Verse klammern wir aus, obwohl die zweite Fassung des *Empedokles*, die den Blankvers aufgibt und mit freieren Versen experimentiert, eine eigene Betrachtung verdiente. Und auch auf den Prosarhythmus müssen wir verzichten, der im *Hyperion* und in den Briefen allenthalben hörbar ist und gewisse Grundfiguren zu erkennen gibt. Unser Gegenstand sind die Oden, die Elegien und Hexametergedichte und die späten Hymnen. Auf die Verse der Pindar- und Sophokles-Übertragungen gehen wir nicht ein, weil der Vergleich mit den Originalen eine ganz andere Art der Betrachtung erforderte.

Die Reihenfolge Ode – Elegie – Hymne ergibt sich aus der Chronologie. Da nun Ode und Elegie in vorgegebenen Maßen, die Hymne aber in frei entworfenen Versen geschrieben sind, liegt es nahe, diesen Wechsel mit dem Übergang von der klassischen zur Spätdichtung zu erklären. Ohne Frage dient die Befreiung des Verses der Absicht, von jetzt an vaterländisch zu dichten und nicht mehr die Griechen nachzuahmen. Dem stehen aber andere Beobachtungen entgegen. Die Verse der Hymnen sind noch längere Zeit einzelnen Odenversen gleich oder ähnlich, als ob Hölderlin ihre Rhythmik nicht abstreifen könnte; nur die Odenstrophe gibt er auf. Umgekehrt schreibt er spät wieder einige Oden, deren Verse die harte Sprache der Spätzeit freilich beinahe zudeckt. Im Ganzen ergibt sich etwa folgendes Bild: Läßt man die Oden und Hexametergedichte der Jugendjahre außer Betracht, die nur korrekt gebaut sind, aber vom Zusammenspiel zwischen Sprache und Versmaß noch wenig wissen, dann beginnt Hölderlins Kunst des Versbaus mit den kurzen Oden des Frankfurter Jahres 1798 und den ersten längeren des folgenden Homburger Jahres. Sie bilden dieses Zusammenspiel vollkommen aus und erreichen eine formale Meisterschaft, die man Virtuosität nennen darf. Von ihr zehren noch die Elegien, die großen Oden und die ersten Hymnen. Schon in ihnen beginnt jedoch eine Entwicklung, die zuletzt das Verhältnis von

Sprache und Vers gänzlich verändert. Denn in dem Maße, wie das zu Sagende gewichtiger wird, anspruchsvoller, tiefsinniger, dunkler, wächst die Sprache gleichsam über den Vers hinaus. Nicht an ihm, sondern in sich selber bildet sie sich und oft sogar gegen ihn, als ob sie statt eines Geburtshelfers jetzt einen Widerstand brauchte, um ihre Form zu finden. – Aber das sind bildliche Umschreibungen, die erst die Anschauung verständlich machen wird. Für jetzt genügt die Feststellung: Hölderlins Verskunst entwickelt sich stetig, aber nicht zu immer höherer Kunst, sondern von einer schon höchsten Formkunst zu einer ganz anderen Art von Kunst, die vorläufig noch nicht zu benennen ist. Ein Umbruch jedenfalls ist in dieser Entwicklung, trotz des Übergangs zum freien Vers der Hymnen, nicht festzustellen, und was klassisch und spät sei, läßt sich nur vom Anfang und Ende dieses Weges her sicher bestimmen. –

Wir beginnen mit den *Oden*. Hölderlin konnte durch Horaz zwölf Odenmaße kennenlernen und sechs von ihnen in deutscher Verwendung durch Klopstock. Er hat sich jedoch mit zwei Maßen begnügt, dem alkäischen und dem dritten asklepiadeischen. Nur eine Ode ist in der sapphischen Strophe geschrieben, eine andere, fragmentarische im archilochischen Maß, das aber dem elegischen Distichon näher steht als den Odenstrophen. Diese Beschränkung auf zwei Maße hat Gründe, die wir erkennen, sobald ihre inneren Strukturen beschrieben sind.[1]

Die alkäische Strophe

Hölderlin hat sie bevorzugt: 58 alkäischen stehen 23 asklepiadeische Oden gegenüber. Sie besteht aus zwei Elfsilblern, einem Neunsilbler und einem Zehnsilbler und ist so zu notieren[2]:

∪ – ∪ – ∪ | – ∪ ∪ – ∪ –
∪ – ∪ – ∪ | – ∪ ∪ – ∪ –
∪ – ∪ – ∪ – ∪ – ∪
– ∪ ∪ – ∪ ∪ – ∪ – ∪

Der Eingang des *Neckar*-Gedichtes kann das Schema veranschaulichen:

In deinen Tälern wachte mein Herz mir auf
Zum Leben, deine Wellen umspielten mich,

Und all der holden Hügel, die dich
Wanderer! kennen, ist keiner fremd mir.

Im Strophenschema ist der Elfsilbler durch eine Zäsur nach der fünften Silbe in zwei Teile getrennt, zwei Kola, aus denen dieser Vers ursprünglich zusammengewachsen sein muß. Nehmen wir ihn zunächst und ohne Rücksicht auf Hölderlins Behandlung der Zäsur so, dann besteht er aus einem kürzeren steigenden und einem längeren fallenden Teil. Steigend heißt: Das erste Kolon beginnt mit einer unbetonten Silbe, so daß der Sprechton von ihr zu einer betonten hinaufsteigt und damit den Grundcharakter dieses Versteils anschlägt. Umgekehrt fallend: der Sprechton sinkt von einer betonten zu unbetonten Silben. Dieses Steigen und Fallen bildet gleichsam eine Welle. Vers 3 und 4 sind nicht durch Zäsur geteilt, sind also und waren vermutlich schon immer Einheiten. Liest man sie nun zusammen, als ob sie zwei Kola eines längeren Verses wären, dann wiederholen sie die Wellenbewegung des Elfsilblers: Der Neunsilbler steigt, der Zehnsilbler fällt. Aber diese Welle ist doppelt so breit. Am Schema kann man es sich optisch vergegenwärtigen: Das erste Kolon des Elfers enthält zwei, der Neuner vier Hebungen, das zweite Kolon des Elfers enthält eine doppelte und eine einfache Senkung, der Zehner zwei doppelte und zwei einfache. Es ist keine mathematisch genaue Verdoppelung, aber man empfindet sie als eine solche und kann sie graphisch so veranschaulichen:

Zu lang schon waltest über dem Haupte mir
Du in der dunklen Wolke, du Gott der Zeit!
Zu wild, zu bang ist's ringsum, und es Trümmert und wankt ja, wohin ich blicke.[3]

Drei Wellen, die dritte doppelt so breit. Nennen wir sie, mit Begriffen der Meistersinger-Poetik, die beiden Stollen und den Abgesang, dann erhalten wir die dreiteilige Strophenform, die uns aus gereimter Lyrik, z. B. des Minnesangs, oder aus Kinder- und Tanzliedern wohlbekannt ist. Vergrößert zur dreiteiligen Liedform – zwei gleiche, eine abweichende Strophe –, erscheint sie in Hölderlins Hymnen nach dem Vorbild der Chorlyrik Pindars und der Tragödie. Auch die Musikgeschichte kennt diese Form im Aufbau ganzer Sätze und in der Bildung einzelner Themen und nennt sie, wieder nach den Meistersingern, den »Bar«. Und sogar in der

Architektur kann man Analoga finden: zwei Vorräume und einen Hauptraum, so daß man im Hindurchgehen denselben Rhythmus empfindet.

Der kunstvolle Wechsel von Hebungen und ein- und zweisilbigen Senkungen gibt der alkäischen wie jeder Odenstrophe ein fremdartig artifizielles Aussehen. Erfaßt man jedoch, wie wir es hier versuchen, ihre innere Rhythmik, dann erkennt man eine einfache, aus anderen Erscheinungen vertraute Grundform. Diese Grundform, die beschriebene Wellenbewegung also, nennen wir den »Rhythmus« der alkäischen Strophe, im Unterschied zum Metrum, das im Strophenschema vorliegt. Da es nämlich eine verbindliche Definition des Begriffs Rhythmus nicht gibt, muß man jeweils sagen, was man darunter verstehen will.

Jetzt soll dieses metrisch-rhythmische Gebilde Sprache werden. Wenn ich für ein Bild einen Rahmen oder für einen vorhandenen Rahmen ein Bild suche, dann müssen nicht nur Länge und Breite, sondern auch der Charakter des Rahmens passen. Ebenso hier: Das Metrum schreibt nur Zahl und Tonstärke der Silben, der Rhythmus aber einen bestimmten Sprachduktus vor. Ihn sprachlich füllen heißt daher: vermeiden, was gegen ihn wäre, aber von seinen Möglichkeiten sich anregen lassen. Welche Anregungen liegen in dem dreifachen Auf und Ab des alkäischen Rhythmus?

Die Wendepunkte der Bewegung, Wellengipfel und Wellental, fallen am meisten ins Ohr. Sie können durch Zäsuren, durch ein momentanes Anhalten des Sprachflusses wie in einer »Atemwende«, hervorgehoben, aber sie können selbstverständlich auch von der weiterfließenden Sprache überspielt werden. Sehen wir uns noch einmal die Neckarstrophe an.

Die Zäsur des ersten Verses – »Tälern/wachte« – ist trotz dem Kontrapost: deine Täler – mein Herz kaum hörbar. Die des zweiten Verses – »deine/Wellen« – entfällt gänzlich, ebenso der Einschnitt zwischen Vers 3 und 4 – »die dich/Wanderer« –, der einer Zäsur gleichkommt, wenn diese beiden Verse den einen Abgesang bilden. Tiefer als Zäsuren schneiden Versfugen ein. Die Fuge zwischen Vers 1 und 2 ist vom Enjambement »mir auf/zum Leben« ganz verdeckt. Nur zwischen Vers 2 und 3 zeigt sie sich, weil hier, zwischen den Stollen und dem Abgesang, der Haupteinschnitt der Strophe liegt. Aber das »und« zu Beginn des Abgesangs mildert sie wieder. Alle übrigen, durch Kommata markierten Satzeinschnitte befinden sich im Innern metrischer Einheiten und werden nicht als Umkehr, sondern als Fortsetzung des Bewegungsduktus empfunden, z. B. »... mir auf zum Leben, → deine Wellen ...« Die Sprache gleitet über fast alle Einschnitte hinweg.

Dieses Hinübergleiten könnte nun den Wellenrhythmus verwischen und einebnen. Das verhindert Hölderlin, indem er die metrisch nicht artikulierten Wellenscheitel musikalisch auszeichnet: durch die Alliterationen »wachte – Wellen – Wanderer«. Zwei andere Alliterationen treten hinzu, »holden Hügel« und »kennen, ist keiner«. Sie markieren nicht Wendepunkte, sondern die Mitten ihrer Verse – die zweite und dritte von vier Hebungen –, unterstreichen also das Steigen und Fallen des Abgesangs.

Nun kann man die Deutung weiterspinnen und sagen: Wenn in dieser Strophe die Sprache die metrischen Einschnitte überspielt, aber die rhythmischen Wendepunkte hervorhebt, dann vergegenwärtigt oder besser: verwirklicht sie die beiden Momente, die das Wesen einer Welle ausmachen, nämlich fugenlos in die Nachbarwellen überzugehen und trotzdem etwas für sich zu sein, das man als besondere Gestalt wahrnimmt. Hier nimmt man es aber darum wahr, weil die alliterierenden Wörter »wachte – Wellen – Wanderer« nicht irgendwelche, sondern die Sinnworte der Strophe sind: Zum Leben erwachen, umspielt werden von den Wellen, den Fluß den Wanderer nennen, der, die Idylle verlassend, das Schicksal des Dichters vorzeichnet. In Hölderlins Sprache heißen diese Stationen sonst »Ursprung«, »Sphäre« und »Zeit«, und mit ihnen beginnt jeder Lebenslauf. Diese Urphänomene erscheinen in den Wörtern auf den Wellengipfeln der alkäischen Strophe.

Hölderlin hat sich also die Anregungen des Versmaßes voll und ganz zunutze gemacht, und zwar so, daß er durch die Sprachform den Rhythmus und durch den Rhythmus den Sprachsinn zur Erscheinung brachte. Das vorhin gebrauchte Wort Virtuosität ist am Platz, nur müßte man sie eine geheime Virtuosität nennen, weil sie sich nicht zur Schau stellt, sondern sich wie von selbst zu ergeben scheint. Es ist eine vollendete Synthesis von Natur und Kunst, die wir genauer bestimmen, sobald wir noch andere Beispiele kennengelernt haben.

Nun behandelt jede Strophe das Zusammenspiel von Rhythmus und Sprache auf ihre eigene Weise, so daß Beispiele nur ein unvollkommenes Bild vom Reichtum der Möglichkeiten geben. Deshalb möchte ich hier eine Betrachtung einschieben, die zwar nur ein Detail betrifft, dafür aber alle alkäischen Strophen erfaßt. Vorausschicken muß ich: Von jetzt ab sollen alle metrischen Einheiten, gleichgültig ob es sich um Versteile, also Kola, oder ganze Verse handelt, mit einem Begriff der modernen Metrik »Perioden« heißen. Die alkäische Strophe enthält dann in ihrem dreifachen Auf und Ab sechs Perioden, drei steigende und drei fallende.

Die Frage dieser Betrachtung ist: Gibt es bestimmte Versstellen, denen Wörter von bestimmter Länge zugeordnet werden? Es gibt sie. In der alkäischen Strophe beginnen fast alle steigenden Perioden mit einsilbigen und fast alle fallenden mit zwei- und mehrsilbigen Wörtern. ›Fast alle‹ heißt in Zahlen: dort 91%, hier 83%. Eine Entwicklung ist dabei nicht festzustellen. Von den kurzen Oden bis zu den späten Odenbearbeitungen, d.h. von 1798 bis 1803, bleiben diese Zahlen bei minimalen Schwankungen konstant.

Nun besagen Ein- und Mehrsilbigkeit an sich nichts; das Gewicht der Wörter entscheidet. Damit steht es so: Einsilbige Wörter sind Artikel, Präpositionen, Konjunktionen und dergleichen, die nur syntaktische Bedeutung haben. Mehrsilbige hingegen sind meistens sinntragende Wörter, auf denen die Aussage der Strophe beruht. Nicht immer, es gibt Ausnahmen. In dem Vers: »Wo sind jetzt Dichter, *denen* der Gott es gab?«[4] liegt auf dem zweisilbigen »denen«, trotz der Alliteration zu »Dichter«, kein Nachdruck. Umgekehrt kommen gewichtige einsilbige Wörter an dieser Stelle vor: »Ihr guten Götter! *arm* ist, wer euch nicht kennt.«[5] Deshalb mußten die Anfangswörter der fallenden Perioden noch einmal gezählt werden, diesmal unter dem Gesichtspunkt ihres Sinngewichts. Es haben sich wieder 83% ergeben – die gewichtlosen mehrsilbigen werden von den gewichtigen einsilbigen Wörtern aufgewogen –, womit erwiesen ist, daß die Anfänge der fallenden Perioden aussagestarke Wörter anziehen.

Wie kann man sich diese Ponderation erklären? Die steigende Periode strebt in ihrem Zug nach oben zur eigentlichen Aussage erst hin. Darum besetzt sie ihre unbetonte erste Silbe mit einem leichten einsilbigen Wort. Die fallende Periode aber stürzt nicht sofort wieder hinab, sondern hält für einen Augenblick auf der Bogenhöhe des Verses an. Und hier sind sinntragende Wörter am Platz. Sie besetzen die sozusagen am hellsten beleuchteten Stellen der alkäischen Strophe, die Wellenkämme in unserem Bild.

Wieder illustriert die *Neckar*strophe dieses Gesetz. Auch daß sie ihre sinntragenden Wörter zusätzlich alliterieren läßt, ist nicht vereinzelt:

Denn sie, die uns das *h*immlische Feuer leihn,
Die Götter schenken *h*eiliges Leid uns auch.[6]

Oder:

Den deutschen *F*rauen danket! sie haben uns
Der Götterbilder *f*reundlichen Geist bewahrt,
Und täglich sühnt der holde klare
*F*riede das böse Gewirre wieder.[7]

Das Wort »Frauen« ist um zwei Silben nach vorne verschoben, wird aber der Alliteration wegen trotzdem als Wort auf der Scheitelhöhe des Bogens empfunden.

Wenn eine solche Verschiebung möglich ist, können wir das Gesetz etwas liberaler fassen und sagen: Das Ende der steigenden und der Beginn der fallenden Periode bilden zusammen die Bogenhöhe. Und hier kann nun nicht bloß ein Wort, sondern eine ganze Wortgruppe das Entscheidende aussprechen. Ich zitiere die drei Abgesänge der Ode *An die Parzen*:

Daß williger mein Herz, *vom süßen*
Spiele gesättiget dann mir sterbe.

Doch ist mir einst das Heil'ge, *das am*
Herzen mir liegt, das Gedicht gelungen,

wenn auch mein Saitenspiel
Mich nicht hinab geleitet; *Einmal*
Lebt ich, wie Götter, und mehr bedarfs nicht.

Die Sinnkonzentrate des ganzen Gedichts befinden sich in den Peripetien der Abgesänge, auf dem Scheitel des dritten und breitesten Wellenbogens. Daß Hölderlins rhythmisches Gefühl hier den Höhepunkt der alkäischen Strophe erkennt, ließe sich an zahlreichen Beispielen verdeutlichen. Nur die Verse aus *Stimme des Volks* seien noch angeführt:

In Eile zögernd, mit des *Adlers*
Lust die geschwungnere Bahn zu wandeln,[8]

weil die geschwungenere Bahn insgeheim zugleich ein Bild für die Bogenform dieser Verse ist.

Zuletzt sehen wir uns noch einmal eine ganze Strophe an, den Eingang der Ode *Der Tod fürs Vaterland*, um uns Hölderlins Wechseldeutung von Rhythmus und Aussage in der alkäischen Strophe reicher zu veranschaulichen:

Du kömmst, o Schlacht! schon wogen die Jünglinge
Hinab von ihren Hügeln, hinab in's Tal,
  Wo keck herauf die Würger dringen,
    Sicher der Kunst und des Arms, doch sichrer

Kömmt über sie die Seele der Jünglinge ...

Die Schlachtreihen der Jünglinge »wogen« – das Wort steht auf dem Gipfel der Verswoge. Ebenso die »Hügel« des zweiten Verses. »Wo keck herauf die Würger dringen« füllt eine steigende Periode. Die Worte »Sicher der Kunst und des Arms« halten sich, weil mit Hebung beginnend und endend, noch auf der Höhe. Aber mit »doch sichrer« bricht von oben die Gegenbewegung herein, welche die Periode zur fallenden macht – und die Würger zu Fall bringen wird.

Aber diese, fast möchte man sagen naturalistische Ausdeutung des Rhythmus reicht noch weiter. Das »schon« des ersten Verses gehört metrisch zum ersten Kolon, syntaktisch aber zum zweiten Satz. Da nun der Satzzusammenhang stärker ist, rückt die Zäsur um eine Silbe nach vorn, und das zweite, an sich fallende, wird zum steigenden Kolon. Diesem doppelten Hinauf entspricht ein doppeltes Hinab – »Hinab von ihren Hügeln, hinab in's Tal« –, so daß man diesen Vers wie zwei Stufen eines Wasserfalls empfindet, obwohl sein erstes Kolon steigt. Auf die einfachste Weise, durch das verfrühte »schon« und das zweimalige »hinab«, verwandelt Hölderlin zwei Wellen in eine, die gleichsam zweimal anspringt und in doppelter Kaskade niederstürzt und so das Schlachtbild weiträumig macht.

Übrigens liebt er solche Verfrühungen durch ein »schon«, ein »noch« oder »doch« vor der Zäsur sehr:

Doch eilt die Zeit, noch siehet mein sterblich Lied
  Den Tag ...[9]

Ein Faktum tritt ein, ein Zeichen wird sichtbar, ehe die Gegenwart ganz abgedient ist, und verspricht Zukunft und Hoffnung. Es ist Hölderlins Urmotiv der Vorzeitigkeit im Sinne des Vorherwissens oder Vorausgehens:

Vor der Zeit! ist Beruf der heiligen Sänger, und also
  Dienen und wandeln sie großem Geschicke voran.[10]

Ein metrisches Analogon dieser Vorzeitigkeit ist in der einen Silbe zu erkennen, welche die fallende in eine steigende Periode verwandelt.

Ähnlich am Ende der Strophe. Wie die Seele der Jünglinge über die Würger, so kommen die Worte »doch sichrer« gleichsam über den Strophenrhythmus. Denn Kunst und Arm, das sind nur Strategie und physische Gewalt, die Seele der Jünglinge aber ist Natur und ist Geist. Das Machen und das Wissen, wie man es macht, erliegt dem Sein, metrisch gedeutet durch zwei Wörter, die das Ende der Strophe zum Anfang der nächsten ziehen und so in der Gefahr den Sieg ankündigen. Virtuose Verskunst auch hier.

Die asklepiadeische Strophe

Wie die alkäische besteht auch diese Strophe aus zwei gleichen und zwei verschiedenen Versen, zwei Asklepiadeen, einem Pherekrateus und einem Glykoneus, so benannt nach griechischen Lyrikern, denen man die Erfindung dieser Verse zuschrieb. Das Schema hat diese Form:

– ∪ – ∪ ∪ – | – ∪ ∪ – ∪ –
– ∪ – ∪ ∪ – | – ∪ ∪ – ∪ –
⏓ – ∪ ∪ – ∪ –
– ∪ – ∪ ∪ – ∪ –

Die letzte Silbe des Pherekrateus ist anceps notiert, sie kann auch eine Hebung tragen und läßt den Vers dann mit zwei aufeinanderfolgenden Hebungen schließen. Hölderlin wußte das, wie einzelne Beispiele zeigen:

Und der Vogel der Nácht schwírrt
Unbequem vor das Auge dir.[11]

Und vermutlich sind so zu lesen auch:

Gott vergibt es, doch stö́rt núr
Nie den Frieden der Liebenden.[12]

Oder:

Darum wandelt der Gótt áuch
Sorglos über dem Haupt uns längst.[13]

Meistens ist diese Silbe jedoch durch eine Senkung gefüllt, der man trotzdem einen kleinen Nebenton geben muß. Denn alle übrigen Perioden schließen mit Hebung, und der sogenannte »Hebungsprall« ist das Charakteristikum der asklepiadeischen Strophe: In jeder Zäsur und in jeder Vers- und Strophenfuge prallen zwei Hebungen zusammen und lassen eine hörbare Pause entstehen. Als Beispiel diene die folgende Strophe – nur die aufeinanderstoßenden Hebungen sind notiert:

Spóttet ja nicht des Kínds, wénn es mit Peitsch' und Spórn
Aúf dem Rosse von Hólz mútig und groß sich dúnkt.
  Dénn, ihr Deutschen, auch ihr séid
    Tátenarm und gedankenvóll.[14]

Auch hier erkennt man zwei Stollen und einen Abgesang; Pherekrateus und Glykoneus stehen sich so gegenüber wie die beiden Kola des Asklepiadeus. Aber sie verdoppeln diese nicht, sondern fügen ihnen nur etwas hinzu. Der Pherekrateus ist um eine Silbe länger als das erste Kolon des Asklepiadeus:

Aúf dem Rósse von Hólz
Dénn, ihr Déutschen, auch íhr – séid

Der Glykoneus fügt dem zweiten Kolon zwei Silben voran:

mútig und gróß sich dúnkt.
Táten – árm und gedánkenvóll.

Nun ist der Asklepiadeus symmetrisch gebaut, die Kola entsprechen sich spiegelbildlich, wie das Strophenschema zeigt. Dasselbe gilt für Pherekrateus und Glykoneus, wenn man bedenkt, daß die beiden Schlußsilben des ersten soviel Zeit beanspruchen wie die drei Anfangssilben des zweiten: »íhr séid« = »Tätenárm«. Liest man so, dann wiederholt der Abgesang die Symmetrie der beiden Stollen, nur mit ein wenig verbreiterten Gliedern.

Was die asklepiadeische aber gänzlich von der alkäischen Strophe unterscheidet, ist der eben genannte Hebungsprall. In den Fugen der alkäischen Strophe läuft die Folge Hebung-Senkung-Hebung-Senkung weiter, so daß die Sprache jede Fuge überspielen kann; das haben wir gesehen. Hier entstehen zwischen den zusammenprallenden Hebungen Pausen, die sich nicht überspielen lassen. Und da nun jede der sechs Perioden mit Hebung beginnt und mit Hebung endet, kann man auch nicht von steigenden oder fallenden

Versen sprechen. Sie gehen »eben« fort: »Haßt den Rausch wie den Frost! lehrt und beschreibet nicht!«[15] Da ist kein wellenartiges Auf und Ab, sondern ein scharf konturiertes Nebeneinander. Wie zwei Sprüche Apollons an der delphischen Tempelwand stehen sich die beiden Perioden gegenüber.

Das führt auf den Grundcharakter der asklepiadeischen Strophe. Vergegenwärtigen wir uns Beispiele wie diese:

Ach! der Menge gefällt, was auf den Marktplatz taugt,
Und es ehret der Knecht nur den Gewaltsamen;
  An das Göttliche glauben
    Die allein, die es selber sind.[16]

Oder:

Wer das Tiefste gedacht, liebt das Lebendigste,
Hohe Jugend versteht, wer in die Welt geblickt,
  Und es neigen die Weisen
    Oft am Ende zu Schönem sich.[17]

Hier werden Gedanken ausgesprochen, logisch-antithetisch gegliedert und zur Sentenz geformt. Nicht werden Vorgänge erzählt wie in der *Neckar*-Strophe oder im *Tod fürs Vaterland*. Diese logische deckt sich nun mit der metrischen Gliederung. Jede Periode enthält *einen* Gedankenteil, der in *einem* Begriff gipfelt: die Menge – der Marktplatz – der Knecht – der Gewaltsame – das Göttliche – die es selber sind. Oder: das Tiefste – das Lebendigste – die Jugend – die Welt – die Weisen – das Schöne.

Dieses Prinzip wird nun weiter ausgestaltet. Die erste Strophe baut *eine* große Antithese: hier Menge und Knecht, dort, die göttlichen Wesens sind, Stollen gegen Abgesang. Die zweite bildet in den drei Periodenpaaren drei Antithesen, die sich jedoch chiastisch überkreuzen. Denn es gehören zusammen: das Tiefste, die Welt, die Weisen und: das Lebendigste, die Jugend, das Schöne (a–b, b–a, a–b). In den Stollen überkreuzen sich auch die Satzformen: Nebensatz-Hauptsatz, Hauptsatz-Nebensatz. Das sind stilistische und grammatische Mittel. Das erste Beispiel verwendet musikalische: die Alliteration Menge – Marktplatz und das Gegenüber von hellen und dunklen Lauten: M*e*nge gef*ä*llt – M*a*rktpl*a*tz t*au*gt – *e*hret d*e*r Kn*e*cht – den Gew*a*lts*a*men.

Das sind Einzelbeobachtungen, die wir in analoger Form schon gemacht haben. Unsere Frage war jedoch, worin der Grundcharakter der asklepiadeischen Strophe liege. Sie bildet Gefüge, Ordnungen, Architekturen – in logischen Gedanken wie eben, aber auch in optischen Bildern und anderen Materien, die gegliedert werden wollen. Dem steht der Bewegungscharakter der alkäischen Strophe gegenüber, die in ihrem Wellenrhythmus lebendige Vorgänge, in der Seele oder draußen in der Realität, fühlbar macht.

Warum Hölderlin sich mit diesen zwei Odenmaßen begnüge, hatten wir anfangs gefragt. Jetzt können wir antworten: weil sie einen Urgegensatz repräsentieren, der sein ganzes Werk bestimmt. Hier ein lebendig sich Vollziehendes, dort ein geistig sich Artikulierendes. »Leben und Geist« ist eine von Hölderlin gern und gerade in der Zeit gebrauchte Formel, in der er den Gegensatzcharakter der beiden Maße ausbildet. Eine andere Formel lautet »aorgisch und organisch«, eine dritte, »griechisch und hesperisch«. Aber das sind nur Besonderungen der Urpolarität – eines aus sich Drängenden und eines sich Gestaltenden –, die Hölderlins Wahl dieser Maße verständlich macht.

Rhythmus heißt Fluß und war ein passendes Wort für die Wellenform der alkäischen Strophe. Rhythmus heißt aber auch Gliederung und paßt so verstanden zur asklepiadeischen Strophe. Zwar faßt man diese Gliederung nicht auf einmal, sondern im Nacheinander des Hörens auf, wie die einer Gebäudefront, an der man entlanggeht. Bestimmend bleiben dennoch die gegeneinander gestellten Versblöcke und der Kontur, der sie umgrenzt. Also wird man die sinntragenden Wörter innerhalb der Perioden finden, nicht im Übergang von der einen zur andern wie in der alkäischen Strophe. Da nun die Perioden spiegelbildlich gebaut sind, drängen sich bestimmte Korrespondenzen auf, z. B. Anfang der einen – Ende der andern oder umgekehrt: Ende und Anfang. Auch die Mitten der Perioden können korrespondieren. Insgesamt ergibt sich ein ganzes System möglicher Korrespondenzen, die sämtlich von Hölderlin realisiert werden. Hier seien am Beispiel der Ode *Heidelberg* einige bezeichnet.

Lange lieb' ich dich schon, möchte dich, mir zur Lust
Mutter nennen, und dir schenken ein kunstlos Lied,
  Du, der Vaterlandsstädte
    Ländlichschönste, so viel ich sah.

Die Stollen betonen Anfänge und Enden, meist alliterierend: »Lange lieb' – mir zur Lust, Mutter nennen – kunstlos Lied«.

Auch die Folge der Vokale scheint nicht absichtslos. Der Abgesang hingegen rückt die sinntragenden Wörter »Vaterlandsstädte ländlichschönste« in der Mitte zusammen, zwei Komposita, kontrastierend wie Stadt und Land und verbunden durch den gleichen Laut: St*ä*dte – l*ä*ndlich. Dann die zweite Strophe:

Wie der Vogel des Walds über die Gipfel fliegt,
Schwingt sich über den Strom, wo er vorbei dir glänzt,
  Leicht und kräftig die Brücke,
    Die von Wagen und Menschen tönt.

Zuerst korrespondieren die Periodenmitten »Vogel« und »Gipfel«, die sozusagen in der Mitte des Sehfelds erscheinen. Die dritte Periode betont »schwingt« und »Strom« und schwingt sich selber wie eine Brücke vom einen Wort zum andern. In der vierten liegt der Nachdruck auf »vorbei«, der mittleren Hebung, wie der Fluß unter der Mitte der Brücke sichtbar wird. Die fünfte Periode hebt die drei Wörter »leicht«, »kräftig«, »Brücke« hervor, die mit ihren harten Doppelkonsonanten gleichsam die Brückenpfeiler abgeben, und die sechste die drei Wörter »Wagen«, »Menschen«, »tönt«, die mit weichen Nasallauten das Summen des Verkehrs über die Brücke wiedergeben. Auch hier eine fast naturalistische Ausdeutung des Rhythmus. Wieder anders die dritte Strophe:

Wie von Göttern gesandt, fesselt' ein Zauber einst
Auf die Brücke mich an, da ich vorüber ging,
  Und herein in die Berge
    Mir die reizende Ferne schien.

Zuerst korrespondieren die Periodenmitten: »Götter – Zauber, Brücke – vorüber«. Diese vier Wörter bilden das Sinngerüst des Vorgangs: der Zauber von oben trifft den unten Vorüberwandernden, daß er stillsteht; Vertikale und Horizontale schneiden sich auf der Mitte der Brücke. Im Abgesang korrespondieren »herein in die Berge« und »reizende Ferne«, beide an gleicher Versstelle und durch gleiche Laute parallelisiert. Zugleich bringen sie die dritte Dimension ins Bild, da die reizende Ferne der Rheinebene flußaufwärts herein scheint.

Ein »kunstlos Lied« nennt Hölderlin Strophen, von denen wir eher sagen würden, sie seien mit höchster Verskunst gebaut. – Aber wir müssen die asklepiadeische Strophe und die Oden überhaupt verlassen und gehen zu Hölderlins zweiter lyrischer Gattung über.

Zunächst die Schemata des Hexameters und des Pentameters, in die nicht alle erlaubten, sondern nur die bei Hölderlin vorkommenden Zäsuren eingezeichnet sind:

– ⏔ – | ⏔ – | ⏔ – | ⏔ – ⏑ ⏑ – ⏑
– ⏔ – ⏔ – | – ⏑ ⏑ – ⏑ ⏑ –

Zur Erläuterung drei Vorbemerkungen:

1. In den Odenversen steht die Zahl der Silben fest, im Hexameter können die ersten vier, im Pentameter die ersten zwei Doppelsenkungen durch einfache Senkungen ersetzt werden.[18] Je nach Zahl und Lage dieser Varianten ergibt das im Hexameter $4^2 = 16$, im Pentameter $2^2 = 4$ Möglichkeiten der Senkungsfüllung, im Distichon also, da jede Hexameter- mit jeder Pentameterform kombiniert werden kann, $16 \cdot 4 = 64$. Das ist ein reines Rechenexempel, weil nur die Kombinationen zählen, die erkennbare Ausdrucksabsichten verfolgen. Schon die antiken Metriker haben eine Auswahl getroffen, Hölderlin beschränkt sich auf vier, allenfalls fünf Grundtypen des Distichons.

2. Eine zweite Deutungsmöglichkeit liegt in den Zäsuren. Der Hexameter läßt, von Sonderformen abgesehen, drei männliche und eine weibliche Zäsur zu. Unter den männlichen ist die nach der dritten Hebung die häufigste: »Arma virumque cano,/Troiae qui primus ab oris«. Die Zäsuren nach der zweiten und vierten Hebung treten oft verbunden auf: »Infandum,/regina, iubes/renovare dolorem«. Die weibliche Zäsur liegt zwischen der ersten und zweiten Senkungssilbe des dritten Daktylus: »Andra moi ennepe, Musa,/polytropon hos mala polla«. Diese bevorzugt Homer, Vergil die männlichen Zäsuren. Hölderlin verwendet nun sozusagen nur männliche, folgt also Vergil, den er niemals nennt, nicht Homer, der ihm alles bedeutet. In Zahlen: Zäsur nach der dritten Hebung 77%, nach der zweiten und vierten 11%, allein nach der vierten 9,5%, insgesamt also 97,5%. Die weibliche Zäsur kommt in den meisten Gedichten gar nicht vor, in *Menons Klagen* zweimal unter 65, im *Archipelagus* viermal unter fast 300 Hexametern.

3. Eine dritte Vorbemerkung gilt dem Pentameter. Wir sind die scharfe, durch eine förmliche Pause markierte Zäsur in der Mitte gewohnt: »Und die Sonne Homers,/siehe sie lächelt auch uns.«[19] Diese Pause kannten die Griechen nicht, da an dieser Stelle nicht

zwei betonte, sondern nur zwei lange Silben zusammentrafen, ihr Pentameter also fugenlos weiterglitt. Hölderlin bildet ganz gelegentlich die ihm durch Schiller nahegelegte pausierte Form des Pentameters: »Siehe! wir sind es, wir;/Frucht von Hesperien ist's!«[20] Die überwiegende Zahl seiner Pentameter – über 90% – ist griechisch gebaut:

> Was du suchest, es *ist na*he, begegnet dir schon.[21]
> Wahrlich zu einzig*em Brau*che vor alters gebaut.[22]
> Richten in herrlich*en Ord*nungen Völker sich auf.[23]

Hölderlin folgt also mit den fast ausschließlich männlichen Zäsuren des Hexameters Vergil und Schiller, mit dem nicht pausierten, weitergleitenden Pentameter aber den Griechen, wie später übrigens auch Mörike.

Um nun der Rhythmik, zunächst des Hexameters, näher zu kommen, ist eine Beobachtung mitzuteilen, die wieder auf ein Gesetz führt. Nach männlicher, d.h. auf eine Hebung folgender Zäsur fährt der Vers mit Senkung fort. Diese Senkung – die zweite, dritte oder vierte – besetzt Hölderlin fast immer mit einer, nicht mit zwei Silben: »Ringsum ruhet die Stadt;/*still* wird die erleuchtete Gasse.«[24] Oder: »Festlicher Saal!/*der* Boden ist Meer!/*und* Tische die Berge.«[25] Steht hier dennoch eine Doppelsenkung – was aber selten vorkommt –, dann wird gewöhnlich die letzte Senkung *vor* der Zäsur mit nur einer Silbe besetzt: »Reizend hinaus*zu*gehn/*in die* vielversprechende Ferne.«[26] Oder beide Senkungen tragen nur eine Silbe: »Aber zuwei*len* liebt/*auch* klares Auge den Schatten.«[27] 97% der Hexameter sind so gebaut. Warum?

Einfache Senkungen beruhigen, doppelte bewegen den Sprachfluß. Offenbar ist die Zäsur der Ort, wo eine Beruhigung stattfinden muß; dann steigert sich die Sprache wieder in ihre daktylische Bewegtheit. Hölderlin scheint die Zäsur als ein momentanes Anhalten oder Atemholen zu empfinden, so daß sich sein Hexameterrhythmus so beschreiben läßt: Nach der Zäsur ein neues Ansetzen und dann Anschwellen, ein crescendo, vor ihr entweder dasselbe oder – aber viel seltener – ein Abklingen, ein decrescendo. Man könnte auch von einem accelerando und ritardando sprechen. Beide Begriffspaare treffen den Sachverhalt nicht ganz, weil, strenggenommen, weder Tonstärke noch Tempo zu- oder abnehmen, sondern der Rhythmus zwischen Bewegtheit und Beruhigung wechselt. Der Einfachheit halber bleiben wir bei den Begriffen crescendo und decrescendo. Denn nur darauf kommt es an, daß Hölderlins Hexameter eine Sprachbewegung fühlbar macht, die aus sich strömt und dieses Strömen gliedert.

Anders der Pentameter. Seine zweite Hälfte, symmetrisch gebaut, steht fest und in sich geschlossen da, ähnlich den Kola des Asklepiadeus. Das gilt auch für die erste Hälfte, wenn sie beide Senkungen gleich besetzt. Meistens sind sie verschieden besetzt: einfach – doppelt, also crescendo, oder: doppelt – einfach, decrescendo. So oder so führt diese Bewegung jedoch auf die in sich stehende zweite Pentameterhälfte zu, so daß in diesem Vers der Eindruck nicht eines Aussichströmens, sondern eines Sichfassens vorwaltet:

Nichts darf schauen das Licht, was nicht den Hohen gefället,
Vor den Äther gebührt Müßigversuchendes nicht.[28]

Im Hexameter die Emphase, die strömt, im Pentameter die Sentenz, die das Strömen faßt. Oder:

Freilich wohl! das Geburtsland ists, der Boden der Heimat,
Was du suchest, es ist nahe, begegnet dir schon.[29]

Im Hexameter, dreifach ansetzend, das Glück des Anagnorismos, des Wiederfindens, im Pentameter die Feststellung: jetzt bin ich da, es ist gut. Aussichströmen – Sichfassen: so pulsiert Hölderlins Distichon. Es ist die Urpolarität, von der wir eben sprachen.

Schillers berühmtes Distichon auf das Distichon trifft daher höchstens mit seinem ersten Vers auf Hölderlin zu: »Im Hexameter steigt des Springquells flüssige Säule«. Aber: »Im Pentameter drauf fällt sie melodisch herab« hat mit Hölderlin nichts zu tun. Da plätschert nichts herab, sondern da wird etwas festgesetzt und gültig gemacht:

Großes zu finden, ist viel, ist viel noch übrig, und wer so
Liebte, gehet, er muß, gehet zu Göttern die Bahn.[30]

Das ist die Grundform, die Hölderlin nun mehrfach abwandelt; von vier oder fünf Typen des Distichons war die Rede. Sie entstehen durch verschiedene Senkungsfüllung in den Versanfängen. Denn nach der Zäsur finden sich keine rhythmischen Varianten mehr; da bildet der Hexameter das eben geschilderte Hölderlinsche crescendo und der Pentameter die vorgeschriebene Gleichgewichtsform. Eine schematische Aufzählung dieser Typen erübrigt sich, hingegen ist an einigen Beispielen zu zeigen, was Hölderlin mit solchen Varianten ausdrückt:

Drin in den Alpen ist's noch helle Nacht und die Wolke,[31]

Nur zu Beginn und am Ende eine Doppelsenkung, dazwischen lauter einfache Senkungen, die ein Anhalten gleichsam vor dem Geheimnis der hellen Nacht in den Bergen anzudeuten scheinen. Aber die Wolke,

Freudiges dichtend, sie deckt drinnen das gähnende Tal.

Lauter bewegte Doppelsenkungen, die Freude und Zukunft versprechen. Noch stärker ausdeutend der Vers:

Langsam eilt und kämpft das freudigschauernde Chaos,

Der gehaltene Gang dieses Verses – alle Doppelsenkungen, bei denen es erlaubt ist, sind durch einfache ersetzt – veranschaulicht unmittelbar die langsame Eile des Chaos. Dann aber die Deutung:

Jung an Gestalt, doch stark, feiert es liebenden Streit.

»Jung an Gestalt«, gleichsam jugendlich bewegt, »doch stark«, gehalten in ruhiger Kraft, und dann das Wesen, zweifach oxymorisch ausgedrückt: »feiert es liebenden Streit«. – Zuletzt eine Partie, die nicht ein Bild, sondern einen Bezug ausdeutet:

Und so bin ich allein. Du aber, über den Wolken,
Vater des Vaterlands! Mächtiger Aether! und du
Erd' und Licht! ihr einigen drei, die walten und lieben,
Ewige Götter! mit euch brechen die Bande mir nie.[32]

In der Resignation der Worte »Und so bin ich allein« ein gleichsam unterschwelliges Crescendo, das auf die Gemeinschaft mit den Himmlischen vorausdeutet. Dann das offenbare crescendo hinauf zum Äther über den Wolken. Der wird in einem gehaltenen Pentameter feierlich apostrophiert: »Vater des Vaterlands! Mächtiger Aether! und du«. Der folgende Hexameter, dreigeteilt, nennt die Trias »Erd' und Licht! ihr einigen drei, die walten und lieben«, als sollten die drei hymnischen crescendi ihre Dreiheit versinnbildlichen. Zuletzt ein Pentameter, der nun durchgehend bewegt und sozusagen ergriffen das Bekenntnis ausspricht: »Ewige Götter! mit euch brechen die Bande mir nie.«

Diese wenigen Beispiele müssen genügen; wir sollten zu einem abschließenden Urteil über Hölderlins klassische Verskunst kommen.

Wir haben rhythmische Grundformen festgestellt, die Kurvatur der alkäischen Strophe, die Antithetik der asklepiadeischen und den Puls von Aussichströmen und Sichfassen im Distichon. Die Odenrhythmik lag in den Metra bereit, Hölderlin mußte sie nur herausholen. Dem Distichon hat er bis zu einem gewissen Grad seine Rhythmik gegeben, wenn er aus vielen Freiheiten der Senkungsfüllung die ihm zusagenden auswählte. Diese Grundrhythmen waren nun sprachlich nicht nur zu füllen, sondern zu erfüllen: durch Verteilung der sinntragenden Wörter auf rhythmisch hervorgehobene oder sich spiegelnde oder sonst ausgezeichnete Stellen, durch Entsprechung von Bildaussage und rhythmischer Bewegung oder durch einen Satzbau, der unter möglichen Rhythmisierungen die verwirklichte, die seinem Duktus, seinem Gefälle entsprach. All das oft von Klangmitteln unterstützt. Immer ging es darum, zwischen Versrhythmus und Sprache ein beiden dienendes Verhältnis herzustellen. Ob man daher sagt, Hölderlins Sprache verhelfe dem Rhythmus oder sein Rhythmus verhelfe der Sprache zur Entfaltung, ist gleichgültig. Im Zusammenklang wird jedes der Geburtshelfer des andern.

Dieses Verhältnis kann man mit Begriffen Hölderlins erläutern und die Sprache Natur, den Vers Kunst nennen. Zwar ist auch die Sprache etwas Gemachtes, also Kunst, aber im Blick auf den vorgegebenen, vor zweieinhalbtausend Jahren gemachten Vers gehört sie als das hier und jetzt jeweils neu sich Bildende auf die Seite der Natur. Dann wäre der Vorgang als eine Synthesis von Natur und Kunst zu beschreiben, jedoch so, wie Hölderlin diese versteht. Nicht vereinigen sich bloß zwei Prinzipien, sondern jedes geht ins entgegengesetzte andere ein, um in ihm sich zu begreifen, »sich zu fühlen«, wie er sagen würde. Nach einem Wort Hyperions errichtet der natürliche Mensch künstlich verfertigte Götterbilder, um, in ihrer Gestalt seine innere Schönheit anschauend, sich zu fühlen.[33] Ebenso kommt die natürliche Sprache, indem sie sich in den künstlichen Vers fügt, zur Wahrheit ihrer Natur. Dasselbe gilt umgekehrt vom Vers: er wird Natur, wenn er sich in Sprache verwirklicht, aber dabei gerade den Sinn seiner Kunstgestalt erfüllt. Hüben und drüben ein Zusichselbstkommen, wie es im *Grund zum Empedokles* und anderen Aufsätzen dargestellt ist. In dieser Dialektik scheint das Gesetz der klassischen Verskunst Hölderlins zu liegen, und ihretwegen hatten wir von einer geheimen Virtuosität gesprochen. Denn eine sich zur Schau stellende wäre nur mehr Kunst, nicht Synthesis von Kunst und Natur.

Vers und Sprache im Spätwerk

Hölderlins klassisches Verfahren gibt seine Absichten deutlich zu erkennen, sein spätes ist schwer zu durchschauen. Da der Sprache-Vers-Bezug sich nicht plötzlich, sondern ganz allmählich verändert, werden Texte, die mehr dem Ende dieser Periode angehören, am ehesten zeigen, wohin Hölderlins Verfahren schließlich gelangt ist. Zunächst seien einige Erscheinungen aus dem Umkreis der späten Oden und Odenbearbeitungen genannt, weil sie sich mit den Prinzipien der klassischen Odenbehandlung vergleichen lassen.

In den späten Oden fallen Wortakzent und Versiktus öfters nicht mehr zusammen, so daß man die Wahl hat, ob man dem Vers oder der Sprache den Vorzug geben will. Der *Blinde Sänger* beginnt:

> Wo bist du, Jugendliches!, das immer mich
> Zur Stunde weckt des Morgens ...

Chiron ersetzt »Jugendliches« durch »Nachdenkliches«, so daß man entweder liest: »Wo bist du, Náchdenklíches!« – eine Tonbeugung – oder: »Wo bist du, Náchdénkliches!« – kein alkäischer Vers mehr. Die Ode *Tränen* enthält drei mehr oder weniger gravierende Tonbeugungen:

> Himmlísche Liebe! zärtliche! wenn ich dein ...
> Ihr Ufer, wo die abgöttísche ...
> Trügrischen, Diebischen, mir nachlében.

In *Ganymed* (V. 21 f.) stehen die Verse:

> Der Frühling kömmt. Und jedes, in seiner Árt,
> Blǘht. Dér ist aber ferne; nicht mehr dabei.

Drei Hebungen nacheinander. In die leichteste Senkung wird das gewichtigste Wort »blüht« gesetzt, als ob die Verletzung des Versmaßes zeigen wollte, wie das Besondre, das »jedes, in seiner Art«, sich gegen das Allgemeine durchsetzt. Es ist wie eine Illustration des späten Wortes von der »Apriorität des Individuellen über das Ganze«.[34]

In den *Dioskuren* (V. 13 f.) bildet Hölderlin sogar eine Doppel*hebung*:

> Mit Wolken, säng ich, tränkt das Gewitter dich
> Du spőttíscher Boden, aber mit Blut der Mensch ...

Zuerst hieß es, metrisch korrekt: »Du dunkler Boden.«[35] Aber auch in den Hymnen finden sich Doppelhebungen: »Nah ist und schwer zu *fássén* der Gott.«[36]

Ein anderes Verfahren erkennt man, wenn man folgende Sätze so liest, wie sie hier stehen: »Es reizte sie die Güte von Brutus. Denn als Feuer ausgegangen, so bot er sich zu helfen ihnen, ob er gleich, als Feldherr, stand in Belagerung vor den Toren.« Prosa, ein wenig stilisiert, würde man sagen. Es ist aber eine Strophe:

> Es reizte sie die Güte von Brutus. Denn
> Als Feuer ausgegangen, so bot er sich
> Zu helfen ihnen, ob er gleich, als Feldherr,
> Stand in Belagerung vor den Toren.[37]

Prosa in Versform, wie auch in der nächsten Strophe dieser späten Erweiterung von *Stimme des Volks*. Man könnte z. B. die *Neckar*-Strophe ebenso prosaisch zu lesen versuchen. Es wäre unmöglich. Der Rhythmus steckt schon im Satzbau und schlägt durch. Diese Sätze haben keinen zum Vers drängenden Rhythmus mehr. Hölderlin füllt erzählende Sprache so in Verse, daß Wortakzent und Versiktus noch zusammenfallen, mehr aber nicht geschieht.

All das sieht so aus, als ob ihm der Odenvers eine lästige Fessel geworden wäre. Aber warum schreibt er dann noch Oden? Man muß anders argumentieren, um den Sinn solcher Verstöße gegen metrische Regel und Rhythmusprinzip zu erkennen.

Hölderlins Hauptgeschäft dieser Zeit sind die Hymnen, freirhythmische Gebilde also, denen keine Versschemata vorgeschrieben sind. Die individuelle Sprachform des Satzes ist schon Vers, sie fügt sich nicht in ein gegebenes Metrum, sondern sie produziert ihr jeweils eigenes Metrum. Nicht beliebig freilich. Noch immer gilt das Prinzip eines wohlgeordneten Wechsels von Hebungen und einfachen und doppelten Senkungen. Dabei entstehen manchmal Versgebilde, in denen man Verse Pindars, der Tragödie, auch der Odendichtung wiedererkennt, namentlich zu Beginn der Hymnendichtung. Aber schon hier und später erst recht überwiegen die nicht überlieferten, sondern ad hoc gebildeten Verse, so daß auch die andern als freie Verse zu gelten haben, denen man nur zufällig griechische Namen geben kann.

Versuchen wir, das, was sich geändert hat, genauer zu formulieren: Dem Odenvers wohnt ein verborgener Rhythmus inne. Den macht die Sprache manifest, indem sie ihn erfüllt. Der Hymnenvers bringt keinen Rhythmus mit. Er empfängt ihn von der Sprache, die ihn kraft ihrer eigenen Rhythmik zum Vers formt und ihm sein individuelles Metrum gibt. Eine Art Übergang bildet das Distichon, wenn es da, wo der Vers Freiheiten zuläßt, seinen eigenen Sprachrhythmus verwirklicht.

Also muß man das Verfahren der späten Oden anders beurteilen. Wie die gleichzeitigen Hymnen werden sie vom spracheigenen Rhythmus geformt. Fügt sich der dem Odenmetrum, ist es gut, fügt er sich nicht, dann wird das Metrum eben vergewaltigt. Das Sichfügen war in der seltsamen Prosastrophe aus *Stimme des Volks* zu beobachten, die Vergewaltigung in den Tonbeugungen, Versbrüchen und Doppelhebungen der anderen Beispiele.

In Hymne und später Ode ist die Instanz der Verskunst der eingeborene Rhythmus der Sprache, nicht mehr der vorgegebene Rhythmus einer überlieferten Form. Darin drückt sich der Übergang vom griechischen zum vaterländischen Dichten aus. Denn – mit den Worten der *Antigone*-Anmerkungen – die Griechen mußten »sich fassen« – darum die feste Kunstform –, wir sollen »etwas treffen«[38] – darum die immer neu sich aus sich selber bildende Sprachform. »Jeden Pfeil, den du losschickst, begleitet das mitgeschossene Ziel« heißt ein Vers Paul Celans. Hölderlins späte Sprache ist dieser Pfeil, der sein Ziel, die Kunstform, mitschießt.

Das bedeutet freilich nicht, jeder Vers vollziehe nur seine individuelle Form und nehme keine Rücksicht auf die Nachbarverse. Hölderlin bemüht sich vielmehr, durch analoge, verwandt klingende Verse einer Partie oder einer ganzen Strophe einen einheitlichen Tonfall zu geben. So z. B.:

> Wenn aber die Himmlischen haben
> Gebaut, still ist es
> Auf Erden, und wohlgestalt stehn
> Die betroffenen Berge.[39]

Ein durchgehend anapästischer Rhythmus, aber keine anapästischen Verse, weil die erste und die zweite Versfuge den Anapäst zerschneiden. Unwillkürlich liest man daher Sätze, nicht Verse, die anders abgeteilt sind. Der Rhythmus geht von der Sprache, nicht von der Versgestalt aus.

Ein anderes Beispiel, die Verse, die so merkwürdig auf den Hölderlinturm vorauszudeuten scheinen:

Will einer wohnen,
So sei es an Treppen,
Und wo ein Häuslein hinabhängt,
Am Wasser halte dich auf.[40]

Hier decken sich Satz und Vers, und die Verse kennt man. Zählte man aber auf: jambische Penthemimeres – Reizianum – Paroimiakos – Prosodiakos, so wäre das gegenstandslos, weil Hölderlin diese Namen nicht kannte, und falsch, weil er nicht bestimmte Verse, sondern rhythmische Sprache schreiben wollte, die Versgestalt annimmt. Nur auf die Verwandtschaft, den gemeinsamen metrischen Tenor der so entstehenden Verse kommt es an: alle steigend und ineinanderlaufend, jeder ein wenig verlängert, der letzte kürzer und mit Hebung endend. Stufenweise Steigerung zur abschließenden Sentenz: so rhythmisiert sich hier die Sprache, und wie bewußt sie das tut, erkennt man an dem »sei es«. Denn nach der früher immer befolgten Hiat-Regel müßte es »sei's« heißen. Aber dann würde der zweite dem ersten Vers gleich und die Steigerung – wie auf Treppen – bliebe aus.

Ein anderes Verfahren erkennt man in den Versen:

Ein Zeichen sind wir, deutungslos
Schmerzlos sind wir und haben fast
Die Sprache in der Fremde verloren.[41]

Jambische Vierheber, aber der letzte mit Hexameterschluß: »Fremde verloren.« Als ob diese Verse am Ende zeigen wollten, sie seien nicht rhythmische Prosa wie im *Hyperion* – »Des Herzens Woge schäumte nicht so schön empor, und würde Geist ...«[42] –, sondern sie seien denn doch Verse. Oder:

Im Zorne sichtbar sah ich einmal
Des Himmels Herrn, nicht, daß ich sein sollt etwas, sondern
Zu lernen.[43]

Derselbe Fall, wobei der Hexameterschluß: »sondern zu lernen« das Lernen gegen das Etwas-Sein, die humilitas gegen die superbia, rhythmisch ausspielt. Aber der zweite Vers ist wesentlich länger als der erste, und man meint, Hölderlin hätte die Versgrenze z. B. auch zwischen »sein« und »sollt« legen können, um metrisch zu harmonisieren. Daß er das nicht getan hat, beweist eben, daß der Sprachrhythmus entscheidet und der Vers nur sein Produkt ist.

Jambische Perioden, die erst am Ende eines oder mehrerer Verse eine Doppelsenkung enthalten, sind häufig, namentlich in den Hymnenanfängen. Es ist, als ob Hölderlin quasi parlando begänne und sich erst allmählich in die hymnische Emphase hineinspräche.

Ein letztes Merkmal, das Enjambement. Einen Satz wie diesen:

> ... Es warten aber
> Der scheuen Augen viele
> Zu schauen das Licht ...[44]

liest man wie eine Langzeile mit Zäsur vor »viele«. Er beginnt aber in der Mitte eines Verses, füllt den nächsten und endet in der Mitte des dritten, als ob die Versbrechung mit der inneren Rhythmik des Satzes nichts mehr zu tun hätte. In den klassischen Oden und den ersten späten Hymnen fielen Vers und Satz oder Satzteil gewöhnlich zusammen, und das Enjambement wollte, wo es vorkam, oft etwas Bestimmtes ausdrücken; das haben wir gesehen. Von etwa 1801 ab wird es, ohne erkennbare Ausdrucksabsicht, die Regel und nimmt ständig zu; drei Viertel aller Verse und mehr enthalten es. Also lese ich nicht Verse:

> Ein Rätsel ist Reinentsprungenes. Auch/
> Der Gesang kaum darf es enthüllen. Denn/
> Wie du anfingst, wirst du bleiben,/[45]

sondern ich lese rhythmische Sätze: »Ein Rätsel ist Reinentsprungenes. Auch der Gesang kaum darf es enthüllen./Denn wie du anfingst, wirst du bleiben.« Noch deutlicher als bisher erkennt man, daß der Rhythmus das Eigentum der Sprache geworden ist und den Vers einmal vorzeigt und einmal zudeckt. –

Wir haben jetzt folgende Merkmale der Hymnenmetrik festgestellt: Obwohl jeder Vers ein Individuum ist, achtet Hölderlin auf eine gewisse »Familienähnlichkeit« benachbarter Verse. Diese liegt mehr im rhythmischen Tenor einer Partie als in der metrischen Gestalt der einzelnen Verse. Kleine Zeichen beugen der Verwechslung mit rhythmischer Prosa vor, aber das Enjambement bildet rhythmische Einheiten über die Versgrenzen hinweg, die sich beim lauten Lesen ebenso oder stärker zur Geltung bringen als die Verseinheiten. Die Sprache scheint in den Zettel der Verse einen Einschlag zu weben, dessen Muster die Form des Zettels häufig vergessen macht und ihn dennoch benützt, um Gestalt zu werden. – Man könnte noch weitere Beobachtungen hinzufügen, die jedoch nichts grundsätzlich Neues erbrächten. Versuchen wir, ein Fazit zu ziehen.

Die späte Verskunst

Es gibt Aquarelle, von Cézanne z. B., die den Bleistiftkontur nicht säuberlich mit Farbe ausfüllen; der Pinsel streicht über ihn hinaus oder läßt weiße Stellen. Trotzdem erkennt man den Gegenstand, jedoch mehr in der Weise eines Zeichens, welches das Auge sich zum Gegenstand ergänzen muß. Folglich will das Bild nicht Realität vortäuschen, sondern sein Gemachtsein vorzeigen. Setzen wir für den Kontur den Vers und für die Farbe die Sprache ein, dann verdeutlicht die Analogie zunächst, wie die Sprache über den Vers hinweggehen kann und ihn dennoch braucht, um sich ein Gerüst zu geben. Der Vers hält die Sprache »in leichtem Umfangen«[46], einmal von ihr beachtet, einmal übersehen – wie der Kontur vom Pinsel. Entfällt aber der feste Zusammenschluß, das fugenlose Ineinanderklingen von Vers und Sprache, das die klassische Verskunst kennzeichnet, dann entfällt auch das, was wir eine quasi naturalistische Wechseldeutung von Sprache und Vers genannt haben. Der Leser kann sich, wie der Betrachter jener Aquarelle, dem Eindruck nicht einfach überlassen, er muß etwas tun, um sich die Aussage – das Analogon des Bildgegenstandes – zu vergegenwärtigen. Auch die Hymne präsentiert sich in ihrem Gemachtsein, in ihrer Kunst.

Aber diese Kunst meint nicht sich selber – ihre artifizielle Meisterschaft –, sondern das, was sie auszusagen hat. Dieses Auszusagende nennt die Hymne *Germanien* das »Wahre«, aber sie fügt hinzu, es dürfe nur »dreifach umschrieben« werden und müsse in seinem Wesen »ungesprochen« bleiben (V. 93 f.). *Wie wenn am Feiertage* nennt es den »Strahl des Vaters«, der nur »ins Lied gehüllt« weiterzureichen sei (V. 58 f.). Die Hymne offenbart also und verbirgt zugleich das, wovon sie und in wessen Auftrag sie spricht. Damit ahmt sie aber nur ihren Auftraggeber nach, von dem das Fragment *Griechenland* sagt, er »verberge« sein Angesicht und decke es »mit Kunst« – mit dem, was er gemacht hat –, damit wir ihn selbst, den »Schröcklichen«, nicht sehen müssen und nur den Liebenden in seiner Schöpfung wahrnehmen (V. 27 f.).

Dieses Zugleich von Offenbaren und Verbergen müßte sich nun auch in der Kunstgestalt der Hymne verraten. Bedenkt man, welches Ansehen der Vers in Hölderlins Zeitalter genoß, dann darf man wohl die Analogie herstellen: Wie der Sprachsinn, der Logos, etwas sagt und etwas verschweigt, so verfährt auch die Sprachform, der Rhythmus, wenn er seine Gestalt, den Vers, manchmal vorzeigt und meistens verdeckt. Die Hymne behandelt ihren Vers wie ihre Aussage.

Wir nannten Hölderlins klassische Verskunst eine Synthesis von Kunst und Natur. »Versus artificiosus atque naturalis« könnte ihr Motto heißen. Seine späte Verskunst steht im Zeichen des Paradoxes von Sichzeigen und Sichverbergen: »Versus absconditus atque revelatus.«

Anmerkungen

* Vortrag, gehalten bei der Jahresversammlung der Hölderlin-Gesellschaft in Tübingen am 4. Juni 1982.

1 Die Beschreibung greift in einigen Punkten auf einen Ansatz zurück, den ich in der Abhandlung *Hölderlins Odenstrophe* (HJb 1952, S. 85-110) dargestellt habe. Die dort verzeichnete Literatur wäre nur unbeträchtlich zu vermehren. Der Vortragsform wegen ist hier darauf verzichtet.

2 Da es sich um ein antikes Maß handelt, im Strich-Haken-Schema. In deutscher Sprache ist der Strich allerdings nicht als lange, sondern als betonte Silbe, als Hebung zu lesen, der Haken nicht als kurze, sondern als unbetonte Silbe, als Senkung. Da Hölderlin aber, wie man häufig beobachten kann, auch für die Dauer der Silbe ein Ohr hatte, ist das antike Schema angebracht. Von solchen Quantitätsfragen ist in einzelnen Fällen zu sprechen.

3 *Der Zeitgeist*, V. 1-4; I 300.
4 *Gesang des Deutschen*, V. 45; II 4.
5 *Die Götter*, V. 5; II 16.
6 *Die Heimat*, V. 21 f.; II 19.
7 *Gesang des Deutschen*, V. 41-44; II 4.
8 *Stimme des Volks*, V. 47 f.; II 50.
9 *Diotima*, V. 6 f.; I 242.
10 Lesart zu *Brot und Wein*, II 597.
11 *Die Kürze*, I 248.
12 *Das Unverzeihliche*, I 254.
13 *Die Liebe*, V. 7; II 20.
14 *An die Deutschen*, I 256.
15 *An die jungen Dichter*, I 255.
16 *Menschenbeifall*, I 250.
17 *Sokrates und Alkibiades*, I 260.
18 Die griechische Notation: Strich über zwei Haken, ist, streng genommen, unrichtig, weil auch die Ersatzsilbe eine Senkungssilbe ist, also mit einem Haken bezeichnet werden müßte. Da Hölderlin aber in solchen Fällen fast immer eine zwar unbetonte, aber lange Silbe einsetzt, ist diese Inkonsequenz gerechtfertigt.
19 Schiller, *Der Spaziergang*
20 *Brot und Wein*, V. 150; II 95.
21 *Heimkunft*, V. 56; II 97.
22 *Brot und Wein*, V. 58; II 92.
23 *Brot und Wein*, V. 96; II 93.
24 *Brot und Wein*, V. 1 f.; II 90.
25 *Brot und Wein*, V. 57; II 92.
26 *Heimkunft*, V. 61; II 98.
27 *Brot und Wein*, V. 25; II 90.
27 *Brot und Wein*, V. 93 f.; II 93.
29 *Heimkunft*, V. 55 f.; II 97.
30 *Menons Klagen um Diotima*, V. 117; II 79.
31 *Heimkunft*, II 96.
32 *Der Wanderer*, V. 97-100; II 83.
33 *Hyperion*, III 79.
34 Bruchstück 81, II 339.
35 II 469.
36 *Patmos*, V. 1 f.; II 165.
37 *Stimme des Volks*, 2. Fassung, V. 49-52; II 52.
38 V 270.
39 *Wenn aber die Himmlischen*, II 222.
40 *Der Adler*, V. 27-30; II 230.
41 *Mnemosyne*, 2. Fassung, V. 1-3; II 195.
42 III 41.

43 *Patmos*, V. 171-173; II 170.
44 *Patmos*, V. 186-188; II 170.
45 *Der Rhein*, V. 46-48; II 143.
46 *Wie wenn am Feiertage*, V. 12; II 118.

Äther und Abgrund in Hölderlins Dichtung

»Äther und Abgrund in Hölderlins Dichtung« heißt das Thema, worüber ich sprechen darf. In der ersten der späten Hymnen, dem Gedicht *Wie wenn am Feiertage*, steht der Vers: »Und hoch vom Äther bis zum Abgrund nieder ... fühlt neu die Begeisterung sich« (V. 24, 26). Der Äther droben und das Höchste, der Abgrund drunten in der Tiefe. Es geht um die Vertikaldimension in den Dichtungen und im Weltbild Hölderlins. Sie besitzt für ihn eine Bedeutung, die man bei keinem anderen Dichter seiner Zeit findet, und man muß bis zu den Himmel- und Hölle-Visionen der Barockdichter zurückgehen, wenn man etwas Vergleichbares sucht. Um zu diesem merkwürdigen Sachverhalt einen Zugang zu finden, ist es vielleicht gut, sich für einen Augenblick zu überlegen, worin das Besondere der Vertikaldimension liegt, und dabei von Hölderlin noch ganz abzusehen.

Oben und unten hängen nicht, wie rechts und links oder vorn und hinten, von der Stellung des Betrachters ab, solange er sich jedenfalls im Schwerefeld der Erde bewegt. Sie bilden absolute Richtungen, und vermutlich bekörpern sie sich darum weit weniger als jene. Wohl in den Bergen, wenn man an einer senkrechten Wand hinaufschauen muß oder beim Tiefblick Häuser, Wege und Bäche wie Spielzeug unter sich liegen sieht. Aber das sind für den Flachländer Ausnahmeerlebnisse, die ihm die Vertikale erst zum Bewußtsein bringen. Für seine Orientierung im Alltag braucht er sie selten. Was aber von sich her wenig Bedeutung hat, das steht der poetischen, der mythischen, religiösen oder philosophischen Deutung um so offener. Das zeigt sich im Vergleich mit den andern Dimensionen.

Rechts und links – unpolitisch genommen – werden selten zum dichterischen Motiv, und wenn es doch geschieht, dann gewöhnlich darum, weil die Sprache mit rechts das Rechte und mit links das Linkische oder gar Sinistre assoziiert. Aber Herkules am Scheidewege hat seine Führerin nicht gewählt, weil sie von rechts kam, sondern weil sie die Tugend war.

Vor und zurück sind schon wesentlich deutbarer. Vor uns liegt die Zukunft, hinter uns das Vergangene. Vorwärts gehend sich bewähren, nicht rückwärts schauend sich rechtfertigen, ist die

Lehre der Lessingschen Ringparabel. Sie beruht auf dem Wort des Paulus im Philipperbrief: »Ich vergesse, was dahinten ist, und strecke mich zu dem, was da vorne ist«. Daraus entspringt dann das ethische Paradox: Obwohl ich durch mein Gewordensein geprägt bin und nur dieses besitze, ist mir verboten, mich darauf zu berufen. In einer Zukunft, deren ich doch ganz und gar nicht Herr bin, soll ich meine Bestimmung suchen. Und selbst die Frage, ob menschliches Dasein bloß anfange und ende oder einen Ursprung und ein Ziel habe, nimmt von dieser Dimension ihren Ausgang.

Sie leitet jedoch zur deutungsträchtigsten, zur Vertikaldimension über. Denn Ursprünge zu gründen und Ziele zu setzen, liegt offenbar nicht in der Macht der Zeit. Um sie zu erklären, werden dem Menschen Organe für obere und untere Kräfte zugeschrieben, deren Namen Natur, Idee, Grund, Weltgeist, Gott oder wie immer heißen können. Schon sein aufrechter Gang hat öfters seinen Bezug zu dem, was ihn von oben oder unten bestimmt, zu versinnbildlichen, und die ekstatisch nach oben gedrehten Köpfe, z. B. auf Pfingstbildern der mittelalterlichen Buchmalerei, lassen diese Symbolik noch sinnfälliger werden. Aber nicht nur Heil und Verdammnis liegen oben und unten, auch Licht und Wurzelboden. Goethes Morphologie der Pflanze beginnt mit der Urpolarität von Wurzel und Stengel, die in entgegengesetzter Richtung wachsen. Aber die Wurzel, die bloß tragen und Nahrung beschaffen muß, bleibt der formloseste Teil der Pflanze, während der Stengel von Blatt zu Blatt geformtere Organe ausbildet, bis in der Blüte die vollkommenste Form und eigentlich ein Analogon des menschlichen Geistes erscheint. Was oben ist, behält den höchsten Rang, auch wenn das Untere seinen Charakter verändert und, im Zuge der neuzeitlichen Säkularisierung, sich vom Dämonischen ins Chthonische verwandelt, aus dem die Lebensmaterie eines jeden lebendigen Wesens stammt.

Damit nähern wir uns Hölderlin, der beide Sinndeutungen der Vertikale kennt, die mythisch-christliche und die philosophisch-pantheistische. Droben sind der Äther, die Götter, das Licht und der Geist, und sie sind gut, wobei er sich die alte, aus Luthers Katechismus stammende Etymologie zunutze macht: Gott heiße so, weil er der Gute, der Gütige sei. Drunten aber befindet sich, je nach dem Zusammenhang, der zur Rede steht, entweder das Widergöttliche, versinnbildlicht z. B. in den Titanen im Orkus, oder das Lebenschaffende, versinnbildlicht im Mutterprinzip der Erde oder der Natur. Das philosophische Wort für dieses Prinzip heißt der Grund, das dichterische Bild für den Ort des Gottfeindlichen der Abgrund. –

Mit diesen einleitenden Bemerkungen wollte ich zeigen, daß die Vertikale, gerade weil sie im Alltag die geringste Realität besitzt, der Deutung am zugänglichsten ist, und daß Hölderlin von ihrer Deutbarkeit Gebrauch macht. Ich möchte nun so vorgehen, daß ich zunächst Hölderlins Verständnis von Äther und Abgrund, wie es sich in seinen Dichtungen entwickelt, erläutere. Dann möchte ich einen späten Gedichtentwurf besprechen, der mit beiden zu tun hat, aber noch anderes enthält, das nicht beiseite zu lassen ist. Zuletzt möchte ich das Gesagte so zusammenführen, daß etwas von Hölderlins Weltbild und der Rolle der Dichtung in ihm zum Vorschein kommt.

I.

Wir beginnen mit dem *Äther*. Eine Zeit lang liebt Hölderlin dieses Wort sehr, oft setzt er es für »Himmel« ein, ohne daß eine besondere Bedeutungsnuance zu erkennen wäre. Das muß am Klang und auch an der griechischen Herkunft des Wortes liegen. Eine Stelle der Elegie *Brot und Wein* (V. 65 f.) ist dafür aufschlußreich. Hölderlin schildert die Einkehr der Himmlischen beim Fest in der goldenen Zeit der Griechen, dann die Antwort der Menschen:

> Vater Aether! so rief's und flog von Zunge zu Zunge
> Tausendfach, es ertrug keiner das Leben allein.

»Vater Aether« ist ein Ruf, ein Losungswort, das Gemeinschaft oder, wie Hölderlin sagen würde, »Gemeingeist« in der Gegenwart der Himmlischen stiftet. Ein wenig später wird es wiederholt (V. 68-70), jedoch in veränderter Form:

> ... es wächst schlafend des Wortes Gewalt
> Vater! heiter! und hallt, so weit es gehet, das uralt
> Zeichen, von Eltern geerbt, treffend und schaffend hinab.

Hölderlin ersetzt – sogar in der Handschrift sichtbar – »Äther« durch das Adjektiv »heiter«, das ja kein Name ist, sondern einen von ihm erfundenen ekstatischen Kultruf bedeuten soll. Damit spielt er auf die griechische Form des Wortes – »aither« – an, die wie »heiter« klingt. Zugleich gewinnt er eine Deutung des Namens, die seinen deutschen Lesern mehr sagt als der überlieferte Äther-Begriff. Denn heiter – das ist nicht nur der wolkenlose Himmel, auch nicht eine vorübergehende Stimmung des Gemüts, sondern das Dasein der Götter, an dem die Sterblichen im goldenen Zeitalter teilhaben. Leidlos, aber darum nicht müßig – »Vor den Äther gebührt Müßigversuchendes nicht« heißt es wenig später (V. 94) in *Brot und Wein*, und ein »schaffendes« Zeichen war das Wort »heiter« in den eben zitierten Versen genannt. Hölderlin meint ein von Druck und Zwang und Widersprüchen befreites Dasein, das ganz seiner mächtig und rein zu wirken befähigt ist. So leben die Götter, das ist die »serenitas«, die Winckelmann in den antiken Götterbildern verkörpert sah, danach sehnen sich Menschen und für sie der Dichter, wenn nicht goldene, sondern »dürftige« Zeit ist. »Wozu Dichter in dürftiger Zeit?« lautet das bekannte Wort der Elegie (V. 122), und gemeint ist die bedürfende, die Geist und Licht und Lebensatem des Äthers vermissende Zeit.

Mit diesem einen Beispiel ist jedoch der Bedeutungsumkreis des Äthers noch nicht erfaßt. Ich versuche, ihn an einigen charakteristischen Stellen zu verdeutlichen.

Gegen Ende der Frankfurter Zeit schreibt Hölderlin das Gedicht *Da ich ein Knabe war*, worin er gleichsam eine Ortsbestimmung seiner Existenz vornimmt. Von der Natur und ihren Göttern ist die Rede, dann heißt es (V. 24-27):

> Doch kannt' ich euch besser,
> Als ich je die Menschen gekannt,
> Ich verstand die Stille des Aethers,
> Der Menschen Worte verstand ich nie.

Sicherlich liegen diesen Versen auch die schlimmen Erfahrungen mit der Frankfurter Gesellschaft zugrunde, aber der Rückblick auf die Knabenzeit verallgemeinert sie zum Problem eines Menschen, der sein innerstes Dasein nicht unter Menschen, sondern in der Natur findet. Hölderlin *sucht* aber Menschen, und die Einsamkeitsklagen, das Gefühl, als Dichter keine Heimat zu haben und dennoch angewiesen zu sein auf die Wenigen, die gleichen Geistes sind – die Geschwister, die Freunde, Diotima –, all das rührt daher. Diese Wenigen aber – »gleichschlagende Herzen«, wie man damals sagte – sind solche, die wie er in der Natur den Grund ihres Daseins kennen. Und diese Natur erscheint nun hier in der »Stille des Äthers«, die er seit je besser verstanden habe als die Rede der Menschen. Was für ein Verstehen ist das?

Weder das Verstehen einer gegenständlichen Mitteilung noch das Genießen eines bloßen Zustandes, draußen unter dem Blau des Himmels. Der Äther spricht zu ihm, und seine Sprache ist die Stille. Diese Stille, auch Ruhe oder Frieden genannt, ist ein Leitwort Hölderlins, worin mehr als das Verstummen aller Geräusche liegt. Der pietistischen »Seelenstille« verwandt, auch der »galene«, der Meeresstille, die Winckelmann in den Augen der griechischen Götter sah, deutet sie auf ein Wesen, das in sich selber ruht und dessen Kräfte, mit einem Wort Hyperions, »in Eine goldene Mitte versammelt« sind.[1] Der Vergleich mit Schillers »ästhetischem Zustand« oder seinem Begriff der »schönen Seele« liegt nahe. Strenger im Sinne Hölderlins gefaßt ist Stille der Ausdruck eines Wesens, das aus sich selbst existiert – »ens a se«, wie die Philosophie sagt – und darum nicht von Dingen außerhalb seiner bestimmt wird, die es hierhin und dorthin zerstreuen. Dieses reine, dem Göttlichen vorbehaltene Aus-sich-Sein erblickt Hölderlin, vielmehr hört er in der Stille des Äthers und versteht es, weil wortlos, unmittelbar.

Daraus entspringt eine dreifache Erfahrung: der Sehnsucht, dahin zu gelangen, der Endlichkeit, die es nicht zuläßt, und des Augenblicks, in dem sich das Ewige dann gleichsam seiner erbarmt und im Wehen der Luft ihm den Boten des Äthers zusendet. Über diesen drei Motiven ist das große, auch in Frankfurt entstandene Hexametergedicht *An den Aether* aufgebaut. Nach klassizistischer Manier feiert es die Gabe des Äthers in einer langen Reihe der Exempla, beginnend mit dem ersten Atemzug des Neugeborenen. Die Pflanzen streben zu ihm hinauf, die Fische sogar, wenn sie übers Wasser springen, die Tiere im Lauf und mehr als alle des »Aethers Lieblinge«, die »glücklichen Vögel« (V. 27). Ihr Zuhause ist oben, und von dort winkt es dem Dichter »wie die freundliche Heimat« (V. 32) herab. Er möchte den Adler rufen,

> Daß er, wie einst in die Arme des Zeus den seligen Knaben,
> Aus der Gefangenschaft in des Aethers Halle mich trage.
> (V. 35 f.)

Wie Ganymed aus der Gefangenschaft des sterblichen Daseins.

Aber Mythus und Wirklichkeit sind zweierlei, und wenn Menschen, von einem unbestimmten Drang getrieben, »durch die Zonen der Erd'« wandern, so suchen sie im Grunde den Äther und vergessen, daß draußen nicht droben ist. Dann aber geschieht, unvermutet, wie immer bei Hölderlin, der Augenblick der Begegnung:

Aber indeß ich hinauf in die dämmernde Ferne mich sehne, ...
Kömmst du säuselnd herab von des Fruchtbaums blühenden Wipfeln,
Vater Aether! und sänftigest selbst das strebende Herz mir,
Und ich lebe nun gern, wie zuvor, mit den Blumen der Erde.
(V. 48, 50-52)

Mit dieser Geste der Selbstbescheidung schließt das Gedicht. In einer knappen, auf klassizistisch schöne Bilder verzichtenden Formel sagt Empedokles dasselbe: »der Aether stillt den Geist und das geheimere Verlangen«[2] – das Verlangen nach einer Existenz außer der Zeit. In diesem Still-Machen liegt wieder die Stille des Äthers. Indem er aber Empedokles auf sich verweist, zeigt er ihm auch, was er hier und jetzt zu tun habe. Der »Allversöhner« beruft ihn zum Reformator Agrigents, wenn der Aufruhr, der »Sterblichen Irrsal«[3], sich selber zu zerstören droht. –

Damit ist der erste Kreis der Ätheranschauung geschlossen. Faßt man ihre Momente zusammen, dann erkennt man eine Stufenfolge der Erscheinungsformen, beginnend mit dem, was man physisch wahrnehmen kann, der Luft und dem Licht, übergehend zur sinnlich hörbaren, aber nur geistig deutbaren Stille und endend in der reinen, der »heiteren« Wesenheit der Himmlischen, die ewig sind, weil sie aus sich selber sind. Sucht man einen Begriff, der diesem stufenförmigen Verständnis gerecht wird, dann bietet sich das Wort an, das Hölderlin öfters dem Äther gleichsetzt, der »Geist«. Geist aber nicht im Sinne des Logos, der Idee oder der Wahrheit, sondern des lebendigen Pneuma, das, übersinnlich und sinnlich zugleich, herunterwirken, Menschen verwandeln, die Natur beseelen und darum in personaler Form, als »Vater Äther«, erscheinen kann.

Eine Grundfrage Hölderlins in den Jahren um 1800 ist das Problem, wie er den Gott denken solle: als Prinzip – das verlangt die Philosophie – oder als Person – das verlangt sein unmittelbares Lebensbedürfnis, das die Gegenwart des Gottes muß spüren können, wenn es dem Druck der Realität nicht erliegen will. Der Gott soll das reine Sein bleiben – sonst ist es um seine Gottheit geschehen –, und doch soll er die Gestalt eines bestimmten Seienden annehmen – sonst wird er nicht fühlbar, und Hölderlin weiß nicht, wozu er und ob er überhaupt ist. Das zusammenzudenken, scheint unmöglich. Von anderen Versuchen, dieses Problems Herr zu werden – beginnend mit der Erhöhung Diotimas zum gottmenschlichen Wesen –, ist hier nicht zu berichten. Im Äther jedenfalls findet Hölderlin – für eine gewisse Zeit – das Element, das beide Forderungen erfüllt, weil es sich als reines Sein denken und dennoch körperlich fühlen läßt. Nach 1801 verschwindet der Äther aus seinen Dichtungen, oder besser: er verschwindet *in* sie. Er geht in halbgöttliche Mittlerfiguren wie Christus, Herakles oder Dionysos ein, die seine Funktion übernehmen, das reine Sein des Gottes in die Wirklichkeit der Welt und der Menschen zu tragen. Dieses Konkretwerden und Sichverdichten der Numina zu Gestalten ist jedoch ein allgemeiner Zug der späten Gedichte. –

Damit können wir das Äther-Problem vorerst verlassen. Mehrere Belege habe ich nicht besprochen, weil sie keine neuen Gesichtspunkte erbrächten. Auch von Schellings Schrift über die »Weltseele« war nicht die Rede, da sie eine von Hölderlin abweichende Äther-Vorstellung entwickelt. Hingegen gibt es einige vielsagende Äußerungen Hölderlins über Äther und Abgrund, die wir jedoch zurückstellen, bis wir uns auch von diesem zweiten Phänomen eine Vorstellung gebildet haben.

2.

Der *Abgrund*, wörtlich die Stelle, wo der Grund abstürzt, ist, anders als der Äther, etwas unmittelbar Anschauliches. Da aber Hölderlin, seiner spekulativen Anlage wegen, mit dem Sinnlichen des poetischen Ausdrucks lange Zeit Mühe hat, nimmt es nicht wunder, daß sich das Abgrund-Motiv zunächst nicht recht bekörpern will. Eine Vorstufe der Ode *Lebenslauf* beginnt:

> Hohem nahte sein Geist, aber aus Liebe mußt'
> Er hernieder und bald hatte der Abgrund ihn.[4]

Der Abgrund des Leids, der Verzweiflung – eine Metapher. Auch der Mythus gibt Hölderlins eigene Vorstellung noch nicht zu erkennen. In der Ode *Natur und Kunst* (V. 5-7) hat Jupiter seinen Vater Saturn »in den Abgrund verwiesen«, dahin, wo die »Wilden«, die Titanen, mit Recht sind – in den Tartarus. Dann heißt in der *Rhein*-Hymne die Felsschlucht der Via mala, in deren Fesseln der junge Rhein tobt, der »kälteste Abgrund« (V. 22). Von seinem Gegenstück, dem feurigen Abgrund des Ätna-Kraters im *Empedokles* ist noch zu sprechen. Aber was hier an geographischer Anschaulichkeit gewonnen wird, geht wieder verloren, wenn sich der Abgrund zur Chiffre dessen verflüchtigt, was diesseits und jenseits der Zeit ist, des bildenden und des zerstörenden Chaos. Das erste ist mit den Worten der Hymne *Am Quell der Donau* gemeint: »es erlosch das Augenlicht allen, die da sahen in den heiligen Abgrund« (V. 33). Heilig wird dieser Abgrund genannt, weil er der Ursprung der Zeit ist und Leben zeugt. In ihn zu blicken, ist aber eine tödliche Gefahr; denn – so muß man im Sinne Hölderlins ergänzen – es ist Hybris, das sehen zu wollen, woraus man existiert und woher man sein Sehenkönnen hat. Es ist das Problem, das auch der Szene Fausts mit dem Erdgeist zugrunde liegt. Den anderen, den Abgrund jenseits der Zeit, hat die Ode *Stimme des Volks* im Auge. Der Gedanke ist: wie ein Künstler sein Werk zerstört, wenn es ihm nicht genügt, so kann Menschen, wenn sie des geordneten Daseins überdrüssig werden, auf einmal das »wunderbare Sehnen dem Abgrund zu« überfallen. In dionysischer »Todeslust« suchen sie dann »ins All zurück die kürzeste Bahn« (V. 17, 21, 13). Hölderlin sieht diesen Ausbruch, der in *einem* Augenblick die Summe des Lebens genießt und es dann wegwirft, mit einer aus Bewunderung und Grauen gemischten Empfindung. In den Sophokles-Anmerkungen nur noch mit Grauen. Da heißt dieser Abgrund die »ungeschriebene Wildnis«[5] – ungeschrieben im Sinne von gesetzlos – und die »exzentrische Sphäre der Toten«[6], in die ganze Völker hinaustaumeln, wenn »Halt«, »Zucht« und »Verstand«, die Organe der Selbstkontrolle, sie verlassen. Man denkt unwillkürlich an das, was wir selbst erlebt haben.

Der Abgrund wird zur Grenze der bewohnbaren Welt und nimmt kosmische Dimensionen an. Trotzdem fehlt ihm noch das, was ihn eigentlich ausmacht, die Tiefe. Sie tritt in Hölderlins Blickfeld, wenn er ihm die Höhe der Himmlischen entgegensetzt, und hier gewinnt er erst seine konkrete Bedeutung.

Ein später Zusatz zu *Brot und Wein* schildert wieder die Einkehr der Himmlischen, aber so, daß er ihnen Boten vorausschickt. Er lautet:

> ... Diener der Himmlischen sind
> Aber kundig der Erd, ihr Schritt ist gegen den Abgrund,
> Jugendlich menschlicher, doch das in den Tiefen ist alt.
> Nun behalten sie dann die Lichter des Geists ...[7]

Trotz der schon rauhen Sprache dieser Verse ist ihr Sinn klar: Die Himmlischen brauchen, um zu uns zu gelangen, Wegbereiter, welche die Erde kennen, bis an den Abgrund vordringen und noch in seine uralte Tiefe das welterneuernde Licht des Geistes hinabscheinen lassen. Es ist eine Ausdeutung des »niedergefahren zur Hölle«; denn auf die Höllenfahrt Christi spielt auch das Ende der Elegie an. In der Hymne *Der Einzige* ist es das »Kleeblatt« (V. 74) Herakles, Dionysos, Christus, von denen gesagt wird: »Alle Tage stehn die aber, als an einem Abgrund, einer neben dem andern« (V. 91 f.). Der Weltreiniger, der Kulturstifter – das ist Dionysos für Hölderlin – und der Heilsbringer stehen wie eine Schutzmauer am Abgrund – zum Schutz der Menschen, so scheint es hier. Daß im Grunde die Götter die Schutzbedürftigen sind, zeigen andere Gedichte.

In dem Entwurf *Wenn aber die Himmlischen haben gebaut* (V. 63-67) heißt es von den Dichtern: sie »wohnen über dem Fluge des Vogels, um den Thron des Gottes der Freude und decken den Abgrund ihm zu«, und das neiden ihnen die »Schatten der Hölle« (V. 71), die einst der »Reiniger Herkules« (V. 76) von den heiligen Tischen der Erde – den Bergen – vertrieben hat. Eine ungeheure Vorstellung: Die Dichter decken dem Gott den Abgrund zu! Dabei heißt zudecken nicht: ihm den Anblick des Abgrunds entziehen, als ob der nicht existierte, sondern: ihm zeigen, in ihrer Dichtung zeigen, daß trotzdem seine Welt gut ist. Denn er ist der Gott der Freude, und von den Schatten der Hölle wird gesagt, daß sie die »Furcht« lieben. Dazu muß man sagen: Freude hat für Hölderlin, wie auch etymologisch richtig, immer mit Friede und Freiheit zu tun, die er allesamt als Zeichen jenes Aus-sich-Seins versteht, von dem wir sprachen. Daran will der Gott der Freude Menschen teilhaben lassen. Die Furcht aber, welche die Schatten der Hölle verbreiten, legt es darauf an, die Sicherheit dieses Aus-sich-Seins zu untergraben und den Sichfürchtenden in ihre Gewalt zu bringen. Das verhindern, wie einst Herakles mit der Tat, so heute die

Dichter mit ihrem Wort; denn »Echo des Himmels«[8] sollen sie sein, wie es in einem andern Gedicht heißt. Hölderlin schränkt jedoch ein: nicht die Dichter schlechthin, sondern die »Prophetischen« (V. 69), solche also, die in »reißender Zeit« (V. 67) begriffen haben, daß sie nicht fürs delectare und prodesse eines Publikums, sondern für Menschen und zuletzt »soli Deo gloria« schreiben müssen.

Noch rücksichtsloser konkret wird Hölderlin in den Versen der Hymne *Mnemosyne*: »Denn nicht vermögen die Himmlischen alles. Nämlich es reichen die Sterblichen eh' an den Abgrund. Also wendet es sich, das Echo, mit diesen« (V. 12-15). Die Macht der Himmlischen hat eine Grenze. Diese Grenze ist der Abgrund. Wir Sterbliche drunten sind dem Abgrund näher als sie. Darum können wir dem Echo, das den Himmlischen aus der Welt zurücktönt, gleichsam die Nachricht mitgeben: Menschliche Ordnungen wollen eure Welt vor dem Aufstand des Abgrunds schützen.

Der Gedichtentwurf *Vom Abgrund nämlich haben wir angefangen*, den wir nachher besprechen, wäre hier anzufügen. Zunächst versuche ich, ein Resultat dieser Betrachtung zu formulieren: Die Welt, wiewohl von den Göttern geschaffen und mit Sinn ausgestattet, enthält einen Gegenort, der ihnen widerstrebt. Ob sie seiner nicht Herr sind, wie es eben schien, ob sie ihn bloß gewähren lassen oder ob sie ihn sogar wollten – damit nämlich an ihm die Welt ihrer Bestimmung inne werde, wie andere Gedichte andeuten –, das alles müssen wir auf sich beruhen lassen. Hölderlin hat diese Gedanken nirgends systematisiert, er hat keine Kosmogonie entworfen, welche die Existenz und den Zweck des Abgrunds und damit des Bösen erklärte. Sicher ist aber: Wenn sich die Welt zwischen den Himmlischen und dem Abgrund oder, wie wir jetzt auch sagen können: zwischen dem Äther und dem Abgrund befindet und wenn sie für jenen offen bleiben und also gegen diesen geschützt werden soll, dann brauchen die Himmlischen Helfer. Solche Helfer sind die halbgöttlichen Mittlergestalten, die Boten von oben, und sind die Dichter, die Spiegel des Gottes drunten oder, mit Hölderlins Bild, die sich als »Echo des Himmels« verstehen.

Nimmt man dieses Gemälde aus seinem Rahmen, d. h. verzichtet man auf Äther und Abgrund, dann bleibt der Gedanke übrig: Die Menschen sind nicht nur auf Gott, Gott ist auch auf die Menschen angewiesen. Dieser Gedanke ist uns nicht fremd. Seitdem die Theologie den von Karl Barth aufgerissenen Graben zwischen der absoluten Hoheit Gottes und der absoluten Nichtigkeit des Menschen zuzuschütten begonnen hat, redet sie mehr und mehr von einem Gott, der auch die Menschen braucht. Ähnliches findet man in der modernen Literatur, und Worte wie »Gott schweigt« oder »Gott ist tot«, begreiflich nach den Schrecken des Kriegs und des Dritten Reichs, haben einer vertieften Besinnung Platz gemacht. Eines unter mehreren Momenten der Gegenwart Hölderlins heute liegt darin, daß er sich das Verhältnis zwischen dem Gott und dem Menschen nur als ein Vertrauensverhältnis denken kann, zu dem beide das Ihre beitragen müssen.

3.

Jetzt schieben wir den Gedichtentwurf *Vom Abgrund nämlich haben wir angefangen* ein, der uns nicht nur des Äthers und des Abgrunds wegen interessieren sollte. Auch ist es gut, wenigstens einen Text im Ganzen zur Kenntnis zu nehmen.

Er steht auf einem Blatt des sog. Homburger Folioheftes, in das Hölderlin während seines zweiten Aufenthaltes in Homburg seine Entwürfe eingetragen hat. Die Seite ist von Korrekturen und Zusätzen überzogen, die sich oft nicht mit Sicherheit dem Grundtext anfügen lassen. Umgekehrt finden sich Lücken und abbrechende Sätze, über deren geplante Ergänzung man im Zweifel sein kann. Dem Ermessen der Herausgeber ist daher viel überlassen, und der Entwurf sieht denn auch in den kritischen Ausgaben sehr verschieden aus.

Was Ihnen vorliegt, ist der an der Handschrift geprüfte Text, in den ich alle späteren Zusätze aufgenommen habe, deren Anfügung ich erkennen kann. Die übrigen sind weggelassen, und die Orthographie ist modernisiert. So zu verfahren, schien mir für unseren Zweck angebracht, da es hier nicht um Textkritik, sondern ums Kennenlernen einiger Verse Hölderlins geht.

Vom Abgrund nämlich haben
Wir angefangen und gegangen
In Zweifel und Ärgernis,
Denn sinnlicher sind Menschen

In dem Brand
Der Wüste
Lichttrunken und der Tiergeist ruhet
Mit ihnen. Bald aber wird, wie ein Hund, umgehn
In der Hitze meine Stimme auf den Gassen der Gärten,
In denen wohnen Menschen
In Frankreich.
Frankfurt aber, nach der Gestalt, die
Abdruck ist der Natur, zu reden,
Des Menschen nämlich, ist der Nabel
Dieser Erde, diese Zeit auch
Ist Zeit, und deutschen Schmelzes.
Ein wilder Hügel aber stehet über dem Abhang
Meiner Gärten. Kirschenbäume. Scharfer Othem aber wehet
Um die Löcher des Felses. Allda bin ich
Alles miteinander. Wunderbar
Aber über Quellen beuget schlank
Ein Nußbaum und sich. Beere, wie Korall
Hängen an dem Strauche über Röhren von Holz,
Aus denen
Ursprünglich aus Korn, nun aber zu gestehen, befestigter
Gesang von Blumen als
Neue Bildung aus der Stadt, wo
Bis zu Schmerzen aber der Nase steigt
Zitronengeruch auf und das Öl, aus der Provence, und es
haben diese
Dankbarkeit mir die Gascognischen Lande
Gegeben. Gezähmet aber, noch zu sehen, und genährt haben
mich der Tafel gebraten Fleisch
Die Rappierlust und des Festtags braune Trauben.
und mich leset o
Ihr Blüten von Deutschland, o mein Herz wird
Untrügbarer Kristall, an dem
Das Licht sich prüfet, wenn Deutschland

Der erste Eindruck dieser Verse ist der vieler später Gedichte und Fragmente Hölderlins: Einzelne Sätze, die man leicht versteht oder die eine eigentümliche Schönheit auszeichnet, und zwischen ihnen Dunkles, Unbeziehbares und Unvollendetes, über dessen Fortsetzung man sich den Kopf zerbricht. Dieser Entwurf hat nun vor andern den Vorzug, daß er sich in klar voneinander abgesetzte thematische Gruppen gliedert, die ich vorweg nenne:

1. Der Ursprung des Menschen im Abgrund – oder beim Abgrund – und daher Zweifel, Ärgernis, Sinnlichkeit und etwas Tierartiges in seinem anfänglichen Wesen.
2. Frankfurt, der Nabel dieser Erde und eine Zeit deutschen Schmelzes.
3. Die Heimat: oben ein wilder Hügel, Felsen mit Höhlen, scharfe Luft, unten Quellen, ein Nußbaum und ein Holunderstrauch, in der Mitte der, der von sich sagt: Allda bin ich alles miteinander.
4. Frankreich: Zitronengeruch, Öl, Tafelfreuden und Rappierlust. All dies in ein dankbares Gedächtnis aufgenommen.
5. Der Dichterberuf: Das Herz des Dichters ein Kristall, an dem das Licht sich prüft, wenn ihn – oder so, daß ihn – die Blüten von Deutschland lesen.

Diese fünf Kompartimente heben sich klar heraus. Sie bilden eine durchsichtige, sogar symmetrische Komposition, unter dem Vorbehalt, das Gedicht habe etwa da enden sollen, wo unser Text aufhört. Dafür spricht, daß Hölderlin die letzten Zeilen am unteren Blattrand zusammendrängt und leeren Raum auf der nächsten Seite nicht benützt. Nehmen wir den Text als ein wenigstens im Entwurf geschlossenes Gedicht, dann beginnt es mit dem Abgrund und endet mit dem Licht, für das wir nach Hölderlins früherer Ausdrucksweise den Äther einsetzen können. In der Mitte die Heimat und das Bekenntnis: Allda bin ich alles miteinander. Zwischen Anfang und Mitte Frankfurt, zwischen Mitte und Ende Frankreich, beides Stationen in Hölderlins Leben, die eine Wende und den Durchbruch zu einem neuen Dichten bedeutet haben. Er nennt Orte seiner individuellen Biographie, die außer ein paar Freunden kaum jemanden interessieren werden, und er macht Abgrund und Äther zu ihrem Rahmen, der für die ganze Menschheit gilt. So vom Nächsten zum Fernsten, vom Persönlichsten zum Allgemeinsten gehen seine späten Gedichte immer wieder, und das ist nicht Selbstüberschätzung, sondern ein Denken in Dimensionen, von dem Hölderlin in der Friedensfeier-Vorrede mit dem Wort Luthers sagt: »Ich kann nicht anders.« – Sehen wir uns jedoch den Text an.

Die Menschen haben vom Abgrund angefangen. Nach Sätzen wie »Nämlich es reichen die Sterblichen eh' an den Abgrund« überrascht diese Aussage nicht. Aber sie stellt alles auf den Kopf, was Hölderlin früher, in der Hyperion- und Empedokleszeit, über den Ursprung des Menschen gedacht hat. Da war er das Kind der Natur, rein und integer geboren, und erst die Kultur hatte ihn seinem Ursprung entfremdet und hat Selbstsucht, Sorge und Unmaß entstehen lassen, die den status corruptionis der gegenwärtigen Welt verschulden. Heilung hieß darum: Rückbesinnung auf die Natur. Diese von Rousseau, Schiller und der Geschichtsphilosophie der Zeit geprägte Vorstellung war idealistisch und dialektisch gedacht: ein ursprünglicher Heilszustand soll aus seiner Verderbnis wiederhergestellt werden und wird dann endgültig sein.

Jetzt nimmt der Mensch seinen Anfang vom Abgrund, von dem Ort also, der zum Göttlichen in der weitesten Opposition steht. Damit ist jeder idealistischen Deutung des Daseins der Boden entzogen, die ein Ziel nur erreicht, wenn sie den Ursprung so ansetzt, daß er in nuce das Ziel schon enthält. Ob und wie ein vom Abgrund beginnender Mensch zum Licht, zum Äther und zum Gott gelangt, ist ganz und gar nicht ausgemacht, und Hölderlin hütet sich denn auch, irgendein Muß, ein Gesetz auszusprechen. Er nennt Orte seines privaten Lebens, die ihn dahin gebracht haben; und wenn es andere Orte gewesen wären, dann hätten sie ihn vielleicht nicht dahin gebracht. Wer auf Idealismus verzichtet, und das heißt, auf eine rein aufgehende und überdies ästhetisch schöne Weltdeutung verzichtet, der muß die Kontingenz, die Unberechenbarkeit alles Geschehens, in seinem persönlichen wie im großen geschichtlichen Leben in Kauf nehmen. Hölderlins späte Dichtung ist nur noch ein Beschreiben dessen, was er sieht und worin er die Spuren, Zeichen und Winke des Gottes zu erkennen glaubt. Kein Gesetz wird mehr verkündet, das doch nur das gesetzgebende Subjekt zur Geltung brächte, und Verse wie die des Empedokles wären undenkbar:

> Geh! fürchte nichts! es kehret alles wieder,
> Und was geschehen soll, ist schon vollendet.[9]

Vollendet im Heilsplan der Geschichte, der sich nur noch in der Zeit verwirklichen muß.

Unser Text fährt fort: Wir sind, weil vom Abgrund herkommend, in Zweifel und Ärgernis gegangen. Beide Begriffe sind in ihrem biblischen Sinn zu verstehen: Zweifel nicht »dubitatio«, sondern »tentatio«, Anfechtung, und Ärgernis nach Art des Ärgernisses, welches die Heiden am Kreuz nehmen. Denn der Abgrund will absolut sein, darum ficht ihn ein Gott an, von dem er abhangen soll, und er ärgert sich an seiner Herrschaft, die ihm die Welt streitig macht.

Auch die folgenden Verse stehen, trotz ihrer Bildhaftigkeit, im Sinnbezirk dieser Gedanken. Der Abgrund wird zum Brand der Wüste, der Menschen sinnlich, lichttrunken und tierartig macht. In einem Brief schreibt Hölderlin, er habe in Frankreich gesehen, wie Menschen des Südens den »übermütigen Genius vor des Elements Gewalt« behüten.[10] Menschen des Abgrunds schützen sich nicht, sondern geben sich dem Element in trunkener Selbststeigerung hin. Ihre Sinnlichkeit ist daher nicht bloß Vitalität, sondern eigentlich Ichsucht, analog dem biblischen »Fleisch«. Und das Ruhen mit dem Tiergeist drückt vermutlich die körperliche Vereinigung mit der Tierheit aus.

Der nächste Passus ist schwer zu verstehen. Die Hitze in den Gassen der Gärten in Frankreich knüpft offenbar an den Brand der Wüste an und läßt sich mit der eben zitierten Erinnerung an Frankreich verbinden. Aber was heißt, seine Stimme werde dort bald wie ein Hund umgehn? Vertritt der Hund den Tiergeist, dann bezöge sich Hölderlin ins Abgrundwesen der Menschen ein. Er sagt aber, *bald* werde das geschehen, und die Zukunft, welche der Schluß des Gedichts ins Auge faßt, ist von ganz anderer Art: Das Licht wird ihn nicht trunken machen, sondern am untrügbaren Kristall seines Herzens sich prüfen, und die Blüten von Deutschland werden ihn lesen. Dann wäre seine Stimme, die umgehen wird, seine Dichtung, und der Hund, gerade umgekehrt, ein Bild für Wächteramt und treue Warnung, die Menschen vor der Gewalt des Elements, d. h. vor dem Sog des Abgrunds, schützen will. So betrachtet, entsprächen diese Verse besser dem Kontext des Gedichts und stünden mit vielem im Einklang, was die späten Gedichte über ihre Bestimmung sagen. Unerklärt bleibt damit freilich, warum das in Frankreich geschehen wird. Dort gehört zu werden, konnte Hölderlin nicht meinen. Vielleicht kommt man dem Satz durch eine kleine Umstellung bei: Bald wird meine Stimme umgehn auf den Gassen der Gärten, in denen *in Frankreich Menschen wohnen*; denn Menschen will diese Stimme ja erreichen. Irgendwelche Gärten also, z. B. in Deutschland, aber solche, in denen, wie in Frankreich, jemand wohnt. Das wäre eine mögliche, freilich nicht zwingende Deutung.

Es folgen die Verse über Frankfurt, den Nabel dieser Erde. Die Griechen nannten Delphi, auch die Insel Delos, den Nabel der Erde; das wußte Hölderlin. In Stein gehauene Nabel – Omphaloi – sind dort sogar ausgegraben worden. Wenn Hölderlin nun Frankfurt mit diesem Prädikat auszeichnet, so will er nicht Delphi entthronen. Er sagt ja: der Nabel *dieser* Erde, des abendländischen, des hesperischen Orbis also. Was einst Delphi war, ist heute Frankfurt geworden. Dennoch ist er sich bewußt, wie unerhört eine solche Behauptung auf deutsche Leser wirken muß, auch wenn sie von der Kaiserkrönung oder von Goethe und vom Geistesleben dieser Stadt etwas wissen. Darum die wortreich entschuldigende Erklärung: »nach der Gestalt, die Abdruck ist der Natur, zu reden, des Menschen nämlich« – die Gestalt des Menschen ist Abdruck der Natur, deren Mitte er in anderen Gedichten mehrmals den Nabel der Erde nennt. Derartige Entschuldigungen für ein schokkierendes Wort finden sich auch sonst, »wenn solches zu sagen erlaubt ist«, z. B. in der *Rhein*-Hymne (V. 111 f.)

Dem biographischen Charakter der folgenden Partien entsprechend und auch des nächsten Satzes wegen kann nun diese Auszeichnung Frankfurts nicht irgendwelche historischen Sachverhalte im Auge haben, die man kennt, sondern allein Hölderlins Zeit mit Diotima, in der er eine Wiedergeburt Griechenlands und seines Geistes glaubte erlebt zu haben; davon sprechen die Diotima-Gedichte und der *Hyperion* auf Schritt und Tritt. So versteht man den Satz: »Diese Zeit auch ist Zeit.« Sie ist Zeit im vollen Sinne des Wortes, nicht eine Zwischenzeit, eine Epigonenzeit, eine Zeit im Wellental der Geschichte, sondern erfüllte Zeit, vergleichbar dem, was in *Patmos* »Gipfel der Zeit« (V. 10) genannt wird. Auch hier stellt Hölderlin ein privates Geschehen, von dem nur ganz wenige wußten, einer großen Geschichtsperiode an die Seite, die in seiner Gegenwart sogar Vorbildcharakter besaß. Denn es ist derselbe Sinn, der hier wie dort Wirklichkeit geworden war, ob für ein Jahrhundert oder für ein paar Jahre, ob in einem Volk oder zwischen zwei Menschen, das ist ohne Belang, weil nicht die Zahl, sondern das Sich-ereignet-Haben die Proportion bestimmt.

Hölderlin fügt hinzu, es sei eine Zeit »deutschen Schmelzes« gewesen, analog also dem Schmelz der goldenen Zeit der Griechen. Daß das Wort so gemeint sein muß, geht aus einer etwa gleichzeitigen Pindar-Erläuterung Hölderlins hervor, worin die Sätze stehen: »Der Gesang der Natur, ... wenn über Blüten die Wolken, wie Flocken, hängen, und über dem Schmelz von goldenen Blumen. Um diese Zeit gibt jedes Wesen seinen Ton an, seine Treue, die Art, wie eines in sich selbst zusammenhängt«.[11] In erfüllter Zeit drückt jedes Wesen sein innerstes Sein aus – wie es zwischen Hölderlin und Diotima möglich war –, und keine Wünsche, Absichten und Ängste hindern den reinen Selbstausdruck.

Dann das Bild der Heimat: oben ein wilder, d.h. nicht zum Garten kultivierter Hügel und darüber noch wildere Felsen mit Löchern und scharfe Luft. Es sind die höhlenreichen Kalkfelsen der Schwäbischen Alb, die auch in Hölderlins Nürtinger Heimat den Blick begrenzen, und die sprichwörtlich rauhe »Albluft« – in einem anderen Gedichtentwurf notiert er sich dieses Stichwort.[12] Drunten das sanfte Gegenbild: Ein Nußbaum, der sich wunderbar über Quellen beugt. Mit diesem Sich-Zuneigen und vielleicht Sich-Spiegeln beginnt auch *Hälfte des Lebens*: »Mit gelben Birnen hänget und voll mit wilden Rosen das Land in den See«. Wunderbar nennt Hölderlin diesen Anblick, weil er darin ein Sinnbild des Liebesbezugs erkennt. Und dann ein Strauch, an dessen röhrenartigen Zweigen Beeren wie Korallen hängen. Es muß ein Holunderstrauch sein, den auch die Elegie *Der Wanderer* (V. 64) im Garten des Heimathauses nennt. Hölderlins Wappen zeigt, in Deutung des Namens, einen Holderzweig.

In der Mitte der lapidare Satz »Allda bin ich alles miteinander«. Der vorhin zitierte Brief enthält, nach dem Rückblick auf Frankreich, eine Schilderung der »heimatlichen Natur«, die ihn immer mächtiger ergreife, je länger er sie studiere. Hölderlin zählt ihre Elemente und was sie ihm sinnbildlich bedeuten auf, darunter dies, »daß alle heiligen Orte der Erde zusammen sind um einen Ort«.[13] Etwas der Art muß in dem »Allda bin ich alles miteinander« liegen. Ähnlich wie Frankfurt, aber nicht in geschichtlicher, sondern in ganz nur persönlicher Bedeutung, ist die Heimat ein Zentralort, der in gleichsam mystischer Vergegenwärtigung alles versammelt, was Hölderlins Leben bestimmt hat: das Liebliche und das Wilde, die Schönheit und den Schmerz, den Äther und den Abgrund. Wäre das Gedicht vollendet, dann stünden diese Worte vermutlich genau in der Mitte; denn in allen großen Gedichten verfährt Hölderlin so, daß er die zentrale Aussage wie ein Geheimzeichen in den Mittelvers rückt.

Die folgenden Notizen sind unvollständig und dem Satzzusammenhang erst teilweise eingefügt. Einiges kann man deuten, fürs Ganze will ich einen Vorschlag machen, der durchaus hypothetisch bleiben muß.

Die Wörter »Aus denen« beziehen sich nicht auf die Röhren von Holz – sonst könnte man auch an Brunnenrohre denken, *aus denen* Wasser quillt –, sondern auf die Beeren wie Korallen. Denn die darüber stehende Zeile ist, wie die Handschrift zeigt, später eingefügt, und die Fortsetzung »ursprünglich aus Korn« verweist auf die Holunderbeeren. Es muß also etwas aus Holunder und früher aus Korn bestanden haben oder gemacht worden sein. Was, ist vorläufig unklar.

Die Fortsetzung »nun aber zu gestehen« deutet auf etwas Neues und vermutlich Drittes, das in den Worten liegen muß »Befestigter Gesang von Blumen als neue Bildung aus der Stadt, wo ...« Dieser Satz ist nicht undeutbar. Zunächst erinnert der befestigte Gesang an die Pflege des festen Buchstabens, die Hölderlin am Ende der *Patmos*-Hymne seiner Dichtung vorschreibt, und weiter an das Wortfeld: fest, sicher, zuverlässig, bleibend, das er regelmäßig auf die neue, vaterländische Sangart anwendet, die er namentlich seit seinem Aufenthalt in Frankreich zu beherrschen glaubt. Sie ist »neue Bildung«, d.h. eine neue Gestalt von Dichtung, und zwar »aus der Stadt«, in der er sie entwickelt hat, aus Bordeaux also.

Nun heißt dieser befestigte Gesang aber »Gesang von Blumen«. Es liegt nahe, diese Blumen mit den Beeren und dem Korn in Verbindung zu bringen, und damit komme ich zu einer, wie gesagt, sehr hypothetischen Deutung. Haben nämlich auch Korn und Holunderbeeren etwas mit der Dichtung zu tun, dann könnten die drei Wörter sinnbildlich die Stoffe oder Gegenstände bezeichnen, »aus denen« sich diese Dichtung gebildet hat. Korn deutet auf Brot, Beeren auf eine süße Zugabe, und Blumen sind nur noch zum Anschauen da. Die Stoffe der Dichtung hätten dann einen Weg vom Nützlichen über das Angenehme zum Schönen und Lieblichen genommen, sie wären immer ätherischer geworden. In dem Maße aber, wie ihre Verwertbarkeit abnahm, mußte ihre dichterische Gestaltung in sich selber sicher werden, bis hin zum befestigten Gesang von Blumen; was der Gegenstand an Solidität verlor, mußte das Wort ersetzen. Formelhaft ausgedrückt: Je undinglicher der Stoff, desto tragfähiger die Kunst. Das wäre das abstrakte Modell dieser Reihenfolge. Aber was besagt sie für

Hölderlins Dichtung?

Daß die Holderbeeren sein persönliches Zeichen sind, sagten wir eben. In der Hymne *Germanien* heißt die neue Sangart die »Blume des Mundes« (V. 72). Beeren und Blumen könnten also Chiffren für Hölderlins klassische und späte Dichtung sein, jene noch vom Ausdruck der Person getragen, die sich selber finden will, diese objektiven Sachverhalten zugewandt und, mit dem Wort aus *Patmos*, »Bestehendes gut zu deuten« (V. 225 f.) verpflichtet, wozu es eben befestigten Gesang braucht. Nach der Reihenfolge müßte nun das Korn Hölderlins Anfänge versinnbildlichen. In der Ode *Chiron* sagt der Kentaur, der ein Symbol des Dichters ist: »Von Korn gab mir die Erde den ersten Strauß« (V. 14), und im Worfler-Gleichnis der *Patmos*-Hymne (V. 152 ff.) bedeutet das Korn den christlichen Glauben. Man könnte also die drei Dinge als Zeichen für die Stufen in Hölderlins dichterischer Entwicklung lesen: die Christlichkeit der frühen Gedichte, die Subjektivität der klassischen Periode und die strenge Sachlichkeit der späten Hymnen, die nur noch »das Vaterland oder die Zeit angehen«, wie Hölderlin in einem Brief schreibt.[14] So etwa könnte ich diesen lakonischen Notizen etwas abzugewinnen versuchen.

Auch die Verse über Frankreich sind noch nicht endgültig und brechen im Satz ab. Vor allem ist manchmal unklar, wo an den Rand geschriebene Wörter einzuordnen sind – die »braunen Trauben« könnten auch zur Tafel, das »gebratene Fleisch« zum Festtag gehören. Was den Leser überrascht, ist jedoch die sinnliche Konkretheit dieser Aussagen, die zu seiner Vorstellung vom ätherischen Hölderlin ganz und gar nicht passen will: der scharfe Zitronen- und Ölgeruch in den Gassen einer südlichen Stadt, das gute Essen und die Rappierlust – vielleicht hat sich Hölderlin in Bordeaux im Fechten geübt. Indessen empfindet er das selbst. Statt »Dankbarkeit« hatte er zuerst »Natürlichkeit« geschrieben: »es haben diese Natürlichkeit mir die Gascognischen Lande gegeben«. Sie ist das Gegenbild der Zeit deutschen Schmelzes in Frankfurt, eines Verhältnisses also, das nur in höchster Geistigkeit zu bestehen war. Da nun das Geistige und das Natürliche symmetrisch um die Mitte des Gedichts angeordnet sind, wird auch dieser Gegensatz in dem »Allda bin ich alles miteinander« liegen.

Aber auch die »Dankbarkeit« versteht man; denn diese Freuden haben ihn »genährt«, sogar »gezähmt«, und das sei »noch zu sehen«, d. h. ihm heute noch anzusehen, wiewohl Frankreich längst hinter ihm liegt. Gezähmt muß nach dem Gesagten bedeuten: sie haben seinen überstarken Drang nach dem Absoluten auf die Erde zurückgeholt. Hölderlin hat – in Umkehrung des Bibelwortes – in Frankreich gelernt, daß der Mensch nicht vom Geist allein, sondern auch vom Brot lebt.

Damit ist der Gang durch die Lebensstationen beendet, der ein Bild des Menschen hat entstehen lassen. Deshalb kann jetzt gesagt werden, wie dieser Mensch sich als Dichter versteht: »o mein Herz wird untrügbarer Kristall, an dem das Licht sich prüfet«. Unter den vielen Formeln, mit welchen Hölderlin das Wesen seiner Dichtung bestimmt, ist diese vielleicht die tiefsinnigste. Denn man erwartet ja die umgekehrte Aussage, der Kristall des Herzens habe sich, d.h. seine Reinheit, am Licht zu prüfen. »Denn sind nur reinen Herzens [...] wir, [...] des Vaters Strahl versengt es nicht«, hieß es noch in der Hymne *Wie wenn am Feiertage* (V. 61-63). Jetzt prüft sich das Licht am Kristall des Herzens. Also hat es nicht an seiner Absolutheit genug, es weiß sich für die bestimmt, die es erleuchtet und die ihm seinen Strahl, gebrochen in die Farben endlichen Seins und menschlicher Sprache, zurückspiegeln. Oder mit den Begriffen unseres Themas: An einem abgrundentsprungenen Wesen prüft der Äther seine Macht, und er erweist sie, wenn das Herz dieses Wesens durch das, was es im Leben erfahren, gelitten und bewältigt hat, zum reinen Prisma des Lichts oder, mit dem anderen Bild Hölderlins, zum »Echo des Himmels« geworden ist.

Mit dieser Aussage, so letztgültig sie scheint, endet Hölderlin jedoch nicht. So wenig das Licht sich selber genügt, so wenig genügt er sich als Spiegel des Lichts. Er will die empfangenen Strahlen nicht nur an ihre Quelle zurück-, sondern auch an die weitergeben, für die er sich zum Spiegel des Lichts gemacht hat; die Blüten von Deutschland sollen ihn lesen. Ihr Echo wird dann sein Herz erst recht zum untrügbaren Kristall des Lichts werden lassen. Dieses Echo ist ausgeblieben, die Blüten von Deutschland haben ihn nicht oder zu der Zeit nicht mehr gelesen, ganz wenige ausgenommen, deren Widerhall Hölderlin nicht mehr erreicht hat. So betrachtet, wirkt der Schluß des Gedichts beinahe erschütternd.

4.

Hier könnten wir schließen, wenn das Thema »Äther und Abgrund« erschöpft wäre. Wir haben jedoch erst Hölderlins Verständnis der beiden Kräfte, an einigen Beispielen und im Kontext eines Gedichts, kennengelernt. Es fehlt noch der Horizont, in dem er sie sieht, das Bild einer von Äther und Abgrund bestimmten Welt. Darüber zum Schluß ein paar kurze Bemerkungen.

Dezidierte Aussagen über den Abgrund begegnen zuerst im *Empedokles*. Hölderlin hat mit unsäglicher Hingabe an diesem Werk gearbeitet, sein Gelingen oder Mißlingen sollte ihm ein Orakel sein, ob er zum Dichter bestimmt sei oder sich nach einem bürgerlichen Beruf umsehen müsse. Er konnte es nicht vollenden und hat trotzdem diese Konsequenz nicht gezogen, weil ihm bei der Arbeit am Drama ein in Wesen und Form neues Dichten aufgegangen ist, woraus sein Spätwerk erwuchs. Deshalb enthält der *Empedokles* Altes und Neues in einer Mischung, die so nur in diesem Übergang entstehen konnte und weder vorher noch später anzutreffen ist.

Von dieser Art ist ein eigentümlicher Mythus von Äther und Abgrund, der ganz auf die Lokalität des Stücks zugeschnitten ist, den Ätna-Krater und den hellen Himmel Siziliens.[15] Er beginnt damit, daß Hölderlin den Krater das »Heiligtum des Abgrunds« (V. 239) und das »Herz der Erde« (V. 240) nennt – im Gegensatz zu allem, was wir bisher gehört haben –, und dieses Herz »klagt« (V. 475) und sagt Empedokles »seine Schmerzen« (V. 241), weil es, vom Licht geschieden, die Empörer gegen das Licht, die Titanen, beherbergen muß. Aber diese Klage ist sinnlich zu hören – im Grollen des Vulkans –, und dann geschieht es, daß »eingedenk der alten Einigkeit die dunkle Mutter zum Äther aus die Feuerarme breitet« (V. 476 f.) – im Ausbruch des Vulkans; so dichtet Hölderlin den antiken Mythus von Himmel und Erde weiter, die einmal beisammen waren und dann getrennt worden sind. Und wenn dann »der Herrscher kömmt in seinem Strahl« (V. 477) – im Gewitter –, dann erneuert sich die alte Einigkeit im »hieros gamos«, der heiligen Hochzeit von Äther und Abgrund. Diesen Augenblick hat sich Empedokles für seinen Tod ausersehen. Er, »der Nacht, des Äthers Sohn« (V. 242 f.), will sterbend gleichsam in den Akt seiner Zeugung zurückkehren, wenn die Götter seiner nicht mehr bedürfen, weil er seine Mission erfüllt hat.

Das ist, ganz für den Schauplatz und das Empedokles-Problem entworfen, dieser Mythus, der freilich die philosophische Frage nahe legt, wie die Sehnsucht des Abgrunds nach dem Äther auszulegen sei. Auch darauf gibt Hölderlin eine Antwort. Er nennt, in Anspielung auf das griechische Wort »kratér«, den Krater den »Feuerkelch«, und der sei »mit Geist gefüllt bis an den Rand« (V9 f.). Die Flamme des Ätna ist auch Geist, aber, anders als der offene Geist des Äthers, ein »gebundner Geist« (V. 57), wie Empedokles sagt. Ins Herz der Erde verschlossen, ist er nichts anderes als deren Sehnsucht nach der Freiheit des Äthers. Der gebundene sucht den offenbaren Geist, um in ihm zu sich selber zu kommen.

Diese Auslegung des Abgrunds, idealistisch gedacht und optisch getragen vom Bild des Ätna, konnte Hölderlin nicht mehr erneuern. Fortan wird der gebundene zum Antigeist, der nicht auf Erlösung, sondern auf die Stunde des Aufruhrs wartet, wo »alles gemischt ist ordnungslos und wiederkehrt uralte Verwirrung« – so in der *Rhein*-Hymne (V. 219-221). Folgerecht erscheint dann in der *Titanen*-Hymne jener gebundene Geist als »ungebundener Abgrund«, der »allesmerkend« jederzeit »aufzugären« bereit ist (V. 73 ff.). Trotz dieser Umdeutung in den Widersacher fällt er jedoch nicht aus dem Weltganzen heraus. Bildlich ausgedrückt: das sehnsüchtige Herz der Erde verwandelt sich in den Pfahl im Fleisch der Erde. Wenn sich aber das Gegenprinzip nicht mehr dialektisch einholen läßt, sondern in unaufhebbarer Opposition bleibt, dann erweitert sich Hölderlins Weltbild um eine Dimension. Das ist mit ein paar Worten zu beschreiben.

Der Äther ist droben, und über ihm ist nichts; er ist absolut. Der Abgrund ist drunten, aber unter ihm ist noch etwas; er ist nicht absolut, er möchte es nur sein. Und, um es ganz anschaulich zu sagen: er würde absolut, wenn ihm gelänge, die Erde entzwei zu reißen und sich ins Bodenlose zu öffnen. Daß ihm das nicht gelingt, rührt daher, daß Hölderlin die Erde als den »Grund« versteht; und der ist mächtiger, weil er früher ist. Denn wie das Nein ein Ja voraussetzt, das es verneint, so kann es den Abgrund nur geben, wo schon ein Grund ist. Die Hymne *Germanien* spricht es klar aus, wenn sie die Erde die »heilige« nennt, weil sie »Mutter ist von allem und den Abgrund trägt.«[16] Die Erde trägt den Abgrund; sie vernichten hieße sich selber vernichten. Auch dieses Problem ist im *Empedokles* vorgebildet; man muß nur für die Erde die Natur einsetzen. Denn in dem Augenblick, da Empedokles sich ganz der Natur bemächtigt zu haben glaubt und sich einen Gott nennt, stürzt er ins Nichts, weil er sich den Grund seiner Existenz unter den Füßen weggezogen hat. Darin verbirgt sich – noch weiter zurück – Hölderlins Kritik am absoluten Ich Fichtes, das sich selbst aufhebe, weil es alles ist und darum nichts mehr besitzt, woran es sich halten und woraus es überhaupt erst ein Ich sein kann. Ob diese Kritik zutrifft, ist eine andere Frage. Hölderlin muß so urteilen, weil von etwas getragen und umschützt zu sein, ihm innerstes Lebensbedürfnis ist.

Der Gedanke, die Erde trage den Abgrund, begegnet noch einmal in dem sehr späten Entwurf *Griechenland*, zugleich dem letzten Text, der nach langer Pause noch einmal den Äther nennt. Da heißt es: »Denn fest ist der Erde Nabel. Gefangen nämlich in Ufern von Gras sind die Flammen und die allgemeinen Elemente. Lauter Besinnung aber oben lebt der Aether« (V. 16-19). Die Mitte der Erde steht fest, weil das feurige Magma unter der grünen Erdoberfläche – den Ufern von Gras – gefangen ist. Das seltsam unpoetische Wort: die »allgemeinen« Elemente, muß bedeuten: Oben hat alles individuelle Gestalt. Berge, Ströme, Blumen, Tiere, Menschen, jedes ist etwas für sich. Die Elemente drunten fließen und kochen gestaltlos durcheinander. In ihnen erscheint, was Hölderlin in philosophischer Terminologie das »Aorgische« nennt, das Gegenprinzip des »Organischen«, der geformten, organisierten Gestalt.[17] Über beiden aber lebt der Äther »lauter Besinnung«, d. h. als lautere Besinnung. Reine Reflexionskraft oder, näher am Wort, reine Besonnenheit, »sophrosyne« also, die dem gärenden Abgrund die Waage hält.

Das ist Hölderlins letztes Wort über Äther und Abgrund, in Homburg, während des zweiten Aufenthaltes, niedergeschrieben. – Versuche ich nun abschließend seine Vorstellung zusammenzufassen, dann darf ich es mehr thesenhaft tun und auf weitere Nachweise verzichten, die unsere Zeit nicht mehr erlaubt.

Hölderlins Welt ist hälftig geteilt: unten die Erde, der Grund, oben der Äther, der Geist, beide einander zugeordnet. Denn nach seinem Verständnis *sind* sie nicht nur, sondern sie *tun* etwas, und zwar füreinander. Der Grund gründet, er bringt Seiendes hervor, der Geist begeistet, er stattet dieses Seiende mit Sinn und, im Falle des Menschen, mit Sinnerkenntnis aus. Und schon im Hervorbringungswillen des Grundes ist eigentlich er am Werk, dort noch ein Geist in statu nascendi, den Hölderlin den »Geist der Erde«, auch

»der Natur« nennt. Im Zusammenwirken dieser beiden metaphysischen Potenzen entsteht nun die Wirklichkeit. Sie heißt »das Zeichen«, womit Hölderlin andeutet, daß sie sich nicht in ihrer Dinglichkeit erschöpft, sondern vermöge des in sie gelegten Geistes zeichenhaft auf den Grund verweist, dem sie entstammt. Mit einem Wort: Seiendes ist nicht bloß da, es hat ein Woher und ein Wozu, und im Menschen weiß es auch um beide oder kann um sie wissen.

Nun liegt es aber im Wesen des Grundes, daß er, in seinen Hervorbringungen erscheinend, selbst nicht erscheint; er verbirgt sich in seiner Offenbarung. Denn um hervorbringen zu können, muß er sich ständig aus sich selber erneuern und darum in sich zurückgehen. Er ist das philosophische Analogon des Lutherischen »Deus absconditus atque revelatus«, des zugleich offenbaren und verborgenen Gottes. Aber der Grund *ist* nur dieses Paradox, es zu *zeigen* fällt dem Geist zu. Er verweist Menschen darauf, daß sie nicht aus sich selber sind, aber er enthüllt ihnen den Grund nicht, aus dem sie sind. Nur das Daß, nicht das Was ihres Grundes zeigt er ihnen. Darum kann es geschehen, daß sie die Weisung des Geistes erkennen oder verkennen, daß sie ihre Endlichkeit annehmen oder sich absolut setzen.

Das Verkennen hatte Hölderlin früher auf eine Schwäche der menschlichen Natur zurückgeführt. In seiner Spätzeit wird ihm klar, daß das »experimentum medietatis suae«, der Versuch, selber Mitte zu sein, eine Kraft braucht, die nun das Vermögen des Menschen ebenso übersteigt wie das Ja zur eignen Endlichkeit. In dieser Kraft muß ein Antigeist wirken, und dessen Ort ist der Abgrund, von dem wir angefangen haben. Ichsucht ist die Mitgift unserer Natur, und erst unsere Lebensgeschichte entscheidet, ob wir uns in unseren Anfang verschließen oder »offen, dem Geiste gemäß« einer Zukunft entgegengehen wollen, die uns vielleicht am Ende zu jenem Kristall werden läßt, an dem das Licht sich prüfen kann.

Diesen Weg haben wir freilich nicht bloß unsretwegen, sondern auch um der Himmlischen willen zu gehen. Sie wohnen im Licht und sind das Licht – »des Aethers blühende Sterne« heißen sie einmal[18] –, und also wollen sie wissen, ob das, was sie erleuchten, wert ist, erleuchtet zu werden. Sie wollen eine antwortende Welt; darum braucht es Mittlergestalten, unter ihnen die Dichter. Ihr Wort ist immer zugleich Antwort, Weitergabe des Lichts an Menschen und Rückgabe des Lichts an die Himmlischen. Aber damit ist der Vorgang noch nicht ausreichend beschrieben. Die Himmlischen wollen ja nicht ihr Spiegelbild, sondern die Wirklichkeit sehen, nicht das Licht nur, sondern auch die Nacht, an der es sich erst als Licht erweist. Darum braucht es den Abgrund, ohne den die Welt nicht sie selbst und wirklich, sondern der Widerschein des göttlichen Seins wäre.

Aber auch der Abgrund untersteht dem Paradoxiegesetz Hölderlins. Er ist frei; sonst könnte er nicht handeln. Trotzdem bleibt er ins Ganze der Welt gebunden; sonst wäre der Ausgang ungewiß. »Lang ist die Zeit, es ereignet sich aber das Wahre«, heißt es in der Hymne *Mnemosyne* (V. 15-17). In der Zeit, und daure sie noch so lange, streiten Äther und Abgrund um den Besitz der Welt. Am Ende der Zeit aber ereignet sich das Wahre, die »aletheia« des Seins wird offenbar werden. Dieser Hoffnung ist Hölderlin gewiß. Ob unsere so gänzlich veränderte Welt sie noch zu teilen erlaubt, ist eine der Fragen, vor die uns seine Dichtung stellt.

Anmerkungen

1 III 77.
2 *Der Tod des Empedokles,* 3. Fassung, V. 100 f.; IV 124.
3 1. Fassung, V. 330, 327; IV 15.
4 I 424.
5 V 266.
6 V 197.
7 II 603, Z. 21 ff.
8 *Ermunterung,* V. 1; II 33.
9 3. Fassung, V. 329 f.; IV 133.
10 An Böhlendorff; VI 432.
11 V 284.
12 *An meine Schwester;* II 320.
13 An Böhlendorff; VI 433.
14 An Wilmans, 8. Dezember 1803; VI 435.
15 Die folgenden Zitate aus der 3. Fassung des Stücks.
16 V. 75 f. und Lesart dazu, II 739.
17 *Grund zum Empedokles;* IV 152 ff.
18 *Der Frieden,* V. 55; II 8.

Die Tübinger Hymnen*

Hölderlins Tübinger Hymnen galten um 1900 als der erste dichterisch selbständige und zudem philosophisch grundlegende Teil seines Werks. In Diltheys Darstellung nehmen die *Hymnen an die Ideale der Menschheit* – so nannte er sie – ebensoviel Raum ein wie *Hyperion* und *Empedokles* und mehr als die klassischen Oden.[1] Mit Gundolfs *Archipelagus*-Rede[2] und namentlich mit der Erschließung des Spätwerks in Hellingraths viertem Band[3] veränderten sich die Proportionen. Als zwar interessante, aber problematische Formversuche vor dem Durchbruch zum eigenen Stil erscheinen die Tübinger Hymnen in den Monographien Böhms[4] und Böckmanns.[5] Dann nahm man, schon fast im Sinne einer Apologie zu Unrecht verkannter Gebilde, bestimmte Merkmale in Augenschein. Ihre religiös-liturgische Absicht haben Ernst Müller[6], ihren Weg zum Mythus der goldenen Zeit Annemarie Christiansen[7], ihre Berührungen mit der Hymnik Friedrich Leopold Stolbergs Adolf Beck untersucht.[8] Seitdem scheint das Interesse an diesen Gedichten, außer in zwei Arbeiten der Gegenwart[9], erloschen. In die Beißner-Schmidtsche Ausgabe[10] ist keine der großen Hymnen aufgenommen worden, Böckmanns Essay über den hymnischen Stil des 18. Jahrhunderts nennt nur im Vorübergehen einige ihrer Titel[11], Bertauxs Schrift über *Hölderlin und die Französische Revolution* läßt sie gänzlich außer acht.[12] Das ist merkwürdig. Denn wo anders als in den Tübinger Hymnen würde man die Anfänge seiner Hymnik und seine erste Antwort auf die Ideen der Revolution suchen?

Offenbar sind uns diese Gedichte in wenigen Jahrzehnten in dem Maße fremd und unzugänglich geworden, wie sich das übrige Werk Hölderlins erschloß. Wohl bereitet der dunkel-vieldeutige Tiefsinn der späten Hymnen und Übersetzungen dem Verständnis konkrete, manchmal unüberwindliche Schwierigkeiten. In der entrückten Schönheit der klassischen Oden und Elegien bleibt ein Geheimnisrest, den auch die subtilste Kunst der Interpretation nicht auflöst. Die Seelensprache der *Hyperion*-Briefe ist dem modernen Leser sehr fern; er muß für sie so viel historisches Einfühlungsvermögen aufbringen wie geistige Unterscheidungsfähigkeit angesichts der inneren Vorgänge des *Empedokles*-Dramas, um zu den Aussagen beider Dichtungen vorzudringen. Aber all diese Werke ziehen ihn an, so daß er die Mühe, ihnen verstehend näher zu kommen, gerne auf sich nimmt. Die Tübinger Hymnen scheinen ihn abzuweisen, obwohl sie weder seinen Intellekt noch seine ästhetische Einsicht noch seinen geschichtlichen Sinn überfordern. Woran liegt das?

Vermutlich nicht daran, daß ihre Sprache mehr an Schiller, Bürger und andere Autoren des 18. Jahrhunderts als an Hölderlin erinnert. Das wäre ein Argument falscher literarhistorischer Erwartungen, die man korrigieren kann. Es liegt wohl an der Verbindung zweier Elemente, die nach den Lehren der Rhetorik wie für unser Gefühl strikte zu trennen wären: Begrifflichkeit und Begeisterung. Begriffe sind eine Sache der ratio, die kühl und genau zu sein hat. Werden sie Gegenstand der emphatischen Verkündigung, so besteht die Gefahr, daß entweder sie ihren strengen Kontur oder der Enthusiasmus seinen anschaulichen Sinn und beide ihre Glaubwürdigkeit verlieren. In Hölderlins späterer Terminologie[13] hieße das: Man kann nicht zugleich »idealisch«, also begrifflich, und »heroisch«, also begeistert, sprechen, zumal die Basis des »naiven« Tones in den Tübinger Hymnen zwar nicht geradezu fehlt, aber aus abstrakten Gedanken und emotionalen Aufschwüngen künstlich abgeleitet scheint, so daß sie ihre Aufgabe, den dichterischen Prozeß zu begründen und zu tragen, nur unvollkommen erfüllt. Hölderlin selbst spricht im Rückblick auf die »metaphysische Stimmung« der Tübinger Gedichte von einer »gewissen Jungfräulichkeit des Geistes« und »Scheue vor dem Stoffe«, die zu ihrer Zeit notwendig, aber nur als Durchgangsstufe statthaft gewesen seien – so in einem Brief an Schiller von 1797.[14]

Nun ist aber bekannt, daß er an diesen Gedichten mit ungewöhnlicher Hingabe gearbeitet und keine Mühe gescheut hat, um ihnen die ihm damals vollendet scheinende Form zu geben. Auch wenn sie Erzeugnisse einer gewissen Selbstentfremdung sein sollten, müssen wir sie zur Kenntnis nehmen, um so mehr, als – mit einem Bild des späteren Hölderlin – solche Auswanderungen in die »Kolonie«[15] einen Ertrag einzubringen pflegen, der zuvor nicht zur Verfügung stand; in diesem Falle ist er mit Händen zu greifen. Hinzu kommt, daß die Hymnen so abstrakt und anschauungsarm gar nicht sind, wie es zunächst den Anschein hat, übersetzt man ihre Begriffe und Bilder nur ein wenig in unsere Sprache. Ich sehe die Aufgabe dieses Vortrags daher in dem Versuch, die Barriere unseres Fremdheitsgefühls nicht zu beseitigen – das wäre wohl unmöglich –, aber an einigen Stellen so weit abzutragen, daß Zweck, Verfahren und Vorstellungshorizonte dieser Gedichte vielleicht etwas verständlicher werden.

I.

Zu den Eigentümlichkeiten der klassischen und der späten Lyrik Hölderlins gehört die Reflexion auf das Dichten im Gedicht selbst. *Wie wenn am Feiertage* ist ganz dieser Reflexion gewidmet, andere Gedichte berühren sie an einer Stelle, meist zu Beginn oder am Ende, auch in einer Vorrede. Es scheint, Hölderlin habe sich zum Gesetz gemacht, nichts zu dichten, ohne zugleich über Bedingung, Grenze und Sinn des Dichtens Rechenschaft abzulegen; man mag das, etwas gelehrt, den transzendentalen Zug seiner Dichtung nennen. Die frühe Lyrik der Seminarjahre kennt ihn noch nicht. Sie hat genug an der Aufgabe, die Lebensinhalte des jungen Autors – Natur und Geschichte Suevias, Freundschaft und Liebe, das eigene Ich und den Segen des Herrn – in eine Sinnordnung zu bringen und diese durch ein poetisches Formgefüge zu repräsentieren, das sich nach barockem Muster gerne strenger, bis zur geheimen Verszahlenmystik reichender Baugesetze bedient. Die dichterische Leistung rechtfertigt sich dadurch, daß sie erbracht ist.

Eine Frage der Dichtung nach sich selbst taucht nun zum erstenmal und unvermittelt im Beginn der Tübinger Zeit auf – noch vor dem Einsatz der großen Hymnenreihe – und findet sich in beinahe jedem Gedicht. Hölderlin »unterwindet« sich, dem Herrn zu singen »bebenden Lobgesang«[16]; »schwebend auf des Liedes hoher fliegender Morgenwolke« betritt er die »heilige Bahn«[17], und sein »geflügelter Fuß« ermüdet nicht auf der »einsamen gewagten Bahn«[18]; »unter den Sternen ergeht sich« sein Geist[19], und »am heitern Mittag« schlägt ihm »der Begeist'rung Stunde«[20] – so lauten die Eingangs- und Schlußformeln zuerst. Dann wird das Horazische Schweigegebot »favete linguis« der ganzen Schöpfung zugerufen:

Harret eine Weile, Orione!
Schweige, Donner der Plejadenbahn!
Hülle, Sonne, deine Strahlenkrone,

Atme leiser, Sturm und Ozean!
Eilt zu feierlichen Huldigungen,
All ihr großen Schöpfungen der Zeit,
Denn, verloren in Begeisterungen,
Denkt der Seher der Unsterblichkeit![21]

– eine seltsame, aber wohlüberlegte Hyperbolik, die sagen will: Mehr als das Sein in der Zeit, wie groß es auch sei, ist das Denken der Ewigkeit. Schließlich klingt auch das »Odi profanum volgus et arceo« gelegentlich an. Fast kein Gedicht beginnt oder endet, ohne sich förmlich den Raum auszugrenzen, in dem es seine elitäre Botschaft empfängt, um sie der Welt weiterzusagen. Und immer ist Dichtung die Sache des Einen oder der Wenigen, der Auserwählten und »Priester«, und ihre Stelle das »Meteoron«, die erhöhte Mitte zwischen der Erde und dem siderischen Ort ihrer göttlichen Auftraggeber.

Was Hölderlin plötzlich veranlaßt, die Dichtung in einen sakralen Bezirk zu entrücken und von aller profanen Tätigkeit abzusondern, ist nachher zu besprechen; zunächst beschreiben wir den Vorgang selbst. Hölderlin fragt hier noch nicht wie später: Was ist Dichtung? sondern: Wie ist Dichten möglich und erlaubt? Es geht ihm nicht um das Wesen, sondern um die Legitimation. Nach einer Legitimation fragen heißt aber, nach der Instanz fragen, die sie erteilt. Diese Instanz findet Hölderlin in obersten Werten – Schönheit, Liebe, Freiheit, Harmonie u. ä. –, welche die Hymnen, einen nach dem andern, behandeln und in ihren Titeln nennen. Nun sind Werte aber Entwürfe des wertsetzenden Menschen und Instanz zunächst nur für das Subjekt, das sie entworfen hat. Sollen sie allgemeine Anerkennung finden – und darauf zielt ja das Gedicht –, müssen sie objektiviert werden. Hölderlin objektiviert sie auf zweierlei Weise: indem er ihre weltgestaltenden Wirkungen aufzeigt und indem er sie zu Göttern mythisiert. Denn Werte *gelten* nur, aber Götter *sind*.

Gleichwohl bleiben sie gedichtete Götter, *er*dichtete sogar, die noch weniger als die Werte, die sie verkörpern, den Raum des Gedichts überschreiten. Es könnte einer sagen: Was Harmonie ist, weiß ich, aber von einer Göttin der Harmonie habe ich noch nie gehört. Also muß das Gedicht so angelegt werden, daß es die Existenz seiner Gottheit plausibel macht. Das sinnfälligste Mittel hierzu ist ein Dialog. Wenn der Dichter die Gottheit anredet, und erst recht, wenn sie ihn anredet, muß sie Realität sein.

Poetisch fingierte Realität selbstverständlich; die Grenze der Fiktion ist nicht zu überspringen. Aber nach innen hat diese Anlage eine bestimmte Wirkung. Das Gedicht beglaubigt den Wert, den es feiert, indem es ihn nicht nur mit Heiligkeitsprädikaten umgibt, sondern in der Person einer Gottheit erscheinen läßt. Umgekehrt rechtfertigt diese Gottheit den Versuch des Dichters, indem sie ihm die Botschaft aufträgt, die sein Gedicht der Welt übermitteln soll. Es findet eine wechselseitige Legitimation statt, die sogar den Sinn einer wechselseitigen Kreation hat. Der Dichter läßt in seinem Gesang Götter entstehen, die sich ihm in diesem Gesang offenbaren und als die Urheber seines Gesanges zu erkennen geben. Allgemeiner ausgedrückt: Hölderlin entwirft seinen Ursprung, aber er begreift ihn als den Ursprung seines Entwerfens und Entwerfenkönnens. Seine Gottheit ist transzendentaler und transzendenter Gott in einer Person.

Das ist eine Paradoxie, indessen seit Lessing wohlbekannt als das Paradox des Glaubens: Gott ist der, den ich mir *denke*, aber *wie* ich ihn mir denke, bestimmt er. Daher z. B. Iphigenies Wort: Ihr Götter, »rettet mich und rettet euer Bild in meiner Seele!« In dieser Paradoxie liegt nun die Struktur dessen, was Hölderlin und seine Stiftsfreunde mit ihrem wichtigsten Schlüsselwort »Geist« nannten. Daß dieser Geist entworfen und vernommen, Leistung und Geschenk zugleich sei, hat am klarsten Hölderlin erfaßt. Darum fügt er das zweite Schlüsselwort »Begeisterung« hinzu. Begeisterung zeugt Geist, aber der Geist zeugt die Begeisterung; im Zirkel von Hervorbringen und Empfangen ist jedes zugleich Schöpfer und Geschöpf des andern. Hölderlins Begriff der Begeisterung verweist daher nicht nur auf den Enthusiasmus Shaftesburys oder Platons θεῖα μανία, sondern ebenso auf die Inspiration des neutestamentlichen Pneuma – es »weht Begeisterung den Sänger an«[22], heißt es einmal –, die man zu der Zeit gelegentlich durch die Wortform »Begeistung« auszudrücken sucht.

Diese Paradoxiestruktur des empfangend-hervorgebrachten Geistes bildet das Fundament der Tübinger Hymnen und den Horizont ihres Selbstverständnisses. Am prägnantesten formuliert sie die Göttin der Harmonie, wenn sie dem Dichter zuruft: Du bist ausersehen, »Schöpfer meiner Schöpfungen zu sein« (V. 76). Man muß hinzufügen: Gemeint ist nicht, der Dichter habe die von der Gottheit einst nur gedachte Harmonie jetzt in Sprache und Bild des Gedichts zu verwirklichen. Die Harmonie ist schon Wirklichkeit, die Welt ist eine harmonische Welt, aber die Menschheit ist blind und sieht es nicht – oder will es nicht sehen –, darum ist der Dichter beauftragt, ihr die Augen dafür zu öffnen. Indessen geschieht dabei kein bloßes Abbilden eines Vorhandenen, keine Klopstockische Imitation, die den »großen Gedanken« der Schöpfung »noch einmal denkt«, um sich seiner zu freuen. Es geschieht die Hölderlinische Mimesis, die, wie der Mime seinen Rollentext, ein Gegebenes und Aufgegebenes e fundamento neu entwirft und inkarniert. Es entsteht das Gedicht, das, vom Geist inspiriert, in Wort und Form Geist entstehen läßt, um einer Welt zu zeigen, was weltschaffender und mithin die gegenwärtige Welt verändernder Geist sein kann. Hölderlin reproduziert die Wirklichkeit nicht, sondern er begründet sie aus ihrem Ursprung von neuem. Deshalb lautet der zweite Zentralvers der Harmonie: »Meine Welt ist deiner Seele Spiegel.« (V. 61) Wäre nur ein Abbilden und Wiedergeben gemeint, müßte er lauten: Deine Seele ist der Spiegel meiner Welt. Es verhält sich aber umgekehrt, weil die Seele in ihrem prästabilierten Ursprungswissen den heute verdeckten Ursprung der Welt schon kennt. Bringt ihn das Gedicht an den Tag, so spiegelt eine dergestalt aus der Harmonie begriffene Welt der Seele zurück, was diese »seit Anbeginn« weiß und mithin ist. Darum: »Meine Welt ist deiner Seele Spiegel, meine Welt, o Sohn! ist Harmonie!«

Wie sich in solchen Gedanken die Spiegelmetapher der Leibnizischen Monadologie mit dem Paulinischen Geist Gottes verbindet, der »Zeugnis unserm Geiste« gibt, müßte die genauere Interpretation dieser Hymne zeigen. Genug, wenn deutlich geworden ist, daß die Tübinger Hymnen sich als Geburt des Geistes aus dem Geist verstehen, fast könnte man sagen: als »lumen de lumine«, wofern man die Säkularisierung dieses Wortes als Sakralisierung der Sache gelten läßt.

So aber ein verborgenes An-sich zu sich und in die Offenbarkeit zu führen, ist jedesmal ein Wagnis und erfordert Stärke und Mut. »Herrlicher mein Bild in dir zu finden, haucht' ich Kräfte dir und Kühnheit ein« (V. 73 f.), singt Urania dem Dichter entgegen. Diesen dichterischen »Beweis des Geistes und der Kraft«, hat man, meine ich, ernst zu nehmen. Hölderlin glaubt in den Hymnen nicht nur poetische Fertigkeiten gezeigt, sondern geistige Entscheidungen getroffen zu haben. »Streng ist Licht und Finsternis gesichtet«[23], lautet ein Vers, den man als Motto über die ganze Hymnenreihe setzen könnte. Es wird Gerichtstag gehalten, und zwar im Namen des Geistes über die, welche den Geist verraten und die freie Gemeinschaft zwischen dem Menschen und seinem Bruder Mensch zerstört haben. Um diesem Vorgang näher zu kommen, stellen wir eine zweite Betrachtung an.

2.

Man hat gesagt, die leitenden Begriffe der Hymnen seien in keine systematische Ordnung zu bringen. Das ist richtig. Aber sie verschwimmen auch nicht in der Nacht der Unterscheidungslosigkeit. Man muß den Prozeßcharakter dieser, wie übrigens aller, Gedichte Hölderlins bedenken. Er hat die Folge, daß ein Begriff, ist er einmal gefunden und ausgesprochen, nicht bei sich stehen bleibt, sondern sich auslegt und dabei den nächsten Begriff entspringen läßt. Etwa in dieser Weise: Schönheit will nicht nur dasein, sondern angeschaut werden, also ruft sie Liebe hervor; Liebe, wenn sie rein erfahren wird, schenkt Freiheit; Freiheit, sobald sie sich fühlt, erkennt Wahrheit; Wahrheit weckt Gerechtigkeitssinn, sodann Kühnheit, darauf Mut zum Gesang und in diesem zuletzt wieder Schönheit – oder wie man den Kreis anordnen und erweitern will, den jede Hymne variiert. Die Begriffe gleichen Wellen, die fließend ineinander übergehen und dennoch ihre besondere Mitte haben, oder Stimmen, die zur Polyphonie des Ganzen beitragen, auch wenn man sie nicht immer genau heraushört.

Also liegt nahe, zwar nicht nach einer systematischen Ordnung, aber nach einem Medium zu fragen, in welchem die Begriffe, d. h. die in ihnen gemeinten göttlichen Wesenheiten, unter sich verbunden und an ihren Verkündiger geknüpft wären. Ein solches Medium gibt es nicht nur, Hölderlin kennt es auch und nennt es das »Element« des Dichters:

> Er hat sein Element gefunden,
> Das Götterglück, sich eigner Kraft zu freun.[24]

Damit ist ein Motiv zur Sprache gebracht, dem man von jetzt ab immer wieder begegnet. »Wo wir Eins und Alles werden, das ist nun mein Element«[25], heißt es kurz darauf im pantheistischen Entwurf der Diotima-Hymne. Die klassische Poetik führt den synonymen Begriff »Sphäre« ein, die Sphäre des eigenen Gottes oder der gemeinschaftlichen Gottheit.[26] Dann tauchen Bilder auf. In »leichtem Umfangen«[27] erzieht die Natur die Dichter, Griechenland erscheint als das »Haus der Himmlischen alle«[28], der vaterländische »Saal« erwartet den Friedensgott und liebende Gäste.[29] Der Vers der *Wanderung* von den Kranichen, die »des Äthers froh, umschlossen sind von fernhindämmernden Bergen« (V. 66 f.), verbildlicht noch vollständiger, was das Element und in ihm das Götterglück der eigenen Kraft begrifflich ausgesagt hatten. Man darf hinzufügen, dieses Motiv drücke ein innerstes Bedürfnis Hölderlins aus. Denn anders als Schiller, der sich in der »Fremde des Lebens« zu behaupten wußte, ist er auf das Element angewiesen, das ihn trägt, auf die Sphäre, die ihm sich zu entfalten erlaubt, weil sie ihm zugeordnet und seinesgleichen ist. Unter den Freunden genießt er sie, in den Hymnen erschafft er sie sich, beide umschützen ihn und machen ihn für Stunden den Druck vergessen, dem seine »Peiniger« ihn aussetzen – und in diesem Wort ist vom Stift bis zum Zeitalter alles begriffen, was wider den Geist und seine Freiheit ist.

Versuchen wir, das Wesen dieses Elements genauer zu beschreiben. Es umfängt den Dichter und befreit ihn zugleich, scheint also zwei sich widersprechende Merkmale zu vereinigen: Begrenzung und Offenheit – wie in der *Wanderung* ferne Berge den freien Äther umschlossen. Aber dieses Raumbild war Sinnbild eines geistigen Zustandes – des Lebens im goldenen Zeitalter der Griechen. Der junge Hölderlin, dem eine solche Bildlichkeit noch nicht zur Verfügung steht, muß unmittelbar sagen, daß sein Element nur jenseits und diesseits der Raumwirklichkeit der Dinge zu finden ist, über Sonnen und Orionen und in der eigenen Seele. Offen und begrenzt zugleich ist es daher im Sinne der unerschöpflichen, aber streng an ihren Wertkontur gebundenen Lebensfülle; und so betrachtet schließen sich diese Kategorien nicht aus, sondern ein.

Das Problem wird durchsichtiger, wenn man die Vokabel zu Rate zieht, die zu den Grundwörtern der Tübinger Hymnen gehört und regelmäßig im Sinnbezirk des Elementes auftaucht, das Wort »unendlich«. Denn damit ist, Hegelisch ausgedrückt, nicht die schlechte Unendlichkeit des Infiniten gemeint, sondern die gute Unendlichkeit dessen, was in sich gründet und aus sich selber ist. Daher die Lebensfülle und Wertgewißheit, die Hölderlin in seinem Element zu erfahren glaubt. Kraft deren wirft er sich nun aber zum Richter seines Jahrhunderts und der Zeit überhaupt auf; vor seiner inneren Unendlichkeit hat sich das Endliche, das ihn doch rings umgibt und umstellt, bedingungslos zu verantworten. Überschreitet hier nicht ein esoterischer Anspruch seine Grenze?

Allerdings, aber Hölderlin scheint dies auch zu fühlen. Denn warum mythisiert er seine Werte zu Gottheiten? Die Wirklichkeit in der Vielfalt ihrer Aspekte zur Kenntnis zu nehmen und aus ihr selbst Sinn- und Wertbezüge zu entwickeln, übersteigt sein Vermögen noch. Er behandelt sie sozusagen en bloc, d. h. er überspringt sie und gründet jenseits ihrer das Reich seiner Gottheiten, so daß er dieselbe Wirklichkeit, die ihn umklammert, zwischen seinen Göttern und seinem wertsetzenden Ich wie in einer Klammer hält und zwingen kann, ihm Rede zu stehen. Daß sie ihm auch so nur sagt, was er schon weiß, versteht sich von selbst. Die Esoterik des Vorgehens ist nicht aufgehoben, sondern nur gleichsam um eine Stelle verschoben, und man erinnert sich vielleicht des wohlbekannten ideologischen Verfahrens, das, statt den Gegenstand zu analysieren, das eigene Wertsystem sakralisiert, um seiner Zeit- und Gesellschaftskritik den nötigen Nachdruck zu verschaffen. Daß Hölderlin derartige Überlegungen fremd sind, daß er nicht um der Kritik willen seine Werte heiligt, sondern um der Heiligkeit seiner Werte willen Kritik übt, braucht man kaum zu sagen. Eher hat man festzustellen, daß das absolute Wertbewußtsein der Tübinger Hymnen stark genug war, sich auch in seiner kommenden Dichtung, bei veränderten Zielsetzungen und in einem differenzierten Wirklichkeitsbild, zu behaupten.

Noch ein zweiter Ertrag ist festzustellen. Eine Kritik, die nicht nur sagt, was falsch ist, sondern auch, was richtig wäre, blickt vorwärts; Hölderlin gewinnt die Dimension, die das Bild seiner Dichtung auf viele Jahre bestimmen wird, die Zukunft. Und je heftiger er sie ersehnt, desto näher scheint sie ihm bevorzustehen. Der Gedanke ist immer: Was jetzt erst drüben, im Reich der Gottheiten, und hier, in den Seelen weniger Auserwählter lebt, wird alsbald inmitten der endlichen Welt Wirklichkeit sein:

> Schon geht verherrlichter aus unsern Grüften
> Die Glorie der Endlichkeit hervor;[30]

die Gloria oder Doxa der neutestamentlichen Herrlichkeit, die das Endliche in Unendlichkeit verklären oder, wie Hölderlin sagt, »auf Gräbern hier Elysium«[31] stiften wird. Nicht alle Hymnen sehen das Ende des gegenwärtigen Äons so nahe vor sich – es gibt auch Zeugnisse einer Fernerwartung –, aber das prophetische Wissen des Dichters spricht sich überall aus. Die Figur des Vaters, der »im ersten Zeichen Vollendetes« kennt und »wie Adler den Gewittern, weissagend seinen kommenden Göttern«[32] vorausfliegt, ist, wie seine Inkarnation in Rousseau, in den Tübinger Hymnen vorgebildet.

Bis jetzt war vom Wesen des Elements die Rede. Woran erkennt Hölderlin aber seine Existenz? Am »Götterglück, sich eigner Kraft zu freun«, hatte er gesagt. Aber er hatte hinzugefügt, jetzt erst sei seine Seele »ewig sein«.[33] Das Selbstgefühl der eigenen Kraft wurzelt also in einer noch tiefer angesetzten Selbstgewißheit, und in ihr zeigt sich nicht nur, daß ein Element besteht, um ihretwillen bedarf es auch eines solchen. Denn nur in einer Sphäre fühle ich mich, und diese muß von mir unterschieden sein, damit ich mich *fühle*, und mir gleich sein, damit ich *mich* fühle. So formuliert gehört der Gedanke allerdings erst dem späteren Hölderlin an, aber implicite liegt er den Tübinger Hymnen zugrunde, wie z. B. der ständig wiederkehrende Vorgang zeigt: Zuerst ein Staunen und Niederschlagen der Augen vor der Majestät der Gottheit, dann selige Selbstgewißheit, wenn sie den Dichter angenommen und ihrem Dienst geweiht hat. Das Wort dieser Selbstgewißheit, das »ich bin«, taucht erst in der Diotima-Hymne auf: »Wo wir Eins und Alles werden, ... da, da sag' ich, daß ich bin.«[34] Aber der Sache nach liegt sie allen Hymnen zugrunde und äußert sich in der komplementären Gewißheit, daß auch die gefeierten Gottheiten *sind*:

> Aber nein, so wahr die Seele lebet,
> Und ein Gott im Himmel oben ist,
> Und ein Richter, dem die Hölle bebet,
> Nein, Unsterblichkeit, du bist, du bist![35]

Und woran erkennt Hölderlin, daß die Göttin der Unsterblichkeit – denn auch sie ist eine solche – nicht Traum und Sehnsucht, sondern Wirklichkeit ist? An »der Unsterblichkeit Begeisterungen«, die »freche Lüge nicht entweih'n«[36], d. h. kein Atheismus oder Materialismus des Zeitalters aus der Welt schaffen kann. Der Geist ist der Beweis des Geistes, und dies nicht vermöge seiner Inhalte, der Ideen, sondern durch die Tatsache, daß er ist, daß es ihn gibt, daß man ihn fühlen und im inneren Gesicht sogar sehen kann:

Denn ich sah, vor tausenden erkoren,
Meiner Göttin ganze Göttlichkeit;

heißt es mit dem Gestus des Zeugnisgebens zu Beginn der zweiten *Hymne an die Freiheit* (V. 3 f.). Auch dieses Motiv durchzieht von da an Hölderlins Werk. Vom »Hen kai Pan« sagt Hyperion: »es ist vorhanden – als Schönheit«[37]; Diotima, das Einzige, das seine Seele suchte, »es war da, ... es war in der Welt«[38]; der Versöhnende, der selige Friede, ist »nimmergeglaubt nun da«[39], um nur diese wenigen Beispiele anzuführen.

Halten wir, zugleich kritisch kommentierend, fest: Hölderlin entwirft in den Tübinger Hymnen einen Kranz der Begriffe, die er zu Gottheiten ernennt – der Ausdruck »ernennen« ist angebracht, da es bei einem verbalen Akt bleibt –, in diesen erbaut er sich das Element oder die Sphäre, die ihn eines sinnerfüllten Daseins in der Präsenz aller seiner Wesenskräfte gewiß macht – heute würde man sagen: in ihnen findet er seine Identität –, diese Selbstgewißheit hat, trotz dem Umweg über mythische Projektionen, den Charakter der Unmittelbarkeit – alle andern Inhalte der Hymnen sind intellektuell vermittelt –, deshalb dient sie Hölderlin als Beweis für die Realität seiner Gottheiten und die jedem Zweifel entrückte Glaubwürdigkeit ihrer Botschaft; denn wer mich meiner Wirklichkeit versichert, der muß selber wirklich sein. –

Wir haben jetzt, gestützt auf Aussagen der Hymnen, zwei Betrachtungen angestellt. Die erste war metaphysischer Natur. Sie ging von einem Absolutum aus, dem Geist, der ist und der in der Weise der Begeistung dem Dichter erlaubt, sich ihn zu denken. Die zweite Betrachtung war phänomenologischer Natur. Sie ging von einem Faktum aus, der Existenz, die sich Geistgestalten erschafft, um in deren Spiegel sich selbst zu erfahren, und die von dieser Erfahrung rückwärts auf die Existenz derer schließt, die sie ihr verschafft haben. In der metaphysischen Betrachtung hatten wir eine Paradoxiestruktur festzustellen – der Geist ist der vom Dichter entworfene Ursprung und zugleich der Ursprung seines Entwurfs –, in der phänomenologischen Betrachtung handelt es sich um eine Horizontstruktur – Hölderlin steckt in den Hymnen seinen Horizont ab, um in ihm das Faktum, das er selber ist, geistig in Besitz nehmen zu können. Beide Male geht es aber um denselben

Vorgang, nur wird er hier beschrieben, dort war er gedeutet. Daß in der Praxis der Hymnen Beschreibung und Deutung noch vielfach durcheinandergehen, ist trotz dem hohen intellektuellen Niveau dieser Gedichte nicht zu verwundern. Die eigentliche Reflexionsarbeit der klassischen Poetik steht Hölderlin noch bevor. Aber es ist doch nicht ohne Bedeutung, daß schon die Tübinger Hymnen so viel Selbstdeutung des dichterischen Vorgangs enthalten. Jene stofflose »Jungfräulichkeit des Geistes« hat Einsichten erbracht, die der stoffgebundenen frühen Lyrik noch gänzlich verschlossen waren.

3.

Diese Abschweifung in die Methodologie sollte zu folgendem Gedanken überleiten: Daß ein Zyklus von Gedichten einen einheitlichen Horizont des dichterischen Entwurfs erkennen läßt, kann von einem Dichter, der seine ersten Versuche hinter sich hat, erwartet werden. Die Frage ist aber: Womit füllt er diesen Horizont aus? Hier macht sich nun jene »Scheue vor dem Stoffe« bemerkbar, die Hölderlin selbst den Tübinger Hymnen zugeschrieben hatte. Sie scheinen arm an konkret erfaßten Inhalten, oder richtiger gesagt, was wir aus unserer Kenntnis der Biographie und der Zeitgeschichte als ihren Inhalt vermuten, ist unter dem Anspruch höchster Sinngebungen so entstofflicht und verbegrifflicht, daß das Wirklichkeitsspektrum der Gedichte auf wenige Farben zusammenschmilzt. Im Grunde gibt es nur zwei Farben, die keine Farben sind: Schwarz und Weiß. Indessen läßt sich doch einiges anführen.

Stellen wir uns den Horizont der Gedichte als einen Kreis vor, dann bilden seine Mitte die begeisterte Seele des Dichters und seinen äußersten Rand die Geistgestalten der Gottheiten. Zwischen Zentrum und Peripherie befinden sich, gleichsam in konzentrischen Ringen angeordnet, die soziale und die natürliche Welt. Die Sphären der sozialen Welt sind, von innen nach außen, die Brüder und die Geliebte, das Vaterland, die Menschheit, die der natürlichen Welt die idyllische Landschaft der Quellen und Blütenzweige, die heroische Landschaft der Ströme, der Felsen und der sie umkreisenden Adler, zuletzt der Kosmos der Gestirne, die ihre donnernde Bahn gehen. Einfache Querverbindungen werden öfters hergestellt: von der Geliebten zur Idylle, von Freunden und Vaterland zur heroischen Landschaft und von der Menschheit zum Kosmos. Bisweilen scheint es, als glichen diese Sphären den Stufen einer »analogia entis«, über die Hölderlin zur immer reineren Anschauung seiner Gottheiten hinaufsteigt. Im »grünen Erdenrunde« entdeckt er »Spuren«[40], in der Geliebten das Ebenbild der »Schönheit in der Urgestalt«[41], am Rebenhügel und im Schattental und mächtiger in Gewitter und Schlacht hört er »der Liebe Flügel« rauschen, die sie drüben schwingt, wo sie beim »Gott der Götter« wohnt.[42] Aber er hört und sieht diese Zeichen, weil er schon um die Gottheiten weiß, die sie ihm senden. Mit dem prästabilierten Vorwissen beginnt er, und dieses ist kein hermeneutisches Vorwissen, das von der konkreten Erkenntnis noch eingelöst werden muß, sondern ein fertiges Wissen, das sich nur manchmal den Anschein gibt, als suche es sich noch. Wenn Hölderlin später die Natur und die Geschichte als Offenbarungsmedien versteht, in denen er die Sprache oder die Winke des Gottes erst aufzufinden und auszulegen hat, so erscheinen sie hier als das starre Objekt eines Urteils, das feststeht, ehe die Dichtung ihr Bild entwirft, und nur um dieses Urteil zu bekräftigen, entwirft sie es. Hölderlin stellt sich der Wirklichkeit nicht, sie hat sich ihm zu stellen. Darin liegt die selbstbewußte, diktatorische Gebärde dieser Gedichte, die uns vielleicht unhölderlinisch anmutet und zu jenem Fremdheitsgefühl beiträgt, auch wenn wir uns sagen, daß sie seiner Altersstufe entspricht und, mehr noch, daß er sie braucht, um sich gegen äußeren Druck und innere Verletzlichkeit zur Wehr zu setzen. Nach den Hymnen verschwindet sie fast unvermittelt aus seiner Dichtung. Nur in Alabandas Gestalt und in der Hybris des Empedokles taucht sie, jetzt als gegenständliches Motiv, noch einmal auf und findet denn auch ihre kritische Zurechtweisung.

All das hat die Folge, daß sich die Wirklichkeit mit wenigen, oft harten Konturen begnügen muß. Man kann vielleicht sagen, die Naturbilder zeigten eine etwas reichere Palette als die Bilder der sozialen Welt, und in beiden Bereichen werde das nahe Phänomen ein wenig differenzierter erfaßt als das ferne. Indessen machen stereotype Endlichkeitsformeln wie »Grab und Zeit«, »Glück und Zeit«, »Geschick und Zeit« und ebenso stereotype Verklärungsattribute wie »liebetrunken«, »freudetaumelnd«, »niegeahnt« und »unentweiht« das Bild nicht farbiger. Bleiben wir beim Bild der Gesellschaft.

Als Phänomen bekörpert sich die Gesellschaft nahezu nicht. Es gibt Despoten und ihre Kreaturen und auf der andern Seite den reinen Herd des Pflügers, den tiefen Ernst des Denkers, die Männer und die Starken. Diese abstrakte Polarisierung bleibt weit hinter der Anschaulichkeit zurück, welche die frühe Lyrik in Bildern der Berufe und Stände, der privaten und der öffentlichen Welt schon gewonnen hatte. Denn damals konnte eine Erscheinung noch um ihrer selbst willen interessieren oder sich mit einer vordergründigen Sinndeutung begnügen. Jetzt gilt nurmehr der Ort, den sie im Wertgefüge der Idee repräsentiert, und der läßt sich in chiffernartiger Verkürzung leichter und unmißverständlicher kennzeichnen als im ausgeführten Bild.

Eben darum kann die Kritik der Gesellschaft deutlich vorgetragen werden. Ihre Instanz heißt Freiheit – in Hyperions Scheltrede wird sie Natur heißen. Dazu können Gerechtigkeit, Liebe und Wahrheit treten; oberste Instanz bleibt die Freiheit. Brüderlichkeit erscheint nur in den Gestalten der Brüder, die sie a priori verkörpern, von Gleichheit ist nie die Rede; denn sie wäre eine Sache des Gesetzes und mithin wider den Geist. Das führt auf die Gegner der Freiheit. Es sind die Tyrannen und ihre Knechte, der politische Feind, und eben das Gesetz, das nun offensichtlich theologisch, als der Feind des Evangeliums und der Liebe, gedacht ist:

Öde stehn und dürre die Gefilde,
Wo die Blüten das Gesetz erzwingt.[43]

Zwar kann auch die Göttin der Freiheit von ihrem »Gesetz« und von »der Liebe seligen Gesetzen«[44] sprechen, aber dieses Gesetz ist von der anderen, der unsichtbaren Art, wie denn auch Paulus zwischen dem Gesetz des Geistes und dem Gesetz des Fleisches unterscheidet. Dem schlechten Begriff einer Sache ihren guten entgegenzustellen, ist ein Verfahren, das Hölderlin, wie auch Hegel, später häufig anwenden wird. Auf dieselbe theologische Auslegung des Problems weist schließlich die Vokabel »Übermut«[45], die superbia der Ursünde, die im Vorstellungsbereich des Tyrannen und des Gesetzes wiederholt auftaucht. Bedenkt man ferner, daß Hölderlin Freiheit auch im philosophisch-rousseauisch gedachten Zustand der paradiesischen Unschuld und in schöpferischen Jugendtrieben findet, so zeigt sich überaus klar, daß sein früher Freiheitsbegriff nicht nur auf die Befreiung von absolutistischer Willkür, sondern fundamentaler auf die Freiheit zu Liebe und kreativem Sein zielt. Wohl ist die Freiheit die »Richterin der Kronen«[46], und das »freie kommende Jahrhundert«[47] wird die Tyrannen gestürzt haben. Aber ihr Sieg wird nicht bloß einen neuen Gesellschaftszustand, sondern die »neue Schöpfungsstunde«[48] herbeiführen, und Erde und Himmel werden »wieder göttlich, wie im Anbeginn« sein.[49] Politische und eschatologische Hoffnung erläutern sich wechselseitig.

Hölderlin hat die Parolen der Revolution nicht unbesehen, sondern in überlegter theologisch-philosophischer Auswahl und Deutung aufgenommen; das besagen die Hymnen. Wie ist dieser Sachverhalt jedoch zu beurteilen? Im Sinne einer heute naheliegenden gesellschaftskritischen Betrachtung hätte man ihn zu »hinterfragen« und käme dann nach Analogie ähnlicher Interpretationen zu der Erklärung: Hölderlins Metaphysik der Freiheit ist kein origineller Entwurf, sondern das Ergebnis einer Flucht in die Metaphysik. Angesichts der Unmöglichkeit, sich politisch zu verwirklichen, münzt er Tatimpulse in absolute Werte um, die an den bestehenden Verhältnissen nichts ändern, und was an kritischem Zeitbewußtsein in ihm lebt, projiziert er auf eine heilsgeschichtliche Konzeption der Zeit, die den Tag des Heils in tatloser Geduld erwartet. Idealistische »Verinnerlichung« also, um auch den terminus technicus zu zitieren. Diese These ist, soweit ich sehe, bisher nicht vertreten worden, und vermutlich nur darum nicht, weil man den Tübinger Hymnen keine Beachtung geschenkt hat. Sie liegt aber in der Luft, also darf man auch fragen, was zu erwidern wäre.

Hölderlins Esoterik Ersatz für politische Aktivität – diese Beziehung ist schwer glaubhaft zu machen; Gedichte eines verhinderten Revolutionärs pflegen der Realität näher zu bleiben. Zumindest müßte seine Esoterik ihre Ersatzfunktion in irgendeiner Weise, gewollt oder ungewollt, zu erkennen geben. Es müßten sich Zeichen dafür finden, daß ein Nicht-handeln-Können ins Denken-Müssen zurückgedrängt worden ist. Davon kann nun keine Rede sein. Wenn irgendwo in Hölderlins Werk der geistige Aufschwung ungebrochen, frei aus sich selbst und ohne die Bedenken gelingt, die ihn später begleiten, dann in den Tübinger Hymnen. Daß äußere und auch innere Widerstände ihr Pathos womöglich gesteigert haben, spricht nicht gegen die Ursprünglichkeit ihres dichterischen Entwurfs. Nur das, was Surrogate kennzeichnet, das Eigentlich-nicht-gemeint-Sein, fehlt ihnen gänzlich.

Denn – und darauf kommt es wohl an – Hölderlin versteht seine

Metaphysik nicht als eine Fliehburg enttäuschter Hoffnungen, sondern als den Kampfplatz, auf dem er den Beweis des Geistes und der Kraft zu erbringen hat. Und zwar nicht um des Geistes, sondern um der Zeit willen, die nach seiner Meinung dieses Heilmittels bedarf. Die Unbefangenheit, mit welcher er seine Leser überfordert und philosophisch schwer befrachteten Gedichten zutraut, ein Jahrhundert aufzuwecken, bleibt freilich seltsam. Indessen scheint er diese Diskrepanz nicht einfach übersehen zu haben. Denn warum wendet er sich stets nur an die Wenigen, die Freunde und Gleichgesinnten? Offenbar erwartet er von ihnen – wieder in heutiger Terminologie ausgedrückt – Bereitschaft und Fähigkeit zu der Bewußtseinsänderung, die jeder konkreten Veränderung der Verhältnisse vorhergehen muß. Jedenfalls trägt er seine Botschaft vor, weil ihm Denken nicht Ersatz für verhindertes Handeln, sondern seine Form des Handelns ist. Eines Handelns in dichterischer Form – das führt auf einen letzten Gesichtspunkt.

4.

Die erste der beiden *Hymnen an die Freiheit* schließt mit der Strophe:

Dann am süßen, heißerrungnen Ziele,
Wenn der Ernte großer Tag beginnt,
Wenn verödet die Tyrannenstühle,
Die Tyrannenknechte Moder sind,
Wenn im Heldenbunde meiner Brüder
Deutsches Blut und deutsche Liebe glüht;
Dann, o Himmelstochter! sing' ich wieder,
Singe sterbend dir das letzte Lied.

Lassen wir die Tyrannen beiseite und auch die Deutschheit, die hier noch ein literarisches Requisit des Sturm und Drang ist, worauf zielt dann die Strophe? Auf das letzte Lied an die Freiheit, das so heißt, weil die Hymne das erste ist, und offenbar meint Hölderlin, inzwischen habe nicht das Lied, sondern die Tat zu sprechen. Man erwartet also, von dem zu hören, was real und geschichtlich zu leisten wäre, damit diesem Ruf zur Freiheit einst der Preis der errungenen Freiheit folgen kann. Davon erfährt man nichts. Die Göttin hat sich selber in einem Lied, eingefügt in die

Hymne, verkündigt, schon ist »der Liebe Band« unter Millionen geknüpft, »von der Muse zarter Hand erzogen« (V. 74, 83) gehn die neuen Brüder dem Tag der Freiheit entgegen. Nichts geschieht, was nicht im Vorstellungskreis der Poesie und ihrer Wirkung bliebe; die politische Realität scheint nicht zu existieren, die Hölderlin doch im Auge hat. Mißt er also der Dichtung, in maßloser Überschätzung ihrer Möglichkeiten, eine geschichtsverändernde Macht bei? Durchaus nicht. Er hat ja den Vorgang ins Mythische übertragen und erhöht, darf ihn also und muß ihn sogar entstofflichen. Eher hätte man umgekehrt zu urteilen: Daß Hölderlin mit all seinen Motiven im Bereich seines Handwerks bleibt, spricht für ein Bewußtsein der Schranken, innerhalb derer er allein glaubwürdig sein kann, und ehrt ihn.

Dies gilt nun von den Tübinger Hymnen überhaupt. Sie sind nicht nur Lieder, sie wissen auch, daß ihre Aufgabe sich im Liedsein erfüllt und begrenzt. Aber die ästhetische Leistung rechtfertigt sich nicht in sich selbst, sondern in der Weise, wie sie den Gottheiten antwortet:

Und magisch tönt von unsern Saitenspielen
Die Melodie der ernsten Meisterin.[50]

Dichterische Mimesis also, wozu die Göttin der Schönheit noch deutlicher in den Versen auffordert:

Mahnt im seligen Genieße,
Mahnet nicht, am Innern sie
Nachzubilden, jede süße
Stelle meiner Paradiese,
Jede Weltenharmonie?[51]

Die Weltharmonie will nicht nur genossen, sondern nachgebildet werden – im »Herzen« von Menschen und vom Dichter in »süßen Preisgesängen«[52], heißt es nachher –, und diese Nachbildung soll sich ausdrücklich nicht nur aufs Ganze, sondern auf jede Stelle der Harmonie erstrecken. Nimmt man diesen Satz wörtlich und wendet man ihn auf die »Preisgesänge« der Hymnen an, so besagt er, vom Gesamtaufriß bis zum einzelnen Detail habe jedes Gedicht ein Abbild der Harmonie zu erstellen. Dieser Forderung versuchen die Hymnen nun wirklich nachzukommen. Man erkennt es, sobald man die unter der Decke ihres gleichförmigen Pathos halb versteckten thematischen Bezüge in Bildern und leitenden Begriffen aufsucht. Da findet man Symmetrien, Parallelismen, zyklische Formen und andere Anordnungen, die strophengenau, manchmal sogar versgenau komponiert sind. Und stets markieren diese Entsprechungen zugleich einen geistigen Prozeß, den das Gedicht in seinem Fortgang vollzieht, so daß, was am Ende gesagt wird, nicht schon am Anfang hätte gesagt werden können, weil es sich vielmehr aus diesem und aus dem ganzen Verlauf erst ergibt. Nur das Verfahren, diese Gliederungen auch in wechselnden Sprechtönen zum Ausdruck zu bringen, beherrscht Hölderlin noch nicht. Jene Monotonie der Begeisterung überschwemmt gleichsam das Gefüge, das sich in Begriff und Bild deutlich genug artikuliert.

Zur Veranschaulichung sei nur ein Beispiel eines solchen Aufbaus angeführt. Die *Hymne an die Göttin der Harmonie*, die ja in erster Linie Harmonie repräsentieren muß, ist wie ein Triptychon angelegt. Drei Mittelstrophen spricht die Göttin, je sieben Strophen gehören dem Dichter, die im Aufgesang eine Dreier- und Vierergruppe und im Abgesang umgekehrt eine Vierer- und Dreiergruppe bilden. Dieses Schema (3 + 4 – 3 – 4 + 3) wird nun folgendermaßen gefüllt: Der Heilsahnung des Dichters in der ersten Strophendreiheit entspricht die Heilsgewißheit der Brüder in der letzten. Die erste Vierheit beschreibt die physischen Schöpfungen der Harmonie vom Kosmos bis zum Menschen, die zweite ihre geistigen Wirkungen, Wahrheit, Liebe und Gemeinsinn. Die Rede der Göttin gleicht einer Fuge über die Trias Harmonie – Welt – Dichter, deren Seinszusammenhang ihre erste und deren Erkenntniszusammenhang ihre dritte Strophe ausspricht. Die Mittelstrophe erläutert diese Zusammenhänge mit den Paaren Schönheit – Hoheit und Liebe – Freude, die, ebenso wie jene früher besprochenen Zentralworte, verszahlengenau um die Mitte des Gedichts gruppiert sind. Auch die Leitbegriffe des Auf- und Abgesangs stehen in genauen Strophenkorrespondenzen, die im einzelnen anzugeben hier zu weit führte. Der Prozeßcharakter des Ganzen schließlich ist darin zu erkennen, daß die Hymne durch ihre Symmetrien hindurch einen Weg verfolgt: von der Ahnung zur Gewißheit, von dem Einen zum Bund der Vielen und von der Schöpfung der Welt zu ihrer neuen Schöpfung im Geist.

Es stellt sich die Frage nach dem Sinn dieses Verfahrens. Daß es nicht leicht und beim ersten Hören sogar unmöglich ist, den komplizierten Grundriß eines solchen Gedichts wahrzunehmen und seinen geistigen Prozeß mitzuvollziehen, müssen auch Hölderlins zeitgenössische Leser empfunden haben, obwohl ihnen seine Sprache vertrauter war. Indessen sind Hymnen keine Stimmungslyrik, und die »Anstrengung des Begriffs« zu verlangen, ist ihr Vorrecht. Hölderlin verlangt sie aber nicht, weil er Hymnen schreibt, sondern er schreibt Hymnen, weil er glaubt, sie verlangen zu sollen. Denn die Zeit, deren Kommen er verkündet, kommt ja nicht von selber. Wir haben uns darüber gewundert, daß uns die Gedichte die erwartete Anweisung zum Handeln vorenthalten. Jetzt verstehen wir, daß diese Anweisung in ihrem Appell an unseren Willen liegt, uns ihren Geist, koste es auch Mühe, zu eigen zu machen und die Sinnesänderung zu vollziehen, ohne die sich die Zeit nicht erneuern wird. Aber das Recht, diesem Geist Geltung zu verschaffen, leitet Hölderlin immer und ausdrücklich von der Gottheit her. Deshalb muß er ihr im wörtlichen Sinne »entsprechen«, er muß sein Gedicht, im Ganzen und in all seinen Teilen, zum Spiegelbild ihres Geistes machen. Darin dürfte der Sinn der scheinbar paradoxen Koinzidenz von Zeitbezogenheit und Geistentrücktheit in den Tübinger Hymnen liegen.

Wir haben die Hymnen mit einem gewissen Recht als Einheit behandelt. Stilistische und thematische Entwicklungen sind festzustellen, jedoch mehr am Anfang und im Ausklang der Reihe als in ihrem Zentrum. Sie darzustellen, erforderte umständliche Analysen und überschritte die Aufgabe dieser Einführung. Ein Punkt sei jedoch zuletzt erwähnt. Die Sicherheit, mit welcher die Hymnen ihre Botschaft vortragen, beruht auf einer Offenbarungsgewißheit, die sich gegen Ende zu verwandeln beginnt. In der letzten der eigentlichen Hymnen, *Dem Genius der Kühnheit*, findet sich (V. 31 f.) der Satz, der Genius erscheine da,

> Wo um die Majestät des Unsichtbaren
> Ein edler Geist der Dichtung Schleier webt.

Der offenbare Gott geht in die Unsichtbarkeit zurück – Hölderlins spätere Gottesvorstellung scheint sich anzukündigen –, und die Dichtung, deren Aufgabe bisher gerade das rückhaltlose Aussprechen und Verkündigen war, wird, mit einem Goethezitat, zum »Schleier«, der das göttliche Geheimnis ebenso verhüllt wie offenbart. Daß in diesem Zugleich von Verbergen und Enthüllen das Wesen des Symbols liegt, wird demnächst die Kunstphilosophie der *Hyperion*-Vorstufen darlegen. Den Hymnen ist das Symbol noch fremd; weder beschreiben noch verwenden sie es. Allegorien und Embleme der konventionellen Art kommen gelegentlich vor, aber die Absicht, deutlich zu sagen, worum es geht, und den Hörer unmittelbar zu treffen, verhindert den sinnbildlichen Ausdruck, der Hölderlin vermutlich nicht wie ein Schleier, sondern wie eine unnütze Verschleierung erschienen wäre. Er weiß sozusagen noch zu viel vom Willen und zu wenig vom Wesen der Gottheit, um ihrer Verborgenheit und den Grenzen der eigenen Aussage in einer Symbolkunst Rechnung zu tragen. Man kann auch sagen: Sein sittliches Bewußtsein ist seiner Einsicht in die Gesetze der Kunst um einen Schritt voraus. Es dichterisch einzuholen, wird die Aufgabe der nächsten Jahre sein.

Dieses sittliche Bewußtsein ist aber kein bloßes Wissen, sondern die Form einer Person – eines »edlen Geistes«, sagten die eben zitierten Verse. Trotz allem stilistischen Unmaß, trotz intellektueller Überspanntheit und gegenständlicher Armut spricht aus jeder Zeile der Tübinger Hymnen der edle Geist eines Dichters, den nach Jahren der Vergessenheit wieder zur Kenntnis zu nehmen der Mühe wert ist.

Anmerkungen

* Vortrag, gehalten im Juni 1972 bei der Jahresversammlung der Hölderlin-Gesellschaft in Tübingen.

1 Wilhelm Dilthey, *Das Erlebnis und die Dichtung. Lessing, Goethe, Novalis, Hölderlin. Vier Aufsätze*, Leipzig 1906, S. 289-308.

2 Friedrich Gundolf, *Hölderlins Archipelagus*, Heidelberg 1911. Wieder abgedruckt in: *Hölderlin. Beiträge zu seinem Verständnis in unserem Jahrhundert*, hg. v. Alfred Kelletat, Tübingen 1961 (Schriften der Hölderlin-Gesellschaft 3), S. 4-17.

3 Friedrich Hölderlin, *Sämtliche Werke. Historisch-kritische Ausgabe*, Bd. 4, hg. v. Norbert von Hellingrath, München/Leipzig 1916.

4 Wilhelm Böhm, *Hölderlin*, Bd. 1, Halle 1928.

5 Paul Böckmann, *Hölderlin und seine Götter*, München 1935, S. 32-61.

6 Ernst Müller, *Hölderlin. Studien zur Geschichte seines Geistes*, Stuttgart/Berlin 1944, S. 47-127.

7 Annemarie Christiansen, *Die Idee des goldenen Zeitalters bei Hölderlin*, Diss. Tübingen 1946 (masch.), S. 40-59.

8 Adolf Beck, *Hölderlin und Friedrich Leopold Graf zu Stolberg. Die Anfänge des hymnischen Stils bei Hölderlin*, in: Iduna. Jahrbuch der

Hölderlin-Gesellschaft 1 (1944), S. 88-114.

9 Günther Mieth, *Hölderlins Tübinger Hymnen. Wirklichkeit und Dichtung*, Diss. Leipzig 1965 (masch.); Jürgen Scharfschwerdt, *Hölderlins »Interpretation« des »Contrat social« in der »Hymne an die Menschheit«*, in: Jahrbuch der Deutschen Schiller-Gesellschaft 14 (1970), S. 397-436; ders. *Die Revolution des Geistes in Hölderlins »Hymne an die Menschheit«*, in: HJb 1971/72, S. 56-73.

10 Hölderlin, *Werke und Briefe*, hg. v. Friedrich Beißner und Jochen Schmidt, 2 Bde., Frankfurt 1969.

11 Paul Böckmann, *Der hymnische Stil in der deutschen Lyrik des 18. Jahrhunderts*, in: *Hymnische Dichtung im Umkreis Hölderlins*, hg. v. Paul Böckmann, Tübingen 1965 (Schriften der Hölderlin-Gesellschaft 4), S. 1-23.

12 Pierre Bertaux, *Hölderlin und die Französische Revolution*, in: HJb 1967/68, S. 1-27.

13 Nach Hölderlins Aufsatz *Wechsel der Töne*, IV 238.

14 An Schiller, (vermutlich) August 1797; VI 249.

15 Lesart zu *Brot und Wein*, II 608.

16 *Die Bücher der Welten*, V. 4; I 69.

17 *Die heilige Bahn*, I 79.

18 *Ende einer Gedichtfolge auf Gustav Adolf*, V. 45 f.; I 89.

19 *Keppler*, I 81.

20 *An die Ruhe*, V. 4; I 92.

21 *Hymne an die Unsterblichkeit*, V. 97-104; I 119.

22 *Hymne an die Göttin der Harmonie*, V. 10; I 130.

23 *Hymne an die Göttin der Harmonie*, V. 115; I 133.

24 *Hymne an die Menschheit*, V. 65 f.; I 148.

25 *Diotima*, mittlere Fassung, V. 99; I 219.

26 *Über Religion*, IV 278.

27 *Wie wenn am Feiertage*, V. 12; II 118.

28 *Brot und Wein*, V. 55; II 91.

29 *Friedensfeier*, V. 4; III 533.

30 *Hymne an die Menschheit*, V. 45 f.; I 147.

31 *Hymne an die Menschheit*, V. 47; I 147.

32 *Rousseau*, V. 36; II 13.

33 *Hymne an die Menschheit*, V. 68; I 148.

34 *Diotima*, mittlere Fassung, V. 104; I 219.

35 *Hymne an die Unsterblichkeit*, V. 49-52; I 117.

36 *Hymne an die Unsterblichkeit*, V. 55 f.; I 117.

37 *Hyperion*, III 53.

38 *Hyperion*, III 52.

39 *Versöhnender, der du nimmergeglaubt*, II 130.

40 *Hymne an die Schönheit*, V. 41, 60; I 150.

41 *Hymne an die Schönheit*, V. 15; I 149.

42 *Lied der Liebe*, V. 15, 42; I 110.
43 *Hymne an die Muse*, V. 57 f.; I 136.
44 (Zweite) *Hymne an die Freiheit*, V. 59; I 159.
45 (Erste) *Hymne an die Freiheit*, V. 21, 44, 51; I 139.
46 (Zweite) *Hymne an die Freiheit*, V. 21; I 157.
47 (Erste) *Hymne an die Freiheit*, V. 72; I 141.
48 (Erste) *Hymne an die Freiheit*, V. 67; I 141.
49 *Lied der Liebe*, V. 40; I 111.
50 *Hymne an die Menschheit*, V. 15 f.; I 155.
51 *Hymne an die Schönheit*, 2. Fassung, V. 111-115; I 155.
52 *Hymne an die Schönheit*, V. 134; I 156.

Hölderlins Dichtung Homburg 1799*

Es ist von den Dichtungen Hölderlins zu sprechen, die während seines ersten Aufenthaltes in Homburg – vom Herbst 1798 bis zum Frühjahr 1800 – entstanden sind. Ihre Mitte bildet das Empedokles-Drama in seinen drei unvollständigen Fassungen samt einem Plan des Ganzen und einer theoretischen Studie; es muß mehr vorhanden gewesen sein, von einer Fertigstellung des Stücks ist jedoch nichts bekannt. Hölderlin hat die Arbeit am *Empedokles* als sein Hauptgeschäft und als eine Art Bewährungsprobe seiner Bestimmung zum Dichter angesehen. Dazu treten Gedichte, die meist den Abschied von Diotima und das Leid der Trennung zum Gegenstand haben; aber auch Gedichte an Personen des weiteren Lebenskreises und zeitgeschichtliche Bekenntnisse finden sich. Ihre Formen lassen eine Entwicklung zur Großform und zu den drei lyrischen Gattungen der Ode, der Elegie und der Hymne erkennen, welche die kommenden Jahre ausfüllen werden. Auch die Pindar-Übertragungen müssen zu einem beträchtlichen Teil noch in Homburg entstanden sein. Dieses dichterische und Übersetzungswerk begleiten die großen philosophisch-ästhetischen Abhandlungen und einige Briefe ähnlichen Inhalts. Aus Bemerkungen dieser Briefe geht hervor, warum Hölderlin jetzt die ästhetische Reflexion mit Nachdruck betreibt; er glaubt, in ihr eine unerläßliche Bedingung des poetischen Schaffens erkannt zu haben, obwohl einzelne Aufsätze, für das geplante Journal bestimmt, auch ein selbständiges Interesse beanspruchen.

Überblickt man diesen reichen und verschiedenartigen Ertrag der anderthalb Homburger Jahre, so fragt sich, wie man davon berichten soll, wenn man nicht bloß additiv einen Komplex nach dem anderen besprechen will. Daß zwischen den Werken ein und desselben Zeitraums, wie sehr sie sich nach Inhalt, Gattung und Zweck unterscheiden, innere Zusammenhänge bestehen, darf man, namentlich bei Hölderlins Arbeitsweise, voraussetzen. Daß dieser Zeitraum dem Aufenthalt an einem bestimmten Ort entspreche, scheint weniger glaublich. Indessen gibt es Zäsuren in Hölderlins dichterischer Entwicklung, die mit lebensgeschichtlichen Einschnitten zusammenfallen, z. B. Beginn und Ende der Tübinger Universitätsjahre. In unserem Falle verhält es sich so, daß Hölderlins Anfang in Homburg nach dem gewaltsamen Abbruch in Frankfurt nicht nur eine neue Periode seines Schaffens, sondern eine neue, gleichsam e fundamento zu leistende Begründung dieses Schaffens einleitet; das bezeugen die Werke und vor allem die Briefe. Weniger deutlich prägt sich das Ende des Homburger Aufenthaltes in den Dichtungen aus. Immerhin gibt zu denken, daß Hölderlin das Trauerspiel beiseite legt, ohne die der Mutter versprochene Konsequenz – Eintritt in ein bürgerliches Amt – daraus zu ziehen. Er muß sich auf andere Weise von Recht und Pflicht zum Dichterberuf überzeugt haben, und vermutlich gibt die noch in Homburg geschriebene Hymne an die Dichter darüber Auskunft. Auch hören die ästhetischen und poetologischen Überlegungen jetzt auf, und dies sicher nicht nur, weil die Zeitschrift, wofür sie bestimmt waren, sich nicht hatte verwirklichen lassen. Sie müssen ihren Zweck erfüllt und die Grundlegung erbracht haben, die Hölderlin suchte; daß das Aufgeschriebene und Überlieferte nur einen Teil des Gedachten ausmacht, darf man annehmen. Und schließlich verraten Stil und Rang der letzten Homburger Gedichte – etwa der Ode an die Prinzessin Auguste, der Elegie *Menons Klagen* und der Hymne *Wie wenn am Feiertage* –, daß Hölderlin einen Stand des poetischen Vermögens erreicht hat, auf dem er vorläufig weiterbauen kann. Auch das Ende des Homburger Aufenthaltes läßt eine, wenngleich nicht so markante Zäsur erkennen, so daß es in einem mehr als chronologischen Sinne angebracht scheint, die Werke dieses Zeitraums gemeinsam zu betrachten.

Eine solche Betrachtung muß, um nicht ins Uferlose zu geraten, sich einige leitende Gesichtspunkte geben. Deren drei scheinen mir geeignet, Wesen und Absicht der Homburger Arbeiten Hölderlins zu beleuchten. Ich möchte sie vorweg nennen.

Erstens läßt sich wohl zeigen, daß die Prinzipien, die Poesie und Poetik der Homburger Zeit lenken und noch lange gültig bleiben, nicht der innerliterarischen Reflexion, sondern der konkreten Lebenserfahrung von außen entsprungen sind, in erster Linie dem Abschied von Diotima, seinen häßlichen Begleiterscheinungen und dem Verständnis der Gegenwart, mit dessen Hilfe sich Hölderlin diese zu erklären sucht. Zweitens scheint das materiell Neue der Homburger Arbeiten nicht einfach neu erfunden, sondern häufig Antwort auf Früheres zu sein. Hölderlin macht sich Ansätze, offene Fragen und Mängel seiner bisherigen Dichtungen bewußt und gewinnt aus dieser selbstkritischen Tätigkeit Einsichten, die er in neuen Dichtungen verwirklicht. Und drittens erkennt man in der Grundlegung des klassischen Werks, die in Homburg geleistet wird, Elemente des Spätwerks, die, vorerst halb versteckt und in ihrer Bedeutung noch nicht begriffen, sich erst in diesem entfalten und dann die Preisgabe der klassischen Position erfordern werden. Unter diesen drei Gesichtspunkten möchte ich einige Durchblicke durch Hölderlins Homburger Werk zu gewinnen versuchen.

I

Zuerst also der Versuch, Grundgedanken der Homburger Dichtung und Ästhetik auf konkrete Lebenserfahrung zurückzuführen, die sich namentlich in den Briefen ausspricht. Diesem Versuch läßt sich, gleichsam als Motto, das Homburger Epigramm *Pros heauton* – An ihn selbst – voranstellen, das lautet:

Lern im Leben die Kunst, im Kunstwerk lerne das Leben,
Siehst du das Eine recht, siehst du das andere auch.[1]

Wenn dieses »Ad me ipsum« mehr als den allgemeinen Gedanken ausdrücken soll: Kunst und Leben haben miteinander zu tun, dann muß man die Reihenfolge seiner Aussagen beachten. Zuerst muß die Kunst aus dem Leben hervorgehen, nur dann gibt sie in ihren Bildern das Leben zu erkennen. Von einer Autonomie der Kunst ist keine Rede, und die Dialektik von Leben und Kunst, hundert Jahre später auf den Kopf gestellt, läßt sich nicht umkehren. Denn, um es mit Begriffen der Homburger Philosophie[2] zu erläutern: das Leben ist der »Grund« und die Kunst das »Zeichen«, das nur spricht, wo sich der Grund in ihm zeigt. Und mithin ist das Leben auch nicht nur der Stoff, über welchen die Kunst nach Schillerischer Art frei verfügte. Es ist schon ein Sinngebilde, dessen gewöhnlich verborgenen Sinn aufzudecken die einzige Bestimmung der Kunst ist. Das Vermögen, dessen es dazu bedarf, nennt Hölderlin mit einem dritten Begriff der Homburger Philosophie den »Geist«. Er schließt den Grund – das Leben – auf und macht sein Zeichen – die Kunst – lesbar. Wie sich Hölderlin die grausamste Erfahrung seines Lebens geistig zurechtlegt und daraus Prinzipien der Kunst entwickelt, ist jetzt an einigen Beispielen darzulegen.

Liest man die Briefe der Homburger Zeit in einem Zug, so fallen einige Charakteristika auf. Hölderlin wird mitteilsam, er schreibt längere Briefe an Verwandte und Freunde und in kürzeren Abständen als bisher. Er sucht »Teilnahme« – dieses Wort taucht ständig auf –, wiewohl er das Faktum, wofür er der Teilnahme bedarf, begreiflicherweise verschweigt. Selbst gegen Neuffer erwähnt er es nicht, dem er doch einst das Bild Diotimas in den Farben eines Heiligenbildes gemalt hatte. Er erwartet von Menschen, die ihm nahe stehen, eine gleichsam stofflose Teilnahme, Teilnahme an sich, die nicht wissen muß, worum es geht, und den Bedürftigen nur ihrer Liebe versichert.

Ein anderes Charakteristikum: Wiederholt verspricht er der Mutter, die ihn nach dem Frankfurter Ende in einem geistlichen Amt sehen möchte und in seinem Widerstand religiöse Bedenken vermutet, er werde ihr demnächst ein »vollständiges Glaubensbekenntnis«[3] ablegen und seines »Herzens tiefere Meinung«[4] sagen. Aber dazu kommt es nicht, und man muß die halben Worte, mit denen er diese Ankündigungen begleitet, statt des versprochenen Bekenntnisses nehmen. Es liegt dies aber schwerlich daran, daß die rechte Stimmung für solche Eröffnungen sich nicht finden will. Denn in anderen Zusammenhängen erklärt Hölderlin mehrmals, das Eigentliche lasse sich nicht aussprechen. »Es gehet mir überhaupt manchmal so, daß ich meine lebendigste Seele in sehr flachen Worten hingebe, daß kein Mensch weiß, was sie eigentlich sagen wollen, als ich«[5]; so in einem Brief an den Bruder mit Bezug auf das Geburtstagsgedicht an die Großmutter, worin wenig von dem gesagt sei, was er dabei empfunden habe. Und nachdem er auf Umwegen erfahren hatte, Neuffers Mutter, die er sehr verehrte, sei gestorben, entschuldigte er das Schweigen des Freundes mit den Worten: »Ich weiß ... selber sehr wohl, wie in manchen Fällen dem Manne das Stillschweigen heilsamer ist, als die Mitteilung eines Leids.«[6]

Dieses Schweigen-Müssen oder Sich-mit-Andeutungen-Begnügen und den Wunsch, dennoch Teilnahme zu erfahren, erklärt die Trennung von Diotima unmittelbar. Aber in diesen persönlichsten Bedürfnissen liegen Keime einer Kunstanschauung, auf die wieder die Briefe und andere Zeugnisse führen. Versuchen wir zunächst, den Begriff Teilnahme ein wenig zu entfalten.

Wenn Hölderlin von seinem Verlust nicht sprechen und sich nicht auf ihn ansprechen lassen mag, aber gleichwohl die liebevolle

Zuwendung von Menschen spüren möchte, die nur wissen, *daß* er leidet, dann sucht er sich dessen zu vergewissern, was er in einem Homburger Aufsatz die »Sphäre« und die »gemeinschaftliche Gottheit«[7] zwischen Menschen nennt. Denn im Wesen dieser Sphäre liegt, daß sie das Individuum trägt und ihm dennoch die vollkommene Freiheit seines Eigenseins läßt. In »leichtem Umfangen« erzieht die Natur die Dichter, heißt es in *Wie wenn am Feiertage* (V. 12); von »der Liebe holden Schranken« spricht aus verwandtem Empfinden Goethe zu dieser Zeit. Es ist ein Medium gemeint, das, in der Mitte zwischen Zwang und Gleichgültigkeit, zugleich bindet und befreit, und dieses ist das nur oxymorisch auszudrückende Wesen der Liebe. Sich so ohne Anspruch dem andern zur Verfügung zu stellen, widerspricht aber dem »do ut des«-Prinzip, worauf das gesellschaftliche Verhalten des Menschen beruht, und es ist daher keine Metapher, wenn Hölderlin die Liebe als die Gottheit zwischen Menschen auslegt.

Für Wesen und Wirken dieser Gottheit findet er nun eine Art Strukturformel in den Worten: allen gemein und jedem eigen. Sie taucht in dem großen Brief an Schelling vom Juli 1799 zuerst auf[8] und begegnet wieder in der *Verfahrungsweise des poetischen Geistes*, die beginnt: »Wenn der Dichter einmal ... die gemeinschaftliche Seele, die allem gemein und jedem eigen ist, gefühlt und sich zugeeignet ... hat ...«[9] In *Brot und Wein* (V. 43 f.) wird das »Maß«, die von der Gottheit verbürgte Ordnung des Daseins, in dieser Formel gedeutet:

> Fest bleibt Eins; ... immer bestehet ein Maß,
> Allen gemein, doch jeglichem auch ist eignes beschieden.

Und noch in den Worten der *Rhein*-Hymne »Nur hat ein jeder sein Maß« (V. 203) klingt dieser Gedanke wieder.

Er wird Hölderlin zu einem Schlüssel, der ihm Gemeinschaftsphänomene jeder Art aufschließt. Eine Religionsgemeinschaft bleibt nur lebendig, solange die »gemeinschaftliche Gottheit« aller den »eigenen Gott« jedes einzelnen toleriert und die »verschiedenen Vorstellungsarten von Göttlichem« in einem »harmonischen Ganzen von Vorstellungsarten« begriffen sind.[10] Nicht anders hätte das Glaubensbekenntnis für die Mutter lauten können, und man versteht, daß es angesichts ihrer dogmatischen Vorstellungsart nicht zustande kam. Der Freundschaft mit Sinclair, die sich ihm anfangs fast gewalttätig aufgedrängt haben muß, kann er gerecht werden erst, nachdem er ihn im Kreis der Rastatter Freunde, also vor der Folie anderer Individualitäten, erlebt hat. Jetzt sei der Grund gelegt, schreibt er ihm, einer könne den andern voll und tief fühlen in dem, »was er seiner Natur nach bleiben muß«, und die Liebe dürfe die »Erkenntnis«, nämlich von der Andersartigkeit des andern, nicht scheuen; nur so werde sie des Gottes gewahr, der zwischen ihnen lebt.[11] Dieses Modell der Freundschaft führt dann im selben Brief zur Verwerfung aller Unbedingtheit in menschengemachten Systemen, wofür ihm absolute Monarchie, apriorische Philosophie und positive Offenbarung als Beispiele dienen. Denn »Resultat ... des Einzelnen und Ganzen ist jedes Erzeugnis und Produkt«; nur »durch und durch individualisiert« und »aus lauter selbständigen, aber ebenso innig und ewig verbundenen Teilen« gefügt, kann es lebendig bestehen. Umgekehrt fehlt – so in einem Brief an den Bruder[12] – den Deutschen in ihrer »bornierten Häuslichkeit« der »Allgemeinsinn«, ohne den sich das »individuelle, jedem eigene Leben« nicht entfalten kann.

Mit dem Satz von den ganz selbständigen und dennoch innig verbundenen Teilen sind wir aber schon mitten in der Homburger Poetik; wir müssen nur die Teile durch die »Töne«[13] ersetzen. Denn diese Töne, die Sprechweisen des Gedichts und zugleich die Seinsweisen seiner Gegenstände, bilden in wohlberechneter Folge und Gradation die Elemente, aus welchen die Totalität des Kunstwerks sich aufbaut. Und da dies im Nacheinander geschieht, wird das Gedicht zum Prozeß, der seinen Sinn erst von seinem Ende her zu erkennen gibt. Das Gedicht – ich meine den Text, den der Leser sukzessiv aufnimmt, nicht die vom Dichter vorausentworfene Gesamtgestalt –, das Gedicht »weiß« nicht zu Beginn schon, wohin es geführt wird, ihm ist kein Thema vorgegeben, das es bloß abhandelt, wie dies in Poesie und Poetik des 18. Jahrhunderts gang und gäbe war. Und es begnügt sich auch nicht mit einer einzigen Stimmung nach Art der empfindsamen Lyrik, sondern es hat einen ganzen Kreis möglicher Stimmungen zu durchlaufen, damit die letzte, die stets die Verehrung der Himmlischen ist, aus allen vorhergehenden und noch gegenständlich befangenen Stimmungen, aus Schmerz und Klage, Wunsch und Hoffnung, wie eine notwendige und gerechte Antwort herausspringt. Dichtung wird Vollzug und bildet in ihrem Vollzug die Bewegungen des Seins ab, die Hölderlin in Natur und Geschichte und eigenem Dasein gewahr wird. Da aber diese Bewegungen, das »Wechseln und Werden« der irdischen Dinge, die Sprache der Götter sind, darf ein Dichtung so begreifender Dichter sich »Echo des Himmels« nennen.[14]

Wir haben in einem lebensgeschichtlichen Faktum, in Hölderlins Teilnahmebedürfnis in der Vereinsamung der ersten Homburger Monate, eine Denkform sich bilden gesehen, die weite Bereiche seines Nachdenkens aufschloß und zuletzt in ein Zentrum seiner Kunstanschauung geführt hat. Ansätze dieser Denkform sind schon ein wenig früher, im *Hyperion*, zu beobachten, bleiben dort aber noch merkwürdig unbezogen und theoretisch, als ob das Leben selbst sie erst hätte einholen müssen und ihnen dann Gewicht und Bedeutung gegeben hätte.

Ähnlich steht es mit der anderen Erfahrung, das Eigentliche lasse sich nicht oder nur mittelbar aussprechen. Auch hier könnte man sich mit der Erklärung zufrieden geben, von Diotima zu reden, sei eben nicht möglich gewesen. Aber in einem Homburger Brief an die Mutter begegnet dieser Gedanke wieder und wird dort so begründet: »Man kann jetzt den Menschen nicht alles gerade heraussagen, denn sie sind zu träg und eigenliebig, um die Gedankenlosigkeit und Irreligion, worin sie stecken, wie eine verpestete Stadt zu verlassen, und auf die Berge zu flüchten, ... wo man zum Gefühle der Gottheit« sich erhebt, »und aus diesem alles betrachtet, was da war und ist und sein wird.«[15] Hier ist es nicht mehr ein gesellschaftliches Tabu, sondern der Zuschnitt der Gesellschaft im ganzen, der, ähnlich wie in Hyperions Scheltrede, des Herzens Meinung zu sagen verbietet. Ohne Frage ist diese Resignation angesichts einer echolosen, schalltoten Gegenwart ernst gemeint. Trotzdem hat der Gedanke noch eine weitere Dimension. Kurz zuvor schreibt Hölderlin dem Bruder, ihre Briefe enthielten gewiß keine außerordentlichen Gedanken, dennoch sagten sie mehr, als es scheint, »weil in ihnen ein Herz sich regt, das überhaupt im Leben niemals alles sagen kann, was es sagen möchte«. Und dann folgt das überraschende Bekenntnis: »O, Lieber! wann wird man unter uns erkennen, daß die höchste Kraft in ihrer Äußerung zugleich auch die bescheidenste ist, und daß das Göttliche, wenn es hervorgeht, niemals ohne eine gewisse Trauer und Demut sein kann?«[16] Das ist zwar allgemein gesagt, weist aber unmißverständlich auf den Gedanken des verborgenen Gottes, der sich in Menschen- und Knechtsgestalt verhüllt, wenn er sich offenbart; ohnehin deuten Trauer und Demut auf Hölderlins späteres Christusbild. Also ist das Verschweigen des Eigentlichen zuletzt gar nicht von den tauben Ohren der Zeitgenossen erzwungen, sondern im Wesen dieses Eigentlichen selbst begründet. Das Göttliche darf sich nur in fremder und uneigentlicher Gestalt äußern, wenn anders es seine Göttlichkeit bewahren will; sich unmittelbar aussprechend, würde es uns zum Gegenstand, über den wir wie über alles Gegenständliche verfügen, und verlöre augenblicks seine Göttlichkeit. Es ist der Gedanke des deus absconditus, und hinter ihm steht die nicht ausgesprochene Kritik an den idealistischen Systemen der Zeit, die den Gott so genau kennen und da einsetzen, wo er ihren Entwurf zu beglaubigen nützlich ist.

Und wieder bietet sich der Schritt in die Kunsttheorie von selbst an. In dem bald nach dem Brief an den Bruder geschriebenen Text *Die Bedeutung der Tragödien* heißt es, die Poesie, wenigstens Lyrik und Epos, sei am leichtesten aus dem »Paradoxon« zu begreifen, daß sie das »Ursprüngliche«, den »verborgenen Grund«, nicht in »ursprünglicher Stärke«, sondern nur in seiner »Schwäche« erscheinen lasse, weil sie ihn mit dem »Zeichen« verdeckt[17], mit dem also, was sie in Worten, Bildern und Motiven einer Dichtung sichtbar vorzeigt. In der Terminologie anderer Aufsätze heißt das: der Kunstcharakter der Dichtung verbirgt ihren »Grundton«[18], so daß man ihn nicht mehr unmittelbar wahrnimmt und nur gleichsam wie eine Continuo-Stimme durchklingen hört. Man erkennt, um es ganz einfach zu sagen, daß in einem Gedicht Hölderlins das, was es sagt, nicht alles ist, daß Ungesagtes mitschwingt, welches das Gesagte trägt und ihm seine eigentümliche, weit über die direkte Aussage hinausreichende Bedeutung gibt. Und um diese Abstraktion wenigstens an einem Beispiel zu bekörpern: Hölderlin, der mehr als jeder andere Dichter seiner Zeit von den Göttern gesprochen hat, ist niemals der Versuchung erlegen, das Wesen der Götter unmittelbar auszusprechen und gleichsam in einer Definition zu fixieren. Er spricht, wie er im ersten Böhlendorff-Brief sagt, nur von dem, was er »schauen kann von Gott«[19], von den Spuren, Zeichen und Winken der Himmlischen, die er in Natur und Geschichte, in menschlicher Gesellschaft und eigenem Innern wahrnimmt. Sie selbst sehen und davon berichten wollen, wäre, so fromm dies scheinen könnte, Hybris.

> Und sag ich gleich,
> Ich sei genaht, die Himmlischen zu schauen,

Sie selbst, sie werfen mich tief unter die Lebenden,
Den falschen Priester, ins Dunkel, daß ich
Das warnende Lied den Gelehrigen singe,

den Titanen im Tartarus – so in *Wie wenn am Feiertage* (V. 69-73). Erlaubt ist nur, was die Hymne *Germanien* (V. 94-96) angesichts des »Wahren«, d. h. des unverborgenen Wesens der Götterwirklichkeit, befiehlt:

Dreifach umschreibe du es,
Doch ungesprochen auch, wie es da ist,
... muß es bleiben.

Das etwa mag zur Verdeutlichung des Gedankens genügen, der Grund einer Dichtung müsse verborgener Grund bleiben und gebe sich in ihrem Zeichen, in dem, was sie ausspricht und öffentlich darstellt, nur mittelbar zu erkennen. Nur in der Sicherheit und Glaubwürdigkeit ihrer Aussagen erscheine er, nicht im direkten Benennen dessen, was er selber ist und bedeutet.

Ein lebensgeschichtlicher Sachverhalt, das Nicht-aussprechen-Können des Eigentlichen, hat uns zum zweiten Male auf eine Denkform geführt, die sich bis ins Innre der Kunsttheorie und der dichterischen Praxis verfolgen ließ. Ich möchte eine dritte und letzte Betrachtung dieser Art anfügen.

Es geht um die in den Homburger Briefen wiederholt laut werdende Klage Hölderlins, immerzu dringe sein Gefühl auf Einheit mit allem Lebendigen, und wenn dann die Wirklichkeit, kalt und tötend, ihr Recht geltend mache, schrecke er in sich zurück, außerstande, sie zu bewältigen oder das Gefühl, von dem er doch lebt, unbeschädigt und rein zu erhalten. Daß in solchen Klagen das schreiende Mißverhältnis zwischen der geheimeren Welt der Liebenden und der entwürdigenden Behandlung des Hofmeisters sich Ausdruck verschafft, und nur, weil es direkt nicht benannt werden kann, in die allgemeine Form eines psychologischen Räsonnementes ausbiegt, liegt auf der Hand. Aber gerade die Verallgemeinerung zeigt, daß Hölderlin wieder einer konkreten Erfahrung ein Denkbild abzugewinnen versucht. Wie er dieses sogleich in ein künstlerisches Programm umsetzt, geht aus dem langen Brief an Neuffer vom November 1798 hervor.[20]

Zuerst schildert er, was er an sich glaubt beobachtet zu haben: Sein Herz, allzu »voreilig, mit den Menschen und den Dingen unter dem Monde sich zu verschwistern«, scheut das »Gemeine und Gewöhnliche im wirklichen Leben« zu sehr und geht an der »eiskalten Geschichte des Tags«, wenn sie ihn trifft, beinahe zugrunde. Dann fragt er sofort: was kann ich dagegen tun? und kommt zu dem Schluß: ich muß den »Dingen, die auf mich zerstörend wirken, einen Vorteil abzugewinnen suchen, ich muß sie nicht an sich, ich muß sie nur insofern nehmen, als sie meinem wahrsten Leben dienlich sind. Ich muß sie, wo ich sie finde, schon zum voraus als unentbehrlichen Stoff nehmen, ohne den mein Innigstes sich niemals völlig darstellen wird.« Soweit klingt das noch ein wenig Schillerisch: dem Schicksal zuvorkommen, indem man es freiwillig annimmt und so in ein Produkt seines Willens ummünzt, ist ein Gedanke seiner ästhetischen Schriften. Aber Hölderlin geht es nicht darum, die Autonomie seines Willens zu retten, sondern »als Künstler« – so sagt er ausdrücklich – den Beleidigungen seines Gefühls durch die Realität etwas abzugewinnen. Das kann nur gelingen, fährt er fort, wenn er diese »als Schatten zu meinem Lichte« aufstellt und als »untergeordnete Töne« wiedergibt, »unter denen der Ton meiner Seele um so lebendiger hervorspringt«. Darauf folgt das Facit: »Das Reine kann sich nur darstellen im Unreinen.« Um aber nicht den Eindruck aufkommen zu lassen, ihm schwebe eine Art Schwarz-Weiß-Malerei in der Poesie vor, erläutert er genauer: Das Reine, wenn es sich zeigt, erscheint schon gar nicht mehr in seiner ursprünglichen Reinheit, oder mit seinen eigenen Worten: »Das Edle selber, so wie es zur Äußerung kömmt«, trägt »die Farbe des Schicksals ..., unter dem es entstand, weil das Schöne, so wie es sich in der Wirklichkeit darstellt, von den Umständen, unter denen es hervorgeht, notwendig eine Form annimmt, die ihm nicht natürlich ist, und die nur dadurch zur natürlichen Form wird, daß man eben die Umstände, die ihm notwendig diese Form gaben, hinzunimmt.«

Der Gedanke ist also: Das Absolute erscheint nur in gebrochener Gestalt, weil ihm die Sphäre, in der es erscheint, die endliche, die Signatur der Endlichkeit aufprägt. Das erinnert an den sich nur uneigentlich offenbarenden Gott, von dem soeben die Rede war. Aber Hölderlin zieht jetzt die poetologische Konsequenz: ich muß das unreine Endliche, vor dem ich mich so sehr scheue, unbedenklich und hart darstellen, damit man die Verhältnisse erkennt, welche die Reinheit des Absoluten getrübt haben. Dann kann man die Macht dieser Verhältnisse sozusagen abziehen und wird die ursprüngliche Reinheit des Unendlichen erst sehen lernen.

Das ist ein neuer Gedanke, nicht gänzlich zwar, wenn man sich des *Hyperion* erinnert. Aber dort war die Darstellung des Unreinen in einen einzigen Brief, die Scheltrede, verbannt, so daß es schwer fiel, in ihr die Basis der Andacht zum Schönen, der Liebe zu Diotima und der Lobpreisungen des griechischen Altertums zu erkennen, die den Roman durchziehen und in beinahe jedem Brief zur Sprache kommen. Erst jetzt wird Hölderlin klar, daß er sich mit seiner Scheu vor dem Gemeinen nicht dadurch aus der Affäre ziehen kann, daß er es gleichsam in eine Ecke zusammendrängt und dort Generalabrechnung hält. Die Basis des Unreinen muß, thematisch oder unthematisch, immerzu gegenwärtig sein, wenn anders das Reine samt seiner notwendigen Verunreinigung in dem, was es ist, begriffen werden soll.

Diesen Gedanken führt er in einem Brief an den Bruder weiter. Es fehle ihm am »bestimmteren Gefühl«, schreibt er. Mängel empfinde er »nur unendlich«, und so sei er auch geneigt, ihnen »nur unendlich abhelfen zu wollen«. Ein solches Alles-oder-nichts bringe aber weder in der Poesie noch im Leben Glück. Er müsse lernen, »das Rohe, Schiefe, Ungestalte nicht bloß im Schmerz, sondern, als das was es ist, was seinen Charakter, seinen eigentümlichen Mangel ausmacht, zu erkennen«. Nur so könne er hoffen, seiner poetisch und im Leben Herr zu werden.[21] Das Stichwort Charakter taucht dann in einem Brief an Schiller wieder auf. Er habe sich zur Maxime gemacht, schreibt er dort, »in irgend einer Art des Dichtens fest zu werden, und Charakter zu gewinnen«, und diesen glaube er seiner Veranlagung nach am ehesten in der »tragischen Form« zu finden; er erwähnt die Arbeit am *Empedokles*.[22] Dieses Streben zum Charakteristischen – im Werk wie im Schaffen – sieht er schließlich durch die Alten bestätigt. »Das Geistigste mußte ihnen zugleich das höchste Charakteristische sein«, sagt er von den griechischen Schriftstellern in dem wichtigen Brief an den klassischen Philologen Gottfried Schütz. Daher rühre die »Strenge und Schärfe der Form« ihrer Dichtungen, die nichts als der Ausdruck der »heiligen Schicklichkeit« gewesen sei, »womit sie in göttlichen Dingen verfahren mußten«.[23] Mit anderen Worten: Die Darstellung des Göttlichen darf, wie man bei den Griechen lernt, niemals in einen vagen Enthusiasmus verfließen, sie muß die konkreteste Form annehmen, weil sonst dieses Göttliche nicht gegen den Herrschaftsanspruch menschlicher Realitäten geschützt werden kann, und weil umgekehrt die Ehre der Himmlischen verlangt, daß der menschliche Dichter sich ihrer Realität stelle und nicht sich im Gefühl seiner Gotterfülltheit selbstgefällig bespiegle. Dieser heiligen Schicklichkeit wegen muß der Dichter dem Geistigsten die Form des höchsten Charakteristischen geben.

Wir haben eine dritte Gedankenreihe aus den Briefen entwickelt: Hölderlin zwingt sich, die Frankfurter Kränkungen nicht mehr direkt und unendlich zu nehmen, sondern objektiv zu analysieren, als ob sie ihn nichts angingen. Dabei entdeckt er, daß er über seinem Drang zu idealen Wesenheiten den Blick für das charakteristisch Eigentümliche einer Sache vernachlässigt hat und üben muß. Kann er sich diesen Blick erwerben, dann wird das für seine Dichtung von unschätzbarem Vorteil sein, weil er in ihm ein poetisches Instrument erhält, um das Reine dieser Wesenheiten nicht mehr, wie früher, naiv zu verkündigen und einem vielleicht unwilligen Leser aufzudrängen, sondern vor der Folie des Unreinen und seiner eigenen Bedingtheit durch dieses wahr und überzeugend zu entwickeln. Und schließlich versteht er in diesem Aspekt plötzlich das poetische Verfahren der Griechen, womit eine neue Reihe von Überlegungen in Gang kommt, die uns, könnten wir sie hier verfolgen, zuletzt in die Sophoklesübersetzungen und -anmerkungen führen würde.

Halten wir am Ende dieser lebensgeschichtlich orientierten Betrachtung fest: Hölderlin überdenkt seine so unheilvoll veränderte Situation in Homburg und findet drei Wahrheiten, die seinem Verständnis der Kunst unmittelbar zugute kommen: 1. daß menschliches Miteinander von einem Geist getragen sein muß, der nicht nur allen gemein, sondern jedem eigen ist und ihm die Freiheit des Selbstseins läßt; 2. daß der Grund, aus dem alles Lebendige – die Natur, der Mensch, seine Gesellschaft und seine Geschichte – existiert, ein wesenhaft verborgener Grund ist, den, mit dem Wort der Rhein-Hymne, auch der Gesang kaum enthüllen darf; und 3. daß die Kunst das unendliche Gefühl, weil es nur das Subjekt des Künstlers ausdrückt, scheuen und sich vielmehr konkret und charakterisierend dem Gegenstand zuwenden muß, damit Reines und Unreines, Himmlisches und Irdisches in ihrem wahren Verhältnis erkennbar werden. Der Geist, der Grund und die Kunst, für die, wie anfangs gesagt war, der Begriff Zeichen einzusetzen ist, diese drei Begriffe umschreiben aber den Horizont des Hölderlinischen Seins- und Dichtungsverständnisses, das er sich in Homburg erarbeitet. Wir sind von den Lebenszeugnissen nicht nur zu vereinzelten Gedanken, sondern zu einem geistigen Kosmos geführt worden, der den Ertrag dieser Epoche, wenigstens von der intellektuellen Seite, als ein Ganzes zu begreifen erlaubt.

Indessen unterscheiden sich die Bestandteile dieses Kosmos nicht nur der Sache, sondern auch der Methode nach. Das Problem des Sozialen löst Hölderlin dialektisch – dialektische Einheit selbständiger Glieder. Das metaphysische Problem löst er mit dem Denkbild des Paradoxes – Offenbarung geschieht als Verbergung des sich Offenbarenden. Und das ästhetische Problem löst er instrumental – auf sein Ich zu verzichten und Instrument seiner Aufgabe zu werden, ist die Bestimmung des Dichters. Diese Denkmethoden beschreiben aber idealiter den Weg, den in der Realität Hölderlins Dichtung erst noch gehen muß. In der Begründung seines klassischen Werks kündigen sich schon Prinzipien an, die sein Spätwerk tragen und dann die Preisgabe der klassischen Position erfordern werden. Da es sich vorerst aber nur um theoretische Entwürfe handelt, ermißt Hölderlin ihre Virulenz und Sprengkraft noch nicht, die sich naturgemäß nur in der dichterischen Praxis zu erkennen geben wird. Was ich denke, kann sehr revolutionär sein. Daß es wirklich revolutionär ist, erfahre ich erst, wenn ich es in die Tat umsetze. Es muß noch eine Zeit vergehen, bis Hölderlin im Anblick eines eigenen Gedichtes sagen kann: »Sollten ... einige eine solche Sprache zu wenig konventionell finden, so muß ich ihnen gestehen: ich kann nicht anders.«[24] Aber Ansätze des neuen Denkens werden wir schon in den Homburger Dichtungen finden, und es wird sich zeigen, daß in diesen anderthalb Jahren gleichermaßen ein Festwerden im Dichterischen wie ein Übergang zu einer neuen Form des Dichterischen geschehen ist.

2.

In einer zweiten, sehr viel kürzeren Betrachtung möchte ich nun, wie angekündigt, zeigen, daß das materiell Neue der Homburger Dichtung, ihre Stoffe und Motive also, oft nicht einfach frei erfunden, sondern der kritischen Vergegenwärtigung früherer Dichtungen abgewonnen ist. Hölderlin fragt sich sozusagen: was habe ich gemacht, was blieb dabei ungenügend, wie muß ich es anders angreifen?

Zunächst beobachtet man: Es gibt einige Äußerungen Hölderlins, welche die These zu bestätigen scheinen, er habe die erzwungene Muße in Homburg für eine kritische Rückschau auf bisher Gelebtes und Geleistetes benützt. In dem erwähnten Brief an Neuffer, worin er von seiner unseligen Veranlagung spricht, alles, was ihn trifft, sich zu Herzen zu nehmen, statt in seinen Proportionen zu sehen, steht der aufschlußreiche Satz: »Das sehe ich. Kann es mir helfen, daß ich es sehe? Ich glaube, so viel.«[25] Und dann zieht er aus diesem Sehen die besprochene Konsequenz, Widerwärtiges künftig in ein Instrument der poetischen Gestaltung umzuwandeln. Hölderlin vollzieht die nötige Reflexion und thematisiert sie sogar, wenn auch nur in einem bestimmten Punkt; das gibt diese Briefstelle zu erkennen.

Dann die, oft elegischen, Rückblicke in den Gedichten, die gleichermaßen ein Facit ziehen; so in *Palinodie*:

Ach! vormals rauschte leicht des Gesanges Quell
Auch mir vom Busen, da noch die Freude mir
Die himmlische vom Auge glänzte.

Aber die Freude, die wie immer bei Hölderlin kein transitorisches Gefühl, sondern eine Seinsverfassung ist, in welcher sich Leben und Geist entzünden, konnte nur im Schutzbezirk Diotimas gedeihen. Darum ist der Satz in dem Gedicht an die Großmutter ebenso wahr:

Manches hab' ich versucht und geträumt und habe die Brust mir
Wund gerungen indes, aber ihr heilet sie mir,
O ihr Lieben! …[26]

Er sieht die Idylle von außen, sieht, daß sie Utopie bleiben mußte und nur in der fiktiven Wirklichkeit eines Romans von Diotima Gestalt finden kann; und auch da nur eine Weile. Und wenn hier die Heilung noch von den Lieben, von ihrer »Teilnahme« erwartet wird, resigniert sich *Mein Eigentum* (V. 37-41) auf den Gesang allein:

Und daß mir auch zu retten mein sterblich Herz,
Wie andern eine bleibende Stätte sei,
Und heimatlos die Seele mir nicht
Über das Leben hinweg sich sehne,

Sei du, Gesang, mein freundlich Asyl! ...

Ein Bleiben: nur mehr in der Kunst. Ist aber diese Entsagung geleistet, dann geschieht die elegische Peripetie, das plötzliche Offenwerden für die Wirklichkeit, das die Ode *Der Zeitgeist* noch in der Wunschform ausspricht:

Laß endlich, Vater! offenen Aug's mich dir
Begegnen!

In der Peripetie von *Menons Klagen* (V. 109-118) vollzieht sich das Offenwerden im Gedicht selbst:

So will ich, ihr Himmlischen! denn auch danken, und endlich
Atmet aus leichter Brust wieder des Sängers Gebet ...
Komm! es war wie ein Traum! Die blutenden Fittige sind ja
Schon genesen, verjüngt leben die Hoffnungen all.
Großes zu finden, ist viel, ist viel noch übrig, und wer so
Liebte, gehet, er muß, gehet zu Göttern die Bahn.

Die Gedichte beschreiben nicht nur, sondern gehen den Weg noch einmal, den Hölderlin von der Sphäre Diotimas über ihren Verlust, den Rückzug in die fiktive Welt der Poesie und, von diesem innersten Punkt aus, zum Sichöffnen gegen die Wirklichkeit der Zeit im Licht des Heils von den Himmlischen zurückgelegt hat. Das neue Leben – »Leben will ich denn auch!« heißt es in der Peripetie von *Menons Klagen* (V. 113) – wird einem nicht einfach irgendwann einmal geschenkt, sondern es geht nur aus der geleisteten Rekapitulation des bisherigen Lebens hervor. Der Homburger Aufsatz *Das Werden im Vergehen* beschreibt diesen Vorgang genau, nur übertragen vom individuellen auf das geschichtliche Leben. Was dort die »Lücke« zwischen dem vergehenden Alten und dem werdenden Neuen genannt wird, in welcher die Analyse des bisherigen Zustandes geleistet werden muß, damit der kommende nicht dem tödlichen Zufall überlassen bleibe[27], das ist in den Gedichten das »freundliche Asyl« der Kunst, worin Erinnerung Dank wird und für das Große offen macht, das zu finden übrig ist. Schon im *Hyperion* war von der »Mitternacht des Grams«[28] die Rede, aber die Arznei hieß nur: dulden und warten, ob sich vielleicht wieder ein Licht zeige. Oder sie hieß ein wenig großartig: »Wer auf sein Elend tritt, steht höher«[29], ohne daß der Verfasser hätte angeben können, wie man das macht. Jetzt erst, nach der wirklichen Trennung von Diotima, ist die Einsicht da, daß ein neuer Ansatz nur aus der gewissenhaften Aufarbeitung des alten hervorgehen kann.

Wie sich dieses Aufarbeiten in der dichterischen Praxis äußert, möchte ich nur an einem Beispiel, dem *Empedokles*, mit wenigen Worten zu zeigen versuchen. Der *Hyperion* ist als zeitkritischer Roman konzipiert, Hyperions neugriechische ist Hölderlins deutsche Gegenwart. Aber die Instanz der Kritik läßt er im Dunkel, er appelliert gleichsam an das naturrechtlich geschulte Gefühl des Lesers, der schon begreifen werde, wie ein Schriftsteller zu einem so radikalen Verdikt seiner Zeit kommt. Aber kann man so verfahren, ist man dem Leser nicht Auskunft darüber schuldig, woher man seine Maßstäbe nimmt, muß man, Hölderlinisch ausgedrückt, nicht den Gott benennen, der einem sagt, was falsch ist und was richtig wäre? Mit einem Wort: Muß die Zeit nicht das Werk eines Gottes sein, der sich verbirgt, wenn sie sich von ihm zu entfremden scheint? Hyperions Zeit hat keinen Gott, nicht einen abwesenden, sondern keinen. Im *Empedokles* ist er da und die Mitte und der Bezugspunkt des gesamten Geschehens, zuerst Jupiter, dann einfach der »Herr der Zeit« genannt. Er wählt sich in götterentfremdeter Zeit den Einen, den er für einen geschichtlichen Augenblick zu seinem Werkzeug macht, um sich der Welt wieder in Erinnerung zu bringen. Warum dieses Werkzeug seine Mission mit dem Tod bezahlen muß, ist eine Frage der Motivierung, die in den verschiedenen Fassungen des Stücks verschieden durchgeführt wird. Gemeinsam ist ihnen der Gedanke, ein Opfer sei vonnöten, wenn die Welt erfahren soll, daß die Götter noch sind. Damit ist aber der Gott, der im *Hyperion* noch für die enthusiastischen Augenblicke der Freundschaft und Liebe aufgespart war, in die Mitte des Seins versetzt, er *ist*, ob er sich zeigt oder verbirgt, und nichts geschieht, was nicht mit seiner Billigung geschähe. Zugleich ist der Mensch von seiner Subjektivität befreit, die ihn einmal den »Gott in ihm« spüren und das andre Mal verzweifeln läßt, wenn er ihn nicht mehr zu fühlen vermag. Die Geschichte des Empedokles ist, zumindest in den beiden ersten Fassungen des Stücks, die Geschichte eines Menschen, der, in Naturinnigkeit und Gewalt über Menschenherzen, den Gott in sich glaubte produzieren zu können, der, in die Nacht der Götterlosigkeit gestoßen, erkennt, daß dies Hybris war, und der im Selbstopfer den nicht menschengemachten, sondern seienden Gott erfährt. Es ist die Geschichte des Verfassers selbst, der im *Grund zum Empedokles* ausdrücklich sagt, er habe das »eigene Gemüt und die eigene Erfahrung in einen fremden analogischen Stoff übertragen«, der Stoff des dramatischen Gedichts müsse zum »kühneren fremderen Gleichnis und Beispiel« der eigenen Empfindung geformt werden, um das »nefas« der »Innigkeit« zu vermeiden[30], das in der ungehemmten Selbstaussprache des Romans auf Schritt und Tritt begegnete. Hölderlin leistet in der Verfremdung seiner eigenen Seelengeschichte in die dramatische Fabel von Empedokles denselben Subjektverzicht, den Empedokles in der Hingabe an den seienden Gott leistet und den der Autor in Leben und Denken geleistet hatte, als er begriff, er habe sich, ohne Anspruch auf gelebtes Glück, zum Instrument der Dichtung und also zum Werkzeug der Himmlischen zu machen.

Damit sind die Antworten des *Empedokles* auf Hölderlins frühere Dichtungen, insbesondere den Roman, bei weitem nicht erschöpft. Indessen ist wohl deutlich geworden, daß das Neue nicht ex nihilo, sondern aus der Reflexion des Alten entsprungen ist, und daß man die Homburger Zeit in diesem Betracht die Periode einer geradezu gnadenlosen Analyse des bisher Gelebten und Geleisteten nennen darf. Hölderlins Sichdurchkämpfen zum Verzicht auf das eigene Ich, auf Liebe, Anerkennung der literarischen Welt, Ausruhen in einem dogmatisch gesicherten Glauben, auf jede Art der Lebenserfüllung, kommt, im dramatischen Gleichnis des Sprungs in den Ätna, dem empedokleischen Selbstopfer sehr nahe. Und wenn die erste Hymne von den Dichtern verlangt, mit »entblößtem Haupt« sich unter die Gewitter des Gottes zu stellen und »mit eigner Hand« den Blitzstrahl des Vaters zu fassen[31], so ist, nimmt man diese Bilder ernst, wieder von nichts anderem die Rede als vom Tod des autonomen Ichs und vom Werkzeug-Werden im Dienste des Gottes.

3.

Unsere letzte Frage sollte lauten: Läßt Hölderlins Homburger Werk Elemente erkennen, die auf seine späte Dichtung vorausweisen? Materialiter ist zu dieser Frage schon manches gesagt. Es kommt jetzt mehr darauf an, die Gesichtspunkte zu verknüpfen und eine Konzeption des Dichterberufs zu beschreiben, deren Homburger Ursprünge im Licht des Spätwerks zu erkennen sind.

Auch hier geht man am besten von der lebensgeschichtlichen, in diesem Falle sogar von der geographischen Situation aus.

Homburg liegt drei Wegstunden von Frankfurt entfernt; Hölderlin hat diesen Weg für die beschämenden heimlichen Zusammenkünfte mit Susette Gontard alle Monate zurückgelegt. Der Schwester erzählt er in einem Brief, wie er beim abendlichen Spaziergang nach Frankfurt hinüberzuschauen pflegt; in der umgekehrten Richtung gehe ihr Blick, schreibt ihm Diotima einmal. Die Homburger Gedichte deuten dieses Schauen in ein vergebliches Suchen um:

> Täglich geh' ich heraus, und such' ein Anderes immer,
> Habe längst sie befragt alle die Pfade des Lands;

so beginnen *Menons Klagen*; ähnlich lautet die erste Strophe einer Ode:

> Wohl geh' ich täglich andere Pfade, bald
> Ins grüne Tal im Walde, zur Quelle bald,
> Zum Felsen, wo die Rosen blühen,
> Blicke vom Hügel ins Land, doch nirgend
>
> Du Holde, nirgend find ich im Lichte dich ...[32]

Aber dieses immer enttäuschte Suchen hat jenes zugleich Nah- und Getrenntsein zur Voraussetzung. Es wäre merkwürdig, wenn bei Hölderlins ausgeprägtem Sinn für den Raum und räumliche Distanzen nicht auch dieses Motiv seine poetische Deutung erfahren hätte. Eine noch in Homburg niedergeschriebene Variante zum *Archipelagus* lautet:

> Aber weil so nahe sie sind die gegenwärtigen Götter
> Muß ich sein, als wären sie fern, und dunkel in Wolken
> Muß ihr Name mir sein, nur ehe der Morgen
> Aufglänzt, ehe das Licht im Mittag glühet
> Nenn' ich stille sie mir, damit der Dichter das Seine
> Habe, wenn aber hinab das himmlische Licht geht
> Denk' ich des Vergangenen gern, ...[33]

Der Dichter vermeidet die Nähe der gegenwärtigen Götter. Er legt einen Abstand zwischen sie und sich, in welchem er sich ihre Namen nennt, und offenbar ist dieser Abstand nötig, damit er überhaupt von ihnen sprechen und ihre Namen aussprechen kann.

Denn etwas nennen und benennend fassen ist ein gegenständliches Tun und erfordert die Distanz des Gegenstehens. Daß der nahe Gott schwer zu fassen sei, sagt *Patmos*.

Man tut diesen Versen wohl keine Gewalt an, wenn man in ihnen jenes zugleich Nah- und Getrenntsein zwischen Homburg und Frankfurt wiedererkennt, zumal der Schritt von Diotima zu den gegenwärtigen Göttern nicht befremden kann. Die vielen Vergöttlichungsprädikate, die ihr der Roman zuschreibt – einmal wird sie sogar die »gegenwärtige Gottheit« genannt[34] –, und das späte Wort von Frankfurt, dem »Nabel dieser Erde«[35], legen diese Vermutung nahe. Und der Vers: »wenn aber hinab das himmlische Licht geht, denk' ich des Vergangenen gern«, erinnert unmittelbar an das abendliche Hinüberschauen nach Frankfurt im Brief an die Schwester.[36] Aber nicht der Schmerz des Getrenntseins, sondern seine Sinndeutung führt weiter.

Warum tritt der Dichter vor der Gegenwart der Götter zurück? Damit er »das Seine habe«, sagt Hölderlin. Das Seine, das ist aber nicht sein Ich, seine menschliche Person – denn diese *hat* er nicht, er *ist* sie –, sondern sein Dichterberuf, den er in *Wie wenn am Feiertage* als das Amt des Mittlers zwischen den Göttern und den Menschen, gleichsam auf der Grenze beider Welten, auslegt. Werkzeug des Gottes sein kann nur, wer sich der zugleich beseligenden und verzehrenden Nähe des Gottes entzieht. Hölderlin rettet nicht sein Ich, sondern sein Amt, wenn er sich die immer ersehnte Unmittelbarkeit der Himmlischen versagt. Und was hier mit dem Bild eines Zurücktretens ausgedrückt wird, kann anderswo ein Vorlaufen heißen. Eine Variante zu *Brot und Wein* lautet:

> Vor der Zeit! ist Beruf der heiligen Sänger und also
> Dienen und wandeln sie großem Geschicke voran.[37]

Vor den gegenwärtigen Göttern zurücktretend oder den kommenden Göttern vorausgehend, beide Male spart sich Hölderlin den Raum des Dichtenkönnens aus, um den Göttern zu dienen.

Aber der Vorgang ist nicht nur im Aspekt des Dichters, sondern in dem des Gottes zu sehen. Wir haben in der Homburger Philosophie den Gedanken gefunden: Der Grund wird von dem Zeichen verdeckt, in dem er sich zeigt, und kommt in ihm nur mittelbar zur Erscheinung, in der Gestalt der »Metapher«, wie es in einem der Aufsätze heißt.[38] Hölderlin nannte dies ein »Paradoxon«.[39] Darin schien sich uns das Paradox des Gottes anzukündigen, das dem späten Hölderlin selbstverständlich ist: der Gott verbirgt sich in seine Offenbarung und gibt sich nur in uneigentlicher Gestalt zu erkennen. Jetzt können wir hinzufügen: nur in dieser uneigentlichen oder Zeichengestalt ist er überhaupt faßbar und benennbar; das reine Sein entzieht sich der Sprache, nur Seiendes und mithin zeichenhaft Erscheinendes läßt sich benennen. Darum spricht der späte Hölderlin nur mehr von den Zeichen der Himmlischen, von ihren Winken, ihren Fußspuren, ihren Stimmen in der Natur, ihren Taten in der Geschichte, ihrem »mittelbaren« Erscheinen in »heiligen Schriften« und dergleichen.[40]

Der Gott, der sich selber uneigentlich werden muß, um sich zu offenbaren, der Dichter, der sich ebenso uneigentlich werden und sich zum Werkzeug machen muß, um dieser Offenbarung sprechend zu entsprechen, und der nah-getrennte Abstand zwischen beiden – diese drei Momente ein und desselben Vorgangs umschreiben Hölderlins spätes Verständnis des Dichters. Eine Pindar-Erläuterung nennt dies die »strenge Mittelbarkeit«, in der allein »der Mensch sich und der Gott begegnet«. Denn das »Unmittelbare« ist »für die Sterblichen unmöglich, wie für die Unsterblichen«.[41] Aber was hier spät erst formuliert wird, hat seine Wurzeln in Hölderlins Homburger Erfahrungen. Homburg ist eine Periode des »Werdens im Vergehen« und die vielleicht wichtigste Peripetie in Hölderlins Entwicklung gewesen.

Anmerkungen

* Vortrag, gehalten bei der Jahresversammlung der Hölderlin-Gesellschaft in Bad Homburg im Juni 1976.

1 I 305.

2 Vgl. namentlich die Texte *Wechsel der Töne, Über die Verfahrungsweise des poetischen Geistes, Über den Unterschied der Dichtarten* und *Grund zum Empedokles,* alle in Bd. IV.

3 An die Mutter, Januar 1799; VI 309.

4 An die Mutter, 11. Dezember 1798; VI 297.

5 An den Bruder, 1. Januar 1799; VI 306.

6 An Neuffer, 4. Dezember 1799; VI 378 f.

7 *Über Religion,* IV 278.

8 An Schelling, Juli 1799; VI 347.

9 IV 241.
10 *Über Religion*, IV 278 f.
11 An Sinclair, 24. Dezember 1798; VI 299.
12 An den Bruder, 1. Januar 1799; VI 303.
13 *Wechsel der Töne*, IV 238.
14 *Ermunterung*, II 33.
15 An die Mutter, 11. Dezember 1798; VI 297.
16 An den Bruder, 28. November 1798; VI 294.
17 IV 274.
18 Vgl. vor allem *Über den Unterschied der Dichtarten*, IV 266.
19 An Böhlendorff, 4. Dezember 1801; VI 427.
20 VI 289.
21 4. Juni 1799; VI 326.
22 September 1799; VI 294.
23 Vermutlich Winter 1799/1800; VI 381.
24 Vorrede zur *Friedensfeier*, III 532.
25 VI 290.
26 *Meiner verehrungswürdigen Großmutter*, V. 29-31; I 273.
27 IV 283.
28 III 157.
29 III 119.
30 IV 150.
31 *Wie wenn am Feiertage*, V. 57 f.; II 119.
32 *Wohl geh ich täglich*, I 313.
33 II 646.
34 *Hyperion*, III 71.
35 *Vom Abgrund nämlich*, V. 13 f.; II 250.
36 Vermutlich Februar/März 1799; VI 316.
37 II 597.
38 *Über den Unterschied der Dichtarten*, IV 266.
39 *Die Bedeutung der Tragödien*, IV 274.
40 *Der Einzige*, 3. Fassung, V. 83 f.; II 163. *Patmos*, V. 194; II 171.
41 Erläuterungen zum Pindarfragment *Das Höchste*, V 285.

Hölderlin und Sophokles*

Der Titel dieses Vortrags enthält zwei Namen, die heute zur geistigen Gestalt dessen gehören, was man das Abendland nennt. Den einen, Sophokles, sah schon Hölderlins Zeit in diesem Licht. Den andern hat erst unser Jahrhundert so zu sehen gelernt, und ob auch seine Übersetzungen des Sophokles in dieses Licht zu rücken seien, darüber schwankt das Urteil noch. Es scheint, wir berühren ein Stück nicht nur abendländischer Bildungsgeschichte, sondern abendländischen Selbstverständnisses, wenn wir nach Hölderlin und Sophokles fragen.

Indessen: liegt unserer Gegenwart an dieser Bildung und an diesem Selbstverständnis? Ist sie nicht vielmehr damit beschäftigt, sich vom Ballast ihrer bildungsbefrachteten Vergangenheit zu befreien und das schon öfters totgesagte Abendland endgültig zu begraben? Und wenn das so ist, kann unser Thema dann mehr als den Versuch bedeuten, sich an einem Beispiel klarzumachen, wovon wir Abschied nehmen sollen?

Das ist ohne Ironie gesagt. Das Mißvergnügen an der Geschichte wächst, und der Wille zum geschichtslosen Neubeginn kann nicht als die Utopie einiger Zeitgenossen abgetan werden, die nicht geschichtlich denken können. Man *will* nicht mehr geschichtlich denken, ob man den Hemmschuh des historischen Bewußtseins fürchtet oder in der Geschichte die Kategorien vermißt, die einer veränderten und sich noch ständig verändernden Gegenwart gewachsen wären. Es ist auch ohne Resignation gesagt. Denn was berechtigt uns zu der Annahme, weil wir seit zweihundert Jahren geschichtlich denken, müsse das so fortgehen? Warum sollte nicht eine Zukunft, der sich das Abendland im goldnen Rauch der Sage aufgelöst hat, in ihrer Weise glücklicher sein als eine Gegenwart, die sich unablässig an ihren Überlieferungen ärgert und dennoch nicht mit ihnen zurecht kommt? Das Pro und Contra Tradition ist eine der Weisen, in denen sich die Krisis der Gegenwart äußert, und das Gleichgewicht scheint sich vom »Nutzen« zum »Nachteil der Historie für das Leben« verschoben zu haben.

Hölderlin kannte diese Situation; er hat sie zweimal mit verschiedener Antwort dargestellt. Dem aufgewühlten, wie aus krankem Körper aus dem alten Gleise erstarrter Ordnungen sich sehnenden

Agrigent rät Empedokles:

So wagts! was ihr geerbt, was ihr erworben,
Was euch der Väter Mund erzählt, gelehrt,
Gesetz und Brauch, der alten Götter Namen,
Vergeßt es kühn, und hebt, wie Neugeborne,
Die Augen auf zur göttlichen Natur.[1]

Im gleichen Sinne und mit dem Blick auf das übermächtige Erbe der Antike erklärt ein Aufsatz: »Es scheint keine andere Wahl zu sein, als erdrückt zu werden von Angenommenem und Positivem, oder, mit gewaltsamer Anmaßung, sich gegen alles Erlernte, Gegebene, Positive als lebendige Kraft entgegenzusetzen.«[2] Ist die Tradition zur Fessel geworden – denn das »Positive« ist das Gesetzte, das nur mehr gilt, weil es ist –, dann bewegen ihre Werte nichts mehr, und es hilft nur der Durchbruch in den traditionsfreien Raum eines eigenen und neuen Anfangs.

Trotzdem hat Hölderlin Sophokles übersetzt. Und in den *Antigone*-Anmerkungen ist zu lesen: In der Krisis, da, wo der »Geist am mächtigsten erwacht«, müsse der Mensch sich auch »am meisten festhalten«[3], und das geschichtliche Analogon dieser Krisis, die »vaterländische Umkehr aller Vorstellungsarten und Formen«, sei »ohne allen Halt dem Menschen als erkennendem Wesen unerlaubt«.[4] Woran aber soll man sich festhalten, wenn das Kommende noch ungewiß ist? Offenbar am Gewordenen. Nicht um es zu verewigen – damit verewigte man nur die Krisis –, sondern um es zu verstehen. Denn wohin gehen kann ich nur, wenn ich weiß, woher ich komme. Dem »erkennenden« Menschen, sagt Hölderlin, sei nicht erlaubt, sich in der Krisis dem Augenblick und seinen wechselnden Parolen hinzugeben.

Schon der Aufsatz *Das Werden im Vergehen*, worin Hölderlin das Wesen einer geschichtlichen Wende und ihrer Darstellung in der Kunst beschreibt, erklärt die Notwendigkeit. Das Neue – heißt es hier – geht nicht einfach aus dem Alten, sondern aus der unerschöpflichen Fülle der geschichtlichen Möglichkeiten hervor, die während der Herrschaft eines bestimmten Weltzustandes verdeckt sind, jetzt aber in die »Lücke« zwischen dem vergehenden Alten und dem werdenden Neuen hereindrängen. Soll nun die Wahl der einen Möglichkeit, die sich verwirklicht – denn nur eine kann Realität werden –, nicht der tödlichen Gefahr des Zufalls überlassen bleiben, so muß zuvor etwas ins reine gebracht werden: das

Wesen des Alten und das Warum seines Untergangs muß ganz begriffen sein. Dieses rekapitulierende Begreifen nennt Hölderlin die »Erinnerung« und die »idealische Auflösung«, die geistig auflöst, d. h. analysiert, was geschichtlich vergeht. Ist sie geleistet, dann wird der Schritt ins Neue nicht mehr wie zu Beginn der Krisis ein »Gegenstand der Furcht«, sondern ganz der »sichere, unaufhaltsame, kühne Akt« sein, der er sein muß, wenn den neuen Äon das Ja seiner Zeitgenossen tragen soll.[5] – Es wäre schön, wenn wir heute schon so weit wären; aber wir befinden uns noch im Stadium der Furcht.

Solche Äußerungen und das oft bekundete Bewußtsein, einer Zeit des politischen und geistigen Umbruchs Antwort zu schulden, lassen den Schluß zu, Hölderlin habe Sophokles übersetzt, nicht um die deutsche Übersetzungsliteratur zu bereichern oder seine Übersetzerfähigkeiten zu erweisen, sondern um sein eigenes Woher und Wohin besser zu begreifen, das ihm zugleich das Woher und das Wohin seines Zeitalters war. Denn Über*setzen* ist ein *Über*setzen, hinüber ans Ufer der fremden Sprache, Denkart und Kultur, und dann – zurück – das Einbringen des Fremden, damit sich an ihm das Eigne erkenne.

Folgen wir der Autorität Hölderlins, dann ist uns wohl erlaubt, auch unsern Versuch, mit geziemendem Abstand, als einen Beitrag zum besseren Begreifen unseres Woher aufzufassen. Vom Wohin zu sprechen, wäre Hybris, zumal die Geschichte nur scheinbare Wiederholungen kennt. – Ich möchte so vorgehen, daß wir uns zuerst über Hölderlins Theorie und Praxis des Übersetzens verständigen und dann seine Deutungen des *Ödipus* und der *Antigone*, mit der gebotenen Beschränkung auf wenige Punkte, zur Kenntnis nehmen. Was ich zu sagen habe, ist mehrfach den Forschungen Friedrich Beißners, Wolfgang Schadewaldts und einer reichen klassisch-philologischen Literatur verpflichtet, aus welcher das Sophokles-Buch von Karl Reinhardt eigens genannt sei. Großentworfene Ideen bitte ich nicht zu erwarten. Ich sehe meine Aufgabe darin, einen nicht einfach zu verstehenden Bereich des Hölderlinischen Werks interpretierend so einfach, wie es mir möglich ist, darzustellen.

I.

In einer späten Hymne Hölderlins, dem *Ister*, (V. 11-14) stehen die Verse:

> Nicht ohne Schwingen mag
> Zum Nächsten einer greifen
> Geradezu
> Und kommen auf die andere Seite.

Das »Nächste« ist das Eigne, das »Hesperische«, später das »Vaterländische« genannt. Es liegt auf der »anderen Seite«; denn vom »Indus« und vom »Alpheus« kommt der Sprecher dieser Verse, und er hat lange draußen »das Schickliche« gesucht (V. 10), ehe er es jetzt, donauaufwärts wandernd, in der Heimat zu finden glaubt: »Hier aber wollen wir bauen.« (V. 15) Die Verse umschreiben den Rückweg von Hellas nach Hesperien, und ein Dokument des Hölderlinischen Rückwegs sind die Sophokles-Übersetzungen, weit mehr als des Hinauswegs zu den Griechen. Jedoch keines leichten Rückwegs. Von »Schwingen«, die einem erst wachsen müssen, spricht das Gedicht; und den »freien Gebrauch des Eigenen«, der nur in der Fremde gelernt wird, nennt der erste Böhlendorff-Brief das Schwerste und Letzte, aber auch das Höchste, wozu ein Mensch oder eine Nation gelangen könne.[6] – Ich darf in Stichworten an den Weg erinnern, den Hölderlin bis dahin zurücklegen mußte und der zuerst der Weg seiner Zeit war, dann aber seine eigene und mit nichts mehr zu vergleichende Richtung einschlug.

Die frühe Griechenbegeisterung Hölderlins war, wenn ich so sagen darf, eine allegorische Begeisterung. Sie galt dem Ideal, wofür die Griechen nur den Namen gaben, wie die Natur, die Harmonie und andere Geistmächte. Hölderlin blickte hinauf, wenn er nach Hellas zurückblickte; nur deshalb konnte er in Diotima eine Wiederkehr des Griechischen feiern. Die Identifikation gelang fraglos, weil sie ihn nur seiner selbst versicherte.

Dann folgt jener Aufsatz, der plötzlich die erdrückende Übermacht des griechischen Vorbildes fühlt. Das Pendel schlägt nach der anderen Seite aus; denn in genauerem Studium haben sich Hölderlin die Griechen als geschichtliche Größe bekörpert. Jetzt sind sie eine Realität wie wir, aber an kultureller Leistung uns weit überlegen. Darum drücken sie auf uns; und wenn wir nicht ewig in ihrem Schatten leben und produzieren wollen, müssen wir uns von ihnen befreien.

Indessen bereitet dieser Protest nur eine dritte Stufe der Einsicht vor: Es gibt einen Weg in der Mitte zwischen Epigonentum und Bruch mit der Tradition. Den Versuch nämlich, sich vom Dienst des griechischen Buchstabens zu befreien, um für die Erkenntnis des griechischen Geistes frei zu werden, an dem man lernt, was Geist überhaupt, also auch für eine moderne Dichtung, sein kann, die auf anderem Boden steht. Er habe die griechische Literatur so lange studiert, bis sie ihm die Freiheit wiedergegeben, die sie ihm anfangs genommen habe, schreibt Hölderlin 1801 an Schiller. Denn jetzt erst sehe er, fügt er hinzu, daß die »große Bestimmtheit der griechischen Schriftsteller eine Folge ihrer Geistesfülle« gewesen sein müsse.[7]

Die Bestimmtheit der griechischen Dichtung, nicht Ausdruck eines Sinnes für poetische Regelmäßigkeit, wie das 18. Jahrhundert geglaubt hatte, sondern Folge einer Geistesfülle – was meint Hölderlin damit? Er meint, wie aus anderen Zeugnissen hervorgeht, der an sich ins Grenzenlose ausschweifende Geist der Griechen habe sich für seine Hervorbringungen die strengste Form auferlegt, um sich durch sie wie mit Klammern an die Erde zurückzubinden. Wir nähern uns Hölderlins Auffassung, Sophokles habe das Ungeheure des Schicksals, das eigentlich in den Wahnsinn führt, durch das Formgefüge der Tragödie und durch Menschen, die das Unfaßliche annehmen, ins gerade noch Ertragbare gezwungen. Von Wörtern des Wahnsinns, des »geisteskranken Fragens nach einem Bewußtsein« und dergleichen sind Text und Deutung der sophokleischen Stücke voll, oft in bewußter Übersteigerung des griechischen Wortlauts.[8] – Aber wir müssen diese letzte Stufe des Griechenverständnisses etwas genauer umschreiben. Es handelt sich um die vielbesprochene Frage: Griechenland und Hesperien. Ich darf mich mit kürzesten Hinweisen begnügen und mehr hervorheben, was mir bisher zu wenig beachtet scheint.

Einem Denken gemäß, das sich nicht mit der Erscheinung der Dinge begnügt, sondern nach dem »Grund« oder »Ursprung« fragt, dem ihre Erscheinung entwächst, sieht der späte Hölderlin auch Kulturen und Völker im doppelten Lichte dessen, was sie zeigen, und dessen, woraus sie sind. Wenn also die griechische Kunst Klarheit und Maß zeigt, so sind diese eben Kunst, nicht Natur, wie Hölderlin früher, in der Sphäre Winckelmanns und

Schillers, geglaubt hatte. Die griechische Natur ist von anderer, leidenschaftlich-ekstatischer Art, die er auch »aorgisch« und »orientalisch« nennt – vom Indus, nicht nur vom Alpheios kam der Sprecher der eben zitierten Verse –, und es verhält sich vielmehr so, daß man an der Klarheit des griechischen Maßes erst ermißt, welche Exzentrik der Leidenschaft in ihm bezwungen ist. Umgekehrt steht es mit uns Hesperiern. Wir kommen aus einer Welt der starren Konvention, in der, mit Worten Hölderlins, alles »hübsch symmetrisch«[9] geordnet und in »Fächer« und »Behälter« eingeteilt ist[10] – schon Hyperions Scheltrede verurteilt sie. Wir sind »schicksallos« geboren; deshalb ist uns der Aufbruch in die Freiheit eines Schicksalsvollzuges aufgetragen. – So etwa stellt der erste Brief an Böhlendorff das Verhältnis dar. In den *Antigone*-Anmerkungen findet Hölderlin die einfachen Formeln, das Problem der Griechen sei gewesen, »sich fassen zu können«, das unsre hingegen, »etwas treffen zu können«.[11] Und die Hymne *Die Wanderung* versinnbildlicht den Gedanken in einem Mythus von der Begegnung beider.

Eine Form der Begegnung ist auch das Übersetzen. Aber nicht in der Weise, daß man in der Mitte zusammenträfe; die Mitte pflegt der Tod der Übersetzung zu sein. Man hat, so scheint es, nur die Wahl, das griechische Werk in deutschen Vokabeln wiederzugeben – dann bleibt es ein griechisches Werk, wird aber unlesbar –, oder es in eine deutsche Dichtung umzuformen – dann hört es auf, eine griechische zu sein. Hölderlin denkt und löst das Problem anders. Zunächst das Denken.

Die Griechen, sagten wir, haben die Klarheit gefunden, die uns natürlich ist. Nicht als ob unsere bloß schematische Klarheit der erfüllten griechischen zu vergleichen wäre. Was man sich erwirbt, das besitzt man, und man weiß, was man besitzt, weil man es einer widerstrebenden Natur abverlangt hat. Was einem angeboren ist, das besitzt man gerade nicht, weil man es bloß ist und unreflektiert lebt. Die Vorstellung, das erste der einen Seite sei mit dem zweiten der andern identisch und umgekehrt, hat in der Hellas-Hesperien-Diskussion manche Verwirrung gestiftet. Nicht der Substanz, nur der Richtung nach gingen die Griechen aufs Abendländische zu, und in demselben bloß formalen Sinne sollen wir das Griechische suchen. Hölderlin sagt ausdrücklich, nichts sei uns mit den Griechen gemein als das »lebendige Verhältnis und Geschick«[12], d. h. das Schicksal, auf dem Weg über das Fremde das Eigene suchen zu müssen.

Nun glaubt er aber, und diesen Glauben müssen wir einfach zur Kenntnis nehmen, die Griechen hätten den Rückweg ins Eigene nicht mehr betreten, sie seien in der Fremde – mit einem Wort Schillers: »im fernen Auslande der Kunst« – verkümmert. In einem späten Fragment stehen die Verse:

> Nämlich sie wollten stiften
> Ein Reich der Kunst. Dabei ward aber
> Das Vaterländische *[das Eigne]* von ihnen
> Versäumet, und erbärmlich ging
> Das Griechenland, das schönste, zu Grunde.[13]

Die Griechen haben den Rückweg nicht mehr gefunden, dessen Ergebnis nach dem Gesagten hätte sein müssen: Maß und Ekstase, irdische Ordnung und »Feuer vom Himmel«[14] in immer neu auszuhaltender Dialektik zu vermitteln. Wir Hesperier aber haben noch nicht einmal den Hinausweg aus unserem Konventionendasein in den Schicksalsvollzug angetreten.

Da nun unser Hinausweg der Richtung nach dem griechischen Rückweg gleich ist, fällt ein überraschendes Licht auf das Problem des Übersetzens. Es bietet in einem Zuge die doppelte Möglichkeit, das Griechische zu sich zurück und das Deutsche aus sich heraus zu führen und so der nicht mehr und noch nicht realisierten Mission beider zu dienen. Mit anderen Worten: Übersetzt Hölderlin Sophokles so, wie dieser aussehen müßte, wenn eine glückliche Weltstunde den Griechen die Selbstvollendung gestattet hätte, dann tut er der Tendenz nach nichts anderes, als was seine späte Originaldichtung auch tut, die »vaterländische«, also hesperische Dichtung sein will. Das mag abstrus klingen. Daß Hölderlin wirklich so gedacht hat, bezeugen seine Briefe an den Herausgeber der Übersetzungen.

Er hoffe, schreibt er, die griechische Kunst, »die uns fremd ist durch Nationalkonvenienz und Fehler, mit denen sie sich immer herumbeholfen hat«, dadurch lebendiger als gewöhnlich dargestellt zu haben, daß er das »Orientalische, das sie verleugnete«, heraushob und ihren »Kunstfehler« verbesserte – den Fehler nämlich, daß sie zu sehr Kunst sein wollte; »nämlich sie wollten stiften ein Reich der Kunst«.[15] Und im vierten Brief: er glaube, »durchaus gegen die exzentrische Begeisterung geschrieben und so die griechische Einfalt erreicht« zu haben, auch wenn er dabei das Original

»kühner exponiert« haben sollte, als es selber ist.[16] Hölderlin hat also Sophokles orientalisiert – das verstehen wir jetzt –, er hat »gegen« die exzentrische Begeisterung geschrieben – d. h. in Richtung auf sie, wie Beißner gezeigt hat –, und er hat so die griechische Einfalt erreicht. Das beirrt uns nur, wenn wir an die neutestamentliche Einfalt denken. Die Einfalt der Griechen ist aber ihr ekstatisches Naturell, ihre ursprüngliche und angeborene Offenheit fürs »Feuer vom Himmel«. Hölderlin glaubt in der Tat, den Text des Sophokles auf deutsch in den Zustand des griechischen Wesens gedichtet zu haben, den zu erreichen diesem versagt war.

Halten wir als Fazit dieser Überlegungen fest: Hölderlin sieht die Aufgabe des Übersetzers in einem dreifachen Licht. Übersetzen heißt ihm erstens das, was es immer heißt: Übertragen eines fremden Originals in die eigene Sprache. Es heißt zweitens: Über*setzen* dieses Originals in einen ihm nicht mehr erreichbaren Vollendungszustand. Und es heißt drittens: *Über*setzen der eigenen Sprache und Art ins Andre und Fremde, wo der archimedische Punkt ihrer Selbstfindung zu suchen ist. Es dürfte keinen deutschen Übersetzer geben, der seine Aufgabe so fundamental, aber auch so spekulativ begriffen hat.

Aber damit nicht genug. In den *Antigone*-Anmerkungen finden sich die schwer verständlichen Sätze über den »eigentlicheren Zeus«, unter dem wir Hesperier stehen.[17] Hölderlin nennt ihn so, weil er uns ins Eigne zurückführt. Unser Aufbruch ins große Schicksal, der freilich noch bevorsteht, birgt nämlich die Gefahr, daß wir, wenn wir einmal diese Bahn betreten haben, immer kühner und ekstatischer werdend, zuletzt auf der anderen Seite ins Maßlose und nicht mehr Kontrollierte hinaustaumeln – ein Gedanke, dessen Richtigkeit wir leider erlebt haben. Hölderlins fromme Einbildungskraft bewahrt uns vor dieser Gefahr. An der Stelle nämlich, wo die Erde, d. h. der Raum des gestaltbaren Daseins, aufhört und die aorgische »Wildnis« beginnt, steht Zeus und gebietet uns Halt. Denn er ist der Gott, der allen »menschenfeindlichen ... Weg in die andere Welt entschiedener zur Erde zwinget«. Deshalb gibt Hölderlin seinen Namen mit »Vater der Erde« oder »Vater der Zeit« wieder, wofür er sich eigens rechtfertigt.[18] Für uns also spielt Zeus die Rolle des Grenzgottes. Nicht für die Griechen. Sie kamen ja von dort, aus jener exzentrischen Sphäre, und suchten die Erde, die Gestalt und die Klarheit. Als sie, uns entgegen, die Grenze überschritten, erfüllten sie nur den Willen des Zeus. Aber später, drüben, bei uns, da, wo das Maß in die Erstarrung und die Gestalt in »tote Ordnungen« übergeht, da war kein Gott, der sie gleichsam umgedreht hätte; »erbärmlich ging das Griechenland, das schönste, zu Grunde«. Die Griechen standen also unter dem uneigentlichen Zeus, der sie zwar ins Fremde entließ, aber nicht ins Eigne zurückbog.

Dennoch steht an dieser Stelle einer: der Übersetzer Hölderlin, von dem wir nun wissen, daß er Sophokles in Richtung auf die exzentrische Begeisterung und den verleugneten Ursprung im Orientalischen übersetzt, also den griechischen Text auf deutsch ins Eigne zurückgebogen hat. Müssen wir daraus schließen, Hölderlin übernehme sozusagen die Rolle eines eigentlicheren Zeus der Griechen, den diese vermißten, und sein Übersetzen sei, freilich nur geistiger Weise, eine weltgeschichtliche Korrektur?

So formuliert scheint dies äußerste Hybris zu sein, die Hölderlin wohl kaum zu denken gewagt hätte. Denn über den unendlichen Abstand, den er zwischen dem Dichter und dem Gott sieht, vielmehr zu sehen gelernt hat, brauchen wir kein Wort zu verlieren. Daß er aber als Übersetzer des Sophokles eine dem »eigentlicheren Zeus« analoge Funktion auszuüben glaubt, scheint mir aus seinen Gedanken zwingend zu folgen. Erwägt man, in welchen Dimensionen sich auch sonst sein spätes Denken bewegt, so wird man an einer solchen Vermutung keinen Anstoß nehmen.

2.

Wir haben den Ort zu bestimmen versucht, den Hölderlin seiner Übersetzung zuweist, und sollten nun wenigstens an einem Beispiel die Probe aufs Exempel machen. Die erste Strophe eines der berühmtesten sophokleischen Chorlieder lautet in Hölderlins Übertragung:

> Ungeheuer ist viel. Doch nichts
> Ungeheuerer als der Mensch.
> Denn der, über die Nacht
> Des Meers, wenn gegen den Winter wehet
> Der Südwind, fähret er aus
> In geflügelten, sausenden Häusern.
> Und der Himmlischen erhabene Erde,

Die unverderbliche, unermüdete,
Reibet er auf; mit dem strebenden Pfluge,
Von Jahr zu Jahr,
Treibt sein Verkehr er, mit dem Rossegeschlecht',
Und leichtträumender Vögel Welt
Bestrickt er, und jagt sie;
Und wilder Tiere Zug,
Und des Pontos salzbelebte Natur
Mit gesponnenen Netzen,
Der kundige Mann.
Und fängt mit Künsten das Wild,
Das auf Bergen übernachtet und schweift.
Und dem rauhmähnigen Rosse wirft er um
Den Nacken das Joch, und dem Berge
Bewandelnden unbezähmten Stier.[19]

Das Ungeheure dieser Verse angemessen darzustellen, ist kaum möglich und überschritte unsere Aufgabe. Bleiben wir beim Feststellbaren. Sophokles zählt, fast traditionell, menschliche Leistungen auf: Seefahrt, Ackerbau, Viehzucht, Jagd auf Vögel, Landtiere und Fische, d. h. Wild in allen drei Reichen der Natur. Ob in diesen Leistungen Größe oder Vermessenheit des Menschen zu erkennen sei, läßt er offen; erst in der nächsten Strophe, die vom sozialen Verhalten des Menschen handelt, klingt das Hybrismotiv an. Hölderlin setzt es wie einen Titel über das Lied: er gibt das δεινόν mit »ungeheuer« wieder; es ist nicht geheuer mit dem Menschen. Jahre früher hatte er das Lied schon einmal übersetzt. Da hieß es nur:

Vieles Gewaltige gibts. Doch nichts
Ist gewaltiger als der Mensch.[20]

Und jetzt:

Ungeheuer ist viel. Doch nichts
Ungeheurer als der Mensch.

Wir hören, um wieviel »kühner« er jetzt Sophokles »exponiert«. Wir müssen jedoch seinen Stil beschreiben.

Zunächst fällt eine Tendenz zum Extremen auf. Aus dem »fahlen Meer« (πολιὸς πόντος) macht er die »Nacht des Meers«. Aus dem »feldbewohnenden Getier« (ἄγραυλος θήρ) das Wild, »das auf

Bergen übernachtet«. Und am Ende des Lieds übersetzt er das »göttliche Wunder« (δαιμόνιον τέρας) mit »Gottesversuchung«. Gemeint ist der Anblick Antigones, die der Wächter gefangen herbeiführt. »Gottesversuchung« drückt aus, der Chor fürchte für seine Loyalität gegenüber dem Staat, wenn das Fürstenkind, das er doch liebt, eine Verbrecherin ist.

Dann finden wir eine Tendenz zur Doppelsinnigkeit. Sophokles sagt: der Mensch »wühlt« die Erde mit dem Pflug auf (ἀποτρύεται), Hölderlin: er »reibet sie auf«. Wörtlich: er macht sie rauh, wenn er Furchen zieht, übertragen: er quält und mißhandelt die Erde, indem er ihr abzwingt, was sie nicht freiwillig gibt. Oder Sophokles: »leichtwitternde Vögel fängt er im Garn« – es kann auch bedeuten: leichtsinnige, muntere, harmlose Vögel. Hölderlin: »leichtträumender Vögel Welt bestrickt er«. Das Träumerische der Natur, ein Motiv der Spätzeit – im Gegensatz zur Verstandeshelle des Menschen –, klingt an. Und das »Bestricken« ist wieder doppelsinnig gesagt: gestrickte Netze, aber auch die Schlauheit des Menschen, der unschuldige, träumende Kreatur mit Lockmitteln fängt. Es ist wirklich nicht geheuer mit ihm.

Dann, drittens, eine Tendenz zur Konkretion. Mit »des Pontos salzbelebter Natur« gibt Hölderlin die im Salzwasser lebende Kreatur wieder. »Natur« statt »Kreatur« – selbstverständlich kann ψύσις beides bedeuten. Aber im zweiten Teil des Liedes übersetzt er die Götter mit »Naturgewaltige«, und in den *Ödipus*-Anmerkungen nennt er den Gott die »Naturmacht«.[21] Der sachliche Grund solcher Änderungen ist im Thema der Strophe zu suchen, der Herrschaft des Menschen über die Natur. Wenn Hölderlin aber beide, Kreatur und Gott, Geschöpfe und Schöpfer, mit »Natur« wiedergibt, so deutet er an, der Mensch habe seine Herrschaft über die Natur grenzenlos ausgedehnt und mache sie gar dem Gott streitig. Das ist eine konkretisierende Übersetzung, die mehr aus dem Text herausholt, als in ihm ist.

Schließlich, viertens, die Übertragung eines subjektiven Befundes in das Objekt. In der zweiten Strophe heißt es, der Mensch habe gelernt, den »freien Himmel übel zu bewohnender Hügel« zu vermeiden, d. h. sich Hütten im geschützten Tal zu bauen. Hölderlin sagt, er habe gelernt, »übelwohnender Hügel feuchte Lüfte« zu fliehen. Aus übel zu bewohnenden, unwirtlichen, macht er übelwohnende Hügel; er verwandelt eine Wirkung aufs Subjekt in eine Eigenschaft des Objekts. Ebenso, wenn er »unwiderstehliche Krankheiten« (νόσοι ἀμήκανοι) mit »unbeholfene Seuchen« wiedergibt; die Hilflosigkeit wird vom Menschen auf die Krankheit, vom Subjekt aufs Objekt der ausbleibenden Hilfe übertragen.

Extremierung, Doppelsinnigkeit, Konkretion und Objektivierung sind wohl die vier wichtigsten Stilmerkmale. Aber was bedeuten sie? Sie verfolgen gemeinsam die Absicht, nicht wörtlich, sondern interpretierend zu übersetzen. Interpretierend heißt aber: Bezüge freilegend, die das Original meint oder vielleicht meint, aber mit gängigen Vokabeln der poetischen Sprache zudeckt. Beim »göttlichen Wunder« denkt sich der Zuschauer nichts, bei der »Gottesversuchung« horcht er auf und fragt sich: wer wird hier versucht und warum und von welchem Gott? Wir würden das heute ein verfremdendes Übersetzen nennen, das durch den Schock des Unerwarteten das Denken des Zuschauers in Gang bringen will. In der Sprache Hölderlins und Hegels müßte man von einem »entpositivierenden« Übersetzen sprechen. Denn »positiv«, gesetzt, ist die konventionell-klassizistische Sprache der Zeit, die das erwartete schöne und poetische Wort darbietet und damit weiteres Nachdenken abschneidet. Diese Barriere durchbricht das nicht schöne, aber treffende Wort Hölderlins – »etwas treffen zu können«, ist ja die Aufgabe des hesperischen Dichters –, es legt das Ursprüngliche, die Natur der ausgesagten Sache frei. Hölderlin sucht »natura«, nicht »positione« zu übersetzen.

Eine Form der Positivität ist nun auch die Mythologie, wofern sie den Mythus in Namen, Götterlehren, Weltentstehungssagen und dergleichen dogmatisiert. Indem Hölderlin Götternamen durch Wesensbezeichnungen ersetzt – z. B. »Zeus« durch »Vater der Zeit« –, »trifft« er, was der konventionelle Name verfehlt. Die Griechen mochten noch wissen, was sie sagten, wenn sie »Zeus« sagten. Uns, die wir nicht mehr an Zeus glauben, ist dieser Name ein poetisches Versatzstück, ein totes Wort der Kunstsprache geworden, das beseitigt werden muß. Darum »Vater der Zeit«, wobei wir aufmerken, statt »Zeus«, der uns Schall und Rauch ist. Entmythologisierung ist nur eine Konsequenz der Entpositivierung.

Indessen bedeutet die Vorsilbe »Ent-« ein Negativum, bei dem man nicht stehenbleiben kann. Statt aber, wie unsere Gegenwart, die durch Negation des Bestehenden angestrebte Offenheit sogleich wieder ideologisch zu vermauern, sucht Hölderlin sie zu erhalten. Er erhält sie, indem er in der aufgezeigten Sache ein Absolutum sichtbar werden läßt, das, als Voraussetzung von Sachen, selbst niemals den Charakter der Sache, des bewertbaren und verfügbaren Phänomens, annimmt. Ein Beispiel: in der Antistrophe des zitierten Liedes ersetzt Hölderlin das »beschworene Recht« durch das »beschworene Gewissen« der Götter. Das Recht ist eine positive Satzung, über die man streiten kann. Das Gewissen ist in Hölderlins Augen eine unbedingte und unüberholbare Instanz, gar das der Götter. Es gibt kein Tun, von dem sich a priori behaupten ließe, es falle nicht in die Kompetenz des Gewissens. Oder nochmals: »Zeus« – »Vater der Zeit«. Zeus hat bestimmte Eigenschaften, andere nicht, neben ihm gibt es andere Götter, man kann sein Wesen und seinen Wirkungsbereich bestimmen. Der Vater der Zeit aber ist ein Absolutum, sei er griechisch oder christlich gedacht. Denn niemand existiert außerhalb der Zeit, und niemand kann älter als sein Vater sein. Wer ist, der ist als ein Seiender ein Kind des Vaters der Zeit.

Auf solche Weise versucht Hölderlin, Bekanntes, das wie Scheidemünze in jedermanns Hand ist, in Zeichen eines Absoluten zu verwandeln, das freilich nichts ist, wenn es nicht vernommen wird. Seine Sprache tut ihr möglichstes, um es vernehmbar zu machen. Aber sie überschreitet auch nicht selten die Grenze der Verstehbarkeit, die, das angestrengte Bemühen des Lesers vorausgesetzt, die nicht zu überspringende condition humaine der Dichtung bleibt.

Wir haben an der Sprache eines Chorlieds, das wohl den Stil des Ganzen vertritt, die Tendenz festgestellt, das gängige durch das verfremdende, d. h. das schöne durch das treffende Wort zu ersetzen, und sahen darin den Versuch, den klassizistischen Sprachgestus zu durchbrechen, die gemeinte Sache zum Vorschein zu bringen und durch sie hindurch den Blick auf Absolutes zu lenken, von dem Sache wie Sprache getragen sind. Dieses Verfahren ist aber der Weg aus der Positivität in die Seinsoffenheit, den der hesperische Dichter hinausgehen muß und der griechische hätte zurückgehen müssen. Hölderlins sprachliche Praxis scheint seine Theorie des Übersetzens zu bestätigen.

3.

Nun hat er Sophokles auch gedeutet. Die in den wenigen Seiten der *Anmerkungen* enthaltene Deutung begreift freilich Welten in sich, in die sich zu vertiefen Stunden erforderte. Ich muß mich auf einige Punkte beschränken, die so gewählt sind, daß sie den Horizont unserer bisherigen Überlegungen erweitern. Beginnen wir mit Hölderlins *Ödipus*-Deutung, wobei wir die Fragen des Tragödienaufbaus und die meisten Einzelerläuterungen Hölderlins, also den ersten und zweiten Abschnitt der Anmerkungen, beiseite lassen.

Hölderlin versteht die Tragödie als einen Prozeß, der zwischen dem Gott und dem Menschen ausgetragen wird, und zwar im doppelten Sinne des juristischen und des geschichtlichen Prozesses, wodurch der Rechtsfall mehrdeutig wird. Die Geschichte – so beginnt es – ist in ein bestimmtes Stadium getreten, in die äußerste Entfremdung der Menschen von den Göttern. Das »Gedächtnis der Himmlischen« ist ihnen »ausgegangen«, sagt Hölderlin[22] oder, mit einem Wort der *Friedensfeier*: sie haben »übermütig des Himmels vergessen«.[23] Damit ist kein Vergessen der Existenz, sondern des Wesens der Götter gemeint. Kulte, Tempel und Orakel gibt es nach wie vor. Aber sie sind, wie man heute sagte, institutionalisiert; der Mensch verfügt über die Götter.

Da nun die Welt zwar in der Abwesenheit der Himmlischen, aber nicht im vollendeten Nicht-Wissen von dem, was sie sind, existieren kann, besteht die Gefahr, daß der »Wettlauf eine Lücke« habe.[24] Von dieser Lücke sprach schon der Aufsatz *Das Werden im Vergehen*. Wie sie zu schließen sei, war dort geschichtsphilosophisch gesagt; hier wird es geschichtstheologisch begründet: Die Götter wählen sich Einen, an dem sie, wer sie und daß sie noch sind, furchtbar demonstrieren.

Dieser Eine war schon Empedokles, jedoch in der Rolle des Reformators, der die lebendigen Götter verkündigt und für den Versuch der Welt büßt, den Verkündiger zu dem zu machen, den er verkündigt, zum Gott – so wenigstens in der letzten Fassung des Stücks. Ödipus ist kein Reformator. Er wirft sich zum Sachwalter des Gottes auf, der einen Verbrecher zu suchen und Blutschuld zu sühnen befohlen hat. Er identifiziert sich mit dem Gott und beweist so, daß er, wie seine Welt und anders als Empedokles, noch im Nicht-Wissen vom Gott befangen ist. In dieses nicht-wissende Handeln – eine Verblendung – hat ihn aber in Wahrheit Apollon selber gestürzt, damit in der Aufklärung, die den Richter als den Angeklagten entlarvt, sich zeige, wer der Gott eigentlich ist, sich das Gedächtnis der Himmlischen wiederherstelle und ein neuer Äon des Weltlaufs beginne. Hölderlin nennt diesen Vorgang

– zuerst des Eineswerdens und dann der Scheidung von Apollon und Ödipus – mit äußerster Konkretion die »Paarung« von Gott und Mensch und darauf die »Reinigung«[25], die keine ästhetische Katharsis, sondern geradezu die Ausscheidung des Unreinen ist.

Diese Konzeption hat nun die Folge, daß Hölderlin mehrfach und sichtbar von Sophokles abweicht. Das können wir mit Bestimmtheit sagen, auch wenn wir die Deutung dieses größten Dramas der Weltliteratur für unabschließbar halten.

Hölderlin erwähnt mit keinem Wort die Tatsache, daß Ödipus den Vater erschlagen und die Mutter geheiratet hat, beides unwissend. Ob dies Schuld sei, fragt er daher nicht. Folglich läßt er sich das Verständnis des Menschen entgehen, das an dieser Frage hängt. Wenn nämlich Ödipus auch für unwissend begangene Handlungen uneingeschränkt haftbar ist und mithin nicht den leisesten Versuch unternimmt, sich mit Unkenntnis zu entschuldigen, so kann er kein Subjekt im modernen Sinne sein. Denn ein Subjekt ist nur haftbar für das, was in den Subjektbereich fällt, für das also, was es weiß oder doch wissen könnte. Der Fall des Ödipus liegt aber so, daß er es nicht wissen konnte. Folglich ist Ödipus nicht mit seinem Selbstbewußtsein identisch. Er ist das Ganze einer Person, die – wissend oder nicht – durch ihr Dasein und ihre Handlungen die Wirklichkeit verändert hat und für diese Veränderung der Wirklichkeit, mit seiner eigenen und vorbehaltlosen Zustimmung, zur Rechenschaft gezogen wird. Auch Aias entschuldigt seine Tat nicht damit, daß er sie im Wahnsinn begangen hat, und Deianira die ihre nicht damit, daß sie guten Glaubens war. Beide ziehen die Konsequenz und geben sich den Tod. Ohne moderne Assoziationen herzustellen, können wir sagen, Sophokles verstehe den Menschen nicht als Subjekt, sondern als Existenz, wofern »existere« das Heraustreten in die Wirklichkeit bedeutet. Nicht was der Mensch von der Wirklichkeit weiß, sondern wie er in sie existiert, nicht sein Bewußtsein von ihr, sondern sein Dasein in ihr entscheidet.

Was ich hier sage, berührt sich nahe mit Hegels *Ödipus*-Deutung, die – nicht so bekannt wie seine Deutung der *Antigone* – aus zerstreuten Bemerkungen in *Phänomenologie, Ästhetik* und *Enzyklopädie* hervorgeht. Ich zitiere nur die Sätze: »Die Wirklichkeit hält die andere, dem Wissen fremde Seite in sich verborgen und zeigt sich dem Bewußtsein nicht, wie sie an und für sich ist – dem Sohne nicht den Vater in seinem Beleidiger, den er erschlägt, nicht die Mutter in der Königin, die er zum Weibe nimmt. Dem sittlichen Selbstbewußtsein stellt auf diese Weise eine lichtscheue Macht nach, welche erst, wenn die Tat geschehen, hervorbricht und es bei ihr ergreift.«[26] Wir Heutigen würden, sagt Hegel an anderer Stelle, »diese Verbrechen, da sie weder im eigenen Wissen noch im eigenen Wollen gelegen haben, auch nicht als die Taten des eigenen Selbst anerkennen. Der plastische Grieche aber steht ein für das, was er als Individuum vollbracht hat, und zerscheidet sich nicht in die formelle Subjektivität des Selbstbewußtseins und in das, was die objektive Sache ist«.[27] Hegel schließt diese Deutung mit dem Begriff der »reinen Handlung« ab. Er versteht darunter eine Handlung, die ihre sämtlichen Momente überblickt, d. h. ihre Voraussetzungen, ihre Folgen und sich selber gänzlich durchschaut. So zu handeln sind nur die Götter fähig. Das Tun des Menschen ist immer gebrochen und nie ganz zu verantworten, weil ihm stets ein Teil seiner Momente verborgen bleibt. Gleichwohl kann der Mensch ein Analogon der reinen Handlung leisten, wenn er wenigstens *nach* geschehener Tat für all ihre Folgen einsteht und so richtigstellt, was er verfehlen mußte. Das Kardinalbeispiel dieses Menschen ist Ödipus. Indem er sich *nicht* rechtfertigt, bezeugt er die Ehre des Menschen. Daß er damit den verborgenen Gott ehrt, sagt Hegel nicht mehr, ließe sich aber aus Sophokles' Stück begründen.

Hölderlin, wie gesagt, erwähnt von alledem nichts. Seine Deutung reicht nur von Ödipus' Frage nach dem Orakel bis zur Blendung; Vorgeschichte und Schlußszene läßt er aus dem Spiel. Der verbleibende Ausschnitt erlaubt ihm nun, die Geschichte einer Hybris darzustellen, die mit dem »nefas« des Ödipus beginnt, sich im Kampf zwischen »Zorn« und »Bewußtsein« entwickelt und mit dem Sieg des Zorns und der Vernichtung des Zornigen endet. Apollon schlägt ihn nieder. Oder mit den Worten eines Briefs, die man wohl auf Ödipus beziehen darf: Er büßt die Flamme, die er nicht zu bändigen vermochte – die Flamme des griechischen »Feuers vom Himmel«.[28] Dieses »nefas«[29] – Hölderlin nennt es so, weil es sich an einem »fas«, einem Götterspruch entzündet – besteht aber darin, daß er das Orakel »zu unendlich«, d. h. eigenmächtig deutet. Er fragt nach einem bestimmten Verbrecher, statt sich mit »des Landes Schmach« (μίασμα χώρας) zu begnügen, die bloß »allgemein« zu bedeuten brauche: »Richtet ein streng und rein Gericht, haltet gute bürgerliche Ordnung«. Sachlich ist das unrichtig. Hölderlin verschweigt den zweiten Teil des Orakels, der in seiner Übersetzung lautet:

> Verbannen sollen, oder Mord mit Mord
> Ausrichten wir, solch Blut reg' auf die Stadt.[30]

Ein konkreter Mordfall liegt vor. Aber das Orakel nennt in der Tat weder Laios noch seinen Mörder. Es sagt so viel, daß die Suche nach einem Mörder in Gang kommt, aber so wenig, daß sich die Menschen das Resultat ihrer Suche selbst zuzuschreiben haben.

Diese Ironie, die auch die beiden anderen Orakel des *Ödipus* kennzeichnet, nimmt Hölderlin nicht wahr. Denn ihm liegt einzig an der Hybris des Mannes, der mehr sehen will, als einem Sterblichen zukommt, der »ein Auge zuviel vielleicht« hat, wie es in der Hymne *In lieblicher Bläue* heißt.[31] Der »allessuchende, allesdeutende« Geist des Ödipus ist sein Thema.[32] Daß es Sophokles trifft, ist zu bezweifeln; das lassen wir auf sich beruhen.

Denn wir erkennen daran die Konzeption des »Tragischen«, von dem Hölderlin spricht.[33] Sie liegt nicht im Ruin eines Unschuldigen, nicht in einer widrigen Konstellation der Umstände, nicht in der perfiden Täuschung eines an sich rechten Willens. Sie liegt überhaupt nicht in der Horizontale zwischen einem Individuum und seiner Welt, sondern in der Vertikale zwischen einer Menschheit und dem Gott. In Theben herrschen »Pest, Sinnesverwirrung und allgemein entzündeter Wahrsagergeist«, und diese seien Zeichen einer »müßigen« Zeit.[34] Da »müßig« in Hölderlins später Sprache nicht untätig, sondern unernst bedeutet, und da sich der Ernst immer auf das Bewußtsein dessen bezieht, was einen unbedingt angeht, z. B. die Himmlischen, ist eine müßige eine das Unbedingte vergessende Zeit.

Hier greifen die Repräsentanten des Unbedingten, die Götter, ein. Sie wählen sich den Einen, den sie erhöhen und dann fallen lassen – Eineswerden und Scheidung! Jetzt merkt die Welt auf. Sie merkt, daß die Götter noch *sind*. »Denn einmal bedurften wir Blinden des Wunders«, heißt es schon im *Empedokles*.[35] Hier aber geschieht kein Heilungs-, sondern ein Vernichtungswunder, und sein Opfer ist der Getäuschte. Hölderlin sagt ausdrücklich, Ödipus werde zum nefas »versucht«. Ja, er scheut sich nicht, das Vorgehen der Götter »göttliche Untreue« zu nennen; denn die sei »am besten zu behalten«.[36] D. h. wer Zeuge dessen war, wie die Götter den guten und gerechten König verlockten, ihre Sache in die Hand zu nehmen, und ihn dann wie ein ausgebrauchtes Werkzeug wegwarfen, der vergißt das nicht mehr, dem ist klargeworden, daß über den Menschen verfügt wird, besonders, wenn er selber zu verfügen meint, und am meisten, wenn er es im Dienst einer Macht – wir würden heute sagen: einer Ideologie – tut.

Gleichwohl haben die Götter Ödipus vor allen Sterblichen ausgezeichnet. Er ist gerade nicht der Mensch, wie Hegel meinte, sondern die Ausnahme. Aber eine Ausnahme von Gnaden der Himmlischen, die nur ihm die zur Verblendung nötige Stärke zutrauen. Ein Rechner wie Kreon wäre ihrer nicht fähig. Als der Verblendete aber wird Ödipus – wiederum Hegels Deutung entgegen – Subjekt, dessen Selbstbewußtsein paradoxerweise durch Verkennung der Wirklichkeit erkauft ist. Sie erkennen und sich vergessen sind daher eins; »in der äußersten Grenze des Leidens vergißt sich der Mensch«, sagt Hölderlin.[37] Also ist der Mensch nicht a priori Subjekt, aber die Götter können ihn in der Weise des Wahns für eine Weile zum Subjekt machen, um in dessen Vernichtung sich als die wahren Subjekte der Weltgeschichte in Erinnerung zu bringen. Mithin ist zuletzt gar nicht der Mensch, nicht einmal die Ausnahme Ödipus, sondern das Göttergeschehen gemeint. Hölderlin denkt, wie immer, von oben nach unten, nicht wie Hegel von unten nach oben, wobei das Oben keinen rechten Kontur gewinnt. Hölderlins Deutung mag sich noch weiter von Sophokles entfernen als die Hegelsche; dennoch ist sie der größere Entwurf.

4.

Ganz anders seine *Antigone*-Deutung. Zwar, auf Hegel können wir hier verzichten. Sein Prinzip eines gleichgewogenen Kampfes zwischen Polis und Familie, Kreon und Antigone, geht so weit an Sophokles vorbei, daß es nicht einmal per negationem zum Verständnis der Hölderlinischen Deutung beiträgt, obwohl auch diese Sophokles im Hauptpunkt verfehlt. Lassen wir jedoch zunächst beide Deuter aus dem Spiel und sagen wir einfach, was wir empfinden, wenn wir vom *Ödipus* zur *Antigone* übergehen.

Mit einem Wort: eine menschlichere Luft. Das Verderben des Ödipus wurzelt im unergründlichen Götterwillen und vollzieht sich mit der seelenlosen Präzision einer Maschinerie. In der *Antigone* steht der Urheber des Verderbens in effigie auf der Bühne;

man kann ihn ins Auge fassen und sagen: der ist's. Im *Ödipus* gibt es, bis auf den Schluß, kein reines Handeln; alles Tun ist entweder Wahn oder bloß Reaktion, Abwehr und Flucht. Antigone handelt klar und bewußt, wenn sie den Bruder bestattet, und muß bis zum Ende nichts zurücknehmen. Niemals ist sie die Marionette eines anonymen Verhängnisses. Vor allem ist sie eine Frau, ein junges Mädchen vielmehr, über dessen Alter ein eigentümlicher Zauber liegt. Das Unbewußte der Kindheit hat sie fast gänzlich abgestreift. Ihr Geist ist wach, er hat im Leiden das Unbedingte ergriffen, und er hat es unbedingt ergriffen. Bis zu verletzender Schärfe verteidigt sie das Recht ihrer Tat. Aber vom Eros der Geschlechterliebe scheint sie noch unberührt, obwohl sie Haimon verlobt ist; sonst müßte sie sich instinktiv für die Ehe bewahren und könnte ihr Leben nicht ohne Besinnen aufs Spiel setzen. Ihr Klagen, nun werde das Grab ihre Brautkammer sein und unvermählt und ohne Kinder müsse sie sterben, sind Topoi, mit deren Hilfe sie dem Unbegreiflichen Worte zu geben versucht. Was das wirklich ist, worauf sie verzichten muß, weiß sie noch nicht. Wir müssen uns wohl eine Gestalt wie die Athena des Bildhauers Myron denken, und ihr ganzes Verhängnis ist, daß sie einem Kreon gegenübersteht. Kein andrer könnte sich der strengen und innigen Wahrheit dieser Jugend verschließen.

Von alledem lesen wir bei Hölderlin nichts. Er spricht von Antigone wie von einem alters- und geschlechtslosen Abstraktum; denn was er über die »geheimarbeitende Seele«[38] und das »Sich-Formalisieren«[39] als Standesperson sagt, ließe sich auf jedes Geschlecht und Alter anwenden, im »Liebenswürdigen« und »Träumerischnaiven«[40] erkennt er die Sprache des Sophokles überhaupt, nicht die besondere Sprache Antigones, und das Wort vom »frühen Genie«[41] bezieht sich auf Niobe, mit der sich Antigone jedenfalls nicht in dieser Hinsicht vergleicht. Da er nun vom eben Gesagten schwerlich nichts wahrgenommen hat, müssen wir annehmen, es komme ihm auf anderes an. Worauf es ihm ankommt, ist leicht zu sehen: auf Gedanken über eine künftige hesperische Dichtung, die sich ihm aus der griechischen Deutung des *Ödipus* ergeben hatten. Unter deren Systemzwang steht die *Antigone*-Deutung. Das hat die Folge, daß sie zwar Äußerstes zutage bringt, aber die Individualität des Antigone-Dramas fast aus den Augen verliert.

Ich nenne, um zum Ende zu kommen, nur noch drei Punkte: die Stilisierung Antigones zum »Antitheos«, die Konstruktion einer »vaterländischen Umkehr« und die Behauptung, es gehe in diesem Stück »vom Griechischen zum Hesperischen«. Keine dieser Thesen ist durch Sophokles zu belegen, aber jede beleuchtet Hölderlins Konzeption.

»Antitheos« ist einer, der »in Gottes Sinne, wie gegen Gott sich verhält, und den Geist des Höchsten gesetzlos erkennt«.[42] »In Gottes Sinne«, weil dieser sich in Antigone wieder den Einen erwählt hat, durch dessen Vernichtung er sich der Welt in Erinnerung bringt. »Wie gegen Gott«, weil sie, anders als eine christliche Märtyrerin, zuerst im Eineswerden mit ihm und dann im Aufbegehren gegen das Sterbenmüssen die gesetzte Grenze überschreitet. »Gesetzlos« aber, weil sie den Gott unmittelbar und mithin privat erkennt. Antigone pocht auf ihre persönliche Gotteserkenntnis, und Hölderlin übersetzt denn auch (mit Bezug auf das Bestattungsverbot):

> KREON: Was wagtest du, ein solch Gesetz zu brechen?
> ANTIGONE: Darum: *Mein* Zeus berichtete mirs nicht.[43]

Bei Sophokles heißt es nur: οὐ γάϱ τί μοι Ζεὺς ἦν – *für mich* war's Zeus nicht, der's befahl. Seine Antigone meint Zeus schlechthin, der auch für Kreon gilt und sein Verbot nicht deckt. Hölderlins Antigone hebt trotz der Ironie, die in »*mein* Zeus« liegt, das herausfordernd Neue ihrer Erkenntnis eines wahreren und humaneren Gottes hervor. Diese Verschiebung des Akzentes ist nötig, damit jenes Eineswerden mit dem Gott und dann die Scheidung zustande komme, welche die *Ödipus*-Interpretation vorgezeichnet hatte.

Dieser Vorgang hat nun eine »vaterländische Umkehr«[44] zur Folge. Keine politische Revolution – die Machtverhältnisse bleiben bestehen –, sondern eine Revolution der Denk- und Sinnesweise. Es ändern sich »Vorstellungsarten«, und zwar deren drei, die »religiösen, politischen und moralischen«.[45] Die politischen müssen sich auf die Auseinandersetzung zwischen Vater und Sohn beziehen. Kreon hatte erklärt: Theben bin ich, Haimon erwidert: Das ist kein Staat, der Einem nur gehört. Der Kronprinz einer Monarchie erkennt an ihrer despotischen Verfälschung den Sinn des republikanischen Prinzips. Dann die moralischen Anschauungen: Den Bruder über den Feind stellen heißt, das archaische »ius talionis«, das Vergeltungsrecht, durch eine humane Moral ablösen, die jedem Menschen das Recht zugesteht, im Totenreich zur Ruhe zu kommen. Schließlich die religiösen Begriffe. Antigone beruft sich auf die »ungeschriebenen Gesetze« der Götter[46], rückt also die alte Gesetzes- ins Licht einer modernen Gewissensreligion, womit nicht eine Religion des unverbindlichen Dafürhaltens, sondern, im Sinne der »conscientia«, das »Mitwissen« vom Gott gemeint ist. Kreon, der den Gott bloß »als einen Gesetzten«[47], einen Positiven, ehrt, weiß ihn nicht mit, er verfügt über ihn. – In dieser dreifachen Schichtung sieht Hölderlin die vaterländische Umkehr. Die Idee einer bloß politischen Bewußtseinsänderung, ohne zureichenden moralischen und zuletzt religiösen Grund, hat er stets für Verblendung und die pure Machtgier für anarchischen Wahnsinn gehalten.

Diese Umkehr zeigt nun, wie es »vom Griechischen zum Hesperischen gehet«.[48] Das kann bedeuten: von Antigone zu Kreon, da sie die griechische Ekstasis und er den hesperischen Doktrinarismus vertritt, der faktisch Sieger bleibt. Es kann aber auch bedeuten: von Kreon zu Antigone, da er das Ende der Griechen in schicksalloser Erstarrung, sie aber den hesperischen Aufbruch ins eigene Geschick versinnbildlicht, der geistig siegt und den nicht mehr vollzogenen Rückweg der Griechen anzeigt. Wie wir interpretieren, hängt von der Systemstelle ab, bei der wir einsetzen, und ist zuletzt gleichgültig. Nur darauf kommt es an, daß Hölderlin im *Ödipus* das rein griechische Drama erkennt, weil hier einer die Flamme büßt, die er nicht zu bändigen vermochte, die *Antigone* aber auf dem Weg vom Griechischen zum Hesperischen sieht, weil sie nicht nur das Gedächtnis der Himmlischen wiederherstellt, sondern ineins damit die geistige Gestalt der Geschichte verändert. Den *Ödipus Coloneus*, worin nurmehr Geist gegen Widergeist kämpft, scheint er, einer Bemerkung zufolge, für ein schon beinahe rein hesperisches Drama gehalten zu haben. Die Prinzipien seiner Übersetzungstheorie und -praxis lenken auch seine Deutung der Stücke. Klarer noch als bisher erkennen wir, daß Hölderlin bei Sophokles, gewiß auf Kosten philologisch-historischer Treue, Einsicht in die Herkunft und in die Zukunft der eigenen vaterländischen Dichtung gesucht hat.

* Vortrag, gehalten bei der Jahresversammlung der Hölderlin-Gesellschaft am 22. März 1970 in Tübingen.

1 *Empedokles,* 1. Fassung, V. 1537-1541; IV 65.
2 *Der Gesichtspunkt, aus dem wir das Altertum anzusehen haben,* IV 221.
3 V 266.
4 V 271.
5 IV 283 f.
6 4. Dezember 1801; VI 426.
7 Juni 1801; VI 422.
8 *Ödipus*-Anmerkungen, V 200.
9 An den Bruder, 1. Januar 1799; VI 307.
10 *Hyperion,* III 154. – An Böhlendorff, 4. Dezember 1801; VI 426.
11 V 269 f.
12 An Böhlendorff, 4. Dezember 1801; VI 426.
13 *Meinest du es solle gehen,* II 228.
14 An Böhlendorff, 4. Dezember 1801; VI 426.
15 An Wilmans, 28. September 1803; VI 434.
16 An Wilmans, 2. April 1804; VI 439.
17 V 269.
18 V 268.
19 *Antigone,* V. 349 ff.; V 219.
20 V 42.
21 V 197.
22 V 202.
23 *Versöhnender der du nimmergeglaubt,* 1. Fassung, V. 68; II 132.
24 V 202.
25 V 201.
26 G. W. F. Hegel, *Phänomenologie des Geistes* (Werke in zwanzig Bänden), Frankfurt 1970, S. 346.
27 G. W. F. Hegel, *Vorlesungen über die Ästhetik III* (Werke in zwanzig Bänden 15), Frankfurt 1970, S. 545.
28 An Böhlendorff, 4. Dezember 1801; VI 426.
29 V 197.
30 V. 99 f.; V 126.
31 II 373.
32 V 201.
33 V 201.
34 V 202.
35 *Empedokles,* 2. Fassung, V. 731 f.; IV 118.
36 V 202.
37 V 202.

38 V 267.
39 V 271.
40 V 266.
41 V 268.
42 V 268.
43 V. 466 f.; V 223.
44 V 271.
45 V 271.
46 *Antigone*, V. 471; V 223.
47 V 268.
48 V 267.

Die Rhein-Hymne

Vorbemerkung: Der folgende Bericht gibt die Interpretation des Gedichts wieder, die der Leiter einer Arbeitsgruppe zum Thema der *Rhein*-Hymne im Gespräch mit den Teilnehmern bei der 13. Jahresversammlung der Hölderlin-Gesellschaft in Winterthur im Juni 1974 entwickelt hat. Einzelne Voten der Teilnehmer, an die er sich erinnert, sind eingearbeitet. Andere sind leider verlorengegangen, da die Sitzungen nicht protokolliert werden konnten. Im Ganzen dürfte der Bericht jedoch ziemlich genau festhalten, was zur Sprache gekommen ist.

Die *Rhein*-Hymne und die Hauptwiler Monate Hölderlins

Das Gedicht ist vermutlich in Hauptwil konzipiert und im darauf folgenden Sommer 1801 ausgeführt worden. Zwei Grundgedanken Hölderlins müssen sich in dieser Zeit gebildet haben, welche die Hymne bestimmen und mit dem Übergang vom klassischen ins Spätwerk in Verbindung zu bringen sind: der Gedanke des Friedens und der Gedanke des Vaterländischen.

Seit den Tübinger Hymnen schwebt Hölderlin das Ideal eines Friedenszustandes vor, der nicht mit »pax« (Vertrag, von pactum), sondern mit »eirene« im Sinne des Heils wiederzugeben wäre. Gemeint ist ein Zustand, worin Menschliches sich ungehindert entfalten könnte, worin eine Gemeinschaft freier Subjekte Gewalt und Herrschaft überflüssig machte, die unterdrückte Natur wieder zu ihrem Recht käme und, in mythischer Deutung, die entflohenen Götter zurückkehrten, so daß das Leben in ihrer Gegenwart eine von Grund auf andere Gestalt annähme. In diesem Frieden hört Hölderlin noch das Wort »Einfriedung«, Schutzbezirk, mit, doch so, daß alles auf Erden von ihm umfaßt würde. Störer des Friedens werden dann ausgeschlossen und, wiederum mythisch gedeutet, in den Tartarus verwiesen sein (*Wie wenn am Feiertage*, *Friedensfeier*, *Der Rhein*, *Die Titanen*). Auch die etymologische Verwandtschaft der Wörter »Friede«, »frei« und »Freund«, die auf die Grundbedeutungen: lieben, schonen, versöhnen zurückgeht, ist zu Hölderlins Zeit noch lebendig und in seinen Gedichten wirksam.

Dieser bisher nur ersehnte und in eine mehr oder weniger utopische Ferne gerückte Friede scheint nun während der Hauptwiler Monate, im Februar 1801, plötzlich Wirklichkeit zu werden. Hölderlins Briefe nehmen den Frieden von Lunéville zum Anlaß, um von einer Zeit des »Gemeingeistes«, der »heiligen Herrschaft der Liebe und Güte«, von einem Entfalten der Kräfte »geräuschlos, wie die wachsende Natur«[1] und von »Tagen der schönen Menschlichkeit«[2] zu sprechen, die jetzt beginnen werden. Die *Friedensfeier* überhöht diesen Gedanken zur Hoffnung auf die Rückkehr der Götter und die Versöhnung der griechischen mit den christlichen Gottheiten. Dabei liegt der Nachdruck nicht sowohl auf dem, was geschehen wird, als darauf, daß es eingetreten ist, daß sich die Hoffnung wirklich zu erfüllen scheint. »Versöhnender, der du nimmergeglaubt nun *da* bist«, beginnt der Entwurf der *Friedensfeier.*[3] So schon Hyperion von dem »Einzigen«, das ihm in Diotima erschienen sei: »Es war *da*, ... es war in der Welt.«[4] Hier wie dort besagt die Erfahrung dieses Da-seins: es war also kein leerer Traum, es gibt das wirklich, was in Gedanken entworfen, als höchster Wert begriffen und aller Dichtung zugrunde gelegt war. Im Aspekt dieser Friedensgewißheit ist auch das Ziel der Rhein-Hymne, das »Brautfest« der »Menschen und Götter«, zu sehen.

Über den zweiten Grundgedanken, den des Vaterländischen, geben namentlich die *Antigone*-Anmerkungen und die beiden Briefe an Böhlendorff (4. Dezember 1801 und November 1802) Auskunft. Es geht zunächst um die neue »Sangart«, der Hölderlin auf der Spur zu sein glaubt und die er »vaterländisch und natürlich, eigentlich originell« nennt.[5] Gemeint ist eine Dichtung, die nicht mehr klassische Muster nachahmt, sondern sich auf die Natur (natürlich), das Eigene (eigentlich) und den Ursprung (originell) der vaterländischen Wesensart besinnt, dies nach Analogie der Griechen, die auch originale Dichtung hervorgebracht haben. Aber die Analogie betrifft nur die Originalität als solche; das vaterländische Wesen der Griechen ist von anderer und dem unseren geradezu entgegengesetzter Art. Da der vielbesprochene Gegensatz des Griechischen und des Hesperischen nicht nur den Stil, sondern auch die Inhalte der Rhein-Hymne bestimmt, muß mit wenigen Worten davon die Rede sein.

In den Jahren der unbedingten Griechenverehrung hatte Hölderlin die Gegenwart wesentlich unter der Kategorie des Verlustes gesehen. Verlust all der Verhältnisse und Eigenschaften, von denen das goldene Zeitalter der Griechen getragen war: Natur, Gemeingeist, Götternähe. Also war eine bessere Zukunft nur von der Wiederherstellung des griechischen Zustandes zu erwarten. Jetzt beginnt Hölderlin einzusehen, daß dies eine abstrakt idealistische Konstruktion war, die von der Eigenart der Deutschen und den Gegebenheiten des Zeitalters keine Notiz genommen hatte. Er habe lange daran laboriert, schreibt er an Böhlendorff, und sehe jetzt, daß es sich bei uns anders und sogar »umgekehrt« als bei den Griechen verhalte.[6] Was sich da umgekehrt verhält, kann mit Hilfe einiger Grundbegriffe der Homburger Aufsätze erläutert werden, die sich vorerst nur auf die Poetik der Dichtung beziehen.[7] Was sie für die Beurteilung eines Nationalcharakters und seiner kulturellen Leistungen erbringen, geht aus jenen etwas späteren Zeugnissen zum Problem Griechenland – Hesperien hervor.

Diese poetologischen Begriffe lauten »Grundton« und »Kunstcharakter«[8], allgemeiner gefaßt: »Grund« und »Zeichen«. Sie ersetzen das konventionelle Begriffspaar Wesen und Erscheinung; und wenn wir soeben vom vaterländischen Wesen der Griechen oder Hesperier sprachen, so haben wir uns im Sinne Hölderlins nicht zutreffend ausgedrückt. Denn warum genügen die Kategorien des Wesens und der Erscheinung jetzt nicht mehr? Die Erscheinung heißt so, weil das Wesen in ihr erscheint, unvollkommen vielleicht oder von Zufälligem überlagert, aber dennoch erkennbar, wenn man nur abzieht, was den reinen Wesensanblick stört. Ein so verstandenes Wesen erklärt aber nach Hölderlins Meinung nur das Was, nicht das Daß der Erscheinung. Um dieses Daß zu begreifen, sieht er sich zu der Annahme genötigt, allem Erscheinenden liege etwas zugrunde, das es allererst erscheinen macht, ein kreatives Sein, das er seines Zugrundeliegens wegen den Grund nennt. Dieser Grund aber kann, weil er Seiendes erscheinen läßt, nicht seinerseits noch einmal erscheinen; er ist der verborgene, verdeckt, wie das Fundament eines Hauses, von dem, was er über sich aufbaut. Erscheint er aber nicht, dann ist Erscheinung kein passender Name für das, was er begründet und trägt. Es heißt Zeichen, weil es sich nicht aus sich selber erklärt, sondern zeichenhaft auf den unsichtbaren Grund verweist, dem es sein Dasein, im Bild des Hauses: sein sicheres Dastehen verdankt. Erinnert der Begriff des Wesens an die platonische Idee, die sich in den erscheinenden Dingen manifestiert, so legt der des Grundes eher den Gedanken des christlichen Gottes nahe, der sich, mit einem Wort Luthers, nur »sub contraria specie« offenbart, in Knechtsgestalt z. B. oder sonst einer Verhüllung seiner Majestät in ihr Gegenteil. Brief- und Gedichtstellen Hölderlins bestätigen diese Vermutung.

Wendet man diese Denkform nun auf das Problem des Vaterländischen an, so besagt sie: Auch Kulturen und Völker präsentieren sich in einer geschichtlichen Erscheinung, die in Wahrheit Zeichen eines verborgenen Grundes ist. Die Griechen z. B. haben eine durch Klarheit und Maß bestimmte Kunst hervorgebracht. Aber diese Eigenschaften liegen nicht im griechischen Nationalcharakter, sie sind erworben und einer ganz anderen, einer leidenschaftlich ekstatischen Natur gleichsam abgerungen. Eben darum sind sie sicherer Besitz, weit mehr als eine Mitgift der Natur. An der Klarheit des griechischen Maßes ermißt man erst die Exzentrik der Leidenschaft, die in ihm bezwungen ist. Leidenschaft ist der Grund, Maß das Zeichen, das den Grund verdeckt und nur indirekt an der Sicherheit erkennen läßt, mit welcher das Maß gehandhabt wird.

Umgekehrt steht es nun mit uns. Wir kommen aus einer Welt der starren Konventionen und Verhaltensmuster und sind »schicksallos« geboren. Denn alles, was aus uns werden kann, ist schon vor unserer Geburt geregelt und verstattet, weil es nach Plan abläuft, dem Schicksal gar keinen Zutritt. Wollen wir also, analog den Griechen, zu kultureller Leistung und nationaler Gestalt kommen, so müssen wir den Aufbruch in eine Freiheit wagen, die sich dem Schicksal stellt. Die Griechen haben ihre orgiastische Natur bezwungen, wir müssen aus dem Zwangssystem unseres präformierten Daseins ausbrechen, um Leben und Geschick zu haben und daran ein geschichtliches Selbst zu finden. Die *Antigone*-Anmerkungen fassen den Gegensatz in die einfachen Formeln: Das Problem der Griechen war, »sich fassen zu können«, das unsere ist, »etwas treffen zu können«.[9]

Dieser Überschritt ins andere, den die Griechen vollzogen haben und der uns noch bevorsteht, ist unerläßlich, aber gefährlich. Er kann, ist er einmal geleistet, eine Nation verlocken, daß sie sich immer weiter von ihrem Ursprung entfernt und ihn schließlich vergißt. So ist es den Griechen ergangen, sie haben »das Vaterländische versäumet«[10] und sind – das wird Hölderlin meinen – im Alexandrinertum erstarrt. Für uns sieht er die analoge Gefahr eines Hinaustaumelns ins Exzentrische voraus. Darum muß dem Ausflug ins Fremde einmal die Rückkehr ins Eigene folgen, die sich des Ursprungs wieder vergewissert, jetzt aber geistig in Besitz nimmt, was anfangs bloß naturhaft gelebt war. Hölderlin nennt dies den »freien Gebrauch des Eigenen«[11], der nur aus dem Abstand der Selbstentfremdung gelingt, aber auch einbringt, was in der Fremde gelernt worden ist. Erst auf dieser dritten Stufe würde sich das Vaterländische erfüllen, ihr Ergebnis wäre im Falle der Griechen die immer neu zu leistende Einheit von Ekstase und Maß, in unserm Fall die Einheit von Ordnung und Offenheit. In diesen Synthesen verwirklichte sich, was ein dritter Grundbegriff der Homburger Kunstphilosophie den »Geist« nennt. Denn Geist in diesem Sinne ist das Sichbegreifen des Zeichens aus dem Grund, worin es der Versuchung entgeht, sich absolut zu setzen und sein Woher zu verleugnen.

Geist ist aber auch die Dichtung. Sie kann daher im dichterischen Bild vorwegnehmen, was in der geschichtlichen Wirklichkeit noch aussteht. Die Rhein-Hymne spricht von Ausflug und Rückkehr und entwickelt im Sinnbild des Stroms den großen Mythus des Vaterländischen. Darum und nicht nur ihres Stiles wegen ist sie ein vaterländischer Gesang.

Einleitendes zur Rhein-Hymne

Unter den Stromgedichten ist der *Rhein* das größte. Hölderlins Vorliebe für das Strommotiv läßt sich schon früh beobachten. Den Tübinger Hymnen dient der Strom noch als ein konventionelles Symbol der verfließenden Zeit, dem die ruhende Ewigkeit im Sinnbild des Meeres gegenübergestellt wird. Die Ode *Heidelberg* fügt einen neuen Gedanken hinzu: Zwar fließt der Strom, aber zwischen ruhenden Ufern und unter einer stehenden Brücke hindurch, auf der sich der Standort des Betrachters befindet. Das menschliche Subjekt ist ins Zeitproblem einbezogen und wird – in einem geradezu Kantischen Sinne, jedoch gänzlich umgesetzt ins Bild – als der stehende Horizont der verfließenden Zeit begriffen. Im *Gefesselten Strom* bedenkt Hölderlin Phasen des Stromlebens: die Erstarrung im Winter, den Eisgang im Frühling und dann das befreite Dahinströmen zum Vater Ozean, Sinnbilder der äußersten Entfremdung vom Ursprung, des Aufbruchs zu neuem Leben und der Rückkehr in den Ursprung, der Ende und Anfang zugleich ist. Dann setzt er die Ströme zum umgebenden Land in Beziehung.

Sie ziehen wie Pflüger »Furchen« ins Land[12] und machen es »urbar«,[13] und eigentlich sind sie wie Spuren in die »ursprünglich pfadlose aufwärtswachsende Erde« eingeritzt, um Wege anzuzeigen.[14] Schließlich denkt Hölderlin über die Ströme seiner Heimat nach. Warum geht die Donau, dem Lauf der Geschichte entgegen, nach Osten, und warum hängt sie in ihrem Oberlauf »an den Bergen gerad«, da doch der Rhein »seitwärts hinweggegangen« ist, und fließt ruhig und gesetzt und »allzugeduldig« dahin, als hätte sie ihre Jugend übersprungen? Scheint sie nicht »rückwärts zu gehen« und müßte sie nicht eigentlich »von Osten« kommen?[15] Die Antwort kann nur lauten: Die Donau versinnbildlicht unser hesperisches Dasein, das gleichermaßen gesetzt und geduldig beginnt und noch nicht weiß, was Schicksal und Freiheit sind, die ihm bevorstehen.

Damit sind wir der Sinnbildlichkeit des Rheins nahegekommen. Auch er ist ein hesperisch-vaterländischer Strom, anders jedoch als die Donau. Von seiner Geburt an treibt es ihn nach Osten, und er kämpft gegen die Fesseln des Gebirges, die ihn einzwängen, bis ihn der Vater umdreht und nach Westen schickt, damit er »im guten Geschäfte« ruhig und nützlich werde. Er verkörpert also nicht wie die Donau die erste Phase des hesperischen Weges, den gesetzten Anfang, dem der stürmische Aufbruch noch folgen muß, sondern er beginnt schon mit der zweiten und lernt dann, sich zu zähmen und, im Sinne der dritten Phase, das Eigene frei zu gebrauchen. Der Rhein versinnbildlicht das Zusichselbstkommen des Vaterländischen aus der Entfremdung, die Donau den vaterländischen Ursprung vor dem Vonsichweggehen in diese. Nimmt man die beiden Stromsymbole zusammen, so erhält man ein vollständiges Bild des vaterländischen Weges.

Nun ist der Rhein nicht der einzige Symbolträger des Gedichts. Ein zweiter ist Rousseau, der Dichter und Vorkämpfer, der wie der Rhein als ein Vollender des Hesperischen gedeutet wird. Aber der Rhein *ist* das Hesperische, Rousseau *dichtet* es. Deshalb verläuft sein Weg in gewisser Hinsicht komplementär zu dem des Rheins; denn Dichtung ist nicht das Sein, sondern der Spiegel des Seins. Er beginnt eigentlich da, wo der Rhein endet, mit der Tätigkeit für die Zeit und ihre Gesellschaft. Aber einmal wird ihm diese Last zu schwer, dann wird ihm die Einkehr bei sich selbst geschenkt, ein Heilschlaf gleichsam, den Hölderlin auf Rousseaus Refugium auf der Petersinsel im Bieler See bezieht. Wenn also der

Rhein mit dem selbstherrlichen Aufbruch beginnt, worin er nur sich zu leben begehrt, und dann lernt, für andere zu leben, so verhält es sich mit Rousseau umgekehrt. Er hat mit dem Leben für andere begonnen, dann wird ihm für eine Weile gestattet, nur sich selber zu leben. Man darf wohl annehmen, Hölderlin sehe im Spiegel Rousseaus auch sein eigenes Schicksal. Auch er hat sich in Mahnung und Appell an die Zeitgenossen abgemüdet, und es hat sich im Grunde kein Echo gezeigt, das Verständnis weniger Freunde ausgenommen. Und auch er sehnt sich nach Ruhe und Erlösung und hofft, die Götter selbst möchten die Sache des Vaterlandes in die Hand nehmen und das ersehnte Heil bringen.

Darin kommt eine dritte Symbolschicht der Hymne zum Vorschein: der Dichter und die Freunde, für die stellvertretend ein Freund steht, Isaak von Sinclair, dem das Gedicht gewidmet ist. Von sich spricht Hölderlin in der ersten, von Sinclair in der letzten Strophe. Eine vierte Symbolschicht bilden schließlich die Götter, die, wenn sie wiederkehren, die Geschichte in jenem »Brautfest« der »Menschen und Götter« erfüllen werden.

Nimmt man diese vier Symbolschichten zusammen, so bilden sie die Sinnordnung, über der das Gedicht aufgebaut ist. Der Rhein: Sinnbild des hesperischen Menschen; Rousseau: Sinnbild des hesperischen Dichters; das Ich des Gedichts und der Freund: Sinnbilder der Sphäre, in der das Gedicht gesprochen und gehört wird; die Götter: Sinnbilder der Instanz, vor der sich das Gedicht ausweisen muß.

Versteht man die Hymne in diesem Horizont, dann kann der Umstand nicht befremden, daß vom Rhein nur bis zur sechsten Strophe, in Nachklängen bis zur neunten die Rede ist. Das Gedicht trägt keinen falschen Titel, wie man gemeint hat, und es kommt nicht von seiner ursprünglichen Absicht ab. In *Patmos* ist von der Insel Patmos sogar nur in zwei von fünfzehn Strophen die Rede. Das Symbolgefüge später Gedichte geht meistens weit über die im Titel genannte Person oder Sache hinaus und bleibt dennoch in der Sphäre, welche der Titel vorzeichnet.

Interpretation

Die *erste Strophe* entfaltet eine Naturszenerie, spricht von der manches mit sich beredenden Seele des Dichters und schildert das plötzliche Vernehmen eines Schicksals. Versuchen wir zunächst, die Naturszenerie zu deuten.

Der Dichter sitzt im »dunkeln Epheu«, der, dem Gott Dionysos zugehörig, ein Dichtersymbol ist. Er ist also bei sich selbst. Sein Ort ist die »Pforte des Waldes«, die Stelle, wo das Helle ins Dunkle, das Außen ins Innen, das Gewesene ins Künftige übergeht. Er ist durch die Lokalität in seiner Mittlerfunktion gekennzeichnet. Die Zeit ist der Augenblick, da der »goldene Mittag, den Quell besuchend« herunterkommt. Zenith und Ursprung, die Mitte der Zeit und die Wiege der Zeit begegnen sich. Die Sonne aber kommt über »Treppen des Alpengebirgs« herab. Oben und Unten, Himmlisches und Irdisches sind gradualistisch vermittelt. Vier Bilder also, welche die Situation eindeutig kennzeichnen: Der Dichter ist bei sich, er befindet sich in seiner Mittlerrolle, er steht zwischen Ursprung und Höhe der Zeit, und er empfängt die stufenweise herabsteigende tägliche Botschaft des Himmels.

Nun heißen die Alpen die »Burg der Himmlischen«. Dieses Bild erläutert ein Hauptwiler Brief: »Du würdest auch so betroffen, wie ich, vor diesen glänzenden, ewigen Gebirgen stehn, und wenn der Gott der Macht einen Thron hat auf der Erde, so ist es über diesen herrlichen Gipfeln.« Auch das Bild des stufenweisen Herabsteigens findet sich hier. Er staune und freue sich, schreibt Hölderlin, wenn er sehe, »wie vom Äther herab die Höhen alle näher und näher niedersteigen bis in dieses freundliche Tal«.[16]

Von dieser Burg der Himmlischen, so heißt es weiter, gelange »geheim noch manches entschieden zu Menschen«. Diese Worte spielen auf das zugleich verborgene und offenbare Wirken der Götter an, wohinter das »absconditum et revelatum« des Hölderlinischen Gottesbegriffs steht. Die Stelle bereitet wohl das offenbare Geheimnis der Stromgeburt vor, wovon die vierte Strophe sprechen wird. Ursprünglich waren diese Worte anders eingeleitet. Im Entwurf lauteten die vorhergehenden Verse:

> ... Treppen des Alpengebirgs,
> Das aus der Tiefe geholt,
> Und gebaut von oben herab
> Die Burg ist, wo von Alters her
> Geheim noch manches ...[17]

Anders als menschliche Bauwerke sind die Alpen von oben herab gebaut; aus der Tiefe geholt ist nur das Gestein. Hölderlin spielt wohl mit diesem »von oben herab« auf die Hand oder den Blitz des höchsten Gottes an, der das Gebirge geformt hat; das Bild kehrt in dem Entwurf *Wenn aber die Himmlischen haben gebaut* wieder. Zieht man die vorhin genannten Begriffe zur Erläuterung heran, dann bedeuten die Tiefe den Grund, das Oben, verstanden als das formende Prinzip, den Geist und die Alpen selbst das aus dem Grund geholte und vom Geist gebaute Zeichen, das geheimnisvoll offenbart, was von den Himmlischen kommt.

Im Anblick dieses Zeichens sitzt der Dichter, manches mit sich beredend, und seine Seele schweift »Italia zu« und an die »Küsten Moreas«, des Peloponnes. Nach Süden und Osten also gehen seine Gedanken, dahin, woher die Geschichte gekommen ist und wohin wir aufbrechen müssen, wenn wir, im Rückweg, unser Vaterländisches finden wollen. Auch der junge Rhein schlägt zuerst diese Richtung ein. In diesem Sein bei sich und Bedenken des andern, das den Dichter als vaterländischen Dichter kennzeichnet, vernimmt er nun plötzlich und »ohne Vermuten« ein »Schicksal«. Er hört, wie die nächste Strophe ausführen wird, mit dem inneren Ohr das Jammern des Stromjünglings in der Felsenenge der Via mala, wo sein Lauf nach Norden und Westen umgebogen wird.

»Drin im Gebirg« ist das zu hören. Die *zweite Strophe* entwirft das Bild der Via mala in mythischer Deutung: oben »silberne Gipfel« und »fröhliches Grün«, ein sakraler Bezirk, heilig und lebensvoll, unten aber der »kälteste Abgrund«, in dessen Fesseln der Rhein tobt. Da der Strom, unbeschadet seiner vaterländischen Bedeutung, noch immer die Zeit versinnbildlicht, läßt sich dieses Bild so auslegen: die Zeit hat ihr Wesen zwischen dem ewigen Sein, das Leben will, und dem Abgrund, der Leben und Ordnung bedroht. In ihm warten z. B. die Titanen auf die Stunde, da sie hervorbrechen und »uralte Verwirrung« erneuern werden, wie die Schlußstrophe des Gedichts andeutet. Aber der Rhein ist keiner der Titanen, die aus älterem Geschlecht stammen. Er ist der Sohn des Donnerers und der Mutter Erde; denn aus der Erde kommt seine Quelle, und vom Regen des Jupiter pluvius hat sie ihr Wasser. Zwar gebärdet er sich fast wie einer der Titanen, aber er verwünscht die Götter nicht, sondern er klagt die Eltern an, daß sie ihn in diese Enge getrieben haben, und fleht um Erlösung. Er bleibt das Kind, und die Eltern hören ihn »erbarmend«. Wie sich der Vater seiner erbarmt, schildert dann die sechste Strophe.

Am Ende der zweiten wird er ein »Halbgott« genannt. Das ist

wohl konkret zu verstehen: sein Vater ist ein Gott, aber seine Mutter, die Erde, eine Sterbliche. Das verbindet ihn mit anderen Halbgöttern wie Apollon, Dionysos, Herakles und selbst Christus – einige von ihnen werden ausdrücklich so genannt –, die ihrer doppelten Abkunft wegen stets als Mittler zwischen den Himmlischen und den Menschen erscheinen.

Die *dritte Strophe* nennt zum erstenmal den Namen: »Die Stimme wars des edelsten der Ströme, des freigeborenen Rheins«. In Hölderlins später Dichtung ist die Stimme mehr als ein akustischer Laut; sie drückt das Wesen aus. Dieses Wesen liegt hier in den Attributen »edel« und »freigeboren«. Edel heißt der Rhein, weil er, anders als die geduldige Donau, sich von Geburt an großgesinnt zeigt, freigeboren aber, weil auf der freien Höhe des Gotthard geboren. Dort hat er seine Brüder, den »Tessin« und den »Rhodanus«, die sich nach Süden und Westen wandten, sogleich verlassen. Ihn trieb die königliche Seele nach »Asia«, nach Osten. Eine kurze Weile duldet der Vater die Euphorie des großen Aufbruchs ins Fremde, dann biegt er seinen Lauf schmerzvoll in die ihm bestimmte Richtung um. In den *Antigone*-Anmerkungen erscheint dieser Vater unter dem Namen des »eigentlicheren Zeus«[18], weil er uns Hesperier ins Eigene zurückbiegt. Er ist, für uns, nicht für die Griechen, der Grenzgott, der den »ewig menschenfeindlichen Naturgang, auf seinem Wege in die andere Welt, entschiedener zur Erde zwinget.«[19] Denn in dieser anderen, menschenfeindlichen Welt, in der exzentrischen »Wildnis« des maßlosen und rauschhaften Sich-Hinwegsetzens über alle Ordnung, müßte der hesperische Aufbruch enden, wenn nicht an der Grenze der Gott stünde, der uns Halt gebietet und uns, wie der Vater den Rhein, dahin zurücklenkt, wo irdisches Geschäft und zeitliche Bestimmung auf uns warten. »Vater der Erde« und »Vater der Zeit« heißt er darum in den *Antigone*-Anmerkungen.[20]

Nun ist der Rhein aber nicht nur ein Sinnbild (des hesperischen Wesens), sondern auch ein Individuum, und zwar ein Individuum von besonderer Art, ein Göttersohn. Es muß also erklärt werden, warum ein solcher die wilde Sehnsucht nach dem großen Geschick stärker in sich verspürt als ein Sterblicher oder ein Volk von Sterblichen. Göttersöhne sind »die Blindesten«, sagt Hölderlin, und ihnen ist gegeben, »daß sie nicht wissen wohin?« Das wissen sie aber vermutlich darum nicht, weil sie zu sehr wissen, woher. Die göttliche Geburt ist zu mächtig in ihnen, ihr Ursprung treibt sie, und sie vernehmen nur seine Stimme. Göttersöhne sind immer preisgegeben und wissen nicht, was Vernunft und Sicherungen und realistisches Handeln sind. An Haus oder Lager, wie Menschen und Tiere sie haben, denken sie nicht. Sie sind, mit einem Wort, die Unendlichen, die im Endlichen sich einzurichten nicht gelernt haben. Das ist die Mitgift ihrer Geburt; von dieser Geburt spricht die nächste Strophe.

Strophe vier beginnt mit dem vielzitierten Satz: »Ein Rätsel ist Reinentsprungenes«. Da »rein« in Hölderlins klassischer und später Dichtung das Beiwort dessen ist, was aus absolutem Ursprung kommt, heißt reinentsprungen: aus göttlichem Ursprung geboren. Der Gegensatz wäre ein bloßes Anfangen irgendwann in der Zeit, wie Menschen geboren werden. Das Wort reinentsprungen dürfte die Übersetzung eines lateinischen »integer natus« sein. Diese reine Geburt ist nun ein »Rätsel«. Denn – davon war die Rede – der Ursprung oder Grund ist der wesenhaft verborgene. Hölderlin fügt hinzu: »Auch der Gesang kaum darf es enthüllen.« Nach Analogie anderer Äußerungen ist dieser Satz wohl so auszulegen: Auch die Dichtung hat die Verborgenheit des Grundes hinzunehmen. Zwar darf sie und muß sie sogar zeigen, wie der Grund das, was aus ihm kommt, lebenslang prägt; davon sprechen die nächsten Verse. Aber den Grund selbst darf sie nicht zu erklären versuchen, weil das, was Existenz und Wesen von Seiendem erklärt, nicht seinerseits erklärt werden kann. Ein verstandenes Absolutes hörte auf, absolut zu sein.

Nicht nur die Geburt aus dem Grund prägt ein Leben. Hölderlin fügt ein zweites Prägendes hinzu, den »Lichtstrahl, der dem Neugebornen begegnet«. Damit ist nicht die Stunde der Geburt im Sinne der Sternkonstellation gemeint, sondern das vom Vater kommende Sonnenlicht, das Sinnbild des Geistes. Die Geburt aus dem Grund und gleichsam die Feuertaufe des Geistes formen das Wesen des Neugeborenen, sie zeichnen es sozusagen, so daß er – im Sinne Hölderlins – schon als Zeichen ins Leben tritt und denn auch vom Dichter zeichenhaft ausgelegt werden kann. Die »Not« und die »Zucht«, d. h. Umweltdruck und Erziehung, können ein so geprägtes Wesen nur mehr modifizieren, aber im Kern nicht verändern. Diese Bemerkung weist offenbar auf die Bilder und Aussagen der beiden nächsten Strophen voraus, um dem Mißverständnis vorzubeugen, in den Fesseln der Via mala und der Umkehrung seines Laufs werde dem Rhein ein fremdes Wesen aufgezwungen. In dieser Esse wird nur das »Lautre« – identisch mit dem Reinen in »reinentsprungen« – in seinem Wesen geschmiedet, wie die sechste Strophe sagt, das Purgatorium des Abgrunds bringt nur seine ursprüngliche Bestimmung an den Tag.

Zuvor wird jedoch, im zweiten Teil der vierten Strophe, das Motiv des doppelten Ursprungs noch etwas weiter entfaltet. Die »günstigen Höhn« deuten, über das Geographische hinaus, wieder auf den Bereich des Vaters, die Sphäre des Lichts und des Geistes, der »heilge Schoß« auf die Mutter Erde, den verborgenen Grund. Aus beiden »glücklich geboren«, scheint der Rhein bestimmt, »frei zu bleiben sein Leben lang, und des Herzens Wunsch allein zu erfüllen«. Aber diese vollkommene Freiheit des Willens ist eine bloß negative Freiheit: frei von Zwang, aber noch nicht frei zu einem Ziel. Wie sie, in der Erfahrung eines ungewollten Schicksals, zur positiven Freiheit wird, schildern die nächsten Strophen.

Strophe fünf entwirft das Bild der ersten, jeden Zwanges spottenden Freiheit. »Drum ist ein Jauchzen sein Wort«, nicht das Weinen und Greinen menschlicher Kinder, die lange brauchen, bis sie zum erstenmal lachen. Daß Götterkinder schon von ihrer Geburt an lachen und jauchzen, ist ein antiker Topos, den Hölderlin vermutlich dem Gedicht Theokrits über Geburt und Kindheit des Herakles entnommen hat; denn mit den »Schlangen« spielt er sogleich auf dieses Gedicht an. Dabei verwandelt er das mythologische Motiv der Schlangen, welche die eifersüchtige Hera in die Wiege des kleinen Herakles geschickt hat, ins naturmythische Bild der krummen Ufer, die den jungen Rhein umwinden und »wohl zu behüten begehren im eigenen Zahne«. Es könnte dies, analog dem Herakliskos-Mythus, eine euphemistisch-ironische Umschreibung des Vernichtungswillens sein. Da sich aber ein Fluß nicht buchstäblich verschlingen und beseitigen läßt, liegt eine andere Assoziation näher: Der stolze Sinn des Stromjünglings soll gebrochen und so in ein vorgeschriebenes Bett gezwungen werden, wie dies – schon nach Hyperions Scheltrede – jungen Menschen in der hesperischen Welt der Regeln und Konventionen zu geschehen pflegt. Aber wie Herakles zerreißt der Rhein lachend die Schlangen und stürzt mit der »Beut«, mit Sand und Geröll der Ufer, auf eigener Bahn davon.

Dieser Weg führt jedoch alsbald nicht mehr nach Osten. Das Bild der Via mala, in die sich der Rhein einfrißt, evoziert die Vorstellung, er wolle »die Erde spalten«, sich also senkrecht in die Tiefe stürzen. In der *Wanderung* findet sich dasselbe Bild von Rhein und Mutter Erde: »Mit Gewalt wollt' er ans Herz ihr stürzen.« (V. 95) Es ist das Motiv des dionysischen Sturzes, der in *Stimme des Volks* aus einem »wunderbaren Sehnen dem Abgrund zu« folgt und »ins All zurück die kürzeste Bahn« genannt wird (V. 17, 13). Wenn das Gebirge dem Rhein den einzigen Weg versperrt, der seinem unbedingten Willen genügte, den Weg nach Asia, dann bleibt nur der Weg hinaus aus dem Dasein überhaupt; denn All oder Abgrund und Erdmittelpunkt versinnbildlichen das Jenseits der irdischen, sich in der Zeit vollziehenden und die Zeit aushaltenden Existenz. Das ist die Krisis des Eigenwillens, der absoluten, aber negativen Freiheit. In sie müßte nach den *Antigone*-Anmerkungen zuletzt der hesperische Aufbruch führen, wenn nicht an der Grenze unser »eigentlicherer Zeus« stünde und dem selbstmörderischen Lauf Einhalt geböte.

Vom Eingreifen dieses Grenzgottes spricht die *sechste Strophe*. Er zähmt den »unenthaltsamen« Sohn und »spart« ihm das Leben, das er in einem Nu rauschhaft auslöschen wollte. Das »Lächeln« des Gottes begegnet auch in anderen Gedichten: die Götter lächeln, wenn sie es besser wissen als ihre kurzsichtigen Kinder. Von der »Esse« der Felsenschlucht, in welcher der Vater den Rhein schmiedet, war die Rede. Hier ist die Stelle, wo »Not« und »Zucht« nun sichtbar zur Wirkung kommen. Sie hämmern gleichsam die Schlacken des eigenmächtigen Wünschens aus dem »lauteren« Metall heraus, sie schmieden die negative in eine positive Freiheit um. Jetzt »stillt« der Rhein das ungebärdige Sehnen, nachdem er die Berge verlassen hat, und »stillwandelnd« begnügt er sich im »guten Geschäfte«, er wird nützlich für das Land und seine Menschen. Das »deutsche Land«, sagt Hölderlin und spielt damit auf die vaterländisch-hesperische Bestimmung an, die der Strom nunmehr gefunden hat. Auch nennt er ihn jetzt erst den »Vater Rhein« und die Menschen, die er ernährt, seine »lieben Kinder«. Der Jüngling ist ein Mann geworden und hat, mit dem Wort des ersten Böhlendorff-Briefes, den »freien Gebrauch des Eigenen« gelernt. Diese Verwand-lung des Rheins in seine endgültige Gestalt leitet der Vers ein: »Und schön ists, wie er drauf ...« Hölderlin pflegt etwas schön zu nennen, wenn durch sein sinnliches Aussehen das geistige Sein hindurchscheint. So auch hier: in dem neuen, irdisch-nützlichen Tun verleugnet der Rhein seine göttliche Herkunft nicht. Deshalb beginnt die nächste Strophe: »Doch nimmer, nimmer vergißt ers«, den »Ursprung« nämlich und die »reine Stimme der Jugend«.

Damit ist das Rheinschicksal beschrieben. Nur hier, zu Beginn der siebten und in der neunten Strophe, also die dritte Strophentrias einleitend und abschließend, klingt es noch einmal an. Hölderlin geht zu anderen Symbolfiguren über.

Das Nicht-Vergessen des Ursprungs zu Beginn der *siebten Strophe* ruft nun ein Gegenbild hervor: Ehe einer wie der Rhein sein Woher vergessen könnte, müßten »Wohnung« und »Satzung« vergehen und der »Tag der Menschen« zum »Unbild« werden. Was diese Bilder besagen, erkennt man, wenn man das Motiv des Nicht-Vergessens ganz real nimmt: Ströme können ihren Ursprung darum nicht vergessen, weil sie sich immerzu aus ihm ernähren und versiegen, wenn er zu fließen aufhört. Wohnung und Satzung hingegen sind etwas Gemachtes, das sich in seiner Gemachtheit erschöpft und von keinem immerquellenden Ursprung am Leben erhalten wird. Ebenso muß der Tag der Menschen das menschengemachte und geordnete Dasein bedeuten, so wie es im Tageslicht erscheint. Denn zum Unbild werden heißt: aufhören, ein Gebildetes zu sein, und sich in Nacht und Chaos auflösen. All diese Produkte des Machens fallen in Hölderlins philosophischer Terminologie unter den Begriff des »Positiven«, des Gesetzten, worauf die Satzung anspielt; die Wohnung nimmt das Motiv des »Hauses« in der dritten Strophe auf, das Göttersöhne nicht kennen. Andere Leitbegriffe für Gemachtsein sind »Kunst« – im Gegensatz zur lebendigen, sich aus sich selber erzeugenden Natur – und im *Grund zum Empedokles* das »Organische«, das nichts mit unserem Begriff des organischen Lebens zu tun hat, sondern im Sinne des Organons, des gemachten Werks zu verstehen ist. Denn der Gegenbegriff ist das »Aorgische«, das Nicht-Gemachte, die schaffende Natur, das ursprüngliche, alles erst entspringen lassende Sein.[21]

Das führt auf den Gedanken, einer habe einmal die schlimme Kunst erfunden, aus »Liebesbanden« »Stricke« zu machen, d. h. das freie und liebende Miteinander der Menschen, das in der goldenen Zeit bestand, dem drückenden Zwang einer Gesetzesreligion zu unterwerfen, die das Miteinander zerstört hat. Auch hier ist lebendiges Sein einer gemachten Ordnung aufgeopfert worden. Hölderlins großes Beispiel hierfür ist die hermokratische Priesterreligion des *Empedokles*. Das Bild der Liebesbande und der Stricke dürfte aus dem Wort von den »Seilen der Liebe« in Hosea 11,4 entwickelt sein.

Die Folge war Aufruhr, Revolution, wie in Agrigent. Die Aufrührer heißen die »Trotzigen«, womit wahrscheinlich nicht die Titanen, sondern die Menschen gemeint sind, die kraft autonomer Vernunft gegen Zwang und Gesetz rebelliert und damit, nun allerdings wie die Titanen, »den Göttern gleich zu werden« versucht haben. Der Satz: »Dann haben des eigenen Rechts und gewiss des himmlischen Feuers gespottet die Trotzigen« ist grammatisch zu erläutern. Nicht ist zu lesen: sie haben des eigenen Rechts und gewiß, d.h. sicherlich, des himmlischen Feuers gespottet, sondern: in der Gewißheit ihres eigenen Rechts und des himmlischen Feuers in ihnen haben sie gespottet – nämlich der Stricke, mit denen sie gefesselt waren. »Spotten« ist hier absolut gesetzt.

Der äußerst gedrängte Gedankengang der siebten Strophe läßt sich abschließend so wiedergeben: Göttliches lebt aus seinem allgegenwärtigen Ursprung, Menschen existieren in geschichtlich gewordenen Ordnungen. Diese Ordnungen sind an die Stelle des ursprünglichen Liebesbezugs getreten, der in der goldenen Zeit das menschliche Miteinander regierte, und haben die Gestalt von Zwangssystemen angenommen. Dagegen mußten sich Menschen auflehnen, in denen noch ein Bewußtsein ihres Ursprungs (himmliches Feuer) und ihrer Bestimmung (eigenes Recht) lebte. Aber der Aufruhr, so notwendig und verständlich er war, ist über sein Ziel hinausgeschossen. Die in ihm freigesetzten Kräfte führten zur Selbstvergöttlichung des sich autonom dünkenden Menschen, zur superbia oder zum Versuch, selber Mitte zu sein (experimentum medietatis suae). Vor einer ähnlichen Versuchung stand der Rhein, als er sich in den Mittelpunkt der Erde stürzen wollte.

Das Motiv der superbia führt die *achte Strophe* in ihrem zweiten Teil zu Ende, den wir vorausnehmen. Wer wie die Götter sein will, sich also gegen sie empört, da es doch die menschengemachte Religion ist, gegen die er sich empören sollte, der wird von den Göttern vernichtet. Sie lassen ihn den Feind aller werden, der sich selber vernichtet. Hölderlin nennt ihn, mit dem ihm wohl von Luther bekannten Wort, den »Schwärmer«, der »nicht Ungleiches dulden«, d.h. seine den Göttern ungleiche Endlichkeit nicht annehmen will.

Dieses Annehmen der Endlichkeit leistet nun der Dichter – davon spricht der erste Teil der Strophe –, und zwar als Mittler, ähnlich wie in der Hymne *Wie wenn am Feiertage,* jedoch in dezidierter Rolle. Dort hatte er den Strahl des Vaters zu fassen und ins Lied gehüllt weiterzureichen, er hatte die Botschaft der Himmlischen im Gedicht den Menschen zu sagen. Hier wird noch mehr von ihm verlangt: er hat stellvertretend für die Himmlischen zu fühlen, weil diese »nichts fühlen von selbst«. Denn als die Ewigen sind sie sich selber genug, sie leben ihre Unendlichkeit, aber sie wissen nichts von sich, weil sie aus sich sind. Selbstbewußtsein hat nur der endliche Mensch, der nicht aus sich und mithin einer Welt gegenübergestellt ist, an der er sich selbst als ein Ich erkennt. Nur wer sich von dem, was er nicht ist, unterscheiden muß, fühlt sich und fühlt ineins damit das andere, das Nicht-Ich.

Dieses Sich-Fühlen bringt der Dichter den Himmlischen, indem er sie dichtet, so daß sie im Spiegel seines Gedichts sich selber erblicken. Deshalb »brauchen« sie ihn, so wie sie überhaupt der Sterblichen »bedürfen«, um ihrer eigenen Unsterblichkeit inne zu werden. Der Dichter ist hier also nicht wie in jener ersten Hymne der Mittler zwischen den Göttern und den Menschen, sondern der, welcher die Götter mit sich selber vermittelt. Aber das ist nur die Voraussetzung der anderen Aufgabe: das Absolute muß mit sich selbst bekannt werden, damit es zum Endlichen in Beziehung treten kann.

Beide Male taucht aber sofort der Gedanke der Hybris auf. Denn als Mittler der Götter – sei es auf die eine oder die andere Weise – erhält der Dichter eine gefährliche Macht, die Empedokles in die Worte gefaßt hatte: »Was sind die Götter und ihr Geist, wenn ich sie nicht verkündige?«[22] Und beide Male wird gesagt, welcher Haltung es bedarf, um dieser Verlockung zu widerstehen und der unfehlbar folgenden Strafe der Himmlischen zu entgehen. In *Wie wenn am Feiertage* bewahren »reines Herz« und »schuldlose Hände« (V. 60 f.) die Integrität des Mittlertums, die *Rhein*-Hymne hebt den stellvertretenden Charakter eines Fühlens der Götter hervor. Nur »teilnehmend«, d. h. ihnen zuliebe, und nur »in der Götter Namen«, nicht wie Empedokles im eigenen Namen, darf der Dichter sie fühlen und seinem Gefühl Worte geben. Ob Hybris oder nicht, liegt daher nicht am Fühlen der Himmlischen – von ihm lebt Hölderlins Dichtung –, sondern an der Instanz, in deren Namen gefühlt wird. Auch leitet er diese Verse mit den Worten ein: »wenn solches zu sagen erlaubt ist«, um ihnen den letzten Schein der Selbstüberhebung zu nehmen. Übrigens bilden die Verse die genaue Mitte des Gedichts, und das sicher nicht zufällig, wenn man sich ähnlicher Fälle in anderen Gedichten erinnert.

Dann die Verse über Hybris und Strafe der Götter, die besprochen sind. Die *neunte Strophe* läßt einen Preis der Bescheidung, der antihybriden Haltung also, folgen, wobei noch einmal das Bild des Rheins auftaucht, jedoch so formuliert, daß es zugleich als Metapher für jeden dienen kann, der sich zu bescheiden gelernt hat. Wanderungen und Leiden sind nicht vergessen, aber sie erscheinen jetzt »süß« – sie haben das Bittre der Unmittelbarkeit verloren – ihre Erinnerung rauscht am »sichern Gestade« auf – aus den Fesseln der Ufer ist ein Haus geworden –, und der Gereifte sieht jetzt »gern« auf die Grenzen, die ihm Gott bei der Geburt für seinen Lauf vorgezeichnet hat, er bejaht sein Schicksal als ein »wohlbeschiedenes«. Hinter diesen Bildern steht wieder jener »freie Gebrauch des Eigenen«, der erst in der entsagenden Rückkehr aus der ersehnten Fremde gelernt wird.

In dieser Selbstbescheidung geschieht nun das Wunder, daß all das sich einstellt, was einst vergeblich begehrt war, und zwar »von selber«, worin das Ovidische »sponte sua« zu erkennen ist, »lächelnd«, wie der Vater gelächelt hatte, und »unbezwungen«, d. h. unerzwungen. Wer auf den unbändigen Eigenwillen verzichtet, dem ergibt sich das Gewollte freiwillig. Er wird der »Kühne« genannt, weil Bescheidung nicht Schwäche, sondern Zeichen der höchsten, der sich selbst überwindenden Stärke ist.

Mit *Strophe zehn* geht das Gedicht zu der Rousseau gewidmeten Triade über. Der einleitende Satz »Halbgötter denk' ich jetzt« scheint einen Einschnitt zu markieren und auf Rousseau vorauszuweisen. Indessen könnte das »jetzt« auch das bisher Gesagte zusammenfassen, so daß sich der Satz auf den Rhein und seine Brüder bezöge. Dafür spräche, daß der Rhein schon in der zweiten Strophe ein Halbgott genannt war, während Rousseau in der elften ein »sterblicher Mann« heißt. Aber in der zehnten wird er mit dem Weingott verglichen, der auch ein Halbgott ist. Man darf solche zwischen Realität und Metaphorik schwebenden Begriffe wohl nicht pressen, und vermutlich wird man der Stelle am ehesten gerecht, wenn man beide Beziehungen gelten läßt und das Wort von den Halbgöttern als thematische Aussage nimmt, die vom Rhein zu Rousseau die Brücke schlägt.

Wird Rousseau nun als Halbgott eingeführt, dann kann, was über ihn gesagt wird, nicht Inhalte seiner Lehre, sondern nur die Form ihrer Verkündigung und auch ihre Quellen betreffen. »Sicherer Sinn«, »süße Gabe zu hören« und »heilige Fülle« wären etwa mit

Instinkt und Inspiration wiederzugeben. Aus ihnen geboren, mußte seine Sprache »törig göttlich« und »gesetzlos« erscheinen. Töricht vor der Vernunft, wobei man sich des Paulus-Wortes von der »göttlichen Torheit« erinnert, die weiser ist, als die Menschen sind (1. Kor. 1, 25). Gesetzlos aber, weil inspiriert und nicht den Regeln der Kunst und Rhetorik folgend – das wäre ein Klopstokkischer Gedanke – oder im Sinne der biblischen Entscheidung zwischen Gesetz und Evangelium, Buchstabe und Geist.

Diese Sprache nennt Hölderlin die »Sprache der Reinesten«. Wir sagten schon: »rein« bedeutet nicht nur unbefleckt, sondern ursprungsnah und dem Göttlichen offen. Darum ist eine solche Sprache nur den »Guten« verständlich. Denn »gut« hängt in Hölderlins Etymologie mit Gott zusammen, und man kann geradezu den Satz anführen: »An das Göttliche glauben die allein, die es selber sind.«[23] Die »Achtungslosen« aber schlägt ein so Redender mit Blindheit, worin vielleicht eine Anspielung auf Verbot und Verbrennung des *Emile* zu sehen ist. Die »entweihenden Knechte« fügt Hölderlin hinzu. Denn das Wort Knecht hat in seiner Sprache nicht nur eine soziale, sondern eine ethische Bedeutung: Knecht der Ichsucht, unfähig, das Göttliche wahrzunehmen.

Die Verse über Rousseau waren ein einziger Vordersatz, zielend auf die Frage: »wie nenn ich den Fremden?« Das scheint merkwürdig, da sein Name ja genannt ist. Aber gemeint ist eben nicht der bürgerliche Name, sondern eine Wesensbezeichnung, die erklärt, warum Rousseau in der Welt der Knechte ein Fremder ist. Diese Wesensbezeichnung muß nun die *elfte Strophe* aussprechen. Sie nennt ihn einen Sohn der Erde, allerdings in sprachlich verkürzter Form. Auf die Frage: »wie nenn ich den Fremden?« müssen wir uns ergänzen: Ich nenne ihn einen Sohn der Erde, denn »Die Söhne der Erde sind ...« Hölderlin ersetzt den bekannten, »positiven« Namen Rousseau, der vom Wesen nichts erkennen läßt, durch einen symbolischen Namen, der es nennt, wie er in den *Antigone*-Anmerkungen den Namen Zeus durch »Vater der Zeit« und »Vater der Erde« ersetzt, wofür er sich eigens rechtfertigt.

Ein Sohn der Erde ist auch der Rhein. Aber sein Vater ist der Donnerer, und die wilde Sehnsucht des Stroms wird, in irdischer Metamorphose, als Erbteil der väterlichen Willenskraft zu denken sein. Jedenfalls ist Rousseau dem Rhein nur in der Wesensart der Mutter verbunden. Diese wird »alliebend« genannt, womit Hölderlin ein schon früh gebrauchtes Beiwort der Erde wieder aufnimmt. Alliebe aber ist, wiewohl sie Dulden und Leiden nicht ausschließt, Glück, jedoch nicht im Sinne der Glücksempfindung, sondern einer glücklichen Wesensverfassung. Dieses glückliche Sein, nicht das gewaltsame Suchen des Rheins, ist Rousseau eingeboren. Von den solchergestalt »Glücklichen« aber heißt es, daß sie alles »mühlos« empfangen, und zwar von Anfang an, nicht erst, wie der Rhein, nach einer von Mühen und Leiden gezeichneten Bahn. Man erinnert sich des kurz zuvor erschienenen Gedichts *Das Glück* von Schiller, das Ähnliches über den Glücklichen sagt, und der ihm zugrundeliegenden Wesensbestimmung des »naiven« Charakters, die am Ende dieser Strophe noch einmal anklingt.

Von dieser Alliebe erfüllt, hat sich Rousseau den Himmel auf die Schultern gehäuft, d.h. er hat das Bild einer versöhnten Welt gezeichnet, in der Mensch und Kultur wieder so würden, wie sie die Natur gewollt hat, und die Zeit in ihren Ursprung zurückkehrte. Und dies alles hat er »empfangen«, worin man wohl auch die Bedeutung »konzipiert« mitdenken soll. Aber der Augenblick kommt, da dem Verkündiger, wenn er die »Last der Freude« bedenkt, die Verkündigung zu schwer wird – man kann nicht immerzu im Traum von einer erlösten Welt leben, namentlich wenn der Widerhall ausbleibt. Darum seine Einkehr bei sich selbst, eine Rückkehr ins kindlich paradiesische Sein, womit Hölderlin Rousseaus Refugium am Bielersee und seinen Bericht in den *rêveries*, vor allem der fünften Promenade, auslegt. Dort, im »Schatten des Walds«, brennt der Strahl nicht, der Strahl des Feuers vom Himmel, und »fast ganz vergessen«, d.h. von der Welt vergessen oder sie vergessend, lernt er anfängergleich bei Nachtigallen, er wird selbst wieder Natur. »Sorglosarm an Tönen«, fügt Hölderlin hinzu. Das Nachtigallenlied besteht nur aus wenigen Tönen, aber es sind, um ein *Hyperion*-Wort zu zitieren, die »ewigen Grundtöne« unseres Wesens.[24]

Auf die Verkündigung des Heils und das Versenktwerden in den »heiligen Schlaf« der Rückkehr in sich folgt nun in der *zwölften Strophe* das Erwachen und Eingehen in die Wirklichkeit des Heils, abends, dem milderen Licht entgegen, das nicht mehr brennt wie der Strahl am Mittag. Dieses Bild wird jedoch sogleich von Rousseau auf den Vater und die Ruhe des Feierabends übertragen, der wie in der *Friedensfeier* als der Abend der Zeit gedacht ist, in dem sich die Geschichte erfüllt. Zuvor wird aber aufgezählt, was der Vater in der Zeit getan hat. Er hat im Beginn der Zeit die Berge gebaut und – eine letzte Erinnerung an den Rhein – den Pfad der Ströme gezeichnet. Dann hat er während der Zeit das Leben der Menschen gelenkt, er hat das »geschäftige« und »odemarme« wie Segel mit seinen Lüften getrieben, und dies wieder »lächelnd« im Sinne des göttlichen Mehr-Wissens, von dem die Rede war. Jetzt, am Abend der Zeit, erscheint er als das mildere Licht der Sonne, die sich der Erde zuneigt; denn er ist ja der Tages- und damit der Zeitgott. In den vier Bereichen der »Berge«, der »Ströme«, der »Lüfte« und des »Lichts« erkennt man die vier Elemente, die den vom obersten Gott regierten Kosmos umschreiben.

In den letzten Versen der Strophe wird er der »Bildner« genannt und die Erde seine »Schülerin«. Das bezieht sich im vorliegenden Text auf das Erbauen der Berge und das Einzeichnen der Ströme, womit er die Erdoberfläche gegliedert und die Erde im wörtlichen Sinne des Formens wie im übertragenen Sinne des Erziehens gebildet hat. Den ersten Sinn verdeutlicht eine Lesart, die ihn den »herrlichen Pygmalion« und die Erde seine »Braut« nennt.[25] Die vom Gott sozusagen modellierte Erde gleicht der Statue Pygmalions, welche die Götter auf seine Bitte beseelt und ihm zur Braut gegeben haben. Im endgültigen Text heißt sie dann die »heutige Erde«. Damit ist schwerlich nur gemeint, die Einkehr des Gottes bei der Erde geschehe heute. Die Erde ist immer die heutige, sie repräsentiert die Gegenwart des Hier und Jetzt im Unterschied zum Geistprinzip des Vaters, der Vergangenheit und Zukunft bedenkt. Dieses Gegenwart-Sein wird sich jetzt, im »hieros gamos« der Gottheiten, in ewige Gegenwart verklären. Vom Vater aber, der die Zeiten überblickt, wird schließlich gesagt, in der Erfüllung der Geschichte am Abend der Zeit finde er »Gutes mehr denn Böses«. Am Ende stellt sich heraus, daß vieles, was an seiner Stelle des Geschichtsprozesses böse schien, im Ergebnis einem guten Zweck diente. Man mag sich noch einmal des Rheinschicksals erinnern und hat in diesen Worten jedenfalls den Ausdruck der Hölderlinischen Theodizee zu erkennen, die uns fremd geworden, ihm aber selbstverständlich ist, da er seit seinen Anfängen die Weltgeschichte nie anders als im Licht der einmal kommenden Parusie des Heils zu denken imstande war.

Strophe dreizehn leitet die letzte Triade ein. Deren Thema ist die Verwandlung der Zeit in ewige Gegenwart am Abend der Geschichte, jedoch in drei Erscheinungsformen: als Einkehr der Götter (Str. 13), als Gedächtnis in der Zeit (Str. 14) und als Begegnung im Augenblick (Str. 15). Das seiende Ewige, das gedachte Ewige und das erfahrene Ewige – so gliedern sich offenbar die Aspekte dieses Themas.

Die Einkehr der Himmlischen wird vom Motiv des »hieros gamos« zum »Brautfest« der Menschen und Götter und aller Lebenden erweitert und mit dem Satz ausgelegt, in ihm sei für eine Weile das Schicksal »ausgeglichen«. Ausgleich bedeutet in Hölderlins Sprache stets: Aufhebung einer Einseitigkeit in ein Ganzes, worin sie zur Ruhe kommt. Vier Exempla erläutern diesen Ausgleich. Flüchtlinge suchen die Herberge, hören also auf, Flüchtlinge zu sein. Tapfere suchen süßen Schlummer, ruhen also von ihren Taten aus. Unversöhnte sind umgewandelt und reichen sich die Hände, sind also versöhnt. Nur bei den Liebenden braucht sich nichts zu ändern. Sie »sind, was sie waren«; denn die Liebe ist das Urbild der Versöhnung und eigentlich ein Sein jenseits des Daseins, in dem es Streit und Versöhnung gibt. In ihr ist das Schicksal a priori ausgeglichen und in ewige Gegenwart aufgehoben, weshalb denn z. B. Hyperion den Augenblick der Begegnung mit Diotima in die Worte faßt: »Die Zeit war nicht mehr.«[26] Der Ort der Liebenden wird in zwei Bildern umschrieben. Sie sind zu Hause, »wo die Blume sich freuet unschädlicher Glut«. Die Glut ist ihr Blühen, aber dieses ist eine unschädliche Glut, die andere auf Blumen bezogene Oxymora ein »mildes Feuer«[27] und ein »liebendes Fieber«[28] nennen. Und sie sind zu Hause, wo »die finsteren Bäume der Geist umsäuselt«. Der Geist, als Pneuma gefaßt (umsäuselt) und zugleich als Licht (finstere Bäume), entspricht dem, was Hölderlin sonst den Äther zu nennen pflegt. Er umspielt die dunklen Bäume, so daß das Bild eines lichten Hains sich einstellt, worin die Gegensätze ebenso ausgeglichen sind wie in der unschädlichen Glut der Blumen.

Aber diese Versöhnung dauert nur, bis die Nacht kommt – »da niemand wirken kann« (Joh. 9, 4) –, und also nur »eine Weile«. Der Erlösungsaugenblick geht vorüber, wie in *Menons Klagen* und anderen Gedichten. Es gibt allerdings auch Gedichte, die ihn für endgültig zu halten scheinen, die *Friedensfeier* z. B., die unter dem unmittelbaren Eindruck des Friedens von Lunéville entstanden sind. Hölderlins gewöhnliche Vorstellung ist aber die einer Welt, die in zyklischen Kreisen in den Sturm der Geschichte gerissen wird und dann wieder in die Erfüllung der Zeit zurückkehrt, aus der sie gekommen war.

In dieser Strophe war der Höhepunkt der Hymne erreicht. *Strophe vierzehn* läßt die Reflexion folgen: was geschieht, wenn ein solcher Augenblick der Allversöhnung vorübergeht? Einige vergessen ihn rasch, andere behalten ihn länger im Gedächtnis. Allein die ewigen Götter sind »voll Lebens allzeit«, fügt Hölderlin hinzu. Denn sie leben das ewige Sein, welches der in die Zeit zurückgekehrte Mensch nur noch denken, also im Gedächtnis behalten, oder nicht mehr denken und vergessen kann. Gelingt aber einem, dieses Gedächtnis bis in den Tod zu bewahren, dann »erlebt er das Höchste«. Das ist wörtlich zu nehmen: er er-lebt es, lebend erreicht er es, wie Sokrates, als er den Giftbecher trank und ein Opfer für Asklepios anordnete, zum Zeichen, daß er geheilt, d. h. ins Heil zurückgekehrt sei. Von Sokrates ist zwar erst in den Schlußversen der Strophe die Rede. Daß man gleichwohl hier schon an ihn zu denken hat, macht die nähere Betrachtung dieser Verse wahrscheinlich.

Sie spielen auf das Platonische *Gastmahl* an, mit Worten allerdings nur auf den bekannten Bericht, Sokrates habe die ganze Nacht im Gespräch zugebracht und sei am Morgen ohne ein Zeichen der Ermüdung an seine Arbeit gegangen. Aber der Leser soll sich selbstverständlich auch des Inhalts dieser Gespräche erinnern, nämlich der von Sokrates vorgetragenen Lehre, Liebe beruhe auf Anamnesis an die einmal, vor der Geburt, geschaute Idee. Denn jenes »Gedächtnis« des »Besten«, welches den, der es bis in den Tod bewahrt, das Höchste erleben läßt, zielt offensichtlich auf die Platonische Anamnesis, die Sokrates gelehrt und mit seinem Tod besiegelt hat.

Wir haben die Verse übersprungen, die beginnen: »Nur hat ein jeder sein Maß.« Nicht jeder ist fähig und stark genug, dieses Höchste zu erleben. »Denn schwer ist zu tragen das Unglück, aber schwerer das Glück«, so lautet die Begründung. Dieser ungeheure Satz enthält weit mehr als das, was er an seiner Stelle erläutert. Innerhalb des Gedichts mag man ihn auf Rousseau zurückbeziehen, dem die Last der Freude zu schwer wurde. Ohne Frage spricht Hölderlin aber auch aus der eigenen Erfahrung des Glücks mit Diotima und des Leids um sie; das geht aus der ursprünglichen Schlußstrophe des Gedichts hervor. Was aber den Sinn des Satzes betrifft, so kehrt seine Paradoxie die gewohnten Maßstäbe um. Denn mit dem noch schwerer zu tragenden Glück ist nicht ein Glücksempfinden gemeint, welches das Dasein doch leicht macht, und auch nicht ein Sitzen am Tisch der Götter, das die alten Titanen nicht ertrugen, sondern etwas, worin sich die Seinsverfassung des Menschen verändert. Unglück ist Seinsentzug, Glück ist Fülle des Seins. In jenem fühlt der endliche Mensch nur seine Endlichkeit, sein wahres Verhältnis, dieses mutet ihm zu, was seine Endlichkeit übersteigt und nur zu bestehen ist, wenn eine Sokrates ähnliche Haltung gefunden wird.

Strophe fünfzehn, die Schlußstrophe, nimmt auf die Widmung des Gedichts an Sinclair Bezug und fügt den Freund dem thematischen Entwurf der letzten Triade ein. Auch ihm mag der Gott erscheinen, aber nun nicht in Denken und Gedächtnis, sondern in der Wirklichkeit eines visionären Augenblicks, oder wie man sich die Realität dieser Begegnung auslegen will. Der Gott wird sich ihm jedoch nicht in unmittelbarer Gestalt zeigen, sondern »gehüllt in Stahl« oder »in Wolken«. In diesem Motiv erkennt man den Grundgedanken Hölderlins, das Göttliche verberge sich in seine Offenbarung, wenn es erscheint. »Denn welchem Auge stellt sich ein Gott in unverhüllter Glorie dar?« heißt es schon in einem *Hyperion*-Entwurf.[29] Die Verhüllung in Stahl aber dürfte auf Sinclairs Revolutionstätigkeit anspielen, die Verhüllung in Wolken auf seinen Traum von einer neuen Zeit. Dennoch wird er ihn »kennen«, d. h. in seiner Verhüllung erkennen, weil er »jugendlich« – trotz seiner Jugend oder vielmehr gerade ihretwegen – »des Guten Kraft« kennt. *Der* Gute ist gemeint, nicht *das* Gute, gemäß der alten, von Hölderlin übernommenen Etymologie, die »Gott« von »gut« ableitet. Und es wird ihm – zum dritten Male fällt dieses Wort – das »Lächeln« des Gottes nicht verborgen sein.

Wenn dieses Lächeln auch hier wieder das höhere Wissen des Gottes anzeigt – es anders auszulegen besteht kein Grund –, dann rücken die Schlußverse des Gedichts, die sich so merkwürdig vom Thema der letzten Triade zu entfernen scheinen, ins Licht eines Entwurfs, der die geistigen Dimensionen der Hymne noch einmal erweitert. Zunächst ist jedoch zu sagen, wovon diese Verse unmittelbar sprechen. Es sind Kräfte am Werk, welche der von den Himmlischen verbürgten Ordnung widerstreben und dem Chaos verwandt sind. Bei Tag scheinen sie »angekettet«, gebändigt vom Tagesgott, aber »fieberhaft«, als ob sie auf die Stunde ihrer Befreiung warteten. Bei Nacht brechen sie los; dann mischt sich alles »ordnungslos«, und »uralte Verwirrung« kehrt wieder. Der zeitgeschichtliche Bezug dieses Bildes ist in der Revolution zu erkennen, da Sinclair angesprochen ist. Aber die revolutionären Kräfte heißen »das Lebendige« und nicht etwa das Wilde oder das Freche oder womit Hölderlin sonst anarchische Gewalten zu bezeichnen pflegt. Sie sind daher nicht a priori böse, aber die Gefahr besteht, daß sie es werden, wenn sie im Aufruhr sich der Kontrolle entziehen. Dieser Gefahr scheint der Freund nicht unterworfen zu sein, da er das Lächeln des Herrschers kennt, also des Gottes in ihm gewiß ist. Ob in dieser Aussage auch eine versteckte Mahnung mitklingt, ist schwer zu sagen.

Nun hat der Vorgang, wie aus der »uralten Verwirrung« hervorgeht, seine mythische Dimension, die man vielleicht so formulieren kann: Der Abgrund ist immer da, aber die Himmlischen sind auch da und sind die Stärkeren, selbst wenn sie einmal für eine Weile die Mächte des Abgrunds gewähren lassen. Auch könnte der Schluß auf den Anfang zurückweisen. Denn im Abgrund tobte der junge Rhein, aber der Vater lächelte, weil er im Zürnen des Sohnes das Lebendige sah, das er dem Leben zu dienen bestimmt hatte.

Ursprünglich schloß das Gedicht mit einer anderen Strophe. Die Anrede »Mein Vater!« bezog sich auf Heinse, dem die Hymne gewidmet war. Die Strophe lautet:

Und du sprichst ferne zu mir,
Aus ewigheiterer Seele,
Was nennest du Glück,
Was Unglück? wohl versteh' ich die Frage,
Mein Vater! aber noch tost
Die Welle, die mich untergetaucht
Im Ohr mir, und mir träumt
Von des Meergrunds köstlicher Perle.
Du aber, kundig der See,
Wie des festen Landes, schauest die Erde
Und das Licht an, ungleich scheinet das Paar, denkst du,
Doch göttlich beide, denn immer
Ist dir, vom Aether gesendet
Ein Genius um die Stirne.[30]

Die Frage: »Was nennest du Glück, was Unglück?« knüpft an den Satz der vorhergehenden Strophe an: »schwer ist zu tragen das Unglück, aber schwerer das Glück.« Sie wird dem väterlichen Freund in den Mund gelegt, der aus »ewigheiterer Seele« spricht, jenseits von Glück und Unglück; denn »heiter«, für Hölderlin mit »Äther« verwandt[31], ist Beiwort der schicksalsenthobenen Götter. Die Antwort des Dichters, wohl verstehe er die Frage, aber noch habe er sich die Weltüberlegenheit des Freundes nicht erkämpft, zielt auf den Schmerz um Diotima. Denn der ist die Welle, die ihn untergetaucht hat, und die köstliche Perle des Meergrunds (Matth. 13,45) meint Diotima. In einem Brief der Trennungszeit nennt er sie die »Perle der Zeit« und fügt hinzu: »wer sie erkannt hat, und wie ihr himmlisch angeboren eigen Glück dann auch ihr tiefes Unglück ist, der ist auch ewig glücklich und ewig unglücklich.«[32] Die folgenden Verse über Erde und Licht, das ungleich scheinende Paar, die dennoch göttlich beide sind, konnte und sollte nur Heinse verstehen. Gemeint sind Susette Gontard und Hölderlin, wie sich für uns aus dem Mythus von Erde und Sonne ergibt, in dessen Licht der Roman die Gestalten Diotimas und Hyperions deutet. Ohne diese Erklärung müssen die Verse allerdings unverständlich bleiben. Dies und ihr sehr privater Charakter mögen neben anderen Gründen Hölderlin veranlaßt haben, die an sich großartige Schlußstrophe durch eine andere zu ersetzen. –

Wir haben die Aussagen des Gedichts zu erklären versucht, aber seinem Aufbau und seiner Form noch wenig Beachtung geschenkt. Deren erschöpfende Interpretation hätte einen zweiten Gang durch das Gedicht zur Folge, der hier unterbleiben muß. Es gibt jedoch eine Notiz Hölderlins zum Aufbau der Hymne, die den Vorzug der authentischen Deutung hat und mit wenigen Erläuterungen wiedergegeben sei. Sie steht in einer der Handschriften und lautet: »Das Gesetz dieses Gesanges ist, daß die zwei ersten Partien der Form nach durch Progreß und Regreß entgegengesetzt, aber dem Stoff nach gleich, die zwei folgenden der Form nach gleich, dem Stoff nach entgegengesetzt sind, die letzte aber mit durchgängiger Metapher alles ausgleicht.«[33]

Hölderlin unterscheidet fünf »Partien«, womit er die fünf Strophentriaden bezeichnet. Für die Begriffe Stoff und Form, Progreß, Regreß und Metapher muß man seine poetologischen Äußerungen, namentlich in den Homburger Aufsätzen, zu Rate ziehen. Hier sei nur mitgeteilt, wie sich diese Begriffe am Text der Hymne vermutlich verifizieren lassen.

Dem Stoff nach gleich nennt Hölderlin die beiden ersten Partien; denn ihr durchgehendes Thema ist das Schicksal des Rheins. Dem Stoff nach entgegengesetzt die beiden folgenden: die dritte handelt von der superbia der Selbstvergöttlichung und preist am Ende die Selbstbescheidung, die vierte entwirft das Bild eines Heilverkündigers und seines Eingehens ins Heil. Sich zum Gott machen wollen und den Göttern als Mittler dienen, das dürften die beiden Themen sein, die Hölderlin dem Stoff nach entgegengesetzt nennt.

Dann die Bemerkungen zur Form. Durch Progreß und Regreß der Form nach entgegengesetzt heißen die beiden ersten Partien. Damit ist wohl auf den »Wechsel der Töne«[34] gezielt, der in der ersten Triade vorwärts und in der zweiten rückwärts verläuft: naiv – heroisch – idealisch/idealisch – heroisch – naiv. Diese Zuordnungen ergeben sich aus der Physiognomie der Töne, die als Sprechweisen des Gedichts, aber auch als Seinsweisen seiner Gegenstände zu verstehen sind. Um dies in Kürze anzudeuten: der naive ist der beschreibende, der heroische der passionierte und der idealische der deutende Ton – so auf der Subjektseite. Die Objekte der Töne sind dementsprechend: schaubare Realitäten, leidenschaftliche Wünsche und Klagen und entworfene Sinnordnungen des Daseins. Wendet man diese Physiognomien nun an, so wird man sagen: Die erste Strophe beschreibt die reale Situation des Dichters, sein Sitzen im dunklen Efeu an der Pforte des Waldes (naiv), die zweite vernimmt teilnehmend das Rasen des Halbgotts im Abgrund (heroisch), die dritte deutet es aus dem Wesen der Göttersöhne, die ihr Wohin nicht kennen, weil ihr Woher sie zu mächtig treibt (idealisch). Diese Folge kehrt die nächste Triade um. Strophe vier setzt in den Reflexionen über das Reinentsprungene die idealische Deutung fort, Strophe fünf, die vom Zerreißen der Schlangen und Spalten der Erde spricht, hat zumindest einen heroischen Gegenstand, und Strophe sechs kehrt in die naive Beschreibung des Ruhe findenden Rheins zurück. So etwa kann man sich Progreß und Regreß zurechtlegen, obwohl sich die Sprechweise des Dichters und die Seinsweise seines Gegenstandes nicht in jeder Strophe gleich überzeugend verbinden lassen. Das mag auch daher rühren, daß wir Hölderlins Kriterien noch nicht genügend durchschauen. Für die dritte und vierte Triade, die der Form nach gleich gebaut sein sollen, wird man die Folge: heroisch – idealisch – naiv ansetzen, ohne gewisse Schwierigkeiten zu verkennen. Denn die elfte Strophe z. B. legt in ihrem ersten Teil eine idealische, im zweiten die naive Deutung nahe. Welche Motive Hölderlin jeweils im Auge hat, läßt sich seiner knappen Notiz nicht entnehmen, weshalb auf einzelne Zuordnungen hier verzichtet sei.

Die fünfte Partie, heißt es schließlich, gleiche mit durchgängiger Metapher alles aus. Dieses Ausgleichen erinnert unmittelbar an die Deutung des Brautfestes: »ausgeglichen ist eine Weile das Schicksal.« Indessen müßte der Ausgleich auch in der Form zu erkennen sein, er müßte den Widerspruch von Stoff und Form aufheben. Hier hilft der Begriff Metapher weiter. Er deutet, wie es scheint, auf das Verfahren, das auch wir interpretierend angewandt haben, wenn wir im Brautfest und in den Gestalten des Sokrates und Sinclairs Bilder für das seiende, das gedachte und das erfahrene Ewige sahen. Aber metaphorisch in diesem Sinne hatten wir schon frühere Partien des Gedichts ausgelegt; wir müssen anders vorgehen.

Hält man nach einer theoretischen Bestimmung der Metapher Ausschau, dann bietet sich der Aufsatz *Über die Verfahrensweise des poetischen Geistes* an, worin die Metapher mit dem »geistigen Gehalt« des Gedichts gleichgesetzt wird. (Diese Gleichsetzung ist, streng genommen, ein wenig mißverständlich und auf Hölderlins abkürzende Schreibweise zurückzuführen. Denn der geistige Gehalt ist das Gemeinte, die Metapher aber das Gesagte, welches das Gemeinte in ein Bild überträgt. Ersetzt man »die Metapher« durch »das metaphorisch Auszudrückende«, dann ist die Schwierigkeit behoben.) Dieser geistige Gehalt, den die Metapher ausdrückt, heißt nun, mit dem Wort der Notiz zur *Rhein*-Hymne, der »allesausgleichende« und weiter die »gemeinschaftliche Seele«, die »allem gemein und jedem eigen« ist.[35] Gemeint ist die verborgene Einheit des Seienden, die Hölderlin die »Einigkeit mit allem, was lebt« zu nennen pflegt.[36] Sie ist das Produkt der intellektuellen, also unsinnlichen Anschauung, Entwurf des Dasein deutenden Dichters. Denn die Sinne nehmen nur das Für-sich-Sein jedes Dinges und mithin lauter Unbezogenes, Gegensätzliches und Widerstreitendes wahr. Da nun diese Einheit nicht vor Augen liegt, kann sie im Gedicht nur metaphorisch ausgedrückt werden. Solche Metaphern sind: Friede, Stille, Schönheit, goldene Zeit und so auch das Brautfest der Menschen und Götter samt seinem Fortleben in der sokratischen Anamnesis und der Begegnung des Freundes mit dem Gott. Damit dürfte erklärt sein, in welchem Sinne die letzte Partie des Gedichts alles mit durchgängiger Metapher ausgleicht. Die Metapher ist hier nicht als ein neutrales Stilmittel zu verstehen, das auf jeden beliebigen Gegenstand angewandt werden kann, und auch mit dem anders angesetzten Metaphernbegriff des Aufsatzes *Über den Unterschied der Dichtarten* ist sie nicht in Verbindung zu bringen. Sie ist das Verfahren, von dem einigenden Einen zu sprechen, das allem zugrunde liegt, wiewohl es keiner sieht, weil verborgen zu sein im Wesen des Absoluten liegt. Und auch sie selbst tastet diese Verborgenheit nicht an, da sie nur bildlich spricht. In der Hymne *Germanien* (V. 94-96) stehen die Verse über das »Wahre« und das dichterische Sprechen vom Wahren, die sich geradezu auf die Metaphorik der drei Schlußbilder des *Rheins* anwenden lassen; angeredet ist die Jungfrau Germania:

> Dreifach umschreibe du es,
> Doch ungesprochen auch, wie es da ist,
> Unschuldige, muß es bleiben.

Anmerkungen

1 An den Bruder, um Neujahr 1801; VI 407.
2 An die Schwester, 23. Februar 1801; VI 413.
3 II 130.
4 *Hyperion*, III 52.
5 An Böhlendorff, vermutlich November 1802; VI 433.
6 An Böhlendorff, 4. Dezember 1801; VI 426.
7 *Über die Verfahrensweise des poetischen Geistes, Über den Unterschied der Dichtarten, Wechsel der Töne*, alle in Band IV.
8 Vor allem im Aufsatz *Über den Unterschied der Dichtarten*, IV 266 ff.
9 V 270.
10 *Meinest du es solle gehen*, V. 5; II 228.
11 An Böhlendorff, 4. Dezember 1801; VI 426.
12 *Stuttgart*, V. 63; II 88.
13 *Der Ister*, V. 16; II 190.
14 Pindarfragment *Das Belebende*, V 289.
15 *Der Ister*, 3. Strophe; II 191.
16 An die Schwester, 23. Februar 1801; VI 414.
17 II 723.
18 V 269.
19 V 269.
20 V 268.
21 *Grund zum Empedokles*, IV 152 f.
22 *Empedokles*, 2. Fassung, V. 514 f.; IV 109.

23 *Menschenbeifall*, V. 7; I 250.
24 *Hyperion*, III 29.
25 II 728.
26 *Fragment von Hyperion*, III 167.
27 *Hyperion*, III 93.
28 *Ihr sichergebaueten Alpen*, V. 10; II 231.
29 *Hyperions Jugend*, III 204.
30 II 729.
31 Vgl. *Brot und Wein*, V. 65 und 69; II 92.
32 An Susette Gontard, vermutlich Juni 1799; VI 338.
33 II 722.
34 IV 238.
35 *Über die Verfahrungsweise des poetischen Geistes*, IV 241.
36 *Über den Unterschied der Dichtarten*, IV 267.

Die Wanderung*

Unter den späten Hymnen zeichnet sich die *Wanderung* durch augenfällige Besonderheiten aus. Obwohl das Vaterländische ihr Thema ist, fehlt ihr eigentlich alles, was Hölderlins Wort vom »hohen und reinen Frohlocken vaterländischer Gesänge«[1] enthält: das Aufblicken zu den Himmlischen, der Gestus des Verkündigens, die Paränese an die Zeitgenossen, das Inständige und Gespannte, das Fordernde und manchmal Gewaltsame der anderen Hymnen. Dafür überrascht sie durch eine homerische Natürlichkeit und Lieblichkeit ihrer Bilder, einen persönlichen, fast zutraulichen Ton, sogar einige schalkhafte Bemerkungen und durch eine Sprache, der die Umsetzung des Gedachten ins sinnlich Angeschaute so vollständig gelungen ist wie sonst vielleicht nur dem Gedicht *Andenken*, das denselben persönlichen Ton anschlägt. Auch im Gegenständlichen zeigt sich ihre Eigenart. Das Pantheon der Götter und der oberste Gott, wiewohl anwesend zu denken, bleiben ungenannt, desgleichen der große Bogen der Welt- oder Heilsgeschichte und seine Basis, die ewige Natur; nur wie ein zartes Liniengerüst scheinen sie durch die besonderen Vorgänge hindurch, von denen erzählt wird. Das Erzählen aber beherrscht weite Teile des Gedichts und hat die Folge, daß jene großen Perspektiven hinter dem Nahen und Einzelnen, dem freundlich beschriebenen Detail zurücktreten, das nun an historischer und geographischer Realität weit mehr als die andern Gedichte dieser Jahre enthält. Auch ist die *Wanderung* die einzige Hymne auf die schwäbische Heimat, sieht man von dem Entwurf *Ihr sichergebaueten Alpen* ab, der sie, trotz seiner unfertigen Form, an Konkretion und Lokalinteresse noch übertrifft. Zunehmender Abstand zwischen Nahsicht und ferngerücktem Sinn ist allerdings ein generelles Merkmal der späten Fragmente. Es scheint aber, daß Heimat und Heimatdinge diese Tendenz, natürlicherweise, befördern. Dann hätte man in der *Wanderung* die erste Station dieses Wegs zu erkennen.

Sucht man ein Wort, das den Grundcharakter dieses Gedichts ausdrückt, dann bietet sich das erste Wort seines Textes an: ein glückliches Gedicht. Damit träfe man beides, sein sprachlich-formales Gelungensein und die Stimmung, aus der es spricht und in die es den Leser versetzt. Hierbei verbirgt es freilich Problem und tiefere Bedeutung, weshalb sich die Forschung seiner bisher wenig angenommen hat.

Einleitendes

Das Gedicht muß im Hymnenjahr 1801 entstanden sein, wahrscheinlich nach *Am Quell der Donau* und *Friedensfeier* und vor *Rhein*-Hymne und *Germanien*. In Thema, Motiven und Aufbau steht es der ersten dieser Hymnen am nächsten, worauf an gegebener Stelle hinzuweisen ist, und kann ihr auch unmittelbar gefolgt sein, wenn die *Friedensfeier*, wie manche annehmen, erst später ihre endgültige Gestalt gefunden hat. Jedenfalls weisen das Alpenbild der ersten beiden Strophen und die zweimalige Erwähnung der Schweiz[2] auf Hölderlins Hauptwiler Monate im Frühjahr 1801 oder ihre frische Erinnerung hin.

Thema der *Wanderung* sind der Aufbruch des Dichters nach Osten und die Ankunft in Griechenland. Sie werden nicht wie in *Patmos* beschrieben, nur mitgeteilt, dafür erfährt man die Absicht der Reise: der Dichter lädt die griechischen Grazien ein, zu uns, nach Hesperien zu kommen. Daß dieses Bild etwas ganz anderes als die Geburt eines deutschen Klassizismus im Auge hat, wird sich dann zeigen.

Hingegen ist schon hier etwas über verwandte Themen in benachbarten Gedichten zu sagen. Auch *Brot und Wein* spricht vom Aufbruch nach Griechenland und umgibt ihn mit den Zeichen eines heiligen Auszugs in ein gelobtes Land. Aber der Gedanke ist nur, dort sei ein Eigenes zu finden; von Rückkehr und Vermittlung des Gefundenen an die Heimat, vergleichbar der Einladung der griechischen Grazien zu uns, ist noch nicht die Rede. Anders motiviert *Am Quell der Donau* diesen Aufbruch. Er soll das »Wort aus Osten«, das schon längst zu uns gedrungen, aber erst von wenigen verstanden ist, mit einem von den Wellen des Stroms getragenen »Wiederklang der Liebe« beantworten; so in den Lesarten des verlorenen Eingangs der Hymne.[3] Hölderlin wandelt das Thema also folgendermaßen ab: *Brot und Wein*: das Eigene ist im Fremden zu finden. *Am Quell der Donau*: das Fremde ist unerkannt im Eigenen schon anwesend und muß noch begriffen werden. *Die Wanderung*: das Fremde soll förmlich eingeholt und fürs Eigene fruchtbar gemacht werden. Was Fremdes und Eigenes konkret bedeuten und warum sie zusammengebracht werden müssen, wird sich aus der Interpretation der *Wanderung* ergeben.

Ihr Thema wird nun so durchgeführt: Die ersten beiden Strophen tragen einen Preis der Heimat Suevien vor und enden mit dem Gedanken, hier sei gut wohnen. Die dritte setzt mit dem Entschluß ein: »Ich aber will dem Kaukasos zu!«, begründet ihn jedoch vorerst nicht und verweist nur auf die Freizügigkeit der Dichter. Dieser kurze Auftakt leitet zu einer drei Strophen umfassenden Erzählung über: Schon einmal sind Menschen des Westens, unsere Vorfahren, donauabwärts gezogen, sind am Schwarzen Meer Ostleuten begegnet und haben sich mit ihnen verbunden. Die Frucht dieser Verbindung waren die Griechen. Hölderlin schließt mit der Frage, die seine Rede von den Griechen so oft begleitet: »Wo aber wohnt ihr, liebe Verwandten?« Die Antwort der sechsten Strophe weiß nur zu sagen, wo sie einst gewohnt haben, und entfaltet daraus einen Preis Griechenlands und seiner goldenen Zeit, der dem Preis der Heimat zu Beginn des Gedichts korrespondiert. Damit ist der historische Rahmen abgesteckt, jetzt kann der Dichter, im Blick auf den griechischen Äon, erklären, warum er die Ostwanderung der Ahnen wiederholt: er möchte jenes Bündnis der Vorzeit erneuern, darum lädt er die Grazien Griechenlands zu uns ein. Mit der Vision ihrer Ankunft enden diese drei letzten Strophen des Gedichts. Entgegen dem Titel der Hymne ist also von zwei Wanderungen die Rede. Aber die zweite, die er meint, ist nur das Spiegelbild der ersten und zielt, analog der griechischen Blüte, auf die künftige Erfüllung des vaterländischen Wesens.

Die Inhalte des Gedichts sind daher strophisch so disponiert: zwei Strophen Preis der Heimat, drei Strophen Vorzeitmythus, eine Strophe Preis Griechenlands, drei Strophen Einladung und Empfang der griechischen Grazien. Nun ist das Gedicht aber streng triadisch gebaut: dreimal drei Strophen zu 12, 12 und 15 Versen. Formale und inhaltliche Gliederung widersprechen sich also in den beiden ersten Triaden und harmonieren nur in der dritten. Daß hierin eine kompositorische Absicht steckt, ist zu vermuten. Man könnte sich eigene Gedanken darüber machen, besser wäre es, man entdeckte bei Hölderlin selbst irgendeinen Hinweis auf solche Kompositionsprinzipien.

In dem Aufsatz *Über die Religion*, der etwa anderthalb Jahre vor der *Wanderung* entstanden sein muß, findet sich folgende Überlegung zum Wesen des Mythischen: Der Mythus untersteht einer doppelten Gesetzlichkeit. Wofern er Aussagen macht, ist er »intellektueller« Natur, wofern er Geschichten erzählt, »historischer« Natur.[4] Mit anderen Worten: Der Mythus stellt religiösen Sinn in epischer Form dar. Nun erfordern Sinnaussagen aber eine klare logische Gliederung, epische Erzählungen hingegen sollen weiterfließen und ihre Teile nahtlos verknüpfen. Daraus ergibt sich, wie mythische Dichtung zu verfahren hat. Sie muß einerseits ihre Teile deutlich gegeneinander abgrenzen, damit man ihren gedanklichen Aufbau versteht, andererseits aber diese Grenzen durch Übergreifen eines Teils auf den andern wieder ein wenig verwischen, damit man den lebendigen Fortgang der poetischen Bewegung spürt. Oder mit Hölderlins Worten: Sie hat jedem Teil einen »gewissen Grad von Selbständigkeit« zu erhalten und doch dafür zu sorgen, daß »jeder Teil etwas weiter geht, als nötig ist«.[5] Auf diese Weise lassen sich Sinngefüge und poetischer Vollzug gleichermaßen zur Anschauung bringen.

Nimmt man dieses Prinzip wörtlich, dann sind Fälle zu erwarten, in denen ein Sinnzusammenhang nicht mit der Strophe endet, sondern ein paar Verse weit in die nächste reicht oder auch ein wenig vor seiner Strophe beginnt. Derartiges findet sich tatsächlich, z. B. in *Friedensfeier* und *Patmos* und in der *Wanderung* selbst im Übergang von der ersten zur zweiten und von der vierten zur fünften Strophe. Im soeben beschriebenen Fall sind jedoch Verschiebungen um ganze Strophen zu erklären. Bedenkt man, daß die Kunstregeln der ästhetischen Schriften zunächst ihrer eigenen Logik folgen und sich auf die spätere Praxis Hölderlins oft mehr sinngemäß als buchstäblich anwenden lassen, dann braucht man auch hier nicht streng dogmatisch zu verfahren und darf das Kompositionsprinzip der *Wanderung* mit dem Gedanken des Religions-Aufsatzes erläutern.

Hölderlins Überlegung könnte dann etwa gelautet haben: Wenn das Griechische ins Vaterländische eingeholt werden soll, dann ist zu sprechen: erstens von der Heimat und von Hellas und zweitens von den Griechen damals und von uns heute. Das ergibt eine klare geographische und geschichtliche Gliederung. Zugleich aber muß diese Gliederung die formale Struktur des Gedichts thematisch so überspielen, daß Hier und Dort und Jetzt und Einst nicht getrennt bleiben, sondern sich über Raum und Zeit hinweg verbinden lassen, mit einem Wort: daß eine »Wanderung« stattfinden kann.

Ein zweites Gliederungselement des Gedichts sind die Anreden. Die Worte »Glückselig Suevien!« und »O Land des Homer!« markieren den Beginn der ersten und der letzten Strophentriade. Die Anreden der Griechen: »liebe Verwandten« und »ihr Schönsten!« verklammern die fünfte und sechste Strophe. Der Schluß der siebten besteht aus lauter Anrufungen griechischer Lokalitäten. Und in der achten und neunten werden die »Grazien Griechenlands«, die »Himmelstöchter«, die »Holden« und »Charitinnen« angeredet. Haben diese Evokationen etwas zu bedeuten?

Daß sie sich gegen das Ende des Gedichts häufen, dürfte ein Zeichen seines hymnischen Charakters sein; denn die Anrufung ist das Ziel der Hymne und kann erst erfolgen, wenn die Situation, die zu ihr führt, ausreichend beschrieben ist. Aufschlußreicher scheint, daß mit der einzigen Ausnahme Sueviens alle Anrufungen Griechisches zum Gegenstand haben. Dieses Griechische aber gehört der Vergangenheit an. Die Menschen sind nicht mehr; darum die unbeantwortete Frage: wo wohnt ihr? Die Orte zwar sind noch, aber ihre mythischen Signaturen – »Hallen der Thetis«, »Wolken des Ida« – klingen wie mythologische Reminiszenzen eines modernen Philhellenen. Und die Grazien sind Überlieferung gewordener Schönheitssinn und Kunstgeist der Griechen. Aber gerade diese Überlieferung will die Hymne ja wieder lebendig machen, und zwar nicht nur, indem sie von ihr spricht, sondern indem sie als Kunstgebilde verkörpert, was sie bedeutet. Darin liegt der nicht ausgesprochene Zweck der Einladung an die griechischen Grazien, vergleichbar der Musenanrufung eines antiken Gedichts. Hölderlin sagt: kommt zu uns! Aber seine verschwiegene Meinung ist: seid in den Versen, die euch einladen, schon gegenwärtig!

Das Ganze ließe sich unter das Schillerische Motto stellen: »Was unsterblich im Gesang soll leben, muß im Leben untergehn.« Die »Wanderung« hat sozusagen einen doppelten Schriftsinn: ihr Buchstabe führt nach Osten, ihr Geist nach innen. Hölderlin würde das die »intellektuell-historische, d. h. mythische« Bedeutung seines Titels nennen.[6]

Schließlich ein drittes Element der Gliederung. In einer Tradition, die vom Barock über den Pietismus zu ihm gedrungen ist, pflegt Hölderlin wichtige Aussagen an korrespondierende Stellen des Gedichts zu rücken, so daß sie über ihren Kontext hinweg zueinander in Beziehung treten. Auf diese Weise entsteht eine geheime Ordnung, die, weil gänzlich unauffällig, im Grunde nicht für den Leser, sondern für den Geist des Kunstwerks oder, wie Hölderlin wohl sagen würde, für die Götter bestimmt ist. Denn »Echo des Himmels«[7] will seine Dichtung ja sein. Solche Bezüge erkennt man, wenn man auf Mittelachsen und Symmetrien achtet und notfalls Verse abzählt, die eben nicht nur Reihenelemente, sondern Architekturglieder sind. Daß hierbei nur gelten darf, was nicht Zufall sein kann, versteht sich von selbst. In der *Wanderung* scheinen wenigstens zwei Sachverhalte diese Bedingung zu erfüllen.

Der Wende zwischen der zweiten und dritten Strophe entspricht in genauer Symmetrie eine solche zwischen der siebten und achten Strophe, die zwar etwas weniger auffällt, aber den komplementären Vorgang markiert. Dort hieß es: nirgend ist besser zu wohnen als in Suevien – »ich aber will dem Kaukasos zu«. Hier: ich bin gekommen, euch zu sehn – »doch nicht zu bleiben gedenk ich«. Aufbruch und Rückkehr korrespondieren strophengenau, und wenn die erste Peripetie den Triadenbau stört, so stellt die zweite das Gleichgewicht im Ganzen des Gedichts wieder her.

In ähnlicher Weise sind die Mitten der drei Strophentriaden aufeinander bezogen. Die erste spricht vom Wohnen im Ursprung – »Schwer verläßt, was nahe dem Ursprung wohnet, den Ort« –, die zweite vom einst geschlossenen Bund des Ursprünglichen mit dem Fremden – »Denn aus den heiligvermählten wuchs schöner, denn Alles, ... ein Geschlecht auf« –, die dritte von der Erneuerung dieses Bundes heute – der Dichter will sein Kommen nicht als Verstoßung aus der Heimat mißdeutet sehen; denn »nur euch einzuladen, bin ich zu euch ... gegangen«. Die Verse stehen jeweils in der Mitte der mittleren Strophe ihrer Trias und enthalten in nuce den Gesamtvorgang des Gedichts. Daß sie zugleich Hölderlins griechisch-hesperisches Geschichtsbild enthalten, kann erst die Interpretation zeigen. Auch sind sie deutlich nach den Hölderlinischen »Tönen«[8] unterschieden. Das Wort vom Wohnen beim Ursprung ist eine Gnome, vertritt also den deutenden, den »idealischen« Ton. Vom Vorzeitbündnis der Ahnen mit den Fremden wird im beschreibenden, »naiven« Ton erzählt. Und die Einladung der Grazien und Absicht der Rückkehr drücken Wunsch und Hoffnung aus, stehen also im »heroischen« Ton. Inhalt, Sprechart und Stelle im Gedicht heben übereinstimmend diese Verse hervor und machen sie zu Bestandteilen jener geheimen Ordnung, über der Hölderlin seine Gedichte seit seiner Frühzeit aufzubauen pflegt.

Interpretation

Glückselig Suevien, meine Mutter,
Auch du, der glänzenderen, der Schwester
Lombarda drüben gleich,
Von hundert Bächen durchflossen!
Und Bäume genug, weißblühend und rötlich,
Und dunklere, wild tiefgrünenden Laubs voll
Und Alpengebirg der Schweiz auch überschattet
Benachbartes dich; denn nah dem Herde des Hauses
Wohnst du, und hörst, wie drinnen
Aus silbernen Opferschalen
Der Quell rauscht, ausgeschüttet
Von reinen Händen, wenn berührt

Von warmen Strahlen
Kristallenes Eis und umgestürzt
Vom leichtanregenden Lichte
Der schneeige Gipfel übergießt die Erde
Mit reinestem Wasser. Darum ist
Dir angeboren die Treue. Schwer verläßt,
Was nahe dem Ursprung wohnet, den Ort.
Und deine Kinder, die Städte,
Am weithindämmernden See,
An Neckars Weiden, am Rheine,
Sie alle meinen, es wäre
Sonst nirgend besser zu wohnen.

Der Preis Sueviens besteht aus zwei ungleich langen Sätzen und zwei ganz kurzen in ihrer Fuge, die jene Mitte der ersten Trias bilden. Der erste, anderthalb Strophen umfassende Satz nimmt Auge und Gefühl in Anspruch, der letzte mit seiner liebenswürdig humorvollen Bemerkung eher den Verstand, die deutende Gnome zwischen ihnen ist eine Sache des Geistes und der tieferen Einsicht. Die so entstehende Folge – ein bewegter langer Teil, ein ruhiger kürzerer und in der Zäsur ein sinnaufschließendes Wort – erinnert an ein Bauprinzip, das Hölderlin in den Sophokles-Anmerkungen für die Tragödie entwickelt hat. Die Zäsur, heißt es dort, spreche das »reine Wort« aus und schütze so den ruhigen gegen den Andrang des reißenden Teiles.[9] Damit stelle sie, obwohl aus der Mitte verschoben, für unser Empfinden ein Gleichgewicht her; denn seiner Ruhe wegen wiege der zweite Teil so schwer wie der erste.

Was dieses Prinzip der »gegenrhythmischen Unterbrechung« für das Verständnis der sophokleischen Tragödien bedeutet und wie es die klassische Lehre von den Affekten und ihrer Reinigung abwandelt, kann uns hier nicht beschäftigen. Die Frage ist: darf man es, in maßstäblicher Verkleinerung, auf ein Gedicht, sogar nur auf zwei Strophen übertragen, die allerdings einen geschlossenen Komplex bilden? Da solche Bauprinzipien stets im Großen und im Kleinen gelten und da Hölderlin sogar auf die »Zäsur« des »Silbenmaßes« verweist (die in manchen seiner Verse tatsächlich mit gleicher Absicht verschoben ist), sollte es erlaubt sein. Der Vorgang der beiden Eingangsstrophen wäre dann so zu verstehen: Zuerst tritt uns die Heimat in bewegenden Bildern nahe; wir sehen Dinge, die wir schon oft, und Bezüge, die wir noch nie wahrgenommen haben. Hernach wird unser Gefühl durch die humorvolle Bemerkung, wer hier wohne, wünsche sich nichts Besseres, gleichsam auf den Boden der Wirklichkeit zurückgeführt. Dazwischen der Satz von der Treue zum Ursprung, der die Bemerkung in ihre richtige Proportion rückt und in der Tat gegen die großen Bilder und die Empfindungssprache der ersten Partie schützt. Man kann die Probe aufs Exempel machen und die beiden Strophen ohne die Sentenz von Treue und Ursprung lesen. Dann verliert die Bemerkung, hier sei gut wohnen, alles Gewicht, und der rhythmische Bogen zerbricht.

Was nun die beiden Strophen ausführen, will in erster Linie mit den Augen aufgenommen werden. Schwaben und die Lombardei heißen, weil an Nord- und Südfuß des Gebirges liegend, »Schwestern«, aber die südliche ist die »glänzendere«. Beide sind sie »von hundert Bächen durchflossen«, Sinnbildern eines allgegenwärtig stillen Lebens der Natur. Man hat auf den Satz in Wilhelm Heinses Roman *Ardinghello* verwiesen: die »Lombardei, von hundert Flüssen durchströmt«. Daß aus Flüssen Bäche geworden sind, hat auch mit dem nun folgenden Bild zu tun. Denn »Bäume genug, weißblühend und rötlich« (Kirsch- und Apfelbäume) und »dunklere, wild, tiefgrünenden Laubs voll« (Buchen) – das ist Szenerie am Nordabhang der Schwäbischen Alb, z. B. in Hölderlins Nürtinger Heimat.

Da bilden jene Bäche tiefeingeschnittene, breite Täler, deren Grund im Frühling ein Meer blühender Obstbäume bedeckt, und darüber ziehen sich dunkelgrüne Buchenwälder bis zum Albtrauf bergan. Daß sie »wild« genannt werden, deutet auf den Gegensatz zur Kulturlandschaft drunten oder auf ihren Urwaldcharakter, der trotz moderner Durchforstung noch heute nicht ganz verschwunden ist.

Was jetzt folgt, ist noch immer mit Augen gesehen, springt aber, mit einer für Hölderlin ungemein bezeichnenden Wendung, vom Nächsten und Überschaubaren zum Fernsten und Größten über, als ob zwischen Landkartenbild und unmittelbarem Anblick kein Unterschied wäre: »und Alpengebirg der Schweiz auch überschattet benachbartes dich«. Da das Prädikat »überschattet« für beide, die Bäume und das Gebirge, gilt (nur der nachgestellten Apposition »benachbartes« wegen steht es im Singular), ist es zugleich real und metaphorisch zu lesen: im Schatten der Alpen wohnen ist biblische Gleichnisrede und bedeutet Schutz und Teilhabe an Ursprungskräften, die Hölderlin sogleich näher erläutert.

Zunächst legt jedoch das Wort »benachbart« die Frage nahe, welches geographische oder politische Gebilde mit Suevien eigentlich gemeint sei. Ursprünglich scheint Hölderlin an das staufische Herzogtum Schwaben gedacht zu haben, das bis zum Gotthard und etwas weiter reichte; denn in der achten Strophe nennt er den Rhein einen Sohn der Mutter Suevien. Dem entsprach die erste Fassung unserer Stelle: »und Alpengebirg auch überschattet uraltes dich«. Dann wird »der Schweiz« eingefügt und »uraltes« durch »benachbartes« ersetzt[10], so daß das Gebirge nicht mehr zu Suevien gehört. Diese Änderung geschah wohl im Blick auf die »Schwester Lombarda«, die so nur heißen kann, wenn die Alpen ein Drittes zwischen beiden Ländern sind. Damit entfällt das Herzogtum Schwaben, aber auch mit dem Herzogtum Württemberg der Zeit Hölderlins deckt sich Suevien nicht, wenn in der zweiten Strophe die Städte am Rhein seine Kinder genannt werden.

Offenbar ist gar kein politisches Gebilde der Geschichte oder Gegenwart gemeint, sondern ein geographischer Raum. Seine Grenzen lassen sich aus Text und Lesarten bestimmen: Im Süden Alpen und Bodensee, im Westen der Oberrhein. Nord- und Ostgrenze sind aus Städtenamen zu erschließen, die Hölderlin dem Vers »und deine Kinder, die Städte« später beigefügt hat[11]: »Nekkars Ulm« (Neckarsulm) deutet ungefähr auf die schwäbisch-fränkische, »Heidenheim« auf die schwäbisch-bayrische Sprachgrenze. Suevien ist demnach ein geographisch und sprachlich umgrenztes Gebiet nördlich der Alpen, das bis auf Hölderlins Zeit niemals eine politische Einheit gewesen ist. Seltsamerweise entspricht ihm etwa das heutige Baden-Württemberg.

Das Bild der Alpen, das jetzt in zehn Versen entfaltet wird, ist von zwei deutenden Worten gleichsam eingerahmt: »Herd des Hauses« und »Ursprung«. Das erste macht die Alpen zur kultischen Mitte eines Raumes, der weit über Lombardei und Schwaben hinaus den gesamten antiken und abendländischen orbis umfaßt. Denn über diese Mitte oder Schwelle hinweg ist der große Geschichtsgang vom Altertum her zu uns gekommen, wie dies *Am Quell der Donau* (Str. 1 und 2) für das »Wort aus Osten« und *Germanien* (Str. 3) für den »Adler« des obersten Gottes und Herrn der Zeit beschreiben.

Der kultischen Bedeutung der Alpen entsprechend heißen ihre Gletscherbecken »Opferschalen«, wozu die »reinen Hände« gehören, die den Quell der Gletscherbäche ausschütten, und das »reineste Wasser«, das alsdann die Erde übergießt. »Rein« ist ein Leitwort des klassischen und späten Hölderlin. Es bedeutet nicht nur fleckenlos, sondern ursprünglich und insofern allerdings noch nicht von dem befleckt, was ihm in seinem weiteren Lauf durch Zeit und Welt begegnen wird. Am genauesten wäre es durch »integer« wiederzugeben, das ja wörtlich unberührt heißt, weshalb die *Rhein*-Hymne (V. 46) die lateinische Formel »integer natus« mit »reinentsprungen« übersetzt. An unserer Stelle weist die Nachbarschaft des Wortes »Ursprung« auf den Zusammenhang von rein, unberührt und ursprünglich hin.

Da nun die reinen Hände die »warmen Strahlen« der Sonne sind, erscheint das Reine in zweifacher Gestalt, als Licht und als Wasser, die Hölderlins Lebenselemente sind; Luft und Äther verkörpern das geistige, die Erde das liebende Element. Dieses Licht heißt »leichtanregend«, worin ein Suebismus steckt; anregen bedeutet im Schwäbischen anrühren. Das Licht berührt Eis und Schnee droben nur leicht und bringt sie dennoch zum Schmelzen. Und auch »leicht« ist ein Leitwort Hölderlins. Es charakterisiert Naturwirkungen wie z. B. jenes »leichte Umfangen«, womit in *Wie wenn am Feiertage* (V. 12) die Natur die Dichter erzieht. Geschichtliche Vorgänge erscheinen oft hart und gewaltsam und können so, wie der Blitz des Zeitgottes niederfährt, plötzlich und unerwartet hereinbrechen.

Da nun Suevien dem Ursprung der Alpen so nahe wohnt, ist ihm die »Treue« angeboren, und zwar die Treue zum »Ort«, zum Wohnsitz, als ob entfernter Wohnende weniger seßhaft und eher zum Auswandern bereit wären. Diese eigentümliche Vorstellung läßt sich weder historisch noch stammespsychologisch begründen, auch nicht aus Hölderlins Kenntnis und Erfahrung dieser Dinge. Also muß die Erklärung, wie stets in solchen Fällen, von dem tragenden Begriff ausgehen, der nicht Fakten deutet, sondern Fakten erfindet, um sich an ihnen zu verdeutlichen. Was ist Treue?

Wir verstehen darunter die unverbrüchliche Bindung an ein Gegenüber, einen Menschen z. B., ein Land, eine Idee oder auch an uns selbst, wobei dann unser eigenes Wesen Gegenstand unserer Treue wird. Beide Arten der Treue kennt Hölderlin gut, aber sie sind ihm nur Folgen einer dritten, vielmehr ersten, der Treue zum Ursprung, zum Woher, das mir nicht gegenüber steht, weil es mich trägt. Nur wo sie besteht, gibt es auch ein Wohin der Treue, es sei der andere oder die eigene Person. In abstrakter Formulierung müßte der Gedanke lauten: nur wenn ich mich ins Absolute gründe, kann ich mich an ein Endliches binden. Alle Treueverhältnisse in *Hyperion* und *Empedokles* beruhen auf dieser Ursprungsdimension, und untreu werden heißt immer, den eigenen Ursprung vergessen. Es gibt also, meint Hölderlin, in Suevien ein angeborenes Ursprungswissen; das ist die Treue, die sich in Seßhaftigkeit und Heimatliebe seiner Bewohner äußert. – Wenn er übrigens unter anderen, auch denkbaren Eigenschaften gerade die Treue Sueviens hervorhebt, so mag dabei die Erinnerung an den altwürttembergischen Wahlspruch »furchtlos und treu« mitspielen. Jedenfalls gebraucht er diese Formel einmal im *Empedokles*[12] , auch hier bezogen auf Erde und Heimatboden.

Zu erwähnen ist noch, daß Hölderlin später, als er jene Städtenamen notierte, auch die Verse über Treue und Ursprung mit Zusätzen versah.[13] Sie lauten: »Darum ist dir angeboren die Treue *der Schweiz noch.* Schwer verläßt, was nahe dem Ursprung wohnt, *solch ehrlichem,* den Ort.« Er spielt auf die sprichwörtliche Heimattreue der Schweizer an, und mit dem Attribut »ehrlich« auf Erfahrungen des Hauptwiler Aufenthaltes, die den Briefen von dort und etwa der Ode *Unter den Alpen gesungen* zu entnehmen sind.

Der Schluß der zweiten Strophe erfordert keine weiteren Erklärungen. Aber man kann darauf hinweisen, daß sich das Wort vom

»weithindämmernden« See, dem Bodensee, Trakl eingeprägt haben muß; er verwendet es in dem späten Gedicht *Abendland*, das auch andere Hölderlin-Zitate enthält. Hingegen ist ein Problem des Hölderlinischen Geschichtsbildes zu berühren, das sich aus den als Herd des Hauses und Ursprung gedeuteten Alpen ergibt.

Von der religiösen Bedeutung dieses Ursprungs war die Rede; in der *Rhein*-Hymne (V. 6) heißen die Alpen die »Burg der Himmlischen«, ähnlich in Hauptwiler Briefen. Nimmt man hinzu, daß der oberste Gott, der dort wohnt, der Gott der Geschichte ist, der »die Zeiten erneut«[14], dann scheint die Geschichte von dieser Mitte ausgegangen zu sein, zuerst nach Osten, in die Länder der Antike, dann nach Westen zu uns. *Am Quell der Donau* und *Germanien* entwerfen jedoch, wie eben gesagt, ein anderes Bild. Hier hat die Geschichte im fernen Osten begonnen und ist über Griechenland und Italien und zuletzt über die Schwelle der Alpen hinweg zu uns gekommen. Indessen liegt in diesen beiden Vorstellungen kein Widerspruch, sondern nur der Unterschied zweier Aspekte, des historischen, der den horizontalen Verlauf, und des metaphysischen, der den vertikalen Ursprung der Geschichte beschreibt. Man kann sich das Nebeneinander beider Aspekte bildlich klar machen: Wie der Zeiger einer Uhr über das Zifferblatt geht, obwohl die Mitte, aus der er sich bewegt, unverrückt stehen bleibt, so wandert die Weltgeschichte von Schauplatz zu Schauplatz, aber sie erneuert sich jedesmal aus dem einen und selben Grund alles geschichtlichen Seins. Auf diese Weise lassen sich die Geschichtsbilder der benachbarten Gedichte zwanglos zusammensehen. –

Ich aber will dem Kaukasos zu!
Denn sagen hört' ich
Noch heut in den Lüften:
Frei sei'n, wie Schwalben, die Dichter.
Auch hat mir ohnedies
In jüngeren Tagen Eines vertraut,
Es seien vor alter Zeit
Die Eltern einst, das deutsche Geschlecht,
Still fortgezogen von Wellen der Donau
Am Sommertage, da diese
Sich Schatten suchten, zusammen
Mit Kindern der Sonn'

Am schwarzen Meere gekommen;
Und nicht umsonst sei dies
Das gastfreundliche genennet.

Denn, als sie erst sich angesehen,
Da nahten die Anderen erst; dann satzten auch
Die Unseren sich neugierig unter den Ölbaum.
Doch als sich ihre Gewande berührt,
Und keiner vernehmen konnte
Die eigene Rede des andern, wäre wohl
Entstanden ein Zwist, wenn nicht aus Zweigen herunter
Gekommen wäre die Kühlung,
Die Lächeln über das Angesicht
Der Streitenden öfters breitet, und eine Weile
Sahn still sie auf, dann reichten sie sich
Die Hände liebend einander. Und bald

Vertauschten sie Waffen und all
Die lieben Güter des Hauses,
Vertauschten das Wort auch und es wünschten
Die freundlichen Väter umsonst nichts
Beim Hochzeitsjubel den Kindern.
Denn aus den heiligvermählten
Wuchs schöner, denn Alles,
Was vor und nach
Von Menschen sich nannt', ein Geschlecht auf. Wo,
Wo aber wohnt ihr, liebe Verwandten,
Daß wir das Bündnis wiederbegehn
Und der teuern Ahnen gedenken?

Nach dem Preis der Heimat der Aufbruch in die Fremde. Daß Hölderlin unter vielen Namen, die den Weg nach Osten bezeichnen könnten, den Kaukasus wählt, mag zwei Gründe haben. Zum Gegenbild der Alpen eignet sich am besten wieder ein Gebirge, und den Kaukasus hielt man zu seiner Zeit für eine Völkerwiege, worauf er selbst im *Quell der Donau* (V. 77 f.) anzuspielen scheint: »ihr Tale des Kaukasos, so alt ihr seid, ihr Paradiese dort«. Schon Hyperions Bemerkung (I, 26) über jenes »Volk von seltner Trefflichkeit«, das »in der Tiefe von Asien« verborgen sein soll[15], könnte diese Vorstellung im Auge haben, und vermutlich denkt sich Hölderlin die »Kinder der Sonn'«, denen die Voreltern am Schwarzen Meer begegnet sind, von dort gekommen. Da die eigene Wanderung jedoch in Griechenland enden soll, führt sie nur »dem Kaukasos *zu*«.

Ohne vorerst sein Ziel zu nennen, weist er zunächst nur auf die Freizügigkeit der Dichter hin, da er ja soeben die Seßhaftigkeit seiner Landsleute gerühmt hatte. Den Vergleich der Dichter mit den Schwalben, der auch in dem Fragment *Dem Allbekannten*[16] vorkommt, entfaltet er dreifach: sie sind Zugvögel, erst heute haben sie ihm gleichsam zugerufen: komm mit! und als die Weitgereisten können sie viel erzählen – so in der siebten Strophe. Und sofort beginnt seine eigene Erzählung von jener Vorzeitwanderung. So freundlich sich indessen der Vergleich ausnimmt, die Freizügigkeit der Dichter erscheint, wenn man die Vorgeschichte dieses Motivs bedenkt, in einem anderen Licht. Für manche ähnlich lautenden Äußerungen sei die Strophe der *Main*-Ode zitiert:

> Zu euch vielleicht, ihr Inseln! gerät noch einst
> Ein heimatloser Sänger; denn wandern muß
> Von Fremden er zu Fremden, und die
> Erde, die freie, sie muß ja leider!
>
> Statt Vaterlands ihm dienen, so lang er lebt.

Erzwungene Freizügigkeit also. Sie anzunehmen und als Preis für den Dichterberuf sogar zu bejahen, war eine der Lebensleistungen Hölderlins. Um die Jahrhundertwende, in der Zeit endgültiger Selbstklärungen, hat sich ihm die Einsicht gebildet, die sich formelhaft in dem Satz aussprechen läßt: Heimat haben und die Heimat dichten sind zweierlei, und das Dichten verlangt den Verzicht auf das Haben. Vor diesem Hintergrund muß man den liebenswürdigen Vergleich der Dichter mit den Schwalben sehen, auch wenn die *Wanderung* das Motiv der Heimatlosigkeit vermeidet und eine Reise schildert, von der man zurückkehrt.

Für die nun folgende Erzählung beruft sich Hölderlin auf einen nicht näher bezeichneten Gewährsmann: »Eines« hat ihm jüngst von der Ostwanderung der Voreltern berichtet (das Neutrum »eines« statt »einer« ist wieder ein Suebismus). Daß er von den verschiedenen Zügen schwäbischer Auswanderer im 18. Jahrhundert wußte, die donauabwärts ins Banat und bis ans Schwarze Meer führten, ist wahrscheinlich. Auch auf die Süd-Ostwanderung der Goten nach Dakien (Moldau und Walachei) und zur Krim in der frühen Völkerwanderungszeit hat man verwiesen. Was Hölderlin jedoch erzählt, läßt sich historisch nicht lokalisieren; denn aus der Verbindung der »Unseren« mit den »Anderen« sind ja die Griechen hervorgegangen, womit man ins Dunkel einer nochmals zweitausend Jahre älteren Vorgeschichte gerät, die sich auch nach dem Kenntnisstand seiner Zeit so nicht abgespielt hat. Es ist ein frei erfundener Mythus, eine für einen bestimmten Zweck erdichtete Stammessage, zu der ihn jene geschichtlichen Vorgänge allenfalls angeregt haben. Was diese Sage veranschaulichen soll, wird sich sogleich zeigen. Jedenfalls wiederholt sich hier in größerem Maßstab, was soeben zum Motiv der Ortstreue festzustellen war: historische Sachverhalte werden zur Illustration eines Gedankens erfunden. Und die Berufung auf jenen unbestimmten Gewährsmann soll dann wohl offen lassen, ob man die Geschichte als verbürgte Realität oder als Märchen lesen will. – Wir vergegenwärtigen uns zunächst, mit den nötigen Einzelerläuterungen, ihren Inhalt, dann den Gedanken, der ihr zugrunde liegt.

Es sind also Vorfahren einst nach Osten gewandert, »still fortgezogen« von den Wellen der Donau. Daß die Donau in ihrem württembergischen Oberlauf sehr still durch Wiesen und Talebenen dahinfließt, das weiß, wer die Gegend kennt, und daß sie auf Menschen einen stillen Zug ausüben kann, mag er sich vorstellen. Aber das Wort beschreibt mehr als die äußere Erscheinung des Flusses. »Zufrieden« und »allzugeduldig« heißt die obere Donau im *Ister* (V. 58, 67) – im Gegensatz zum ungebärdigen jungen Rhein –, und während dieser »seitwärts hinweggegangen« (V. 48 f.) ist, hängt sie »an den Bergen gerad« (V. 46 f.); sie folgt dem Nordrand der Alpen, als ob sie das Haus der Kindheit zu verlassen und selbständig zu werden den Mut nicht hätte. Ja, sie scheint »fast rückwärts zu gehen« und müßte eigentlich »von Osten« kommen, womit Hölderlin offenbar sagen will, ihr Oberlauf sehe wie ein Unterlauf aus, bedächtig und gesetzt, wie Ströme am Ende zu werden pflegen, sei schon ihr Anfang, vom stürmischen Aufbruch des eben geborenen Rheins, von Schicksal, Freiheit und Selbstverwirklichung scheine sie nichts oder noch nichts zu wissen.

Gedanken dieser Art bilden den Hintergrund des Wortes »still«, aber Wertung und Kritik, die in den Äußerungen der *Ister*-Hymne liegen, sind ebenso vermieden wie in der Schwalbenfreiheit der Dichter die Erinnerung an die Schmerzen, die sie gekostet hat.

Solche Milderungen von Motiven, die anderswo ganz anders aussehen, tragen zu der glücklichen Stimmung des Gedichts bei, von der zu Beginn die Rede war.

Der Sinn dieser Gedanken über das anfängliche Wesen der Donau liegt nun allerdings in einer Sinnbildlichkeit, die mit dem hesperisch-vaterländischen Ursprung des gegenwärtigen Zeitalters zu tun hat. Da die *Wanderung* diese Symbolik nicht an der Donau, sondern an den Menschen entwickelt, die ihrem Lauf gefolgt sind, ist von diesen zu sprechen. Sie sind, heißt es, am Schwarzen Meer mit »Kindern der Sonn'« zusammengetroffen, die sich »am Sommertage« dort »Schatten suchten«. Diese müssen, der Gegenrichtung wegen, noch weiter von Osten gekommen sein, vom Kaukasus, sagten wir eben, vielleicht sogar vom Indus, wie Stellen des *Ister* und des Fragments *Der Adler*[17] nahelegen. Da Hölderlin über ihre Herkunft schweigt, müssen wir sie nicht lokalisieren, nur darauf kommt es an, daß ihm auch der Osten oder Südosten als heiße Weltgegend gilt, daß man sich also unter den Kindern der Sonne nicht Ägypter oder Afrikaner vorzustellen hat. Darin steckt vermutlich nicht nur, was er eben vom Orient weiß, sondern auch die griechische, auf dem ptolemäischen Weltbild beruhende Vorstellung, der Osten sei heißer als der Westen, weil dort die Sonne aufgehe.

Das Wort »Kinder der Sonn'« hat einen doppelten Sinn: sie kommen aus einem heißen Land, und sie bringen ein lebhaftes, feuriges Naturell mit, worauf Hölderlin mit einer kleinen Bemerkung anspielt: nachdem sie und die Vorfahren sich bei der Begegnung angesehen hatten, »da nahten die Anderen erst«; sie taten den ersten Schritt, die Unsern hielten sich zurück. Da die Andern dann der eine Elternteil der Griechen werden, darf man ihre feurige Natur mit Begriffen umschreiben, die Hölderlin in späten Briefen an Böhlendorff und Wilmans gebraucht, um die östliche Komponente im Wesen der Griechen zu kennzeichnen: »Feuer vom Himmel«, »schöne Leidenschaft«, »heiliges Pathos«[18], »exzentrische Begeisterung«[19] und, konkret auf den Osten deutend, »das Orientalische«.[20]

Die Unsern charakterisiert er nicht in gleicher Weise. Aber schon ihr Kommen aus entgegengesetzter Richtung und aus einem gemäßigten Klima verrät, daß sie am Schwarzen Meer nicht Schatten, sondern Wärme suchten und aus ihrer Heimat kühles Blut und eine ruhige, besonnene Art mitbrachten. Dem entsprechen in den genannten Briefen die Gegenbegriffe »Klarheit«, »Geistesgegenwart«, »junonische Nüchternheit«[21], mit welchen Hölderlin die westlich-hesperische Komponente des griechischen Wesens umschreibt, und weiterhin alles, was er von Hyperions Scheltrede bis zu den *Antigone*-Anmerkungen über die Mitgift unserer hesperischen Natur sagt, über das Gesetzte, Geordnete, das Schickliche, aber darum Schicksallose. Nur die Verurteilung dieser Züge durch die Scheltrede hat man nicht mitzudenken. Mithin sind die Griechen Erben zweier entgegengesetzter Wesensarten, einer feurigen und einer kühlen, und daraus entsteht nicht, modern gedacht, ein Konflikt, sondern idealistischem Denken gemäß eine Synthesis, deren Leitwort »schön« heißt: »aus den heiligvermählten wuchs schöner, denn Alles, was vor und nach von Menschen sich nannt', ein Geschlecht auf«. »Schöne Menschen« heißen sie schon im *Hyperion*[22], und seit der Schönheitsphilosophie des Romans denkt Hölderlin das formale Wesen des Schönen als das Ineinander zweier gegensätzlicher Elemente. Nur die materielle Bestimmung dieser Elemente ändert sich in gewissen Grenzen, obwohl, physiognomisch betrachtet, zuletzt immer ein sinngebend kühles und ein belebend feuriges, ein Geist- und ein Naturprinzip es sind, die im Phänomen des Schönen sich durchdringen.

Wir haben vorgegriffen. Hölderlin verlegt die Begegnung der beiden Volksstämme ans Schwarze Meer, der Donau wegen, aber vielleicht auch um der Bemerkung willen, »nicht umsonst sei dies das gastfreundliche genennet«. Denn ursprünglich hieß es ja das »ungastliche Meer« (pontos axeinos – euxeinos), und wenn die Umbenennung nicht sachliche Gründe hatte – Verdrängung der barbarischen Küstenvölker durch Griechen –, sondern ein Euphemismus war oder zu Hölderlins Zeit als ein solcher galt, dann hätte er diesen sich hier zunutze und gleichsam wahr gemacht, indem er die Vorfahren der Griechen am Schwarzen Meer Gastfreundschaft schließen ließ.

Dieser Akt findet unter einem Ölbaum statt. Man soll sich nicht darüber wundern, daß zwei Volksstämme unter einem Baum Platz finden, oder sich ausrechnen, nur die Anführer seien gemeint. Es ist die für alle Heldensage und -dichtung charakteristische Proportionenverschiebung, die Massen wie Einzelne behandelt, wenn es nicht auf die Zahl, sondern auf das Geschehen ankommt. Im trojanischen Pferd war, realistisch gemessen, für die Eroberer Ilions so wenig Platz wie in einem Nachen für das Burgunderheer, das Hagen über die Donau setzt. Dem Sagencharakter entspricht denn auch das altertümliche: sie »satzten« sich. Der Ölbaum aber ist, der Taube Noahs wegen, der biblische Baum des Friedens, und er deutet auf diesen voraus, noch ehe er aus seinen Zweigen Kühlung schickt und den aufkommenden Zwist beschwichtigt.

Dieser Zwist wäre beinahe entstanden, weil »keiner vernehmen konnte die eigene Rede des andern«. Vernehmen muß hier verstehen bedeuten: sie verstanden ihre Sprachen nicht, saßen einander aber so nahe, daß »sich ihre Gewande berührt«. Körperliche Nähe und geistige Fremdheit – das ist wieder eine Ursituation der Heldendichtung, der *Odyssee* z. B., aber während dort List oder Kraft den Konflikt zu entscheiden pflegen, löst ihn hier die Hölderlinische Liebe: »dann reichten sie sich die Hände liebend einander«. Zuvor aber ist die Kühlung aus den Zweigen des Ölbaums heruntergekommen und hat, wie »öfters«, ein Lächeln über das Angesicht der Streitenden gebreitet. Das heilende Eingreifen der Natur in kritischen Augenblicken wird in die Form einer allgemeinen Erfahrung gekleidet, für die sich viele Beispiele in Hölderlins Werk anführen ließen. Unsere Stelle erinnert an das frühe Gedicht *An den Äther* (V. 48, 50-51):

> Aber indes ich hinauf in die dämmernde Ferne mich sehne . . .
> Kömmst du säuselnd herab von des Fruchtbaums blühenden Wipfeln,
> Vater Äther! und sänftigest selbst das strebende Herz mir.

Das Lächeln aber ist wie immer ein Zeichen der Götter. Sie selber lächeln, wenn sie das wirre Treiben der Menschen betrachten, und sie schenken diesen ein Lächeln, wenn sie ihnen in ihrer Not den Blick des begreifenden Geistes vergönnen.

Zuletzt die rituellen Handlungen, welche den Bund besiegeln, der homerische Waffentausch, der Tausch friedlicher Gerätschaften und schließlich der Tausch des »Wortes« – jeder lernt die Sprache des andern. Dann die Vermählung der Kinder, woraus das schöne Geschlecht der Griechen hervorgeht. Hölderlin endet mit der Frage, wo die »lieben Verwandten« heute wohnen mögen. Warum sie nicht zu beantworten ist, hatten wir uns klar gemacht. –

Nach den Einzelheiten des Vorzeitmythus ist der Grundgedanke zu erläutern, auf dem er beruht und den er in seiner Weise veranschaulicht. Es handelt sich um die vielbesprochene Frage *Griechenland und Hesperien*. Aus diesem umfangreichen Komplex wird nur erwähnt, was zum besseren Verständnis der *Wanderung* beiträgt.

Hölderlin hat Kunst und Kultur der Griechen nicht nur mit dem Interesse des Wissenschaftlers, sondern unter dem Vorzeichen eines Glaubens studiert, des Glaubens an ihre Musterbildlichkeit und überzeitliche Geltung, und der bekannte Satz Winckelmanns umschreibt auch sein frühes Credo: »Der einzige Weg für uns, groß, ja, wenn es möglich ist, unnachahmlich zu werden, ist die Nachahmung der Alten.« Bis in die *Empedokles*-Zeit hält er an diesem Glauben fest und betreibt die Nachahmung, vorwiegend in der Lyrik. Die Wende beginnt mit dem Zweifel, nicht an der Vorbildlichkeit der Griechen, sondern an Sinn und Wert der Nachahmung. Denn wer nachahmt, lebt und produziert im Schatten eines andern, dem er doch ebenbürtig nur werden könnte, wenn er sein Eigenes zu vergleichbarer Reife brächte. Daraus folgt, im Brief an Schiller vom 2. Juni 1801, die Einsicht: wir müssen uns befreien, nicht von den Griechen überhaupt, wohl aber »vom Dienste des griechischen Buchstabens«, um nämlich für die Erkenntnis des griechischen Geistes frei zu werden, der verstehen lehrt, was Geist schlechthin ist und folglich auch für eine moderne, aus ganz anderem Boden erwachsende Dichtung sein kann. Das Resultat dieses Befreiungsaktes ist die Entdeckung: es herrscht eine »notwendige Gleichheit notwendig verschiedener höchster Prinzipien«[23], nämlich zwischen den Griechen und uns, wie aus dem Kontext hervorgeht, oder, ein halbes Jahr später im Brief an Böhlendorff, mit lapidarer Formulierung: »bei uns ists umgekehrt«.[24]

Um zu verstehen, was gleich und was verschieden oder umgekehrt ist, muß man sich eine Denkmethode Hölderlins vergegenwärtigen, die etwa um die Jahrhundertwende ausgebildet vorliegt. Sie besagt, möglichst einfach ausgedrückt: Keine Erscheinung ist begriffen, solange man sie nur so nimmt, wie sie erscheint. Sie hat einen »Grund«, aus dem sie erwächst, den sie aber auch verdeckt, so daß man ihn nur indirekt, an bestimmten Zügen der Erscheinung, wahrnimmt und umgekehrt diese verfehlt, wenn man solche

Züge außer Acht läßt. Um es an einem Beispiel zu verdeutlichen: Das Fundament eines Hauses steckt unsichtbar im Boden, dennoch erkennt man am sicheren Dastehen der Hausmauern, daß ein solches vorhanden sein muß. So auch bei Kulturen. Man muß unterscheiden zwischen dem, was sie zeigen – ihrer Erscheinung, ihrem »Zeichen«, wie Hölderlin des Zeigens wegen auch sagt –, und dem, woraus sie sind – ihrem Grund, auch »Ursprung« oder »Natur« genannt. Nur in Parenthese sei bemerkt, daß die Methode, sichtbare Erscheinungen aus ihrem unsichtbaren Grund abzuleiten, theologisch gedacht ist; Hölderlin hat sie aus der Theologie des offenbaren und verborgenen Gottes entwickelt, wie man an Briefen und Texten aus der Zeit der *Wanderung* nachweisen kann.

Grund und Zeichen sind letzte Kategorien und gelten daher für jedes Phänomen, also auch für jede Kultur. Das muß Hölderlin im Auge haben, wenn er von einer notwendigen Gleichheit höchster Prinzipien bei den Griechen und bei uns spricht. Ihre notwendige Verschiedenheit aber muß sich zeigen, wenn man diese formalen Prinzipien mit Inhalt füllt und sagt, wie denn nun Grund und Zeichen einerseits bei den Griechen, andererseits bei uns aussehen. Beginnen wir mit den Griechen.

Angenommen, Winckelmanns »edle Einfalt und stille Größe« sagte etwas über die griechische Kunst aus, so träfe seine Formel doch nur das, was diese Kunst sichtbar zeigt, nicht ihren verborgenen Grund und mithin nicht ihr volles Wesen. Ihr Grund liegt im Grund des griechischen Wesens überhaupt, und zwar, wie Hölderlin es sieht, in einer leidenschaftlich-ekstatischen Natur, welche die Griechen aus ihrem östlichen Ursprung mitgebracht haben. Da aber eine solche Natur keine oder nur eine bizarre Kunst hervorbringt, mußten die Griechen ihr Naturell in Zucht nehmen, sie mußten sich die Gegenkraft des kühlen Maßes und der hellen Klarheit hinzuerwerben; und schon Homer habe dies für sie geleistet, heißt es im Brief an Böhlendorff[25]. Aus Ekstase und Maß ist die griechische Kunst geboren; Ekstase ist ihr verborgener Grund, Maß ihre sichtbare Erscheinung, und nur indirekt, an der Bestimmtheit und Sicherheit dieses Maßes ermißt man, welche Exzentrik der Leidenschaft in ihm bezwungen ist. Daß dieses Griechenverständnis der klassizistischen Formel Winckelmanns überlegen ist und sich modernen Anschauungen nähert, leuchtet unmittelbar ein.

Schon hier können wir vermuten, der Mythus der *Wanderung*

übertrage solche Gedanken ins epische Bild. Denn die feurigen Kinder der Sonne, die nach Westen wandern, um sich Schatten zu suchen, und mit kühlen Westmenschen das Geschlecht der Griechen zeugen, versinnbildlichen deutlich genug den Vorgang, der aus Ekstase und Maß die Gestalt der griechischen Kunst hat hervorgehen lassen. Zunächst ist jedoch das analoge Grund-Zeichen-Verhältnis für uns Hesperier zu beschreiben, woraus sich ergeben muß, warum es sich bei uns »umgekehrt« verhält.

Was unser Grund sei, glaubt Hölderlin am Nationalcharakter seiner Landsleute und am Geist seines Zeitalters unmittelbar zu beobachten. Denn anders als der griechische liegt er offen zutage, weil wir nach seiner Meinung den Überschritt ins Zeichen, in die große weltgeschichtliche, Zeichen setzende Existenz, noch gar nicht gewagt, also das, was aus uns werden könnte, bisher versäumt haben. Oder mit dem soeben gebrauchten Bild: vom hesperischen Haus stehn erst die Fundamente, und sie sind sichtbar, weil das Haus noch fehlt.

Diesen Grund unserer künftigen Existenz erkennt Hölderlin – exemplarisch, nicht historisch – in der kühlen Vernunft der Aufklärung. Er bewertet sie jedoch nicht immer gleich. Solange er unter dem Eindruck seiner häßlichen Erfahrungen mit der Frankfurter Gesellschaft steht, sieht er in ihr nur Konformismus, d. h. eiserne Konvention und starre Reglementierung des Lebens, die alles »hübsch symmetrisch« ordnet und in »Fächer« und »Behälter« einsargt – so vor allem in Hyperions Scheltrede[26]. Dieses Anathema ist hier noch endgültig und verspricht den Deutschen keine Zukunft. In der Zeit der *Wanderung* weicht der Affekt einer gerechteren Beurteilung; jetzt erscheint die Vernunft als nüchterner Ordnungswille, der sogar jene vorhin zitierte »Klarheit« und »Geistesgegenwart« einschließt. Aber es bleibt dabei, daß wir »schicksallos« geboren sind, weil die Vernunftordnung unser Dasein a priori regelt und alles nicht zu Berechnende – Schicksal, Freiheit, Tod – ausklammert oder unbewältigt läßt. Daraus ergibt sich, was wir zu leisten hätten: den Aufbruch in die Freiheit eines Schicksalsvollzuges, der uns vom Zwang des »Man« erlöste und ein geschichtliches Selbst werden ließe. Diesen Aufbruch zeichnet Hölderlins vaterländische Dichtung vor, der Vers »Ich aber will dem Kaukasos zu« thematisiert ihn, wie sich sogleich zeigen wird. Vorläufig läßt sich festhalten: Die Mitgift unserer hesperischen Natur sind Ordnung und Regel. Was uns fehlt und wodurch wir erst zu kultureller

Leistung und nationaler Gestalt kämen, ist die Leidenschaft der Selbstverwirklichung. Und wiederum nur indirekt, nämlich daran, daß sie nicht übers Ziel hinausschösse und sich in den unkontrollierten Taumel verlöre, würde man erkennen, daß sie einem Grund des Ordnungswillens entsprungen ist.

Die ekstatischen Griechen haben das hesperische Maß gefunden, wir nüchternen Ordnungsmenschen sollten von ihnen die orientalische Leidenschaft lernen – die Kulturtendenzen überkreuzen sich, darin verhält es sich bei uns umgekehrt. Dieses Modell darf aber nicht, wie in der Forschung öfters geschehen ist, abstrakt genommen werden, als ob das Zweite der einen Seite dem Ersten der andern gleich wäre und umgekehrt. Denn das Zweite ist ja hinzuerworben und verknüpft sich mit dem angeborenen Ersten zu einer Synthesis, erscheint also gar nicht mehr unmittelbar wie das Erste der Gegenseite. Mit anderen Worten: Das griechische Maß ist, weil der Leidenschaft abverlangt, ein erfülltes Maß und nicht mit der schematischen Regeltreue zu verwechseln, die unser Erbteil ist. Desgleichen würde unsere Selbstverwirklichung nicht ins abgründig Orgiastische des griechischen Ursprungs ausschweifen, sondern eine vom Bewußtsein der Ordnung gehaltene Leidenschaft bleiben, die erst Kultur ermöglicht. Diesem kompliziert scheinenden Entwurf liegt die einfache Erfahrung zugrunde: Erworbene können angeborenen Eigenschaften ähnlich sehen, aber niemals gleich werden, weil sie mit schon vorhandenen Anlagen zusammenwachsen und dabei von selbst ihr ursprüngliches Aussehen verändern.

Damit ist der Grundgedanke beschrieben, den die *Wanderung* veranschaulicht. Wie er erklärt, was der Vorzeitmythus über die Geburt der Griechen und ihrer Kultur berichtet, ist ebenfalls angedeutet. Nur die analoge Erklärung unseres hesperischen Selbstwerdens steht noch aus; denn dieses schildern erst die folgenden Strophen.

Fortsetzung der Interpretation

Der Vorzeitmythus schließt mit der Frage, wo die Griechen heute wohnen mögen, und begründet sie mit der Absicht, das Bündnis von einst wiederzubegehen und der teuern Ahnen zu gedenken. Dieses neue Bündnis muß nach dem Gesagten auf unsere, die hesperische Selbstverwirklichung zielen und wird die Einladung der griechischen Grazien erklären. Ehe sie jedoch zur Sprache kommt, veranlaßt die unbeantwortete Frage, wo heute die Griechen zu finden seien, einen Lobpreis ihrer goldenen Vergangenheit. Die sechste Strophe lautet:

Dort an den Ufern, unter den Bäumen
Ionias, in Ebenen des Kaysters,
Wo Kraniche, des Äthers froh,
Umschlossen sind von fernhindämmernden Bergen;
Dort wart auch ihr, ihr Schönsten! oder pflegtet
Der Inseln, die mit Wein bekränzt,
Voll tönten von Gesang; noch andere wohnten
Am Tayget, am vielgepriesnen Hymettos,
Die blühten zuletzt; doch von
Parnassos Quell bis zu des Tmolos
Goldglänzenden Bächen erklang
Ein ewiges Lied; so rauschten
Damals die Wälder und all
Die Saitenspiele zusamt
Von himmlischer Milde gerühret.

Der Preis Griechenlands entspricht dem der Heimat, ist jedoch anders aufgebaut. Dort beherrschten die Alpen das Bild, und Landschaft und Orte Sueviens erschienen nur an den Rändern. Hier entfaltet Hölderlin eine förmliche Topographie des griechischen Raumes von Kleinasien bis zum Mutterland und führt die Ortsnamen in geschichtlicher Reihenfolge auf. Zuerst nennt er das kleinasiatische Jonien, weil hier die griechische Kulturblüte begonnen hat – denn das muß gemeint sein, wenn es von den mutterländischen Griechen heißt: »die blühten zuletzt« –, und mehr als bildende Kunst und Naturphilosophie wird ihm Homer den jonischen Anfang verkörpern. Auch der Ausruf »O Land des Homer!« in der nächsten Strophe bezieht sich, wenigstens unmittelbar, auf Jonien. Dann folgen, in der Mitte dieses Raumes, die Inseln des Archipelagus und zuletzt die Vororte des Mutterlands, Sparta und Athen, worauf die an Taygetos und Hymettos Wohnenden deuten. Dieser Ost-West-Gang entspricht der kulturellen Entwicklung.

Ihn füllen nun mehrere sprechende Einzelheiten aus. Das Bild Joniens baut Hölderlin in der Gegenrichtung auf: von der Küste, den »Ufern«, über die Stromebenen – der Kayster vertritt die jonischen Flüsse – bis zu den Bergen des Landesinnern, als ob er den Weg der frühgriechischen Kolonisten nachzeichnen wollte. Und wie Suevien von Wäldern und Obstbäumen überschattet ist, wohnten die jonischen Griechen »unter den Bäumen« des Ufers und der Ebenen. Dann werden die Kraniche von fernhindämmernden Bergen »umschlossen« genannt, obwohl sie doch Zugvögel sind. Aber zum Bild der goldenen Zeit gehört fast immer ein saalartig geschlossener Landschaftsraum, der »festliche Saal« Griechenlands in *Brot und Wein* (V. 57) z. B., der »altgebaute, seliggewohnte Saal«, der in der *Friedensfeier* (V. 4) die Ankunft der Götter erwartet, und ähnlich in anderen Gedichten. Den genauen Sinn dieses Landschaftssaales erschließt jedoch erst der Zusatz: »Kraniche, des Äthers froh«; von fernen Bergen umschützt genießen sie die freie Bewegung im Luftraum. Dieses Zugleich von Freisein und Umhegtsein drückt in der philosophischen Sprache Hölderlins der Begriff »Sphäre«, in der poetischen das Wort »Friede« aus, worin er noch die ursprüngliche Verwandtschaft mit »Einfriedung« hört, die Schutz und Freiheit bietet. Die Verse der Kraniche enthalten in nuce die Struktur des Raums, in welchem goldene Zeit geschehen kann. Und da von Jonien aus gesehen die Kraniche aus nordwestlicher Richtung kommen, könnte ihr alljährlicher Zug, den man mit ihrem Namen assoziiert, als eine natursymbolische Wiederholung der beiden Wanderungen, der mythischen und der des Dichters, aufzufassen sein. Denn die Schwalbe der nächsten Strophe, von der es ausdrücklich heißt, sie komme fernher und erinnere den Dichter an Jonien, wird wohl auf die Reise der griechischen Grazien zu uns vorausdeuten. Vielleicht gehen diese Vermutungen auch zu weit; daß ein *Die Wanderung* betiteltes Gedicht nur Zugvögel nennt, sollte nicht Zufall sein.

»Ihr Schönsten!« apostrophiert Hölderlin die Griechen. Von seinem Schönheitsbegriff war soeben die Rede; hier ist beizufügen, daß der schöne Mensch darum zur goldenen Zeit gehört, weil zwischen beiden eine Wesensverwandtschaft besteht. Um es mit wenigen Worten anzudeuten: Für gewöhnlich ist der Mensch durch Dinge außerhalb seiner bestimmt, durch das, was er wünscht und fürchtet, glaubt und leugnet, tut und versäumt, beherrscht oder befolgt; er überschreitet sich immerzu in Richtung auf Gegenständliches. So zu existieren ermöglicht ihm die Zeit; denn Gegenständlichkeit ist das Wesen der Zeit, wie Hölderlin von Kant gelernt hat. Der schöne Mensch kehrt gleichsam in sein brach liegendes Ich zurück und findet dort, mit Hyperion zu sprechen, seine »goldene Mitte«[27], die nun weder von außen bestimmt wird noch sich selber bestimmt, sondern einfach *ist* und in jedem Lebensakt sich ungebrochen zum Ausdruck bringt. Ihr entspricht eine nicht mehr in Vergangenheit und Zukunft gespannte, sondern in reiner Gegenwart sich lebendig vollziehende Zeit, deren Form die ewige und deren Name die goldene ist. Darum das »ewige Lied«, welches die goldene Zeit der Griechen durchklang. Ein solches Leben – nicht aus dem, was von außen widerfährt, sondern aus dem eigenen Wesensgrund – ist Natur oder richtiger: Natur gewordener Geist, es ist seiend und gültig zugleich und mithin das glaubhafte Ziel des Menschen und der Geschichte. In der Einheit von Sein und Gelten liegt aber, wie eben gesagt, das Wesen des Schönen, und die goldene Zeit verkörpert es, wenn jeder ihrer Bürger aus sich und ohne Gesetz das Rechte erkennt, dem andern vertraut und die Götter ehrt, womit wir Ovids Beschreibung der »aurea aetas« zitieren, die Hölderlin sich zu eigen gemacht hat.

Es folgen weitere Motive aus der Symbolik der goldenen Zeit: die »mit Wein bekränzten« Inseln, gleichsam das bacchantische Gefolge des Dionysos, der ja von Osten gekommen ist, die »goldglänzenden Bäche« des Tmolos – den Goldsand des am Tmolos entspringenden Paktol erwähnt Hölderlin mehrmals – und der »Gesang«, das »ewige Lied«, das »Saitenspiel«, dazu der Parnaß, der Musenberg. Denn Gesang und Musik deuten nicht nur in einem romantisch allgemeinen Sinn auf eine erlöste Welt, sondern haben ihren physiognomisch genauen Bezug zum Wesen der goldenen Zeit. Vor allem zwei Momente lassen sich Hölderlins Sinnbildlichkeit entnehmen: Töne sind nicht wie Wörter Zeichen für etwas, sondern ihre eigene Wirklichkeit, und ihr Zusammenklang im Akkord gleicht einer freien, von niemandem beherrschten Gemeinschaft. In-sich-Bestehen – und Miteinander-Sein sind aber wesentliche Bestimmungsstücke des individuellen und kollektiven Lebens in der goldenen Zeit. In einem Brief an Sinclair von 1798 verallgemeinert Hölderlin dieses Prinzip zu der Formel, jedes lebendige Ganze sei »aus lauter selbständigen, aber ebenso innig und ewig verbundenen Teilen« gefügt.[28] Setzt man für die Teile die »Töne« der Hölderlinischen Poetik ein, von denen dasselbe gilt, dann zeigt sich, daß auch der musikalische Aufbau des Gedichts Abbild der goldenen Zeit sein will. Gleichwohl bleibt das Gedicht ein Produkt der Zeit, weil es nicht nur »tönt«, sondern auch gegenständliche Aussagen macht, sich also mit Erinnerung und Erwartung der goldenen Zeit begnügen muß.

Schließlich fehlt auch die Gegenwart der Götter nicht, wenn Wälder und Saitenspiele »von himmlischer Milde gerühret« damals erklangen. Im Rauschen der Wälder waren das Pneuma, im Spiel der Instrumente die Hand der Himmlischen unsichtbar zugegen – rühren heißt berühren –, und das war ihre freie Gabe; denn »Milde« kann noch zu Hölderlins Zeit den alten Sinn von Freigebigkeit haben, der heute nur noch in einem Ausdruck wie »milde Gabe« zu erkennen ist. –

Damit hat Hölderlin vollständig beschrieben, was man aus Gegenwart und Geschichte wissen muß, um seinen Aufbruch nach Griechenland zu verstehen. Die Strophen der letzten Triade handeln vom Entschluß zur Reise, von der Einladung der Grazien und von der Erwartung ihrer Ankunft bei uns; wir besprechen sie je für sich.

O Land des Homer!
Am purpurnen Kirschbaum oder wenn
Von dir gesandt im Weinberg mir
Die jungen Pfirsiche grünen,
Und die Schwalbe fernher kommt und vieles erzählend
An meinen Wänden ihr Haus baut, in
Den Tagen des Mais, auch unter den Sternen
Gedenk' ich, o Ionia, dein! doch Menschen
Ist Gegenwärtiges lieb. Drum bin ich
Gekommen, euch, ihr Inseln, zu sehn, und euch,
Ihr Mündungen der Ströme, o ihr Hallen der Thetis,
Ihr Wälder, euch, und euch, ihr Wolken des Ida!

Diese Strophe ist wieder »gegenrhythmisch« gebaut: zwei Drittel »Gedenken« des Einst, ein Drittel »Sehen« des Jetzt, in der Zäsur der kurze Satz: »doch Menschen ist Gegenwärtiges lieb«, der die Peripetie bildet. Nach Hölderlins Ausdrucksweise in den *Ödipus*-Anmerkungen[29] müßte diese Zäsur die Gegenwart, auf die es jetzt ankommt, gegen die übermächtige Erinnerung an die goldene Zeit »schützen«, die aus der vorhergehenden Strophe nachklingt. Indessen leiten schon die Verse des Gedenkens unmerklich zur Gegenwart über, da sie lauter Dinge nennen, die zwar aus dem Altertum stammen, aber heute noch da sind.

Es sind der Kirschbaum, den schon das homerische Epos kennt, der Weinberg und die Pfirsiche (malus Persicus) – in Hölderlins Heimat findet man oft Pfirsichbäumchen zwischen die Reben gepflanzt –, dann die Schwalbe, die Frühlingsbotin. Daß sie »fernher kommt«, erinnert an den Kehrreim des rhodischen Schwalbenliedchens »Gekommen ist sie, gekommen, die Schwalbe«, das bei ihrer Ankunft – in Jonien im Herbst – gesungen wurde; Hölderlin wird es schon im Griechisch-Unterricht der Schule kennengelernt haben. Und daß sie »vieles erzählend« an seinem Haus ihr Nest baut, ist wieder eine jener liebenswürdigen Bemerkungen; selbstverständlich entnimmt er ihrem aufgeregten Gezwitscher Nachricht von Jonien. Bei den Sternen schließlich erinnert man sich einer Stelle des Fragments *Deutscher Gesang* (V. 27-29), wo gesagt wird, daß sie »vom Orient her weissagend über den Bergen unseres Volks verweilen«. Lauter Boten des Ostens also, aus dem »Land des Homer«.

Der Satz »doch Menschen ist Gegenwärtiges lieb« verrät noch nichts vom Zweck der Reise und erweckt, zusammen mit den folgenden Versen, den Eindruck, es gehe nur um einen Besuch der griechischen Lokalitäten. Aber die Emphase, mit welcher Hölderlin diese anredet, zeigt, wieviel ihm am Augenschein liegt, als ob einmal dort gewesen zu sein, wohin seine Sehnsucht immerzu gegangen ist, schon genug wäre. Denn dieses Dort ist ja nicht nur das heutige. Die mythologischen Namen »Hallen der Thetis«, »Wolken des Ida« (des trojanischen, nicht des kretischen Ida) erinnern an einst und feiern die ewige Gegenwart der mythischen Welt. Sie sind noch da, die Inseln, das Meer und die Ströme, die Wälder und Gebirge, von denen Homer erzählt hat. Mithin verfährt Hölderlin im zweiten Teil der Strophe gerade umgekehrt wie im ersten. Dort hatte er das Gedenken des Einst an Dinge der Gegenwart geknüpft, hier verbindet er das Sehen des Jetzt mit Erinnerungen an einst. Damit schlägt er, ohne es unmittelbar auszusprechen, eine Brücke zwischen Einst und Jetzt, so daß die Einladung der griechischen Grazien gleichsam nur die Kontinuität der Geschichte wahr macht und nichts mit einer klassizistisch künstlichen Wiederbelebung der Antike zu tun hat.

Zu bemerken ist noch, daß man, einer Stelle der Ovidischen *Metamorphosen* wegen, in dem Namen Thetis eine Verwechslung mit Tethys, der Schwester und Gattin des Okeanos, vermutet hat. Diese Annahme ist nicht nötig, da ja auch Thetis, die Mutter des Achilleus, als Tochter des Nereus im Meer wohnt – die Strommündungen sind ihre Hallen –, und zwar im ägäischen Meer, von dem doch hier die Rede ist, nicht im Weltmeer. In der Elegie *Achill* (V. 12) schildert Hölderlin nach der homerischen Szene, wie sie »vom Grunde der See« heraufsteigt, um den Sohn über die Gewalttat des Agamemnon zu trösten. Mit den Namen Homer, Jonien, Thetis und Ida bleibt die Strophe ganz in der iliadischen Welt.

> Doch nicht zu bleiben gedenk ich.
> Unfreundlich ist und schwer zu gewinnen
> Die Verschlossene, der ich entkommen, die Mutter.
> Von ihren Söhnen einer, der Rhein,
> Mit Gewalt wollt' er ans Herz ihr stürzen und schwand
> Der Zurückgestoßene, niemand weiß, wohin, in die Ferne.
> Doch so nicht wünscht' ich gegangen zu sein,
> Von ihr und nur, euch einzuladen,
> Bin ich zu euch, ihr Gratien Griechenlands,
> Ihr Himmelstöchter, gegangen,
> Daß, wenn die Reise zu weit nicht ist,
> Zu uns ihr kommet, ihr Holden!

Jetzt erst, in der vorletzten Strophe, erfährt man den Zweck der Reise, und noch einmal retardiert Hölderlin, ehe er ihn förmlich ausspricht. Zunächst teilt er nur mit, er wolle nicht bleiben, aber die Fortsetzung: weil er nur eine Einladung zu überbringen habe, verschiebt er bis hinter die Mitte der Strophe und fügt eine Reflexion über Suevien, seine Mutter, ein. Aus ihr geht per contrarium hervor, daß er mit Hilfe der griechischen Grazien das Herz der Mutter zu gewinnen hofft; denn gesagt wird nur, es sei schwer zu gewinnen. Warum ist die Mutter Suevia unfreundlich und verschlossen?

Man denkt an Hölderlins schlimme Erfahrungen mit der Heimat und an jene erzwungene Freizügigkeit, von der die Rede war. Aber die biographische Erklärung genügt nicht, zumal der seltsame Ausdruck, er sei der Mutter »entkommen«, dann unverständlich wird. Daß sie im Gegensatz zu den »holden« Grazien unfreundlich heißt, erinnert an die hesperische Nüchternheit, die im Vorzeitmythus anklang, führt aber nicht weiter. Hingegen liegt in dem Wort »die Verschlossene« die gesuchte Antwort. Denn als die Mutter ist sie der Ursprung und Grund, und dieser ist immer der verschlossene. Je augenfälliger die Erscheinung, die er hervorbringt und trägt, desto tiefer verschließt er sich in sich selbst, weshalb er in

Hölderlins philosophischer Sprache der »verborgene Grund aller Natur« heißt.[30] Davon war im Exkurs über Grund und Zeichen die Rede, und es war auch gesagt, daß die Erscheinung, als Zeichen des Grundes, gleichwohl auf diesen verborgenen Grund zurückweist. Jetzt ist zu ergänzen, daß Hölderlins Geschichtsphilosophie dieses natürliche Zurückweisen als ein willentliches Zurückgreifen interpretiert, das seinen Grund erfassen, also das angeborene Eigene aus der Distanz des erworbenen Fremden förmlich in Besitz nehmen möchte. In dem zitierten Brief an Böhlendorff nennt Hölderlin das den »freien Gebrauch des Eigenen«, und der sei, weil man Fremdes leichter als Eigenes begreife, für Individuen wie für Nationen »das schwerste«.[31] Darum also ist die Mutter »schwer zu gewinnen«, darum braucht es fremder, griechischer Hilfe. Und jetzt versteht man auch das Wort, er sei der Mutter »entkommen«. Unsere ursprüngliche Anlage hält uns fest, und nur zu gern lassen wir uns von ihr festhalten, so daß wir »falsch anklebend der Heimat ... der Mutter ewig sitzen im Schoße«, wie es in dem Entwurf *An die Madonna* (V. 92 f.) heißt. Der Aufbruch »dem Kaukasos zu« war also nicht, wie es zunächst schien, ein nicht weiter begründeter Schritt, sondern das entschlossene Sichlosreißen dessen, der weiß, daß der vaterländischen Art nur geholfen werden kann, wenn einer von außen ihr bringt, was zu ihrer Vollendung fehlt.

Es folgt das Beispiel des Rheins. Ehe wir fragen, wie es das eben Gesagte exemplifiziert, ist die Stelle zu bestimmen, an welcher der Rhein mit Gewalt der Mutter ans Herz stürzen wollte und zurückgestoßen wurde. Man hat auf die Nordwendung des Rheins bei Chur verwiesen, die auf Schwaben zu führt, bis der Bodensee ihn an der Grenze Schwabens nach Westen ablenkt und sein Ziel zu verlassen zwingt. Aber er heißt ein Sohn der Mutter Suevien, muß also auf ihrem Territorium geboren sein, worin die ursprüngliche Konzeption Hölderlins zu erkennen war, die Suevien mit dem staufischen Herzogtum Schwaben gleichsetzte. In diesem Land muß es geschehen sein, und die *Rhein*-Hymne sagt, wo es geschah: in der Via mala bei Thusis, wo der junge Rhein »wie der Blitz ... die Erde spalten« (V. 73 f.) und senkrecht in die Tiefe – ans Herz der Mutter – sich stürzen wollte, hätte ihn nicht der Vater gleichsam gepackt und zum fruchtbaren Lauf durchs »deutsche Land« (V. 85) gezwungen. In der Wanderung stößt ihn die Mutter selbst zurück, und wenn Hölderlin hinzufügt, niemand wisse, wohin, so ist das nicht realistisch zu lesen. Jedermann weiß, wohin der Rhein fließt, aber von Suevien aus ist er auf Nimmerwiedersehn verschwunden, anders als der Dichter, der zurückkommen will. Offenbar entwickelt Hölderlin aus diesen drei Versen die Strophen 5 und 6 der *Rhein*-Hymne mit ihrer weiterführenden Deutung des Rheinlaufs.

Jetzt können wir fragen, was das Beispiel des Rheins mit dem Gedanken zu tun habe, das Eigene sei nur auf dem Umweg über das Fremde zu gewinnen. Der Vergleichspunkt liegt allein in dem Wort »schwer zu gewinnen«; denn von einem Umweg ist im Falle des Rheins gerade nicht die Rede. Aus vielen Zeugnissen, die hier nicht auszubreiten sind, ergibt sich folgender Gedanke Hölderlins: Sobald ich bemerke, daß ich meines Eigenen nicht Herr bin – weil ich es eben bin und zu sein habe –, versuche ich, mich seiner zu bemächtigen. Ich kann es, weil es schwer ist, mit Gewalt, also unmittelbar versuchen; im »Zorn«, wie das Leitwort der *Ödipus*-Anmerkungen hierfür lautet.[32] Dieser Versuch mißlingt notwendig und führt in die Entfremdung, weil das, woraus ich lebe, sich nicht ungestraft in etwas verwandeln läßt, worüber ich verfüge; meine innerste Natur kann nicht Produkt meines Willens werden. Daran ist der Rhein gescheitert. Also muß ich es mittelbar, auf dem Umweg über das Andere und Fremde versuchen, der mir nun die Freiheit gibt, mein Eigenes gewaltlos anzunehmen. Dann lasse ich es wirken, ohne es zu beschädigen, und dabei kann ich es formen und in Sinnbesitz verwandeln. Diesen Weg, den Umweg übers Griechische, geht der Dichter. Mithin ist der Rhein nicht sein Beispiel, sondern sein warnendes Gegenbeispiel, und nur die Absicht, die Mutter zu gewinnen, verbindet beide. Und das sagt ja der Vers: »Doch so nicht wünscht' ich gegangen zu sein, von ihr.«

Die Verse über die Mutter und den Rhein haben Gedanken auftauchen lassen, deren Allgemeinheit einen Vergleich mit Zeitgenossen Hölderlins nahelegt; wenigstens zwei seien erwähnt. *Schiller* ist, in seiner philosophischen Anthropologie wie in seinem Lebensbeispiel, des Glaubens, der Mensch solle seine Natur ganz seinem sittlichen Willen unterwerfen, »sein eigner Bildner und Schöpfer« zu werden, sei seine Bestimmung. So zu denken ist ihm möglich, weil er unter Natur nichts als die Naturbasis der geistigen Existenz und gleichsam den Stoff versteht, der auf Formung durch den Willen wartet. Eines Hölderlinischen Umwegs bedarf es dazu nicht; denn der wird erst nötig, wenn die Natur nicht einfach formbarer Stoff, sondern ein selbständig schaffendes Wesen ist, dem ich Partner werden soll; und dazu muß ich ihm Gleichwertiges von außen entgegenbringen. Nur im Bereich des Schönen erhöht Schiller den Wert der Natur, weil das Schöne in sich besteht und den Zugriff des Willens weder braucht noch erträgt. Aber zu einem Hölderlinischen Verständnis der Natur als Grund kommt es nicht eigentlich.

Anders *Kleist*. Im Aufsatz *Über das Marionettentheater* erzählt er die Geschichte eines von der Natur mit aller Anmut ausgestatteten jungen Mannes, der bei einem zufälligen Blick in den Spiegel bemerkt, er stehe in der Haltung einer bestimmten antiken Statue da, diese Haltung willentlich zu wiederholen sucht, sie immer grotesker verfehlt und, weil er von solchen Versuchen nicht ablassen kann, binnen Jahresfrist jegliche Anmut und Unschuld verloren hat. Hier läßt sich die Natur nicht in ein Produkt des Willens ummünzen, die Selbstentfremdung des jungen Mannes ist definitiv und scheint ans Verschwinden des Rheins in unbekannte Ferne zu erinnern. Aber vom zweiten Weg Hölderlins weiß Kleist nichts, weil ihm das »Bewußtsein«, wozu der Wille gehört, der Todfeind der Unmittelbarkeit ist, außerstande, das Eigene frei zu gebrauchen. Weshalb denn auch seine Helden sich samt und sonders verirren, wenn sie zu reflektieren beginnen, und nur reine Naturwesen wie das Käthchen von Heilbronn in aller Anfechtung sicher bleiben. Denn das von Kleist so genannte »innerste Gefühl«, aus dem sie leben, versagt, sobald die Reflexion sich einmischt. Kleists Natur ist, streng genommen, kein Grund, der etwas gründet, sondern, mit dem alten Mystikerwort, ein unzugänglicher »Urgrund« oder »Ungrund« und wird, wenn einer ihn instinktlos ans Licht zerrt, ein Abgrund wie in Penthesileas Wahnsinnstat.

Gleichsam in der Mitte zwischen den Antipoden Schiller und Kleist steht Hölderlin. Mit Kleist und gegen Schiller hält er die Natur nicht für machbar, aber mit Schiller und gegen Kleist hält er sie für formbar. Diese Auffassung beruht, um es zu wiederholen, auf einer Deutung der Natur als Grund, der so nur heißen kann, wenn er gründet und mithin einen Willen anzeigt, den respektieren muß, wer sich seiner vergewissern will, er sei ein Mensch oder ein ganzes Volk. Von einem »Willen des Grundes« spricht auch Schelling, jedoch zu einer Zeit, da seine Metaphysik Hölderlin nicht mehr erreichen konnte. Um das Verhältnis zuletzt mit geistesgeschichtlichen Kategorien auszudrücken: Hölderlin, gleich weit entfernt vom klassischen Idealismus Schillers wie von der modernen Psychologie Kleists, vertritt eine Position, für die es eigentlich keinen Namen gibt. Am ehesten ließe sie sich mit dem Begriff eines theologischen Paradoxiedenkens umschreiben, worin Gedanken Luthers, Böhmes und des schwäbischen Pietismus zusammengeflossen sind. Denn der Grund, der sich verschließt, wenn er sich zeigt, und dennoch vom Zeichen ergriffen werden kann, entspricht dem Paradox eines Gottes, der sich in seine Offenbarung verbirgt, obwohl der Glaube ihn faßt. Aber damit gerieten wir in Überlegungen, die zu weit von der *Wanderung* abführten.

Nach dieser Unterbrechung müssen wir noch einmal zur achten Strophe zurückkehren. Wir glauben die Verse über die Mutter verstanden zu haben. Aber wie reimen sich die Wörter: unfreundlich, verschlossen, schwer zu gewinnen, den Sohn zurückstoßend zum heiteren Bild des Gedichtanfangs, zum glückseligen Suevien mit seiner gesegneten Natur und seinen zufriedenen Bewohnern, die es nirgend besser zu finden meinen? Der Widerspruch ist so auffallend, daß man zweifeln könnte, ob Suevien und die Mutter überhaupt eine und dieselbe Person sind. Aber sie müssen es sein, da auch Suevien »Mutter« genannt wird und nichts auf zwei verschiedene Mütter deutet. Selbst wenn man die Mutter der achten Strophe Griechenlands wegen zum Inbegriff Hesperiens erweitern wollte, fände man keine Äußerung, die einen Gegensatz: liebliches Suevien – unfreundliches Hesperien zu konstruieren erlaubte. Also müssen wir uns den Widerspruch genauer ansehen.

Zunächst wird man sagen: Die beiden Eingangsstrophen stellen Suevien dar, wie es ist, die achte Strophe fragt, wie man es gewinnt. Möglicherweise erscheint es von innen anders als von außen: innen, einem hortus conclusus vergleichbar, paradiesisch, nach außen wie durch eine Mauer gegen Fremdes geschützt. Dann fällt auf, daß Auswanderung und Rückkehr unter demselben Stichwort »schwer« stehen: »Schwer verläßt, was nahe dem Ursprung wohnet, den Ort« – »schwer zu gewinnen ... die Mutter«. Wir sagten ja eben, das Eigene halte uns fest, weggehen sei schwer, heimkehren noch schwerer, dennoch müsse beides geschehen, wenn dem Eigenen fehlt, was nur die Fremde ihm gibt. Dem scheint freilich die Treue der Schwaben zu widersprechen, die Hölderlin gerühmt und als Treue zum Ursprung ausgelegt hatte. Sie hieß jedoch angeboren – »Darum ist dir angeboren die Treue« – und hatte sich in bloßer Ortstreue und Seßhaftigkeit zu erkennen gegeben. Auch war nicht gesagt, in Schwaben sei gut wohnen, sondern, seine Bewohner »meinten«, es sei so. Es könnte eine, zwar nicht falsche, aber beschränkte Meinung gewesen sein, und es könnte eine höhere, nicht bloß angeborene, sondern erworbene Treue geben, die eben nicht im Lande bleibt und sich redlich nährt, sondern die Fremde auf sich nimmt, um dem Land zu nützen. Dann würde aus der Treue des Bleibens eine Treue des Wiederkehrens, die mehr wert ist.

Nimmt man all diese Gesichtspunkte zusammen, dann löst sich nicht nur der Widerspruch zwischen dem glückseligen und dem unfreundlich verschlossenen Suevien, sondern es wird eine Dialektik sichtbar, die das naiv gelebte in ein geistig bewältigtes Dasein verwandelt. Diese »Anstrengung des Begriffs« erklärt, warum Heimkommen schwerer als Dableiben ist und warum die Heimat dem wandernden Dichter ein anderes Gesicht zeigt als seinen seßhaften Landsleuten.

Der Rest der Strophe gilt den Grazien Griechenlands. Sie heißen die »Himmelstöchter«; denn nach der Mythologie sind sie Töchter des Zeus und nach ihrem Wesen Stifterinnen himmlischer Gaben. Worin diese bestehen und warum sie uns nötig sind, wird die nächste Strophe darlegen. Schließlich werden sie die »Holden« genannt, weil »gratia«, derentwegen Hölderlin »Gratien« schreibt, unter anderem die Huld bedeutet. Die Einladung, zu uns zu kommen, »wenn die Reise zu weit nicht ist«, schlägt wieder den liebenswürdig humorvollen Ton an, der dieses Gedicht auszeichnet.

Wenn milder atmen die Lüfte,
Und liebende Pfeile der Morgen
Uns Allzugeduldigen schickt,
Und leichte Gewölke blühn
Uns über den schüchternen Augen,
Dann werden wir sagen, wie kommt
Ihr, Charitinnen, zu Wilden?
Die Dienerinnen des Himmels,
Sind aber wunderbar,
Wie alles Göttlichgeborne.
Zum Traume wirds ihm, will es Einer
Beschleichen und straft den, der
Ihm gleichen will mit Gewalt;

Oft überraschet es einen,
Der eben kaum es gedacht hat.

Die letzte Strophe beginnt mit einem Morgenbild, das an Lyrik die vielen lieblichen Verse des Gedichts noch übertrifft und in die Ankunft der holden Grazien einstimmt. Die Form dieser Verse verdient eine kurze Betrachtung, zumal wir auf metrische Fragen sonst nicht eingegangen sind.

Es ist ein Vers des Typus: Derében kaúm es gedácht hàt. Wir zitieren den mit den Versen des Morgenbildes identischen Schlußvers, weil er deutlicher als diese zeigt, daß die letzte Silbe als Hebung, wenn auch Nebenhebung, zu gelten hat. Ein vierhebiger Vers also und, weil die letzte Senkung fehlt, ein katalektischer, ferner steigend, weil mit Auftakt beginnend. Die zweite und die dritte Senkung können mit einer oder mit zwei Silben gefüllt sein, mindestens eine Doppelsenkung kommt immer vor; der Auftakt ist einsilbig. Dazu tritt derselbe Vers ohne letzte Silbe, die eine Pause ersetzt; auch er also vierhebig zu lesen, z. B.: Und leíchte Gewölke blühn V. Er bildet gewöhnlich den Abschluß mehrerer voller Verse; Hölderlin kann ihn auch zwischen diese einschieben, da die *Wanderung* ja noch ganz andere Versformen enthält. In der griechischen Metrik heißt dieser Vers »Paroimiakos«, der Sprichwortvers, weil viele Sprichwörter nach seinem Muster gebaut sind. Die äolische Lyrik und die Chorlieder der Tragödie verwenden ihn oft, am häufigsten Pindar, an den auch in anderer Hinsicht gerade die Schlußstrophe erinnert.

Es sind zwei Beobachtungen, derentwegen wir diesen Vers hervorheben. Er bildet das, was man den metrischen Grundtenor der *Wanderung* nennen könnte; denn er durchzieht das ganze Gedicht und nimmt etwa ein Drittel aller Verse ein, während sich unter den übrigen, die zwei bis sechs Hebungen umfassen, kein dominierendes Versmaß zeigt. Nirgendwo häuft er sich aber so wie in der Schlußstrophe. Hier kommt er elfmal vor, sonst durchschnittlich drei- bis viermal. Das muß mit der Erwartung der Grazien zusammenhängen; denn es ist ein im klassischen Sinne »schöner« Vers, weder lang noch kurz und von einer Schwingung getragen, die sich in anderen Versmaßen des Gedichts so frei nicht entfaltet. Die zweite Beobachtung betrifft die Stellen, an denen Hölderlin ihn verwendet. Es sind ausnahmslos solche, die etwas Freundliches mitteilen, gleichgültig, ob es sich um Einzelverse oder Versfolgen dieses Typus handelt. Versfolgen sind: in der zweiten Strophe die Anmerkung über die glücklichen Städte Sueviens, in der fünften die Erzählung vom Bündnis der Voreltern und der Hochzeit der Kinder, in der sechsten die Schilderung des ewigen Lieds, das die goldene Zeit der Griechen durchklang, und hier in der Schlußstrophe das Bild des Morgens, an welchem die Grazien eintreffen werden. Diese Stellen sind einander thematisch zugeordnet: Suevien heute – der Vorzeitbund – die goldene Zeit – der Bund der Zukunft. Wir hatten einleitend von der geheimen Architektonik des Gedichts gesprochen. Jetzt zeigt sich, daß Hölderlin sogar die Metrik in den Dienst einer solchen Architektur stellen kann.

An einem Morgen also werden die Grazien erwartet, vielleicht im Frühling, worauf die milderen Lüfte zu deuten scheinen, die in einer Ode »Boten Italiens« heißen.[33] »Liebende Pfeile« wird uns der Morgen schicken. Das Oxymoron will sagen: am Morgen brennen die Sonnenstrahlen noch nicht, dennoch sind sie kräftig genug, uns »Allzugeduldige« aufzuwecken. In diesem Wort liegt nicht nur unsere hesperische Nüchternheit, sondern wie immer, wenn Hölderlin von Geduld spricht, die Bedeutung: Entschlußlosigkeit, Verharren im Gewohnten, Verzicht auf Selbstverwirklichung, die nun allerdings unsere hesperische Art kennzeichnen. Eine Tugend ist Hölderlins Geduld nicht, und mit der biblischen Geduld hat sie nichts zu tun. Um aber nicht den Eindruck aufkommen zu lassen, einer solchen Menschenart sei nicht zu helfen und die Mission der Grazien sei umsonst, fügt er unsere »schüchternen Augen« hinzu; wir gleichen Kindern und können kaum glauben, daß zu uns die Grazien kommen. Aber was heißt: zu uns »Wilden«? Dieses Wort mißversteht man, wenn man im heutigen Sinne den Gegensatz »zahm« mithört. Denn zahm, allzu zahm ist ja gerade unsere hesperische Natur. In Hölderlins später Sprache bedeutet wild soviel wie roh, ungeformt, kulturlos, im griechischen Sinne barbarisch, womit über das besondere Naturell des Barbaren nichts ausgesagt ist, es sei wild im üblichen Sinne oder zahm und friedlich. Wild heißen wir also darum, weil wir noch im Eigenen feststecken und den Aufbruch nicht gewagt haben, der uns Kultur und weltgeschichtliche Bedeutung finden ließe.

Hier ist zum letztenmal von Griechenland und Hesperien zu sprechen. Bisher war von der Überkreuzung der Kulturtendenzen die Rede, die jeweils auf den Ursprung der Gegenseite verweist, die also den ekstatischen Griechen das hesperische Maß gebracht hat und uns Ordnungsmenschen die orientalische Leidenschaft zu suchen aufgibt. In Anmut und Schönheit der Grazien tritt uns aber bereits das vollendete Griechische, die Synthesis von Ekstase und Maß entgegen. Wie sollen wir in ihr die Komponente ausfindig machen, die wir brauchen?

Die Meinung dieser Verse ist nicht, es sei an uns, die griechische Schönheit zu zergliedern, um ihre Elemente zu finden und per analogiam auf das zu schließen, was uns fehlt. So ist Hölderlin bei seinem Studium der Griechen vorgegangen, und was er dabei entdeckt hat, bildet nur den gedanklichen Hintergrund des Gedichts. Hier aber findet eine mythische Begegnung zwischen Wilden und Göttinnen statt, man kann auch sagen: zwischen einer unentwickelten und einer vollendeten Wesensform, und in ihr spiegelt sich wider, was Hölderlin empfand, als ihm zu Beginn seiner Studien die unendliche Überlegenheit der griechischen Kultur aufging; in Briefen und Aufsätzen spricht er davon. Was jedoch aus dieser Begegnung folgen wird, muß die mythische Szene nicht mehr sagen, hingegen macht die Reflexion, mit welcher das Gedicht schließt, darüber einige Andeutungen.

Zuvor erhalten die Charitinnen die Prädikate »Dienerinnen des Himmels« und »wunderbar, wie alles Göttlichgeborne«, worin man Anklänge an die von Hölderlin übersetzte *14. Olympische Hymne* Pindars[34] erkannt hat. Das Wort »wunderbar« ist in seinem ursprünglichen Sinne zu nehmen: ihre Epiphanie ist ein Wunder. Damit wehrt Hölderlin mit der für ihn so charakteristischen Gebärde die Vermutung ab, er sei es, der mit seiner Einladung der Grazien dieses Ergebnis zustande gebracht habe. Vielleicht meint er, er habe mit seiner Dichtung, mit diesem Gedicht, einen Anstoß gegeben. Aber wenn das Griechische wirklich erfaßt und dem Vaterländischen hilfreich werden sollte, dann wird das ein jedes menschliche Zutun weit überflügelnder Vorgang sein.

Die Reflexion der letzten fünf Verse ist in die Form einer allgemeinen Erfahrung gekleidet, weshalb wir sie zunächst in ihrer Allgemeinheit erläutern müssen. Es ist von einem die Rede, dem das Göttliche zum Traum wird, will er es beschleichen, und den es straft, wenn er mit Gewalt ihm zu gleichen versucht. »Mit Gewalt« erinnert an den Rhein; aber der wollte der Mutter ans Herz stürzen, nicht sie beschleichen und ihr gleichen. Sucht man nach ähnlichen Motiven, dann findet man in der siebten und achten Strophe der *Rhein*-Hymne die Trotzigen, die »den Göttern gleich zu werden getrachtet« (V. 104), und den Schwärmer, der »wie sie sein will und nicht Ungleiches dulden« (V. 119 f.); ihre Strafe ist, daß sie sich selber zerstören. Oder man denkt an Empedokles, dem die göttliche Natur in dem Augenblick sich entzieht und zum Traum wird, da er sie ganz zu verstehen und zu beherrschen meint und sich selbst einen Gott nennt. Von der Versuchung des Dichters, »die Himmlischen schauen« zu wollen, die im Orkus gebüßt wird, spricht *Wie wenn am Feiertage* (V. 70). Christliche superbia also oder griechische Hybris; manchmal tauchen auch die mythischen Exempla der großen Büßer Tantalus und Sisyphus auf.

Dieser Selbstüberhebung stellt Hölderlin nun nicht, wie in der neunten Strophe des *Rheins*, die Selbstbescheidung gegenüber, sondern ein anderes Motiv – vom »Göttlichgebornen« ist noch immer die Rede: »Oft überraschet es einen, der eben kaum es gedacht hat«. Wer also nicht sich gottgleich macht, wohl aber das Göttliche denkt, und das heißt: es in seiner absoluten, dem Menschen unzugänglichen Göttlichkeit denkt, dem kann es überraschend sich offenbaren. Auch für dieses Motiv lassen sich Beispiele anführen. »Da faßt' ein Staunen die Seele der Getroffenen all« und »Da staunen wir und wissens nicht zu deuten« heißt es im *Quell der Donau (V. 43 f., 106)* im Blick auf das göttliche Wort aus Osten. Im Entwurf der *Friedensfeier* muß der Dichter »fast wie ein Blinder« fragen, »wozu du mir, woher du seiest, seliger Friede«.[35] »Und nicht geweissagt war es, sondern die Locken ergriff es, gegenwärtig«, sagt *Patmos* (V. 128 f.) über Himmelfahrt oder Pfingsten. In Bruchstück 60 steht der Satz: »oft aber geschiehet etwas um die Schläfe, nicht ist es zu verstehen«.[36] Und noch andere Stellen sprechen von einem augenblicklichen Vernehmen des Göttlichen, das dem zuteil wird, der nichts erzwingt.

Die Alternative: gewaltsam dem Göttlichen gleichen wollen – unvermutet seiner Göttlichkeit inne werden, gibt den allgemeinen Sinn der Schlußverse wieder. Im Kontext der Strophe sollten sie aber auch einen spezifischen Sinn haben, der sie und vielleicht das ganze Gedicht angeht, zumal Hölderlin das Ende einer Hymne gerne benützt, um aus ihrem Inhalt ein Fazit für sich und seine Dichtung zu ziehen. Zwei Momente bestärken diese Vermutung. Der merkwürdige Ausdruck: das Göttliche »beschleichen«, der nicht nur gewählt sein kann, um zu »gleichen« eine Assonanz herzustellen, scheint einen besonderen Sachverhalt im Auge zu haben, für den die Begriffe Hybris oder superbia zu weit sind.

Und die beiden Arten, sich zu Göttlichem zu verhalten, beziehen sich zwar syntaktisch auf »alles Göttlichgeborne«, wofür die Grazien nur ein Beispiel sind. Es wäre aber seltsam, wenn nicht in erster Linie sie gemeint wären, wenn es also nicht ums Verhalten zur griechischen Schönheit ginge.

Setzen wir also für das Göttlichgeborne die griechische Schönheit ein, wer kann dann mit dem Versuch gemeint sein, sie zu beschleichen und ihr mit Gewalt zu gleichen? Offenbar ihre modernen Nachahmer. Wir hatten im Exkurs den Satz Winckelmanns über die Nachahmung der Alten zitiert, der dem Klassizismus das Stichwort gegeben hat. Vom »Fieber der Gräkomanie« spricht Schiller im Rückblick auf diese Jahre. In der *Italienischen Reise* erzählt Goethe, wie beim Abschied von Rom sich ihm die antiken Bauwerke, unter denen er gelebt hatte, traumhaft entrücken und ihn vor dem nächtlichen Kolosseum der Schauder des Ausgeschlossenseins überfällt: es war ein Irrtum zu meinen, man könne ganz in diese Welt einwandern. Hölderlin, das sagten wir, hat jahrelang und wohl entschiedener als andre geglaubt, es müsse gelingen. Dafür hat er auch die Strafe des Nachahmers, den Selbstverlust, am entschiedensten begriffen und aus dieser Erkenntnis mit seiner vaterländischen Dichtung eine Konsequenz gezogen, die ihn weiter als seine Zeitgenossen vom Geschmack der Epoche entfernte.

Sind wir mit dem Gedanken der Nachahmung auf der richtigen Spur, dann muß sich auch das Überraschtwerden auf die Erkenntnis des Griechischen beziehen. Im Winter 1799/1800 schreibt Hölderlin an den klassischen Philologen Schütz, die Resultate seines innigeren Studiums der Griechen seien »ziemlich von andern, die ich kenne, verschieden«.[37] An Schiller schreibt er im Juni 1801, sein fast ununterbrochen fortgesetztes Studium habe ihm die anfangs geraubte Freiheit zuletzt wiedergegeben und ihn »vom Dienste des griechischen Buchstabens« befreit.[38] Diesen Ausdruck hatten wir zitiert, ebenso das Fazit des Böhlendorff-Briefs vom Dezember 1801: »Bei uns ists umgekehrt«, dem er hinzufügt: »Ich habe lange daran laboriert und weiß nun, daß...«[39] All diese Äußerungen besagen, Hölderlin sei sich der Neuheit seines Griechenverständnisses bewußt und wisse, daß es die Nachahmung der Griechen verbietet, die um ihn her in voller Blüte steht. Daß ihm diese Erkenntnis plötzlich und unvermutet aufgegangen sei, sagen die Briefe begreiflicherweise nicht. Das hindert nicht, den Satz: »Oft überraschet es einen, der eben kaum es gedacht hat«

in ihrem Sinne auszulegen. Nimmt man schließlich hinzu, daß der früher entworfene Aufsatz *Der Gesichtspunkt, aus dem wir das Altertum anzusehen haben*[40] die These verficht: gänzliche Befreiung vom griechischen Vorbild und traditionsloser Neubeginn, dann wird der Vorgang noch deutlicher. In der Hoffnung, einen eigenen Weg zu finden, hat Hölderlin dennoch erneut die Griechen studiert, bis er eines Tages begriff, wozu wir sie brauchen und warum wir sie trotzdem nicht nachahmen dürfen.

Wir sagten zu Beginn, die Einladung der griechischen Grazien sei kein Bild für die Entstehung eines deutschen Klassizismus, zumal es diesen längst gibt. Alle Andeutungen des Gedichts über den Gegensatz der griechischen und der hesperischen Art widersprachen denn auch einer solchen Deutung, und von einem »Bündnis«, in das doch jede Partei das Ihre einbringt, konnte nur die Rede sein, wenn es gerade nicht darum ging, sich einem fremden Vorbild zu unterwerfen. Der Beweis liegt im Verdikt der Schlußverse über die Nachahmer. Versteht man sie so, wie hier vorgeschlagen, dann sprechen sie die Quintessenz des Gedichts aus. Soll aber der Besuch der Grazien nicht vergangen Griechisches wiederbeleben, sondern eine vaterländische Zukunft aufschließen, dann muß das Gedicht, das ihn darstellt, dieser Zukunft angehören. Und nicht nur das. Alle übrigen späten Gedichte Hölderlins verknüpfen das Thema des Vaterländischen und seiner Dichtung mit anderen, religiösen, geschichtlichen und politischen Themen, so daß es nur in Ausschnitten erscheint, oder sie verbergen es in Symbole, die auch ihrer eigenen Logik folgen, vor allem das Stromsymbol. Nur die *Wanderung* beschreibt vollständig und genau, wie vaterländische Dichtung entsteht, indem sie das Epos ihrer Geburt erzählt.

Anmerkungen

* Das Gedicht war Thema einer Arbeitsgruppe bei der Jahresversammlung der Hölderlin-Gesellschaft 1978 in Tübingen. Der Aufsatz beruht auf der Interpretation, die der Leiter, mehr gesprächsweise als vortragend, mit den Teilnehmern entwickelt hat.

1 An Friedrich Wilmans, Dezember 1803; VI 436.

2 V. 7 und Lesarten zu Strophe 2; II 713.

3 II 691.
4 IV 280.
5 IV 281.
6 IV 280.
7 *Ermunterung*, V. 1; II 33.
8 *Wechsel der Töne*, IV 238-240; *Über den Unterschied der Dichtarten*, IV 266-272.
9 V 196.
10 II 713.
11 II 713.
12 1. Fassung, V. 394.
13 II 713.
14 *Heimkunft*, V. 31; II 97.
15 III 17.
16 II 201.
17 II 229 f.
18 An Casimir Ulrich Böhlendorff, 4. Dezember 1801; VI 426.
19 An Wilmans, 2. April 1804; VI 439.
20 An Wilmans, 28. September 1803; VI 434.
21 An Böhlendorff, 4. Dezember 1801; VI 426.
22 III 86.
23 VI 422.
24 VI 426.
25 VI 426.
26 III 153-156.
27 III 77.
28 An Isaak von Sinclair, 24. Dezember 1798; VI 301.
29 V 196.
30 *Die Bedeutung der Tragödien;* IV 274.
31 VI 426.
32 V 201.
33 *Rückkehr in die Heimat*, V. 1; II 29.
34 V 61 f.
35 *Versöhnender, der du nimmergeglaubt*, V. 6, 8; II 130.
36 II 333.
37 VI 381.
38 VI 422.
39 VI 426.
40 IV 221 f.

Wolfgang Binders Aufsätze über Hölderlin

Bibliographie

1. *Abschied und Wiederfinden. Hölderlins dichterische Gestaltung des Abschieds von Diotima,* in: *Festschrift für Paul Kluckhohn und Hermann Schneider,* Tübingen 1948, S. 317-344.
2. *Hölderlins Odenstrophe,* in: Hölderlin-Jahrbuch (=HJb) 1952, S. 85-110. Wieder abgedruckt in: *Über Hölderlin.* Aufsätze von Theodor W. Adorno (u. a.), Frankfurt 1970, S. 5-32.
3. *Sinn und Gestalt der Heimat in Hölderlins Dichtung,* in: HJb 1954, S. 46-78.
4. *Hölderlins Friedensfeier,* in: DVjs 30 (1956), S. 295-328. Wieder abgedruckt in: *Hölderlin. Beiträge zu seinem Verständnis in unserem Jahrhundert,* Tübingen 1961 (Schriften der Hölderlin-Gesellschaft 3), S. 342-370.
5. *Sprache und Wirklichkeit in Hölderlins Dichtung,* in: HJb 1955/56, S. 183-200.
6. *Hölderlins Laudes Sueviae. Deutung des hymnischen Entwurfs »Ihr sichergebauten Alpen«,* in: *(Festschrift) Robert Boehringer, eine Freundesgabe,* Tübingen 1957, S. 29-47. Wieder abgedruckt in: *Interpretationen 1. Deutsche Lyrik von Weckherlin bis Benn,* hg. v. Jost Schillemeit, Frankfurt 1965 (Fischer Bücherei 6020), S. 135-154.
7. *Hölderlins Deutung des Menschen,* in: HJb 1961/62, S. 1-19.
8. *Hölderlin, Friedensfeier.* Lichtdrucke der Reinschrift und ihrer Vorstufen, hg. v. Wolfgang Binder und Alfred Kelletat, Tübingen 1959 (Schriften der Hölderlin-Gesellschaft 2).
9. *Ergänzende Bemerkungen zu Kirchners Wiederherstellung der Ode »Der Frieden«,* in: HJb 1961/62, S. 67-73.
10. *Hölderlins Namenssymbolik,* in: HJb 1961/62, S. 95-204.
11. *Grundformen der Säkularisation in den Werken Goethes, Schillers und Hölderlins,* in: ZfdPh 83 (1964), Sonderheft, S. 42-69.
12. *Hölderlins Dichtung im Zeitalter des Idealismus,* in: HJb 1965/66, S. 57-72.
13. *Hölderlin: »Der Winkel von Hardt«, »Lebensalter«, »Hälfte des Lebens«,* in: Schweizer Monatshefte 45 (1965), S. 583-591.
14. *Hölderlins Patmos-Hymne,* in: HJb 1967/68, S. 92-127.
15. *»Der scheidende Gott meines Volks«. Zu Hölderlins 200. Geburtstag,* in: Neue Zürcher Zeitung, 22. 3. 1970.
16. *Hölderlin-Aufsätze,* Frankfurt 1970; darin die Nummern 1-7, 10, 12-14.
17. *Hölderlin und Sophokles,* in: HJb 1969/70, S. 19-37.

18. *Hölderlin: Theologie und Kunstwerk,* in: Zeitschrift für Theologie und Kirche 69 (1972), S. 350-378. Wiederholt in: HJb 1971/72, S. 1-29.
19. *Einführung in Hölderlins Tübinger Hymnen,* in: HJb 1973/74, S. 1-19.
20. *Pietistische Metamorphosen in Sprache und Denken der klassischen Dichtung,* in: *Pietismus und moderne Welt,* hg. v. Kurt Aland, Witten 1974 (Arbeiten zur Geschichte des Pietismus 12), S. 185-204.
21. *Aufschlüsse. Studien zur deutschen Literatur,* hg. v. Rolf Tarot, Zürich/München 1976; darin die Nummern 11, 17-19.
22. *Hölderlins Dichtung Homburg 1799,* in: HJb 1975-77, S. 76-93.
23. *Hölderlins Rhein-Hymne,* in: HJb 1975-77, S. 131-155.
24. *Votum zur Diskussion der Frankfurter Hölderlin-Ausgabe,* in: HJb 1975-77, S. 510-518.
25. *Hölderlins Gegenwart,* in: *Jahrestagung 1978 des Kulturkreises im Bundesverband der Deutschen Industrie,* Köln 1978, S. 3-23.
26. *Hölderlins Hymne »Die Wanderung«,* in: HJb 1978/79, S. 170-205.
27. *Kleists und Hölderlins Tragödienverständnis,* in: Kleist-Jahrbuch 1981/82, S. 33-49.
28. *Hölderlin: Vom Geist der Geschichte* (1982), ungedruckt.
29. *Äther und Abgrund in Hölderlins Dichtung,* in: *»Frankfurt aber ist der Nabel dieser Erde.« Das Schicksal einer Generation der Goethezeit,* hg. v. Christoph Jamme und Otto Pöggeler, Stuttgart 1983 (Deutscher Idealismus 8), S. 349-369.
30. *Hölderlins Verskunst,* in: HJb 1982/83, S. 10-33.
31. *Die deutsche Klassik und die Antike,* in: Würzburger Jahrbücher für die Altertumswissenschaft, Neue Folge, Beiheft 1, Würzburg 1985, S. 59-74. Wiederholt in: *Antike und europäische Welt. Aspekte der Auseinandersetzung mit der Antike.* Universität Bern, Kulturhistorische Vorlesungen 1983/84, Frankfurt/New York 1985, S. 121-143.
32. *Hölderlin, Friedrich (1770-1843),* in: *Theologische Realenzyklopädie,* hg. v. Gerhard Krause und Gerhard Müller, Band XV, Berlin/New York 1986, S. 441-444.
33. *Andenken,* in: *Turm-Vorträge,* hg. v. Uvo Hölscher, Tübingen 1986, S. 5-30.

Nachwort

I

Diese Aufsatzsammlung ist gedacht als Hilfsbuch für Hölderlinleser und als eine Einführung in die Lektüre. Denn ohne irgendeine Art von klärender Unterstützung kommt wohl kaum jemand aus bei diesem Autor.

Was sich für uns mit dem Namen Hölderlin verbindet, ist das Werk eines knappen Jahrzehnts, vom Roman *Hyperion oder der Eremit in Griechenland* (in der letzten Fassung begonnen 1796, veröffentlicht in zwei Bänden 1797/99) bis zu den letzten großen Hymnen (etwa 1805). Während sich die früheren Werke noch in vieler Hinsicht im Rahmen dessen halten, was zu ihrer Zeit üblich oder wenigstens nicht unüblich war, machen sich seit dem *Hyperion* Ablösungstendenzen bemerkbar, und seit 1800 hat Hölderlin keinerlei Rücksicht mehr genommen auf seine Zeitgenossen, sich weder orientiert an den Schreibweisen seiner Mitdichter noch an den Bedürfnissen und Möglichkeiten irgendwelcher Leser.

Daß ein Dichter sich früher oder später einmal von Traditionen und Gewohnheiten löst und unwiderruflich einen eigenen Weg einschlägt, geschieht immer wieder, etwa bei Klopstock, beim jungen Goethe, bei Novalis. Aber in der Radikalität des Abschieds von der literarischen Vergangenheit und Gegenwart hat es wohl kaum jemals einer Hölderlin gleichgetan. Fast pünktlich mit dem Beginn des 19. Jahrhunderts hat Hölderlin seine eigene Literaturgeschichte begonnen, die erst volle hundert Jahre später auch von einzelnen anderen als die ihre entdeckt worden ist.

Von jenem Zeitpunkt an sind die Gedichte – und anderes hat Hölderlin außer der Übersetzung zweier Tragödien von Sophokles fortan nicht mehr geschrieben – von progredierender Rücksichtslosigkeit, fast als würde in ihnen immer neu und immer kühner ertastet, was der Sprache gerade noch zuzumuten ist, bevor sie unverständlich wird. Liest man die Gedichte in ihrer (übrigens immer noch nicht ganz gesicherten) chronologischen Folge, so ist eine Arbeit von beunruhigender Konsequenz nicht zu verkennen, zumal sie sich im Vollzug mehr und mehr selbst kommentiert. Immer wieder ist von den Funktionen und Problemen des Dichtens die Rede, und mit zunehmender Dichte begegnen Vokabeln aus dem Umkreis des Textes selbst: Schrift, Zeichen, deuten, lesen. Es wird nicht verfehlt sein, von einer Theologie des Textes zu sprechen, deren Erkenntnisse und Lehrsätze nicht thematisch formuliert sind, sondern die Arbeit an den Texten bestimmen und sich allein in deren Gestalt verkörpern. Das, weil es das Unvertrauteste überhaupt ist, macht die Lektüre und das Verstehen so schwierig, auch wenn sich einige Strukturen, die für die Schwer- oder Unverständlichkeit verantwortlich sind, recht gut beschreiben lassen.

Da wäre zunächst der Satzbau, der in einem eigenartig paradoxen Verhältnis zum Gebrauch des Versmaßes steht. Je mehr nämlich die überlieferten, anspruchsvollen Maße (z. B. alkäische Odenstrophe oder elegisches Versmaß) zerbröckeln und verschwinden, desto mehr entfernt sich die Wortstellung vom gewohnten deutschen Gebrauch und nähert sich Griechischem an. Paradox ist das, weil das Hineinpassen deutscher Sätze in jene vorgegebenen Vers- und Strophenschemata schon von sich aus fast unausweichlich zu gewissen Umstellungen innerhalb des Satzes oder gar zu Gewaltsamkeiten zu führen pflegt, die eben deshalb in derselben Tradition unter dem Namen »poetische Lizenz« vorgesehen und gerechtfertigt sind, während umgekehrt die freie Wahl von Verslänge und wechselndem Metrum, wie sie Hölderlin später zu praktizieren scheint, sich mühelos und ohne Inanspruchnahme der poetischen Lizenz den Gesetzen des deutschen Satzes anpassen könnte.

Bei Hölderlin aber verhält es sich anders. Die Freiheit der »freien Rhythmen« ist offenbar gerade nicht eine Freiheit vom Zwang der Schemata, sondern im Gegenteil eine Freiheit zur Verfremdung der Sprache über jedes gewohnte Maß und jede poetische Lizenz hinaus. Oder, vielleicht genauer: jeder sich bildende Satz bestimmt von sich aus sowohl seine eigene Syntax als auch die Länge und Gestalt der Zeilen, in die er gefaßt sein will. Die Umstellungen von Satzgliedern, das Aufbrechen des Satzzusammenhangs, die Inkongruenz von syntaktischen und Versgrenzen haben jedenfalls Gewinn und Zwang als Effekt, wie man etwa am unvermittelten, weil fragmentarisch erhaltenen Einsatz der Hymne *Am Quell der Donau* erkennt: einen Gewinn an Betonungsmöglichkeiten, die sonst in der Schrift untergehen, einen Zwang zur Steigerung der Aufmerksamkeit, zur sorgfältig konstruierenden, nicht vorauseilenden und nicht abschweifenden Lektüre.

Denn, wie wenn hoch von der herrlichgestimmten, der Orgel
Im heiligen Saal,
Reinquillend aus den unerschöpflichen Röhren,
Das Vorspiel, weckend, des Morgens beginnt
Und weitumher, von Halle zu Halle,
Der erfrischende nun, der melodische Strom rinnt,
Bis in den kalten Schatten das Haus
Von Begeisterungen erfüllt,
Nun aber erwacht ist, nun, aufsteigend ihr,
Der Sonne des Fests, antwortet
Der Chor der Gemeinde: so kam
Das Wort aus Osten zu uns,
Und an Parnassos Felsen und am Kithäron hör ich,
O Asia, das Echo von dir und es bricht sich

Am Kapitol und jählings herab von den Alpen
Kommt eine Fremdlingin sie
Zu uns, die Erweckerin,
Die menschenbildende Stimme.

Dem Zwang zur genauen Lektüre entspricht aber keineswegs ein Bemühen um Erleichterung des Verstehens, ja, bisweilen wirkt gerade die freie Zeilenteilung der Eindeutigkeit entgegen. Ein Paradebeispiel dafür ist der Schluß der Hymne *Mnemosyne*, der durch die Zeilenbrechung überhaupt erst zwei Lesarten provoziert, ohne doch Anhaltspunkte für die Entscheidung zwischen beiden zu geben: »Dem/Gleich fehlet die Trauer«. Ob man lesen soll: ›Ebenso wie der (oder das) geht die Trauer fehl‹, oder nicht eher: ›Dem fehlt sofort die Trauer‹, das ist am Ort und wohl auch durch den Beizug anderer Belege für ›fehlen‹ nicht zu entscheiden. Und vor diese Entscheidung wäre man gar nicht gestellt, wenn, wie es in analogen Fällen durchaus vorkommt, geschrieben wäre: ›Dem gleich fehlet die Trauer‹. Es ist von grundsätzlicher Bedeutung, wenn ein langes Gedicht in einer Schlußsentenz endet, die uneindeutig gemacht wurde.

Noch auf andere Weise wird das Verständnis eher erschwert als zur Aufmerksamkeit angehalten, durch Bedeutungsverschiebungen nämlich. Beispielsweise die Konjunktionen *aber* oder *denn*, bei Hölderlin überaus häufig: sie schielen, sie zielen auf undeutliche Weise daneben, gemessen an ihrem gewohnten Gebrauch. *Aber* konstituiert längst nicht immer einen Gegensatz, die Begründungsfunktion von *denn* wird selten in der vertrauten Weise eingelöst. Verglichen mit der Irritation, die dadurch regelmäßig ausgelöst wird, ist es fast schon natürlich zu nennen, daß auch viele Substantive, Adjektive und Verben einen sehr eigenen Bedeutungsgehalt oder eine besondere Aura zu haben scheinen; denn da kann man immer noch auf die Möglichkeit einer näheren Bestimmung aus dem Kontext hoffen.

Schließlich das Ungewöhnlichste von allem, daß nämlich einige gewichtige Gedichte *(Der Archipelagus, Der Rhein, Patmos)* aus dem Zustand des scheinbaren Abgeschlossenseins wieder zurückversetzt worden sind ins Werden, so daß man sich des Gedankens nicht erwehren kann, der Fragment- und Entwurfcharakter vieler später Gedichte sei nicht ein Defekt, sondern eher der eigentliche Zielzustand, und das Arbeiten an den Texten sei nicht zu überbieten durch einen Abschluß. Wie das Abbrechen und allenfalls Neuansetzen, vielfältig zu beobachten an Hölderlins gerade deshalb so schwer eindeutig zu machenden Manuskripten, sich gegen den Stillstand in einem Werk zu sträuben scheint, so wäre dann auch die Lektüre eine Fortsetzung eben dieses Sprach- oder Versprachlichungsprozesses, ein gedankliches Weiterschreiben, Ergänzen und Neukombinieren, das mit sich selbst so wenig fertig wird wie mit dem Text und wie der mit sich.

Wie auch immer –, nicht die Behandlung des Verses, nicht der abweichende Gebrauch einzelner Wörter, nicht die Uneindeutigkeiten und auch nicht die Unabgeschlossenheit der Texte machen je für sich oder zusammen das Verständnisproblem angesichts Hölderlinscher Texte aus, sondern was sie gemeinsam bewirken: eine Textur aus Flecken punktueller oder partieller Klarheit und dunklen Lücken dazwischen, durch die der Sinn, ständig sich formierend auf Zusammenhang hin, immer wieder hindurchfällt und die eben dadurch als Spuren seines Verschwindens die dringliche Aufforderung darstellen, ihn zu suchen oder zu erschaffen. Beides, sofern es doch nicht nur eines sein sollte, ist schwierig genug, das Suchen im Dunkel wie das Erschaffen des in ihm Verschwundenen.

II

Von dieser Schwierigkeit gehen die hier versammelten Aufsätze aus. Wolfgang Binder hat in ihnen ein eigenes Verfahren der Erklärung oder Klarmachung entwickelt und mit großer Sicherheit gehandhabt, das in manchen Zügen die Wiederaufnahme einer verschollenen Interpretationsweise aus der Zeit um 1800 ist. Sein einfachstes Kennzeichen ist zunächst negativ anzugeben: es ist *nicht* der diagnostische Blick, der die Texte durchdringen oder hintergehen und insofern abschaffen und ihnen dabei nur noch Auskunft abgewinnen will über die verschwundenen Zustände (des Geistes oder der Gesellschaft), aus denen sie stammen mögen. Das Bindersche Verfahren entfernt sich nicht von den Texten, sondern führt zu ihnen hin und in sie hinein. Es ist auch in diesem wörtlichen Sinne Einführung.

Eine Einführung in etwas beginnt notwendigerweise außerhalb dessen, in das sie hineinführen will. Diesen Anfangspunkt hat man in jener Interpretationsweise »Mittelpunkt« oder »Keim« oder »Krystallisationspunkt« genannt. Die unterschiedlichen Metaphern zielen alle auf dasselbe, auf ein gedachtes Moment, von dem aus das Werden des bereits gewordenen Textes noch einmal gedacht werden kann, und zwar, wenn das Moment richtig gewählt ist, als ein Kontinuum gedacht werden kann, d. h. als Sinn. Die Einführung in die Texte ist dann also sozusagen von hinten her die Substitution des Sinnes, den sie aus Vorderansicht, wie geschildert, für uns nicht haben.

Den Ausgangspunkt nun, von dem aus die Flecken der Klarheit über die dunklen Lücken hinweg in einen Zusammenhang gebracht und so mit Sinn ausgestattet werden können, nennt Binder in der Regel die »Denkformen«; ihrer Funktion nach könnten sie auch – mit Hölderlinscher Begrifflichkeit – der »Grund« heißen, in dem die Texte als »Zeichen« gründen und der sich in ihnen zeigt. Gemeint sind damit – deshalb Denk*formen* – nicht die weltanschaulichen Inhalte und Überzeugungen, sondern was durch sie alle hindurchgeht und sie formt etwa in der Weise, wie nach Kants *Kritik der reinen Vernunft* die reinen Anschauungsformen jede Wahrnehmung sowohl ermöglichen als auch prägen. Denkformen wären so der Ermöglichungsgrund von Überzeugungen und Ansichten und Aussagen überhaupt, nach Kants Terminologie also etwas Transzendentales.

Als solche entziehen sich die Denkformen natürlich jeder direkten Beobachtung, sind somit auch nicht einfach aus Texten abzulesen etwa in der Art, daß ein bestimmter Text von allen anderen prinzipiell ausgesondert werden könnte als *das* Zeichen, in dem der Grund oder die Denkformen unmittelbar gegeben wären. Man muß von den Zeichen (denn anderes haben wir nicht) ausgehen und von ihnen aus ihren Grund in Denkformen erschließen und suchen, aus denen sie verständlich und sinnvoll werden, und dies immer wieder, bis es »stimmt«. Dann darf angenommen werden, daß der Erklärungsgrund auch der Entstehungsgrund ist.

Von der Empfindlichkeit und Schwierigkeit dieses Verfahrens merkt man bei Binder kaum noch etwas. Unter Gesichtspunkten von unterschiedlicher thematischer Weite führt er von den Hölderlinschen Texten zu den sich wandelnden Denkformen und von diesen wieder zurück zu den Texten, denen so immer mehr Klarheit zugeführt wird. Und es verdient bemerkt zu werden, daß der fast schon sprichwörtliche Vorwurf an Germanisten, daß sie »über Hölderlin schreiben wie Hölderlin«, an Binders Aufsätzen ganz und gar abprallt. Bei aller Empathie ist die Distanz zwischen dem dichterischen und dem interpretatorischen Text nie verwischt. Die Erklärung dunkler Texte verträgt, wenn sie sich selbst nicht mißversteht, um ihrer selbst willen keine Unklarheiten und kein Halbdunkel. Hier wird nicht mitgefühlt, sondern nachgedacht, aber so freundlich und unangestrengt, daß man die Mühe und Arbeit zu vergessen geneigt ist, ohne die solche Aufsätze gar nicht möglich sind.

Wir haben die Aufsätze nicht chronologisch, sondern sozusagen trichterförmig angeordnet, so nämlich, daß sie sich in ihrem thematischen Umfang mehr und mehr verengen, von der allgemein gehaltenen Einleitung *(Hölderlins Gegenwart)* über die Erörterung durchgehender Themen und Probleme *(Vom Geist der Geschichte, Theologie und Kunstwerk, Hölderlins Verskunst, Äther und Abgrund in Hölderlins Dichtung)* und die Besprechung wichtiger Werkkomplexe *(Die Tübinger Hymnen, Hölderlins Dichtung Homburg 1799)* hin zur Erläuterung einzelner Werke *(Hölderlin und Sophokles, Die Rhein-Hymne, Die Wanderung)*. Diese Reihenfolge ist auch gemeint als Empfehlung für die Lektüre, aber es sei betont, daß keiner der Aufsätze, die ja alle unabhängig voneinander publiziert worden sind, die Lektüre eines der anderen voraussetzt.

III

Wolfgang Binder, 1916 in Ulm geboren, aufgewachsen in Tübingen, hat an den Universitäten Tübingen (bis 1956), Köln (bis 1964) und Zürich gelehrt (bis zu seiner Emeritierung 1985); am 1. März 1986 ist er in Unterstammheim (Kanton Zürich) gestorben. Er hat sich zeitlebens in solchem Maße als Lehrer verstanden, daß er im Universitätsunterricht und allem, was dazu gehört, ganz aufgegangen ist. Deshalb bedurfte es eigentlich immer irgendwelcher Anlässe, einer Tagung der Hölderlin-Gesellschaft oder einer Einladung zu einem Vortrag, damit er etwas von den Erträgnissen seiner Vorlesungen und Seminare auch für eine breitere Öffentlichkeit schriftlich gefaßt hat. Wir möchten ihren erneuten Abdruck verstanden wissen als eine Öffnung des Hörsaals für diejenigen, die an seinen Veranstaltungen nicht haben teilnehmen und die Universitäten, an denen er unterrichtet hat, nicht haben besuchen können. Für die anderen, seine Studenten und die Hölderlin-Kenner und -Forscher, deren innerstem Kreis Binder jahrzehntelang angehört hat, sei dieser Band eine verlebendigende Erinnerung und eine bequeme Zusammenstellung des zerstreut Veröffentlichten. Das einzige Stück aus dem Nachlaß ist das Vortragsmanuskript *Vom Geist der Geschichte*.

Im Mittelpunkt von Binders Veröffentlichungen – stärker übrigens als seiner universitären Lehrtätigkeit – steht Hölderlin. Seine bis 1968 erschienenen *Hölderlin-Aufsätze* sind in dem Sammelband dieses Titels von 1970 (vgl. die Bibliographie) vereinigt, diejenigen der letzten anderthalb Jahrzehnte in diesem Band. Auch sie verdanken sich zwar alle einer bestimmten Gelegenheit, sind aber andererseits unter einem je besonderen Aspekt Zwischenberichte aus der fortlaufenden Arbeit, deren zusammenfassende Darstellung in einem großen Hölderlin-Buch nun nicht mehr möglich ist. Die Aufsätze sind weder dessen separat herausgegebene Teile noch die Vorstufen, sondern so etwas wie vorweggenommene Kurzfassungen. Wir haben sie mit Zitatnachweisen ergänzt, aber ansonsten unverändert wiedergegeben. Den Herausgebern des Hölderlin-Jahrbuchs und dem Vorstand der Hölderlin-Gesellschaft, in dem Wolfgang Binder sich mehr als dreißig Jahre lang zu Hause fühlte, dem Verlag Klett-Cotta und dem Kulturkreis im Bundesverband der Deutschen Industrie sei gedankt für das freundlich erteilte Einverständnis mit dem Wiederabdruck.

Klaus Weimar

Wolfgang Binder, 1916 in Ulm geboren, aufgewachsen in Tübingen, hat an den Universitäten Tübingen (bis 1976), Köln (bis 1964) und Zürich gelehrt (bis zu seiner Emeritierung 1985); am 1. März 1988 ist er in Unterstammheim (Kanton Zürich) gestorben. Er hat sich zeitlebens in solchem Maße als Lehrer verstanden, daß er im Universitätsunterricht und allem, was dazu gehört, ganz aufgegangen ist. Deshalb bedurfte es eigentlich immer irgendwelcher Anlässe, einer Tagung der Hölderlin-Gesellschaft oder einer Einladung zu einem Vortrag, damit er etwas von den Ergebnissen seiner Vorlesungen und Seminare auch für eine breitere Öffentlichkeit schriftlich gefaßt hat. Wir möchten ihren erneuten Abdruck verstanden wissen als eine Öffnung des Hörsaals für diejenigen, die an seinen Veranstaltungen nicht haben teilnehmen und die Universitäten, an denen er unterrichtet hat, nicht haben besuchen können. Für die anderen, seine Studenten und die Hölderlin-Kenner und -Forscher, deren innerstem Kreis Binder jahrzehntelang angehört hat, sei dieser Band eine vergegenwärtigende Erinnerung und eine bequeme Zusammenstellung des zerstreut Veröffentlichten. Das einzige Stück aus dem Nachlaß ist das Vortragsmanuskript *Vom Geist der Geschichte*.

Im Mittelpunkt von Binders Veröffentlichungen – stärker übrigens als seiner universitären Lehrtätigkeit – steht Hölderlin. Seine bis 1968 erschienenen *Hölderlin-Aufsätze* sind in dem Sammelband dieses Titels von 1970 (vgl. die Bibliographie) vereinigt, diejenigen der letzten anderthalb Jahrzehnte in diesem Band. Auch sie verdanken sich zwar alle einer bestimmten Gelegenheit, sind aber andererseits unter einem je besonderen Aspekt Zwischenberichte aus der fortlaufenden Arbeit, deren zusammenfassende Darstellung in einem großen Hölderlin-Buch nun nicht mehr möglich ist. Die Aufsätze sind weder dessen separat herausgegebene Teile noch die Vorstufen, sondern so etwas wie vorweggenommene Kurzfassungen. Wir haben sie mit Zitatnachweisen ergänzt, aber ansonsten unverändert wiedergegeben. Den Herausgebern des Hölderlin-Jahrbuchs und dem Vorstand der Hölderlin-Gesellschaft, in dem Wolfgang Binder sich mehr als dreißig Jahre lang zu Hause fühlte, dem Verlag Klett-Cotta und dem Kulturkreis im Bundesverband der Deutschen Industrie sei gedankt für das freundlich erteilte Einverständnis mit dem Wiederabdruck. *Alice Wetzel*

Uwe Johnson. Hg. R. Gerlach, M. Richter. st 2061
Johnsons ›Jahrestage‹. Hg. M. Bengel. st 2057
Joyces ›Dubliner‹. Hg. K. Reichert, F. Senn, D. E. Zimmer. st 2052
Juden in der deutschen Literatur. Hg. St. Moses, A. Schöne. st 2063
Kafka: Der Schaffensprozeß. Hg. H. Binder. st 2026
Der junge Kafka. Hg. G. Kurz. st 2035
Marie Luise Kaschnitz. Hg. U. Schweikert. st 2047
Alexander Kluge, Hg. T. Böhm-Christl. st 2033
Franz Xaver Kroetz. Hg. O. Riewoldt. st 2034
Lateinamerikanische Literatur. Hg. M. Strausfeld. st 2041
Literarische Utopie-Entwürfe. Hg. H. Gnüg. st 2012
Karl May. Hg. H. Schmiedt. st 2025
Friedericke Mayröcker. Hg. S. J. Schmidt. st 2043
E. Y. Meyer. Hg. B. von Matt. st 2022
Moderne chinesische Literatur. Hg. W. Kubin. st 2045
Paul Nizon. Hg. M. Kilchmann. st 2058
Die Parabel. Hg. T. Elm, H. H. Hiebel. st 2060
Plenzdorfs ›Die neuen Leiden des jungen W.‹ Hg. P. J. Brenner. st 2013
Rilkes ›Aufzeichnungen des Malte Laurids Brigge‹. Hg. H. Engelhardt. st 2051
Rilkes ›Duineser Elegien‹. Drei Bände. Hg. U. Fülleborn. st 2009/2010/2011
Schillers Briefe über die ästhetische Erziehung. Hg. J. Bolten. st 2037
Karin Struck. Hg. H. Adler, H. J. Schrimpf. st 2038
Martin Walser. Hg. K. Siblewski. st 2003
Weimars Ende. Im Urteil der zeitgenössischen Literatur und Publizistik. Hg. T. Koebner. st 2018
Ernst Weiß. Hg. P. Engel. st 2020
Peter Weiss. Hg. R. Gerlach. st 2036
Peter Weiss: ›Ästhetik des Widerstands‹. Hg. A. Stephan. st 2032

55/2/8.86

st 2036 Peter Weiss
Herausgegeben von Rainer Gerlach

Nach seinem Tod wird das Werk von Peter Weiss – zumal das Spätwerk – so heftig und kontrovers diskutiert wie in den sechziger Jahren der *Marat/Sade* und *Die Ermittlung.* Dabei treten auch das Frühwerk sowie der Filmemacher und Maler mehr und mehr in den Blickpunkt. Der Materialienband von Rainer Gerlach stellt einer breiteren Öffentlichkeit die bislang nur unzureichend erforschten Texte des Frühwerks vor; er präsentiert das bislang weitgehend unbekannte schwedische Werk; befaßt sich mit Kindheit und Jugendzeit, dem Exil und dem Prozeß der künstlerischen Entwicklung, den Einflüssen, die persönlich von Hermann Hesse ausgingen; er widmet sich dem Bild- und Filmwerk. Das dramatische Werk wird in Einzelstudien untersucht, thematisch gewertet das Problem von Unzugehörigkeit und Entfremdung, das Engagement von Weiss für die Dritte Welt, seine Haltung zum Kolonialismus; die *Ästhetik des Widerstands* – der ein eigener Band innerhalb der stm gewidmet ist – sowie die *Notizbücher* sind in den Zusammenhang einbezogen. Wie alle Bände der stm enthält auch dieser Vita, Werkverzeichnis und Bibliographie der Sekundärliteratur, zusätzlich eine Filmographie und ein Ausstellungsverzeichnis.

st 2037 Schillers Briefe über die ästhetische Erziehung
Herausgegeben von Jürgen Bolten

Schillers theoretisches Hauptwerk zählt zu den wenigen Texten des ausgehenden 18. Jahrhunderts, an denen unmittelbar jener Wandel des geistigen und historischen Selbstverständnisses ablesbar wird, der seinerzeit die Selbstauflösung der bürgerlichen Aufklärung in die – nicht zuletzt auch politische – Romantik fundamentierte. Wie stellt sich vor diesem Hintergrund das ästhetische Programm Schillers dar? Auf welche gesellschaftlichen und politischen Vorgänge auch außerhalb der Französischen Revolution antwortet der Plan einer ästhetischen Erziehung? Wo und aus welchen Gründen schlägt dessen zunächst metapolitischer Anspruch in eine politisch affirmative Ästhetisierung seiner geschichtsphilosophischen Grundlagen um? In welchem Zusammenhang steht hiermit der philosophische Methodenwechsel innerhalb der *Briefe*, die zunehmende Distanzierung gegenüber Kantischen Positionen zugunsten einer Annäherung an das Denken Fichtes? Und nicht zuletzt: gibt es methodische oder inhaltliche Momente, die von einer Präfiguration romantischer Denkfiguren sprechen lassen und die in gerader Linie etwa auf Hölderlin oder Schelling verweisen? Die Beantwortung dieser von der Forschung zumeist isoliert voneinander gestellten Fragen zu erleichtern und damit die Einheit der *Briefe* gerade in ihrer gedanklichen Heterogenität transparent werden zu lassen, setzt sich die Auswahl der Materialien und Aufsätze zum Ziel.

st 2038 Karin Struck
Herausgegeben von Hans Adler und Hans Joachim Schrimpf

Von 1973 an, dem Erscheinungsjahr des Erstlings *Klassenliebe,* sind Karin Strucks Romane, Erzählungen, Features Stachel im Fleisch der kritischen Öffentlichkeit gewesen. Kaum eine der unzähligen Stellungnahmen, die nicht emotional vorpreschte; wenige, die die Distanz des gelassenen Rezensenten nicht mit gleicher Heftigkeit aufgaben, mit der die Autorin in der programmatischen ›Unmäßigkeit‹ ihrer Texte die Leser bestürmte. Karin Strucks aggressiver – mindestens offensiver – Versuch, schutz- und rücksichtslos Subjektivität, *ihre* Subjektivität, ins Wort zu setzen, ist, zusammen mit dem Rezeptionsprozeß, im Rahmen der Neuen Subjektivität zu sehen, geht aber nicht darin auf.
Der Materialienband bietet beides, Kommentar und Analyse zum Werk und Dokumentation der Rezeption, um dieses

Phänomen der jüngeren westdeutschen Literatur greifbarer zu machen. Indem in Einzelbeiträgen verschiedene Aspekte des Werkes, unterschiedliche Formen und Arten der Rezeption und Probleme der Schreib-Arbeit beleuchtet werden, wird kein geschlossenes Gesambild angestrebt, vielmehr ein Aufriß von ›Literatur in Funktion‹. Karin Strucks Prosa ist eines ihrer aktuellen Paradigmata. Eine ausführliche Bibliographie weist Werk und Rezeption nach.

st 2039 Brochs »Verzauberung«
Herausgegeben von Paul Michael Lützeler

Über keines von Hermann Brochs Büchern gehen die Meinungen derart weit auseinander, weichen die Wertungen so sehr voneinander ab wie über seinen Roman *Die Verzauberung.* Solche unterschiedlichen Reaktionen haben zu tun mit der Komplexität und dem Provokationspotential des Werkes. Waren Brochs *Schlafwandler* von 1930/32 der Versuch gewesen, Tendenzen des Kulturverfalls in der Wilhelminischen Zeit zu vergegenwärtigen, so ging es in dem neuen Werk um eine Auseinandersetzung mit jenen gesellschaftlichen Kräften, massenpsychologischen Mechanismen und quasi-metaphysischen Erwartungshaltungen, welche die Heraufkunft des Faschismus in den zwanziger und dreißiger Jahren ermöglicht hatten. In der *Verzauberung* werden auf dichterische Weise jene Probleme unserer Zivilisation bedacht, die anzugehen immer dringlicher wird, und für die eine Lösung nicht in Aussicht ist: im Metaphysischen die Krise der überlieferten Religionen, im Gesellschaftlichen die abgewirtschaftete patriarchalische Ordnung, im Politischen die Tendenz zur Brutalisierung und zum Totalitären, in der Technik eine ziellos gewordene Rationalität sowie im Bereich der zwischenmenschlichen Beziehungen eine inhumane Funktionalisierung. – Dem in seiner Aktualität und gleichzeitigen Offenheit begründeten zunehmenden Interesse an diesem Roman, bis in den schulischen Bereich hinein, wird der Materialienband in der Verbindung von genetisch wichtigen Texten, Dokumentationen der brieflichen Kommentare, neuen Analysen und einem Forschungsbericht mit einer Bibliographie zur Sekundärliteratur gerecht.

st 2040 Hans Magnus Enzensberger
Herausgegeben von Reinhold Grimm

Der vorliegende Band über Hans Magnus Enzensberger enthält in einer ersten Abteilung – unveröffentlichte oder an entlegener Stelle erschienene – Texte des Autors selbst, in einer zweiten Äußerungen von Kollegen, Wissenschaftlern und Kritikern, den bedeutenden Briefwechsel mit Hannah Arendt, die Diskussion mit Peter Weiss und zwei Interviews aus den Jahren 1969 und 1979; die dritte Abteilung bietet »Längsschnitte, Querschnitte«, in denen das Nachwirken der Antike in Enzensbergers Werk ebenso thematisiert ist wie sein mögliches Einwirken auf die heutige ›Dritte Welt‹. Der vierte Abschnitt verbindet wissenschaftliche Untersuchungen und Würdigungen, Besprechungen und Stellungnahmen. Die Bibliographie schließlich ist der bislang umfassendste Nachweis zu Enzensbergers Œuvre und seiner Sekundärliteratur.

st 2041 Lateinamerikanische Literatur
Herausgegeben von Mechtild Strausfeld

Die vorliegenden Aufsätze zur lateinamerikanischen Literatur wollen dem deutschen Leser einen ersten Eindruck von dem breiten Panorama der neuen Literatur des Kontinents vermitteln. Sie ist in der Bundesrepublik weithin unbekannt, obwohl sie immer nachdrücklicher als einzige Alternative zur problematischen europäischen erzählenden Prosa bezeichnet wird. Während die Rezeption und kritische Auseinandersetzung mit diesen bedeutenden Werken bereits in den sechziger Jahren – auch als »Dekade des Booms der lateinamerikanischen Literatur« apostrophiert – sowohl in den USA als auch in den anderen europäischen Ländern begann, fehlt noch heute ein vergleichbares Echo in der Bundesrepublik. Dies gilt für die Kritik wie für die Universität.

Die ausgewählten Arbeiten behandeln entweder einzelne Romane oder das Gesamtwerk eines Autors. Dieser Materialienband soll u. a. dazu beitragen, ein größeres Verständnis für die neue lateinamerikanische Literatur zu ermöglichen, die nur allzu oft als »Produkt überschäumender Phantasie« bezeichnet wird. Bibliographische Angaben zu den Autoren sowie eine Liste der wichtigsten Sekundärliteratur und Porträtfotos vervollständigen den Band.

st 2042 Brechts Romane
Herausgegeben von Wolfgang Jeske

Mit dem vorliegenden Band gehen die Materialien-Bände zu Brecht erstmals über die mit seinem Namen am meisten verbundene Gattung hinaus und unternehmen den Versuch, den durchaus vielgelesenen und zu seiner Zeit, besonders beim *Dreigroschenroman,* auch anerkannten Romancier vorzustellen. Da sich aus der vorliegenden Forschung zu den veröffentlichten Romanen und Roman-Projekten in sich geschlossene Teiluntersuchungen schwer extrahieren lassen, wurde hier auf solche Auszüge verzichtet; durch die Heranziehung jeweils erster Reaktionen nach der Veröffentlichung der Romane läßt sich andererseits die Diskrepanz zwischen der Anerkennung des Romanciers Brecht bei Lesern und Kritik auf der einen und der relativ langen Unterschätzung und Nichtberücksichtigung in der Forschung auf der anderen Seite zeigen. Erstmals werden hier Roman-Projekte aus den zwanziger Jahren mit der Wiedergabe der vorliegenden Texte im Zusammenhang vorgestellt.

st 2043 Friederike Mayröcker
Herausgegeben von Siegfried J. Schmidt

In der Vielfalt kritischer Zeugnisse, Reaktionen, Dokumente und Meinungen sollen Zugänge zum Werk einer Dichterin geöffnet werden, die heute als eine der bedeutendsten deutschsprachigen Autorinnen gilt; aber auch als eine Autorin, deren Arbeiten Rezipienten brauchen, die noch zu kreativem Lesen bereit sind. Die Beiträge dieses Bandes, das kein Kult- und Feierbuch, sondern Spiegel einer kritischen Auseinandersetzung sein will, belegen die oft vertretene Ansicht, daß Friederike Mayröcker im Laufe ihrer dichterischen Entwicklung eine eigenständige Poetik entwickelt hat, die ihrem Rang nach in die Reihe der großen literarischen Experimente dieses Jahrhunderts seit James Joyce und Gertrude Stein gehört.

Der Band enthält exemplarische Rezensionen zu ihren verschiedenen Arbeitsperioden und Arbeitsbereichen, verfaßt von Schriftsteller-Kollegen, Literaturkritikern und Literaturwissenschaftlern. Präsentiert werden Interviews mit Friederike Mayröcker, aus denen die Poetik ihrer Arbeiten erkennbar wird. Eine Sammlung von Zeichnungen dokumentiert diesen oft übersehenen wichtigen Produktionsbereich der Autorin. Die öffentliche Reaktion auf Mayröckers literarische und künstlerische Produktion spiegelt eine auf Vollständigkeit bedachte Bibliographie der Sekundärliteratur.

st 2044 Samuel Beckett
Herausgegeben von Hartmut Engelhardt

Nach einer Reihe von Textsammlungen, die einzelne Werke Becketts zum Thema hatten, bemüht sich der neue Materialienband um eine Gesamtanschauung von Becketts Œuvre. Sicherlich kann – schon vom Umfang her – ein Materialienband zu Becketts Gesamtwerk dieses nicht ausschöpfen, kann dies nicht einmal versuchen. Dementsprechend sind Beiträge – Übersetzungen von bislang nicht in deutscher Sprache vorliegenden wichtigen französisch- und englischsprachigen Untersuchungen sowie Originaltexte – versammelt, die Aspekte beleuchten, Spuren verfolgen, Zusammenhänge rekonstruieren, aber Vollständigkeit weder anstreben noch vortäuschen. Dabei werden einerseits die ›klassischen‹ Werke – *Warten auf Godot* und *Endspiel* vor allem – berücksichtigt, liegt andererseits ein besonderer Akzent auf weniger populär gewordenen Arbeiten wie *Watt* oder *Wie es ist* sowie auf den Dramen und Prosastücken des Spätwerks. Themen der Originalbeiträge sind u. a.: Versuch, Spielstücke zu verstehen, Kunst im Kopf – Becketts späte Prosa und das Imaginäre, Becketts *Company* im Computer, Zum Protestanteil Beckettscher Dichtung, Becketts ›Losigkeit‹ – ein Versuch in Dekomposition, Becketts späte Dramen.